Michael Wolffsohn

Eine andere Jüdische Weltgeschichte

Michael Wolffsohn

Eine andere Jüdische Weltgeschichte

FREIBURG · BASEL · WIEN

Paperbackausgabe 2023
© Verlag Herder GmbH, Freiburg im Breisgau 2022
Alle Rechte vorbehalten
www.herder.de

Grafiken: © Peter Palm
Satz: ZeroSoft, Timişoara
Herstellung: GGP Media GmbH, Pößneck
Printed in Germany

ISBN (Print): 978-3-451-39656-4
ISBN (EPUB): 978-3-451-82708-2
ISBN (PDF): 978-3-451-82711-2

Inhaltsverzeichnis

I. Information statt Indoktrination: Ziel, Wunsch, Vorgehen 11
Schichten der Ge-schichte 12
Weltgeschichte und Klein-Klein 12
Jüdische Geschichte – auf den Punkt gebracht 13

II. „Die" Juden: Namen und Benennungen 17
Exkurs: Anmerkungen zum Davidstern 23

III. Biologie: Volk, Nation, Religion, Schicksalsgemeinschaft, Identifikation? 25

IV. Geografie: Das Land Israel und die mehrfache Diaspora 33
Grundfaktum 1: Eine städtische Gesellschaft 33
Grundfaktum 2: Zwei Judentümer 34
Existenz auf Widerruf Nr. 1: Im Land (Eretz) Israel 39
   Neu-Israel im Philisterland 39
   Das jüdische Sandwich 40
   Regionale Verflechtungen – Sintflut und andere nichtjüdische Quellen 41
   Moses – Der jüdische Prophet, ein Ägypter 41
   Sandwiches als Königreiche – Israel und Judäa 44
   Nach Zion? Nur wenn's brennt 44
   „Sinat chinam", grundloser Hass 46
   Mobil, weil ohne immobiles Land 47
   Gott, Herzl oder Hitler? 48
   Das „portative Vaterland" 49
   Der Rückweg nach Altneuland 52
Existenz auf Widerruf Nr. 2: Die mehrfache Diaspora 53
   Deutschland als Muster – kein Sonderweg (bis 1933) 53
   Juden im Orient 66

Ägypten	66
Mesopotamien (Iran, Irak)	70
Juden auf der Arabischen Halbinsel	81
Äthiopien	86
Adiabene	88
Chasaren/Kaukasus/Zentralasien	89
Osmanisches Reich	96
Byzanz-Griechenland	99
(Rest-)Balkan	104
Nordafrika	108
Die Bilanz jüdischer Geschichte im Orient: Besser als im Okzident, doch schlecht genug	137
Juden im Okzident	140
Italien	141
Spanien	143
Die Niederlande	153
England – Auch die Mutter passt ins Muster	158
Frankreich – mit Seitenblicken auf Deutschland	166
Habsburg/Österreich	181
Ungarn	188
Polen	194
Russland – Sowjetunion – Russland	209
Amerika	227
Südafrika – Australien (Indien – China)	242
V. Theologie und Religion in der jüdischen Geschichte	**245**
Tora und Talmud: Fundamente des Glaubens	245
Gottes Volk und Gottes Land – nicht „Blut und Boden"	251
Gestalt, Bild, Name: Gottesvorstellungen	254
Partikularismus versus Universalismus im Judentum	265
„Wie alle Völker"?	265
Speisegesetze	267
Beschneidung	268
Kippa	272
Enge und Weite	273
Innerjüdische Konflikte	275
Gottesgehorsam versus antiautoritäres Denken	276
Tod und Auferstehung – individuell und kollektiv	282

Hängt alles am Geld? Zur Ökonomie 285

VI. Recht, Macht, Gewalt – Klischees und Realitäten 287
„Auge um Auge, Zahn um Zahn" 288
Fremdenrecht – „Apartheid" im Judentum?. 289
Obrigkeiten – jüdische Doppelloyalität? 290
Krieg und Konflikte – Machtträume der Ohnmächtigen. 292

VII. Leben, Lieben, „Muskeljuden" – Körperlichkeit und Sex. . . . 295

VIII. Rückblicke und Ausblicke 301
Fluch und Segen des Antisemitismus 301
Identitätspolitische Tatsachen 302
Holocaust und Heilsgeschichte 305
Geschichte als Falle. 309
Israel, Orthodoxie oder das jüdische Nichts. 311

IX. Bedeutsame Juden – eine subjektive Skizze 321

Weiterführende Informationen. 349
Enzyklopädien. 349
Fernsehessays bzw. -dokumentationen. 349
Klassiker 350
Zitierte und empfohlene Literatur. 350

Über den Autor. 363

„Jeder Jude trägt dreitausend Jahre Geschichte auf seinen Schultern"
(Rabbiner Tovia Ben Chorin, geboren 1936)

Eine Folge dieser Geschichte, bereits vor dem sechsmillionenfachen Judenmorden: Juden leiden häufiger als Nichtjuden unter mentalen Erkrankungen wie zum Beispiel Depressionen oder Paranoia. Das ergaben Forschungsergebnisse von Maurice Fishberg (1872–1934), jüdischer Arzt und Anthropologe, sein Hauptwerk: „The Jews. A Study of Race and Environment", 1911.

„Die Religion ist mir egal, aber das Judentum werde ich nie verlassen. Das wäre Verrat an Millionen Opfern."
(Kurt Guy Lachmann, 1906–1987; jüdisch-deutsch-französischer Widerstandskämpfer gegen NS-Deutschland; nachdem 90 Prozent der Saarländer 1935 für die Rückgliederung in Hitlers Deutsches Reich gestimmt hatten, verließ er 1935 seine Saar-Heimat und wurde 1937 Franzose; 1948–1957 Landespolizeipräsident des Saarlandes)

Diesen jüdischen, muslimischen sowie christlichen Brückenbauern gewidmet:
Rabbiner Tovia Ben Chorin und Rabbiner Tom Kucera
Ahmad Mansour und Bassam Tibi
Yavuz Yer, dem erfolgreich weichenstellenden Koordinator des Mikrokosmos „Gartenstadt Atlantic", dem jüdisch-christlich-muslimischen Integrations- und Kultur-Leuchtturm im sozialen Brennpunkt Berlin-Gesundbrunnen.
Susanne Jahrreiss. Uneigennützig organisierte sie für den Mikrokosmos „Gartenstadt Atlantic" diverse Drittmittel.
Pfarrer Klaus Günther Stahlschmidt und Thomas Brechenmacher

I. Information statt Indoktrination: Ziel, Wunsch, Vorgehen

Diese Jüdische Weltgeschichte als „Juden in der Weltgeschichte" will entspannt sein und nicht volkspädagogisch oder gar ritualisiert.

Wie kam es zur Gegenwart? Das ist die jeweilige Leitfrage der einzelnen Kapitel – selbst da, wo und wenn ich Sie, werte Leser (ich verwende den grammatikalischen Plural, also jegliche Pluralität), weit in die Vergangenheit führe und die Toten „toter als tot" scheinen. Oft sind sie eben doch gegenwartswirksam. Mehr, als wir ahnen.

Dieses Buch will Informationen statt Moralpredigten liefern, mehr den Wald als Bäume oder Blätter beschreiben, also so kurz wie möglich sein – ohne Richtigkeit einzubüßen. Detailstudien gibt es genug. *Auswählen* ist daher unverzichtbar. Sicher werden manche die eine oder andere Maus, gar Elefanten vermissen. Wie jede Auswahl ist meine Auswahl subjektiv. Die jeweilige Begründung muss nachvollziehbar sein und ist damit anfechtbar oder zustimmungsfähig.

„Die" Juden? Kein Kollektiv ist einheitlich, natürlich auch nicht das jüdische. Wenn überhaupt verallgemeinernde Aussagen inhaltlich, methodisch, zulässig sind, dann nur für die Makro-, eben die allgemeine Ebene. Auf der individuellen Mikroebene hat der Nominativ Plural nichts zu suchen. Das zeigt sich auch im Folgenden immer wieder.

Obwohl es der Versuch einer Gesamtschau ist, bietet dieses Buch durchaus auch neue Forschungsergebnisse, stellt Schul-„Weisheiten" infrage und bietet weniger herkömmliche (sprich: versteinte) Ein- und Zuordnungen. Es soll eine allgemeinverständliche Einführung nicht nur für Historiker sein, die „Lust auf mehr" Wissen über Juden und Judentum macht.

Aus meiner Sicht sollte die Betrachtung der Vergangenheit(en) nicht nur Selbstzweck sein, sondern Hilfen und Hinweise für die je eigene Gegenwart und Zukunft bieten. Es wird niemandem vorgeschrieben, das Gleiche zu denken oder zu fühlen wie der Autor. Das Selbstbestimmungsrecht

I. Information statt Indoktrination: Ziel, Wunsch, Vorgehen

wird selbstverständlich den Lesern (jedweden Geschlechts) überlassen. Die Leser sollen bereits anhand des Schriftbildes *sehen* können, wo und wenn ich über die objektivierbaren, also nachprüfbaren Fakten hinaus subjektive und also solche für jedermann erkennbare („intersubjektive") Bewertungen und weiterführende Gedanken präsentiere. Bewertende Passagen und Gedanken sind deshalb durchgehend kursiv gesetzt.

Eilige Leser finden in den einleitenden Abschnitten der Kapitel die jeweiligen Themen und am Ende Zusammenfassungen. Die einzelnen Kapitel können durchaus unabhängig voneinander gelesen werden. Der Analyse- und Darstellungsansatz erschließt sich besonders aus den Abschnitten „Existenz auf Widerruf" Nr. 1 und 2. Wer Happen Häppchen vorzieht, liest mehr oder alles.

Schichten der Ge-schichte

Ge-schichte, schon der Begriff deutet es an, besteht aus mehreren Schichten: aus mehreren chronologisch-analytischen (also zeitlich aufeinander folgenden) Schichten einerseits sowie andererseits aus unterschiedlichen Bewertungen bzw. normativen Positionen. Es gefalle oder nicht, es kann nicht anders sein, denn – gottlob – die Menschen sind verschieden. Eine Einheitsbewertung würde, ebenso wie eine Einheitspartei, allen eine Bewertung oder Meinung überstülpen.

Mein Ziel: Information statt Indoktrination. Keine Gelehrtenschlacht um Details. *Fakten- und Bewertungsschichten* der jüdischen Geschichte seien in diesem Buch kurz, knapp und klar vorgestellt. „In der Kürze liegt die Würze." Wald und weniger Bäume oder gar Blätter.

Weltgeschichte und Klein-Klein

Jüdische Geschichte war fast immer zugleich *Welt*geschichte. Diese Formulierung könnte missverstanden werden. Als ob Juden, Judentum und Jüdisches Dreh- und Angelpunkt der Weltgeschichte wären. Wahrlich nicht. Jüdische Geschichte fand aber an so vielen Schauplätzen und Zeitpunkten dieser Welt statt und war auch für die nichtjüdische Welt, sagen wir, nicht ganz unbedeutend.

Manchmal durchdrang jüdische Geschichte der Mief des ganz Kleinen und Beengenden. Die jüdischen Lebenswelten riechen seit jeher einerseits nach der beklemmenden Enge des Schtetl und andererseits nach „der großen, weiten Welt". Jüdische Kultur ist *Welt*kultur *und* nicht selten engstirnig, piefig, kleinkariert.

Ohne das kleinfeine Judentum kein Christentum, ohne Judentum plus Christentum kein Islam. Umgekehrt sind die Einflüsse der antiken Hochkulturen Mesopotamiens und Ägyptens sowie Griechenlands und Roms auf das Judentum nicht zu unterschätzen. Einige (freilich weniger) Berührungspunkte gab und gibt es mit den süd-, südost- und ostasiatischen sowie den subsaharischen Kulturräumen. Trotz jener Fast-Leerräume bleibt, wohlwollend betrachtet, genug Weltbedeutung des Judentums. Judenfeinde interpretieren genau dasselbe Faktum als „Jüdische Weltverschwörung".

Abgesehen von der mehrheitlich polytheistischen Antike ist jüdische Geschichte zugleich die Geschichte von Juden, Christen und Muslimen – jüdisch-christlich-islamische Weltgeschichte. Eine Weltgeschichte, die auf die heutige Weltpolitik höchst explosiv und polarisierend wirkt. Wir werden diese Konflikte nüchtern analysieren und etwaige Legenden oder Fakten als solche benennen.

Jüdische Geschichte – auf den Punkt gebracht

Das ist der dreischichtige Kern der jüdischen Geschichte. Er gilt über alle Epochen hinweg bis in die Gegenwart. Je nach Ort und Zeit wechselt der Einfluss des jeweiligen Faktors:

1. Das Spannungsfeld zwischen dem Land *Israel* und der *Diaspora*-Vielzahl.

2. Der innerjüdische Gegensatz zwischen *Weltoffenheit* (Universalismus) und – teils durchaus selbstgewählter – *Abgeschlossenheit* (Partikularismus). Dieser ideologische Gegensatz prägte seit jeher innerjüdische Krisen, Konflikte und Kriege mit Waffen oder Worten. In biblischen Zeiten den Konflikt Judäa versus Israel, den Bürgerkrieg zwischen Saddüzäern und Pharisäern im 1. Jahrhundert v. u. Z., den jüdischen Bürgerkrieg im „Jüdischen Krieg" (Flavius Josephus) gegen Rom von 66 bis 70, den rabbinischen Bannstrahl gegen Philosophen wie Maimonides, Baruch Spinoza und Uriel da Costa, die „Jagdsaison" der sozialistisch-zionistischen Hagana gegen

die nationalistisch-bürgerliche Irgun-Miliz zur Jahreswende 1944/45, die Bombardierung des Irgun-Schiffs „Altalena" durch Israels Armee im Juni 1948 oder die Polarisierung in Israel und der Diaspora bezogen auf Person und Programm der Ministerpräsidenten Rabin und Netanjahu.

Die talmudischen Weisen umschrieben vor knapp 2000 Jahren diesen innerjüdischen Hass mit dem hebräischen Begriff „sinat chinam" („grundloser Hass"). Grundlos? Eine Wortwahl, die durch das Überbrücken der Abgründe den inneren Frieden ermöglichen oder sichern sollte. Dauerhafter Erfolg war diesem Bemühen nicht beschieden. Antisemiten glauben dennoch felsenfest an eine jüdische Einheitsfront.

Die zersetzende, zerstörerische Macht der innerjüdischen Konflikte ist die eine Seite. Die andere Seite ist: Diese Konflikte zwangen zum Nachdenken, Denken und Vordenken, ganz allgemein zu Wissen und Bildung. Sie waren somit – Wucht der Dialektik – kollektive und individuelle Überlebenshilfen. Als präventives Frühwarnsystem ebenso wie als reaktives Korrektiv.

3. Was ist Zeit und Raum übergreifend das Grundfaktum jüdischen Seins und Daseins, individuell ebenso wie kollektiv? Es ist eine „Existenz auf Widerruf" (Georges-Arthur Goldschmidt), wobei der Widerruf von draußen in und auf die jüdische Welt ertönt. Dieses jüdische Seinsprinzip festzustellen, ist keine Hysterie, sondern Empirie. Schon vor Jahrhunderten wurde es zum Beispiel in der Haggada, der Quasi-Fibel zum häuslichen Pessachabend, formuliert. Kurz, knapp, klar, krass und illusionslos: „Nicht nur einmal hat man versucht, uns (Juden) zu vernichten. In jeder Generation wird es immer wieder versucht." Ja, jenes Faktum wird hier fiktional überdimensioniert, denn nicht überall oder in jeder Generation wurde und wird versucht, Juden zu vernichten, aber die diesbezügliche Empfindlichkeit, Achtsamkeit, Angst und Vorsicht von Juden ist keine von ihnen ausgehende Aktion, sondern Reaktion auf Realitäten. „Jeder Jude weiß von Kindheit an, dass sein Status nur auf Widerruf besteht, dass man ihn früher oder später jagen, verhöhnen, schlagen oder sogar töten kann. Und er weiß, dass das schon immer so war." (Georges-Arthur Goldschmidt, Als Freud das Meer sah, Zürich 1999, S. 155)

Wer Juden, individuell oder kollektiv, für neurotisch und paranoisch hält (es soll ja solche geben …), erinnere sich diagnostisch daran, dass diese Nervenkrankheit oder dieser Verfolgungswahn reaktiver „Wahnsinn" ist. Therapeutisch kann dieser reaktive Wahn nur doppelgleisig behandelt werden: durch eine Therapie der Agierenden und Reagierenden, also der nichtjüdischen Agierenden und der jüdischen Reagierenden, jeweils individuell und kollektiv.

Sowohl Haggada als auch Goldschmidt beziehen sich auf die jüdische Diasporaexistenz. Seit 1948 gibt es eine geografische Alternative, die zugleich eine existenzielle ist: Israel. Anders als in knapp 2000 Jahren, zwischen 70 u. Z. (Zerstörung des Zweiten Tempels) und Israels Staatsgründung 1948, müssen Juden nicht mehr um ihr Da- und Dortsein betteln. Wenn da oder dort die Existenz von Juden widerrufen wird, benötigen sie nicht mehr die jederzeit widerrufbare Gnade auf Zeit von Seiten aufnahmebereiter Staaten. Anders als vor 1948 ist in Israel das Leben von Juden nicht nur im Sinne des nackten Überlebens gesichert. Ihre Lebensqualität in Israel kann sich durchaus mit der in Westeuropa oder den USA vergleichen.

Somit ist Antisemitismus erstmals seit knapp 2000 Jahren eher ein Problem für Nichtjuden, denn sie verlieren loyale, friedliche, einsatzfreudige, meist bestens ausgebildete sowie das jeweilige Gemeinwesen materiell und ideell bereichernde Bürger. Der Verlust der „Gastländer" ist Israels Gewinn.

Doch in der bisherigen politischen Wirklichkeit ist jüdisches Sein und Dasein in Nahost eine Existenz auf Widerruf. Anders als in der Diaspora, aber eben letztlich auch auf Widerruf.

II. „Die" Juden:
Namen und Benennungen

Nicht „Juden", sondern „Söhne Israels" oder, inhaltlich-grammatikalisch Männliches und Weibliches vereinend: „Volk Israel" („Am Israel"). Das ist die ursprüngliche Selbstbezeichnung der Juden. „Juden" – das ergab sich erst im Laufe der Geschichte, nämlich nach der Spaltung des von den biblischen Königen Saul, David und Salomon vereinigten Königsreiches in zwei Monarchien. „Israel", das Königreich der zehn nach Stammvater Jakobs Söhnen benannten jüdischen Stämme, bestand seit 721 v. u. Z. nicht mehr. Die damalige Weltmacht Assyrien hatte den größeren der beiden jüdischen Ministaaten besiegt, zerstört und einen Großteil der jüdischen Bevölkerung ins mesopotamische Exil verschleppt. Danach gab es nur noch das Königreich Judäa. Es bestand aus den Stämmen Judas und Benjamin, ebenfalls nach Söhnen Jakobs benannt. Seine Einwohner waren „Jehudim" (Judäer bzw. Juden). Sobald es ab 721 v. u. Z. keinen Staat „Israel" mehr gab, waren alle, die in Judäa oder woanders als Nachfahren der zehn Stämme bzw. der zehn Söhne Jakobs/„Israels" lebten und ihren EINEN Gott sowie die Tora (Fünf Bücher Moses) als „Gottes Wort" verehrten, „Juden". Auch diejenigen, die im religiösen Sinne Juden wurden. Das gab es in der Antike häufig, wenngleich oft zu hören ist: „Juden betrieben und betreiben keine Missionierung." Bis zum frühen 4. Jahrhundert ist diese Aussage falsch. Dann erließ der römische Kaiser Konstantin ein Missionierungsverbot für Juden. Seitdem stand nichtjüdische Macht gegen jüdische Ohnmacht, die ihrerseits in der folgenden jüdischen Tradition rationalisiert, quasi kanonisiert und überhöht wurde, indem Konversionswillige (in der jüdischen Orthodoxie noch heute) durch hohe, exklusive Beitrittshindernisse sozusagen abgeschreckt werden sollten.

Dieser Kunstgriff verwandelte ideologisch-theologisch die eigene Ohnmacht zu Exklusivität. So wurde die bittere Pille, eigene Schwäche, versüßt. Das seit Mitte des 19. Jahrhunderts bestehende liberale Judentum hat die Beitrittshürden weitgehend aufgehoben. Unabhängig von jeglicher Bewertung hebt diese Praxis den Volkscharakter bzw. die Abstammungsgemeinschaft der Juden auf. Das Judentum wird so von einer (für deutsche Ohren unerträglich) „Volksgemeinschaft" zur Religionsgemeinschaft, also Konfession. So weit die *statische*, rein formale Sichtweise.

Weil Wirklichkeit meistens *dynamisch* ist, kann keineswegs aus der Konfessionalisierung des Judentums eine spätere, modifizierte und dauerhafte abstammungsbezogene „Eingemeindung" ausgeschlossen werden. Auch dieses Faktum um- und beschreibt das Alte Testament durch eine Geschichte. Im Buch Ruth ist sie zu finden. Ruth ist darin eine Nichtjüdin, die das Schicksal ihrer jüdischen Schwiegermutter teilt, einen Juden heiratet und damit Großmutter von König David wird. Aus seinem „Haus" komme der Messias, besagt die jüdische (und christliche) Tradition. Die beschriebene Liberalisierung der Judaisierung im liberalen Judentum entspricht trotz orthodoxer Verneinung also durchaus dem biblischen Geist. Gleiches gilt für die beiden nichtjüdischen Ehefrauen Moses'. Die eine Midjaniterin, die andere „Kuschit".

Das Reich „Kusch" existierte zwischen 700 und 300 v. u. Z. südlich von Ägypten, also genau in der Zeit, zu der der größte Teil der Hebräischen Bibel schriftlich fixiert wurde, nämlich zwischen 500 und 300 v. u. Z. Kusch war sozusagen die Brücke zwischen der Kultur und Religion Ägyptens im Norden und der ostafrikanischen-nordsudanesischen südlich Ägyptens. Diese geografisch-kulturell-religiöse „Mischung" kennzeichnet die Hebräische Bibel ganz und damit die jüdische Frühgeschichte ganz allgemein. Wer die Bibel so liest, versteht, dass hier ganz offen auf religiöses Monopol und damit auch auf Auserwähltheit oder Überlegenheit gegenüber anderen Völkern verzichtet wird – allen gegenteiligen Formulierungen bzw. Ansprüchen jüdischer Auserwähltheit zum Trotz. Vorsichtiger formuliert und später auszuführen: Zwei Dimensionen kennzeichnen das Judentum: die partikularistisch-monopolistische einerseits sowie die universalistisch-pluralistische andererseits.

In der jüdischen Tradition ist Moses nicht irgendwer, sondern „der" Prophet und (wieder so ein Schreckenswort) „Führer" schlechthin. Verwiesen sei auch auf Osnat, die ägyptische Gattin von Jakobs Lieblingssohn Josef.

Daraus folgt (ketzerisch?): Sowohl die beiden Söhne von Josef (Efrajim und Menasse) als auch Gerschom und Elieser, die zwei Söhne des Mythos Moses, waren hilachisch (= dem jüdischen Religionsgesetz gemäß) keine Juden. Die Halacha bestimmt nämlich: Jude ist, wessen Mutter Jüdin ist.

II. „Die" Juden: Namen und Benennungen

Das hört sich ketzerisch an, ist es aber nicht wirklich, denn die Halacha (das jüdische Religionsgesetz) wurde erst lange nach der Festlegung des alttestamentlichen Textes fixiert.

Was nun? Was gilt? Wir stoßen auf ein Kennzeichen vieler Religionen, nicht nur des Judentums: Viele scheinbar eindeutige, unumstößliche Bestimmungen sind oft mehrdeutig und alles andere als unumstößlich. So wurden biblische Bestimmungen oder Aussagen von den späteren Rabbinern scheinbar mir nichts, dir nichts oft vom Kopf auf die Füße gestellt oder umgekehrt.

Daraus folgt: Das Judentum war und ist sowohl eine Abstammungsbeziehungsweise (Entschuldigung) „Volksgemeinschaft" als auch eine Konfession. Nebenbei: Auch Sprache ist mehrschichtig. Das dokumentieren die hier entschuldigend gebrauchten, zur treffenden Beschreibung aber nahezu unvermeidlichen, doch NS-vergifteten Begriffe wie „Führer" oder „Volksgemeinschaft".

Judas wäre, aus biblisch ideologischen Gründen, wohl nicht die erste Wahl für die Benennung der Gesamtheit der Gemeinschaft gewesen, denn auch und zuerst in der Hebräischen Bibel (Altes Testament) ist Judas nicht gerade bestens beleumundet. Man lese dazu in Genesis 38. Judas war der vierte Sohn von Stammvater Jakob, und seine Mutter Lea war, im Vergleich zu Stammmutter Rachel, die von Jakob weniger geliebte zweite Hauptfrau. Trotzdem atmete Lea auf: „Ich will dem Herren danken." Aus den hebräischen „Wurzelbuchstaben" für Gott sowie Dank entstand der Name „Judas".

Eine im Namen der Gemeinschaft enthaltene, zugleich ähnliche und abgrenzende Gedankenbrücke finden wir auch im Christentum. Sie führt ebenfalls zu Gott. Aber anders – nicht zu Gottvater, sondern zum Sohn. Diese beiden sind im Christentum Teil der einheitlichen Dreiheit aus Vater, Sohn und Heiligem Geist („Trinität" bzw. „Heilige Dreieinigkeit"). Ähnlichkeiten zwischen und Abgrenzungen von Judentum und Christentum werden wir häufiger begegnen. Diese Gedankenbrücke finden wir auch im Buddhismus, nicht aber im Islam, der eben kein „Allahismus" ist. Angehörige des Islam, Muslime, sind diejenigen, die sich (Gott) unterwerfen.

Der Großteil des Alten Testaments wurde zwischen 500 und 300 v. u. Z. verfasst. Das ist die Epoche jüdischer Autonomie bzw. Quasi-Staatlichkeit in der alten Heimat Judäa. Gewährt wurde sie den Juden im Perserreich und in der Ära des Hellenismus. Die alttestamentliche Judas-Überlieferung erzählt die dazu passende Geschichte, die, wie das Alte Testament überhaupt, nie beanspruchte, Geschichte zu sein, sondern eben Geschichten, die beschreiben, nicht dokumentieren sollten, „wie es dazu kam". Woher also, trotz der „Startnachteile" (besonders Genesis 38), die herausragende Bedeutung von Judas für „die" Juden? Weil Judas trotz aller Makel auch positive Züge aufwies: Josef, Jakobs Lieblingssohn, war seinen eifersüchtigen Brüdern verhasst. Sie wollten ihn töten. Das verhinderte Judas. Er schlug vor, Josef nicht zu ermorden, sondern ihn zu verkaufen. Gesagt, getan. Auch nicht gerade fein, aber doch Josefs Leben rettend.

Dieser bewussten *dialektischen Ethik* begegnet man in der Hebräischen Bibel sowie in der gesamten jüdischen Tradition immer wieder. Sie als Beliebigkeit zu bezeichnen, wäre völlig verfehlt. Vielmehr soll signalisiert werden, dass ein und derselbe Mensch oder Sachverhalt nicht eindimensional, sondern mehrdimensional betrachtet und bewertet werden muss. Wie bei jeder guten Literatur. Diese Erzählweise ist zugleich Denkmethode.

Angesichts jener Judas-Dialektik überrascht die Tatsache, dass sowohl in der jüdischen als auch christlichen Tradition der Messias aus dem Hause Davids kam (christlich) oder kommen soll (jüdisch). Eine zweite, scheinketzerische Schlussfolgerung: Auch diese Doppelbödigkeit der Judas-Erzählung verbindet Juden und Christen gleichermaßen. Vielleicht sehen es die Mehrheiten beider Seiten eines Tages ein.

Fazit: Vom frühen 8. Jahrhundert v. u. Z. bis zur ersten Hälfte des 19. Jahrhunderts nennen sich Juden „Juden" und werden auch von außen so genannt. Die zur Zeitenwende beginnende rabbinische Literatur spricht dagegen meist von „Israel". Die Außenwelt nahm „Juden" meist negativ wahr. Um diesem „Makel" zu entkommen, nennen sich deshalb seit dem 19. Jahrhundert assimilationseifrige Juden „Israeliten". Die Flucht aus der traditionellen Bezeichnung führte spätestens seit 1948 (Gründung des Staats Israel) in die politische und identifikatorische Sackgasse. Kaum jemand will oder kann zwischen Juden und Israel unterscheiden.

Einer ähnlichen Doppelbödigkeit wie bei Judas begegnen wir bei der Sammelbezeichnung „Israel" bzw. „Volk Israel", „Söhne Israels".

Israel war der Name, den Jakob nach seinem sogenannten „Kampf mit dem Engel" erhielt. Der hebräische Urtext legt nahe, dass dieser (falsch übersetzte) Engel Gott „höchstpersönlich" war. Der körperliche Kampf zwischen Gott und Jakob endete unentschieden. Jakob war also ein „Gottesstreiter", hebräisch: „Israel", und diesen Namen gab er sich nicht selbst. Er wurde ihm von Gott verliehen. ER war die entscheidende „Instanz".

II. „Die" Juden: Namen und Benennungen

Bibelsprache ist Bildersprache. Worte und Erzählungen sind als Bilder, als Chiffren, als Symbole zu verstehen. Das Bild führt vom Äußeren zum inneren Kern. Dieser wäre hier so zu beschreiben: Der Mensch (nicht nur Jakob und das Volk Israel) nimmt es mit Gott körperlich und (!) geistig auf. Gott wird als höchste Macht anerkannt und gleichzeitig infrage gestellt und, wörtlich, bekämpft. Ein (positiv) provokativer Akt der Autoemanzipation (Selbstbefreiung) des Menschen von Gott. Die andere Seite (dialektische Ethik oder, besser: dialektische Theologie): trotz oder wegen dieser Autoemanzipation demütige Unterwerfung vor Gott.

Dieser Kernaussage (in erzählten Bildern) begegnen wir an zahlreichen Stellen der Hebräischen Bibel. Beispiel eins: Vor der Zerstörung Sodoms und Gomorrhas feilscht Stammvater Abraham mit Gott um und für jeden Gerechten in jenen Sündenpfuhlen. Beispiel zwei: Hiobs Klagen wider Gott. Am Ende seines irdischen Daseins knüpft auch der gekreuzigte Jesus an diese jüdische Tradition an: „Mein Gott, warum hast Du mich verlassen (bzw. geopfert)?" Er war als Jude geboren und gestorben.

Kernaussage zwei betraf die nahezu blinde, unterwürfige Akzeptanz göttlicher Autorität: Derselbe Abraham, der mit Gott geradezu aufrührerisch feilschte, unterwarf sich ihm blind. Erinnert sei an die Opferung Isaaks. Der zuvor so widerspenstige Abraham war bereit, wenngleich widerwillig, so doch widerspruchslos Gottes Befehl auszuführen.

Jenes einerseits aufmüpfig-emanzipatorische sowie andererseits und gleichzeitig unterwürfige Verhältnis zu Gott setzt sich im Talmud fort. Bis an die äußerste Grenze befragen die Weisen („Unsere Väter" = „awoteinu" genannt) die (Un-)Sinnhaftigkeit göttlicher Entscheidungen. Just da ertönt eine „bat kol", d. h. eine himmlische Stimme, die, frei übersetzt, jeglichen Widerspruch ausschließend, verkündet: „Das ist deine Sache nicht, Mensch!"

Diese Zweidimensionalität des jüdischen Gottesverständnisses hat die Orthodoxie inzwischen auf Gehorsam einfordernde, nur das Äußere der traditionellen Bildsprache erkennende, benennende und bekennende Eindimensionalität schrumpfen lassen.

Religionsgeschichte erzählt religiös gefärbte Geschichten. Sie ist keine Geschichte im wissenschaftlichen Sinne, also nicht historisch. Religionsgeschichtlich war nicht Jakob der erste Stammvater der Juden, sondern Abraham. Dass die Juden „Am Israel" bzw. „Volk Israel"/„Söhne Israels"/ „Israeliten" wurden und nicht „Volk Abraham" oder Abrahamiten, ist leicht zu erklären. Antike Gesellschaften waren Stammesgesellschaften. Die

II. „Die" Juden: Namen und Benennungen

jüdischen Stammesnamen wurden auf den biblisch-mythologischen Jakob zurückgeführt. Der hatte zwölf Söhne (auch Töchter, doch Töchternamen wurden damals leider nicht gewählt ...). Der mythisch-biblische Abraham hatte nur einen standesgemäßen Sohn: Isaak. Dieser hatte zwei Söhne: Esau und Jakob. Ein Name reichte nicht für zwölf Stämme, und so wurde der Vater der zwölf „Söhne" Stammvater, also Jakob bzw. Israel.

Selten werden Juden sowohl intern als auch von Außenstehenden „Hebräer" genannt. „Ich bin ein Hebräer". Dieser Satz des Propheten Jona (Jona 1,9) dürfte die bekannteste Selbstbezeichnung eines Juden als Jude sein. Bevor Abraham in der Bibel (Genesis 14,13) als Stammvater des Volkes Israel präsentiert wird, ist er „Hebräer", und Jakobs Sohn Josef wird von „den" Ägyptern als „Hebräer" wahrgenommen (Genesis 39,14; 41,12).

Über Ursprung und Erstbedeutung des Wortes „Hebräer" sind sich die Gelehrten uneinig. Mir leuchtet die Hinführung auf die Wurzelbuchstaben ajin, beth, reisch mit der Verb-Bedeutung „überqueren" am ehesten ein, denn auf seinem (biblischen) Weg aus dem Zweistromland ins „Gelobte Land" überquerte der legendäre Stammvater Abraham den Euphrat.

Der frühe Kirchenlehrer Origenes (184–253), ein frühchristlicher und strammer Gegner der Juden, unterschied zwei Juden-Kategorien. Solche, die ihm bei der sprachlichen Auslegung der Bibel halfen, nannte er „Hebräer". Die Übrigen betrachtete er schlicht als Gegner. Das waren „die Juden".

Die Benennung von Juden als „mosaisch" verweist wie die Bezeichnung von Muslimen als „Mohammedaner" auf die Personen, Moses und Mohammed. Sie entstammen dem jeweiligen Mythos, dem fiktional, also ohne geschichtswissenschaftliche Beweise, Geschichtlichkeit unterstellt wird. Weder Mohammed als Begründer und Prophet des Islam noch Moses wird in der jeweils Heiligen Schrift (Koran, Altes Testament) Gotteseigenschaft zugesprochen. Krasser: Wie Aussatz werden dabei die Begriffe „Juden" oder „Muslime" durch Personalisierung umschifft. Zugleich reduziert diese Personalisierung auf Moses oder Mohammed beide Religionen zu entgöttlichten Konfessionen, weil beide Bezeichnungen nicht auf Gott verweisen, sondern auf vom Mythos überlieferte Menschen. Zum einen auf Moses (der keine historische Persönlichkeit war, sondern Chiffre ist), zum anderen auf Mohammed (für dessen historische Authentizität es keinen einzigen zeitgenössischen Beleg, sondern nur Zeugnisse gibt, die viel später entstanden). Personalisierung – Konfessionalisierung – Entkernung bzw.

Entgöttlichung. Das ist, bezogen auf Mosaische und Mohammedaner, die entweder von innen oder außen politisch gewollte Gedankenkette.

Exkurs: Anmerkungen zum Davidstern

Die Schulweisheit verbreitet die Legende, der „Davidstern" wäre „das" Symbol des Judentums. Tatsache ist – und in Gershom Scholems „Der Davidstern" nachzulesen: Der Davidstern war keine Erfindung des legendären, biblischen Judenkönigs. In zahlreichen anderen Kulturen findet man dieses Symbol zu verschiedenen Zeiten quasi als ein gegen „Böse Geister" gerichtetes und vor ihnen schützendes Zeichen. Die Ursprünge (Plural!) sind also interkulturell und ur-„heidnisch". (Der vermeintlich „Islamische Halbmond" übrigens auch, und das „Christenkreuz" war ursprünglich bekanntlich alles andere als christenfreundlich oder selbstgewählt.)

Im Laufe des 19. Jahrhunderts erhielten Westeuropas Juden erstmals rechtliche Gleichstellung. Die liberalen passten sich auch kulturell sowie religiös an und wollten „wie die Christen" ein eigenes Symbol. Dabei verfielen sie auf den „Davidstern", samt der Legende vom davidischen Ursprung. Hier Kreuz, dort Davidstern. Vereinfacht könnte man sagen: Wo und wenn man bei Juden im 19. und frühen 20. Jahrhundert auf dieses „Judensymbol" stieß, befand man sich im eher liberaljüdischen Milieu. Anschauungsunterricht bieten unter anderem in jener Epoche aufgestellte Grabsteine mit oder ohne Davidstern auf jüdischen Friedhöfen. Auch der Gründer des Zionismus, der assimilierte und liberale Jude Theodor Herzl, bediente sich des Davidsterns und machte dieses in seinen Kreisen „typisch jüdische" Symbol zum Zeichen der jüdischen Nationalbewegung. So viel zum zwar reaktiven, doch positiv selbstbestimmten Ursprung des heute „typisch jüdischen" Symbols. Den negativ fremdbestimmten Ursprung kennt und nennt heute jedermann: den „Judenstern", den die deutschen Nationalsozialisten aufzwangen, bevor sie die Juden sechsmillionenfach ermordeten.

In der Mitte der Staatsflagge des neuen Jüdischen Staates, Israel, prangt der Davidstern. Als Zeichen zionistischer Kontinuität und der Pietät gegenüber den sechs Millionen. Sozusagen als Zeichen gesamtjüdischer Auferstehung. Erst Ermordung, dann Auferstehung. Grundgedanke und Grundgefühl des typisch jüdischen Davidsterns und des typisch christlichen Kreuzes ähneln einander weit mehr als allgemein wahrgenommen.

III. Biologie: Volk, Nation, Religion, Schicksalsgemeinschaft, Identifikation?

„Jüdische Gene". Wer davon in Deutschland spricht, gerät schnellstens in Verdacht, „Nazi", „Rassist" oder „nur" Reaktionär zu sein, und muss mit Karrierekonsequenzen sowie gesellschaftlicher Ächtung rechnen. „Rasse", dieser Begriff ist – zu Recht! – auch außerhalb Deutschlands verpönt bis tabuisiert. Aber „Rassismus ohne Rasse"? Ich kontaktierte mehrere deutsche Humangenetiker und fragte sie, ob es methodisch möglich sei, eine „genetische Geschichte der Juden" zu entwickeln. Bezeichnend war diese Antwort eines namhaften Paläogenetikers: Begriffe wie „Jude" seien „nicht genetisch zu definieren, ... da sie religiöse bzw. kulturelle Kategorien sind". Grob gerechnet trifft diese Aussage lediglich für die letzten 200 Jahre in Europa und Nordamerika zu, seit der rechtlichen Gleichstellung sowie der Säkularisierung, also der beidseits relativ (!) freien, alltäglichen Möglichkeit von Verbindungen (und Paarungen) zwischen Juden und Nichtjuden. Dass knapp 3000 Jahre mal freiwilliger und mal unfreiwilliger Abkapselung keine genetischen Spuren hinterlassen haben sollten, scheint höchst unwahrscheinlich. Die historisch-politische Empfindsamkeit ist nach den NS-Urverbrechen an der vermeintlichen „Jüdischen Rasse" berechtigt. Dass Deutsche, vor allem genetische Laien (zu denen Historiker zählen, also auch ich), dieses heiße Eisen eher nicht anfassen, ist nachvollziehbar. Dennoch Entwarnung.

Das wie auch immer temperierte Eisen wird angepackt. Sogar in Deutschland, beispielsweise im Leipziger Max-Planck-Institut für evolutionäre Anthropologie und dort in der Abteilung für Archäogenetik, das 2020 eine (für mich) bemerkenswerte 6000-jährige genetische Geschichte der östlichen Steppe Eurasiens veröffentlichte. Besonders anregend ist das Buch des Abteilungschefs Johannes Krause mit Thomas Trappe „Die Reise unserer Gene. Eine Geschichte über uns und unsere Vorfahren" (2019). Konkret erforscht er lang Zurückliegendes, also tagespolitisch Risikoloses,

III. Biologie: Volk, Nation, Religion, Schicksalsgemeinschaft, Identifikation?

„z. B. das Erbgut des Neandertalers, des Denisova-Menschen oder auch uralter Krankheitserreger", wie mir in seinem Auftrag im Februar 2021 mitgeteilt wurde. Trotzdem wagt Johannes Krause in der lesenswerten „Reise unserer Gene" den Sprung von den Neandertalern zu den heutigen Juden: Zwar sei die „Idee" jüdischer Gene „heute längst widerlegt", obwohl „immer noch weitverbreitet", aber eine von „der nichtjüdischen Bevölkerung unterscheidbare *genetische Signatur*" und einen besonderen „Genmix" bestreitet auch er nicht (S. 249 f.). Bewirkt hätten das die, wie er schreibt, „strengen Heiratstraditionen" der Juden. Diese „trugen dazu bei, dass jüdische Menschen über Jahrhunderte vor allem mit Menschen ihres Glaubens Kinder zeugten" (S. 249). Im Klartext: Die Juden hätten sich im Laufe der Geschichte selbst von Nichtjuden abgekapselt. Diese Aussage ist nur scheinbar judenunfreundlich, denn Krauses Buch ist politisch skrupulös korrekt. Doch politisch korrekt bedeutet nicht unbedingt auch sachlich korrekt. Krauses Schlussfolgerung ist bei allem Respekt vor diesem Fachmann falsch oder, vorsichtiger: sie übergeht die jahrhundertelange Tradition der Diskriminierung der Juden seitens der nichtjüdischen Welt. Diese verhinderte weitgehend jegliche Kohabitation ebenso wie, erst recht, Kopulation.

Auch das Jenaer Max-Planck-Institut für Menschheitsgeschichte sei mit seinem Komoren-Genomprojekt genannt. Doch auch hier gilt: Sicher ist sicher. Deshalb setzten die Jenaer Wissenschaftler im Juli 2020 ein „Statement gegen Rassismus" auf ihre Website. Die Leipziger Kollegen um und mit Johannes Krause bieten auf ihrer Homepage ein „Ethics"-Fenster mit einem „Assessment and Reflection on the Ethical Dimensions of Archaeogenetics Research". Die Diskussionen hierüber begannen im Dezember 2018, liest man. Anlass dürften die fremdenfeindlichen Demonstrationen vom August 2018 in Chemnitz gewesen sein. War man sich vorher der Fallstricke nicht bewusst? Trotz der Seriosität jener Ausführungen wirkt (auf mich) eine solche Zur-Schau-Stellung von „Ich-bin-in-Ordnung"-Bekundungen eher peinlich und erinnert mich an „Ich bin kein Antisemit, wirklich". Weniger wäre mehr. So erkennen wir einmal mehr, dass und wie sehr immer noch so mancher Deutsche (und nicht nur der oder die), selbst die Gebildetsten, ihrer individuellen oder kollektiven Ethik misstrauen. Verkrampfungen allenthalben. Erlöster müssten sie mir scheinen. Auch das ein Beitrag zur nationalen und globalen Vergangenheit und Gegenwart der Juden.

An das Thema „der" Juden wagt sich die deutsche Archäogenetik, abgesehen von nicht einmal fehlerfreien Häppchen-Aussagen, (noch?) nicht.

III. Biologie: Volk, Nation, Religion, Schicksalsgemeinschaft, Identifikation?

Längst widmen sich vorurteilsfreie und wenig(er) politisch-ängstliche jüdische Wissenschaftler diesem Thema. Ihre historischen, ganz und gar un-ideologischen Erkenntnisse sind dabei eher ein Nebenprodukt. Ihr Hauptaugenmerk ist die Medizin. Verwiesen sei besonders auf Harry Ostrer (Legacy, bes. S. 143–155). Seine Forschung basiert auf Maurice Fishbergs „The Jews. A Study of Race and Environment" (New York 1911). Geboren 1872 in Russland kam Fishberg 1889 in die USA, wo er Mediziner und Anthropologe wurde. Auch an israelischen und amerikanischen Hochschulen wird intensiv zum Thema geforscht, ebenso in Island (vgl. Dan Even, *Haaretz*, 7.8.2012; auch Thomas Thiel, *Frankfurter Allgemeine Zeitung*, 29.9.2021; Rudolf Hermann, *Neue Zürcher Zeitung*, 16.11.2021). Ostrer ist Medizingenetiker und Professor für Pathologie und Genetik am Albert Einstein College für Medizin der neoorthodox-jüdischen Yeshiva University in New York City. Koscherer geht's nicht. Dass deutsche Genetiker das heiße Eisen der Archäogenetik nicht anpacken, wundert ihn nicht. Er schrieb mir: „I am not surprised that most German geneticists would be hesitant about the population genetics of Jews given the sad 20th century history of race science." Sehr nobel, aber freie Wissenschaft und Scheuklappen schließen einander eigentlich aus. Es wird Zeit, dass diese Maxime auch in Deutschland allgemein gilt, wenngleich man bei manchen deutschen Historikern neuerdings den Eindruck gewinnt, es gelte die Maxime „Mehr Antisemitismus wagen". Für Wolfgang Reinhard ist der Holocaust eine „zufällige Häufung tragischer Einzelschicksale", die Erinnerung daran „jüdischer Art" (*Frankfurter Allgemeine Zeitung*, 10.1.2021).

Am Anfang von Fishberg, Ostrer und Fachkollegen stand, versteht sich, nicht die Frage: Hatte der Rassenwahn der Nazis etwa doch eine rationale, berechtigte Basis? Vielmehr war das die Leitfrage: Kann die Genetik etwas beitragen, um bestimmte Krankheiten zu bekämpfen, die in der Gruppe ABC – hier Juden – häufiger als sonst vorkommen? Die Antwort(en) setzt bzw. setzen natürlich die Kenntnis einer, sofern vorhanden, Gruppengenetik voraus. Ob man die jeweilige Gruppe „Rasse" oder anders nennt, ist zweitrangig. Erstrangig muss das Ziel sein: Menschen zu helfen. Die NS-Rassenkunde war menschenfeindlich und in ihrer Wirkung mörderisch. Sie erfand vermeintlich über- und unterlegene „Rassen", die medizinische Genetik ist menschenfreundlich und therapeutisch ausgerichtet. Ihrer Erkenntnisse kann und sollte sich die Geschichtswissenschaft bedenkenlos bedienen, wo und sofern sie ihrer bedarf. Interdisziplinarität statt Scheuklappen und Ideologien (vgl. Murray, Human Diversity, Position 2687).

III. Biologie: Volk, Nation, Religion, Schicksalsgemeinschaft, Identifikation?

Ostrer und Kollegen teilen die gesamte Judenheit in ihren auf DNA-Analysen fußenden Ergebnissen in vier Großgruppen ein: 1.) Orientalische Juden, das sind Juden mit Vorfahren aus dem Land Israel/Judäa, Palästina, Iran, Irak, Arabische Halbinsel, Zentralasien. Der zwangsweise Exodus ihrer Vorfahren fand vor allem seit 721 v. u. Z. nach Assyrien und 586 v. u. Z. nach Babylon statt. Bei jemenitischen und äthiopischen Juden sind keine Land-Israel-Vorfahren erkennbar. Das bedeutet: Teile der einheimischen Bevölkerung konvertierten im Laufe der Geschichte zum Judentum. 2.) Aschkenasim, das sind Juden mit west-, mittel- und osteuropäischen Vorfahren. 3.) Sefarden, das sind Juden mit Vorfahren aus Spanien und anderen südeuropäischen Ländern. 4.) Nordafrikaner, das sind Juden mit Vorfahren aus Marokko, Algerien, Tunesien, Libyen und Ägypten.

Vor etwa 2500 Jahren – assyrische und babylonische Diaspora – teilte sich erstmals je ein Zweig von orientalischen und (später teils blond-blauäugigen …) europäischen Juden. Die freiwillige europäische Diaspora der Juden ist auf die hellenistische (ab ca. 330 v. u. Z.) und besonders die römische Epoche im Heiligen Land anzusetzen (ab ca. 60 v. u. Z.), die unfreiwillige ab 70 u. Z., nach der Niederlage im Jüdischen Krieg gegen die römischen Besatzer sowie der Zerstörung des Zweiten Jerusalemer Tempels. Anders, als viele Legenden über „die" Juden besagen, missionierten „die" Juden in der hellenistisch-römischen Epoche recht aktiv und vermischten sich durchaus mit Nichtjuden. Die Hebräische Bibel thematisiert besonders im Makkabäerbuch offen und unumwunden, wenngleich heftig ablehnend, die hyperassimilatorisch hellenisierten und hellenisierenden Juden. Ähnlich seit dem 2. Jahrhundert v. u. Z. die Polarisierung zwischen romanisierten und romanisierenden Juden einerseits und antirömisch-partikularistischen Juden andererseits. Die „Jüdische Genetik" liefert unaufgeregt empirische Befunde.

Aufgrund der chronologischen Geografie – konkret der Abfolge von Flucht, Vertreibung und Aufnahme-Region – kam es, nüchtern und vorurteilsfrei betrachtet kaum überraschend, zu „Vermischungen". DNA-Analysen dokumentieren sie. Zum Beispiel nacheinander die Verbindungen nordafrikanischer Juden mit phönizischen Kaufleuten, freiwilligen Migranten aus dem Land Israel vor der Zerstörung des Zweiten Jerusalemer Tempels, jüdischen Flüchtlingen nach dessen Zerstörung im Jahre 70 u. Z., Konvertiten einheimischer Berber. Josephus berichtet, dass im 1. Jahrhundert u. Z. allein in der Cyrenaika etwa eine halbe Million Juden lebten. Zahlenangaben aus der Antike sollten skeptisch eingeschätzt werden. Im

III. Biologie: Volk, Nation, Religion, Schicksalsgemeinschaft, Identifikation?

gesamten Römischen Reich lebten, Josephus zufolge, um 70 u. Z. sechs Millionen Juden, in Judäa nur eine halbe Million.

Stichwortartig die Hauptergebnisse:

- Alle vier jüdischen Großgruppen lassen sich eindeutig auf *mittelöstliche Ur-Vorfahren* zurückführen.
- Die Genetik dieser Ur-Vorfahren ist keineswegs „rein" jüdisch. Sie ähnelt zum Beispiel der drusischen, zypriotischen und allgemein nahöstlichen Bevölkerung im und um das Land Israel.
- Dabei gibt es biologisch-geografisch, im wörtlichen Sinne natürlich, Ähnlichkeiten (doch keine vollständigen Identitäten) mit Arabern (einschließlich Palästinensern) und anderen Nachbarn.
- Juden der jeweils selben Region haben untereinander mehr genetische Gemeinsamkeiten als mit Nichtjuden, aber mit ihren einheimischen Nichtjuden wiederum mehr genetische Gemeinsamkeiten als mit Juden aus ferneren Siedlungsbereichen.
- Bedeutsam ist bei allen Gruppen der Unterschied zwischen der jeweiligen mütterlichen oder väterlichen Linie. Bei nur 20 Prozent der aschkenasischen Frauen wurden nahöstliche Land-Israel-DNA-Wurzeln nachgewiesen. Gut die Hälfte der 80 Prozent der heutigen aschkenasischen Juden mit gemischten Vorfahren stammt allerdings von nur vier nichtjüdischen, europäischen Frauen ab. Das bedeutet: Man kann nicht unbedingt sagen, dass Mischehen eher die Regel waren. Vielleicht haben jene vier konvertierten Frauen auch einfach nur sehr viele Kinder bekommen, die ihrerseits biologisch sehr erfolgreich waren und sind. Was man aber sehr wohl sagen kann: Die meisten heutigen aschkenasischen Juden sind eindeutig gemischter europäischer und jüdischer/nahöstlicher Abstammung, also keine (genetische) Entität als Volk. Es gab Vermischung – auch wenn das jeweilige Ausmaß und die zeitliche Abfolge mit dieser Methode nicht bestimmbar sind.
- Keine nahöstlichen Land-Israel-DNA-Wurzeln wurden bei Juden aus dem Nordkaukasus ermittelt (Tia Ghose, *LiveScience*, 8.10.2013; googeln unter Martin Richards, University of Huddersfield, England). Es gibt keine jüdischen Abkömmlinge des Chasarenkönigreichs, das im Mittelalter jüdisch wurde. Die These von Shlomo Sand (2012), die Aschkenasim wären Nachfahren der jüdischen Chasaren, entbehrt daher jeder empirischen Grundlage.

III. Biologie: Volk, Nation, Religion, Schicksalsgemeinschaft, Identifikation?

Jenseits der religiösen Gepflogenheiten ihrer Pfarrer oder Rabbiner haben sich (wie viele?) Juden und Christen nicht an die Abgrenzungsvorgaben ihrer religiösen Institutionen und Personen gehalten. Es gab auf der Ebene *von Mensch zu Mensch zwischen Juden und Christen* offensichtlich (wie viele?) enge Verbindungen, wechselseitige *Offenheit, Toleranz, ja Akzeptanz, Liebe (?)* und nicht nur Triebe. Oder, ebenfalls denkbar, Nähe dem Triebe folgend ohne Liebe. Jedenfalls Nähe. Wahrscheinlich Nähe mit und (!) ohne Liebe. Dazu sagt die Genetik nichts.

Berücksichtigt man die Tatsache, dass die mittelalterlichen Judengassen und -viertel stadtgeografisch meistens im Zentrum oder zentrumsnah und auf dem Land die Häuser von Juden in unmittelbarer Nachbarschaft zu Häusern von Nichtjuden lagen, kann diese menschliche Nähe nicht wirklich überraschen. Zumindest vermuten kann man sie. Freilich sagen jene genetischen Erkenntnisse nichts über das Wie der entstandenen Nähe aus. Sie dokumentieren lediglich ein mehrfaches Dass. Auch dieses Dass überrascht nicht, und über das Wie gibt es zum Beispiel literarische Zeugnisse, die nicht zuletzt fundierte Mutmaßungen über die Mehrschichtigkeit bzw. Ambivalenz nichtjüdisch-jüdischer Beziehungen erlauben. Erinnert sei unter anderem an Lope de Vegas Drama „Die Jüdin von Toledeo" und die späteren Bearbeitungen von Lion Feuchtwanger und Franz Grillparzer. Das Urdokument der Juden, die Hebräische Bibel, keine historische Quelle, doch eine historisierende Erzählung, erwähnt zahlreiche „Mischehen", zum Beispiel Josef und Osnat, Moses und Zipora sowie die „Kuschit" (Schwarze, Äthiopierin), Boaz und Ruth, von den hundertfachen Mischehen König Salomons ganz zu schweigen. Die Bibel ist kein Dokument der Archäogenetik, doch diese spiegelt sich in jener literarisch wider.

Die Verknüpfung von historischer Biologie und chronologischer Geografie ermöglicht dieses *Fazit*: Je dichter die Geografie zwischen den jeweiligen Juden und Nichtjuden, desto näher ihre Biologie. Das wiederum bedeutet: Die Kontakte zwischen Juden und Nichtjuden waren schon vor dem Fall der Ghettomauern nicht nur geschäftlich, sondern auch geschlechtlich, also menschlich und nicht nur eine endlose Kette von Judenverfolgungen – die es freilich trotzdem zuhauf gab und die ihrer Wucht wegen Wahrnehmung und Weitergabe dominieren. Jenseits von Judenhass, Judenverfolgungen und Judenermordungen, Theologie und Ideologie gab es auch menschliche Nähe und Wärme zwischen Christen, Juden und Muslimen.

III. Biologie: Volk, Nation, Religion, Schicksalsgemeinschaft, Identifikation?

Angesichts dieser Empirie lässt sich die ewige (Streit-)Frage leicht(er) beantworten: Sind „die" Juden, ist daher „das" Judentum nun ein Volk, eine Nation, eine Religion oder nur eine Schicksalsgemeinschaft?

Der Begriff „Volk" hat – auch in anderen Sprachen als „populus", „people", „peuple", hebräisch „am" – durchaus zumindest eine entweder biologische oder gar biologistische, also Biologisches in die Politik übertragende Dimension. Gleiches gilt, ausgehend von der ursprünglichen Wortbedeutung, auch für „Nation", denn in eine Nation wird man hineingeboren: Lateinisch „natus sum" = „ich bin geboren", und zwar in eine bestimmte Gruppe, die als „Nation" bezeichnet wird. Und weil durch die Geburt rein biologisch bestimmt, sind, so gesehen, die Begriffe Volk und Nation mehr oder weniger identisch. Der moderne Nationsbegriff umfasst, etwa bei Zuwanderung, zusätzlich die geografische Dimension.

Sowohl kniffliger als auch einfacher wird die Abgrenzung zwischen Volk und Nation, wenn diese, wie bei Karl W. Deutsch, als „Kommunikationsgemeinschaft" definiert wird. Dabei entfällt wie beim geografischen Zusammenhalt die biologische Dimension. Sie wird durch die funktionale ersetzt. Wissenschaftlich, methodisch makellos. Das ist durchaus sinnvoll, methodisch-operativ wasserdicht und natürlich möglich, doch letztlich subjektiv, denn der Definierende grenzt dadurch andere Möglichkeiten aus. Das wiederum ist das Wesen jeder Definition, worauf schon die ursprüngliche Wortbedeutung hinweist: „finis" – lateinisch „die Grenze"; die Vorsilbe „de" = „von", „ab", also definieren = abgrenzen. Was abgegrenzt wird, entscheidet der Definierende. „Und sind so klug als wie zuvor." Diese wissenschaftliche Methode beantwortet die Ausgangsfrage daher auch nur teilweise. Sie grenzt ab, ist demnach nicht offen.

Außerdem konnten und können schon sprachlich nicht alle Juden mit- und untereinander kommunizieren. Weder in der Antike noch in der Moderne. Die Mehrheit der Juden lebt seit rund 2000 Jahren, auch noch heute, nicht in einem jüdischen Staat, wo Hebräisch Landessprache ist. Ergo können die meisten Juden nicht einmal als Gebetssprache Hebräisch – wenn sie denn überhaupt beten. Und wenn sie allein die Gebetssprache beherrschen, wissen sie nicht, was zum Beispiel das hebräische Wort für Computer oder Kühlschrank ist.

ABER die Biologie „der" Juden hat uns gezeigt, dass biologisch durchaus Gemeinsamkeiten ohne Identitäten zwischen Juden bestehen. Dieser Empirie zufolge gilt: Ja, „die" Juden haben einen gemeinsamen, antiken, vorderorientalischen Ursprung. Sie sind, so gesehen, ein Volk. Jeder in dieses Volk Hineingeborene („natus" – „Nation") gehört zur jüdischen Nation. Diese kann – aber nicht automatisch – individuell und auch für jüdische Teilgruppen eine Kommunikationsgemeinschaft sein, ist also subjektiv.

In die Religion wird man ebenfalls hineingeboren. Einmal Jude, immer Jude. Zumindest hilachisch = religionsgesetzlich = „objektiv" (man beachte die Anführungszeichen), also von der innerjüdisch-religiös herrschenden Meinung bestimmt.

Womit wir bei der *Identifikation* wären. Diese kann nur subjektiv verstanden oder nur auf Teilgruppen – hier von Juden – bezogen werden.

Die Schicksalsgemeinschaft ist wiederum vor allem außerpersönlich und außerkollektiv bestimmt. Man kann versuchen, der Schicksalsgemeinschaft zu entfliehen. Meistens vergeblich, es sei denn, die individuelle Tarnung gelingt.

Fazit: Gemäß außerpersönlicher, *„objektiver"* Faktoren sind „die" Juden sowohl Volk als auch Nation, Religion und Schicksalsgemeinschaft. Ob sich jeder Jude oder Gruppen von Juden mit „dem" Judentum und „den" Juden individuell- oder kollektiv*subjektiv* identifizieren, kann wissenschaftlich lediglich quantifiziert werden, zum Beispiel durch Umfragen. Deren Ergebnisse wechseln (auch bei Juden …), denn diese sind oft nur Momentaufnahmen, Stimmungen und kein Dauerphänomen.

IV. Geografie: Das Land Israel und die mehrfache Diaspora

Grundfaktum 1: Eine städtische Gesellschaft

Grundfaktum 1 der jüdischen Geschichte: Die längste Zeit lebten und leben die meisten Juden in Städten, wenngleich man in einigen ihrer Gebete, nicht zuletzt im zentralen „Höre Israel", und natürlich in der Hebräischen Bibel agrarische Traditionen erkennt. Diese sind historisch-empirisch belegbar. Am Anfang war die Landwirtschaft. In der gesamten Menschheitsgeschichte. Während der hellenistisch-römischen Epoche Judäas setzte die städtische, besonders die Jerusalemer Oberschicht allmählich ihre materiellen und ideellen Interessen gegen die Lebensnotwendigkeiten der ländlich-bäuerlichen Unterschichten durch. Das beweisen zum Beispiel die Sabbatgesetze. Kein Bauer käme je auf den Gedanken, seine Kühe an einem Tag nicht zu melken, „weil der Liebe Gott es befahl" – oder eben die städtische Herrscherschicht. Selbst theologisch hätte jeder Bauer mindestens ebenso schlagende Argumente wie die Sabbat-Städter: dass derselbe „Liebe Gott" dafür gesorgt hätte, Kühe täglich melken zu müssen.

Auch die diasporajüdische Gemeinschaft lebt und lebte überwiegend in Städten und dort meistens geballt in einem Stadtteil oder wenigen anderen. Die Gründe sind ökonomisch (Handel), kulturell (Zusammenhalt als Kommunikationsgemeinschaft durch gemeinsame Alltagsgepflogenheiten) oder religiös (kurze Wege zur Synagoge jüdischerseits und christlicherseits Abgrenzung) sowie politisch (Kontrolle). Judengassen oder Judenviertel (Ghettos) lagen im Zentrum oder zentrumsnah. Die räumliche Distanz von Landjuden zu ihren nichtjüdischen Nachbarn war strukturbedingt klein.

Das bedeutet: Alltagskontakte von Juden und Nichtjuden waren eine Selbstverständlichkeit. Verwiesen sei auf den Abschnitt „Biologie" in diesem Buch. Überdeckt wird diese im wörtlichen Sinne mehrdeutige Nähe durch die unendlich vielen Diskriminierungen und Liquidierungen von

Juden. Zur Darstellung jüdischen Lebens in der Diaspora gehört sowohl das Leben-und-leben-Lassen als auch das Mobben und Morden von Juden durch Nichtjuden.

Grundfaktum 2: Zwei Judentümer

Grundfaktum 2 der rund 3000-jährigen „Geografie" der Juden befragt diese Aussage: Juden = Alt-Israel und Neu-Israel im „Heiligen" bzw. „Gelobten Land"? Nein. Für die richtige Antwort verbinden wir die jüdische *Geografie* und *Demografie* (Bevölkerungskunde) zur „Demografischen Geografie" mit der jüdischen *Chronologie* (Zeitmessung).

Rund **3000 Jahre** jüdischer Geschichte sind nachweisbar.

Das ist die Chronologie und Demografie der jüdischen Geografie in Alt-Israel:

um 1000 v. u. Z. (altisraelitisches Königtum) bis 586 v. u. Z. (Zerstörung des Ersten, Salomonischen, Jerusalemer Tempels, Babylonisches Exil) ergibt rund **400 Jahre** jüdische Geografie in Alt-Israel.

518 v. u. Z. kehrte die Minderheit der mesopotamischen Diaspora nach Jerusalem und Judäa zurück, also nach „Zion". Im Jahre 70 u. Z. wurden die Provinz Judäa sowie der Zweite Jerusalemer Tempel vom antiken Rom zerstört. Das war der Beginn des Zweiten Exils. Das bedeutet

knapp weitere **600 Jahre** Jüdische Geografie in Alt-Israel.

74 Jahre Jüdische Geografie in Neu-Israel (1948–2022).

Daraus ergibt sich:

Säule 1, Alt- und Neu-Israel: Knapp 1100 Jahre von rund 3000 Jahren, und

Säule 2, Diaspora bzw. Zerstreuung, Verstreutheit: **2700 Jahre** (seit der Zerstörung des altisraelitischen Königreiches und dem dadurch bedingten ersten jüdischen Exil 721 v. u. Z. nach Assyrien in Mesopotamien).

„Denn aus Zion kommt die Lehre (Tora) und das Wort Gottes aus Jerusalem", verkündete der Prophet Jesaja (2,2 f.) für das „Ende der Tage". Lange vor dem „Ende der Tage" trifft diese Vorhersage zu, denn ohne Zion/Jerusalem kein Judentum, kein Christentum und letztlich auch kein Islam. Dieser entwickelte sich zwar in Arabien, ist jedoch ohne Bezüge zum Juden- oder Christentum unvorstellbar und versteht sich sozusagen als Vollendung der wahren, von Juden und Christen vermeintlich missverstandenen Lehre einerseits und andererseits als Wiederherstellung der Religion

Grundfaktum 2: Zwei Judentümer

Abrahams. Daraus folgt: Die theologische, demografische, ökonomische und soziologische Geografie dieses winzigen Erdfleckchens betrifft religionshistorisch und -politisch mehr als die Hälfte der heutigen Menschheit: Christen, Muslime, Juden. Gegenwärtig sind ca. 31 Prozent der Weltbevölkerung Christen und 25 Prozent Muslime. Quantitativ sind die Juden mit 0,2 Prozent eine zu vernachlässigende Minderheit.

Ohne Jerusalem bzw. Zion kein Judentum. Das scheint glasklar. Ist es nicht, Vorsicht! Bei dieser Aussage müssen wir, wie Archäologen, in zusätzliche Schichten dringen, denn: Auch ohne und vor Zion gab es Judentum und Juden. Die unverdächtigste Quelle für diese Aussage ist die Hebräische Bibel, das „Alte Testament" (AT): König David, bekanntlich Jude, eroberte das zuvor jebusitische Jerusalem. Er „judaisierte" dann Jerusalem – auf welche (in der biblischen Quelle unerwähnte) Weise auch immer. Kriege, Schlachten und deren Nachwehen sind traurige Erfahrungen und selten unblutig.

Fazit 1: Auf zwei ganz unterschiedlichen Säulen steht das Judentum demografisch: *Israel und die Diaspora*.

Heimat war Israel und ist es wieder. Zugleich aber ist und war auch Diaspora Heimat – wenn es den Juden gut ging und unabhängig davon, ob sie sich als Juden fühlen konnten oder wollten. Das wiederum betrifft nicht die Geografie, sondern die Psychologie.

Fazit 2: Heimat war und ist für Juden, sofern sie zuerst Juden sein wollten und wollen:
- im „Land der Väter", also territorial, das Land („Eretz") Israel;
- in der Diaspora die Gemeinschaftsherkunft bzw. im Vokabular von Franz Rosenzweig („Stern der Erlösung") und Stefan Zweig das „Blut" – für deutsche Augen und Seelen inzwischen zu Recht ein Unwort und dennoch das Faktum zutreffend beschreibend. In einem Brief an Martin Buber hat es Stefan Zweig über „Blut" hinaus erweiternd 1917 wunderbar ausgedrückt: „Vielleicht" habe das Judentum die Aufgabe, „zu zeigen, dass Gemeinschaft auch ohne Erde, nur durch Blut und Geist, nur durch das Wort und den Glauben bestehen kann". Wo, wenn und bei wem das zutrifft, da braucht es keinen jüdischen Staat. Das ist kein Antizionismus, sondern jüdischer Nicht-Zionismus, jüdischer Diasporageist par excellence.

Was also war und ist der Juden Heimat? Entweder Israel oder die Diaspora. „Richtig" ist die Entscheidung immer nur jeweils individuell. Sowohl individuell als auch kollektiv war jüdisches Überleben bislang stets hier wie dort

„auf Widerruf", also gefährdet. Fast für die gesamte jüdische Geschichte gilt diese Aussage. Daraus folgt: Fast immer gab und gibt es zwei Judentümer. Das eine im Land Israel, das andere in der Diaspora. Jedes der beiden Hauptjudentümer war und ist in sich wiederum mehrfach gespalten. Wieder: Anders als Judenfeinde sich selbst und anderen einreden, konnte und kann von einer jüdischen „Einheitsmeinung" bzw. „Einheitsfront" keine Rede sein.

Die Chronologie der jüdischen Geografie sowie die Zahlen bzw. Größenordnungen der jüdischen Demografie belegen eindeutig: Die Mehrheit der Juden lebte lieber außerhalb des Landes Israel – auch wenn es möglich war, dort im eigenen Staat oder Gemeinwesen zu leben. Besonders krass zeigte sich das in der Zeit ab 538 v. u. Z. und seit 1948, als der Perserkönig Kyros die Rückkehr aus Mesopotamien nach Zion gestattete und nach der Staatsgründung von Neu-Israel. Seit 2014/15 leben in Israel mehr Juden als irgendwo sonst in der Welt, in der Diaspora. Dennoch lebt die Mehrheit der Juden immer noch außerhalb des jüdischen Gemeinwesens. Wohlgemerkt: freiwillig und offenbar gern. Das wiederum ist für „klassische Antisemiten" eine schlechte Nachricht. In Anlehnung an den deutschen Historiker Heinrich von Treitschke unterstellen sie „den" Juden nämlich gern „Doppelloyalität". Einst bezogen ihre Gegner auch Sozialisten und Katholiken in den Kreis vermeintlich „vaterlandsloser Gesellen" ein. Bezogen auf Sozialisten und Katholiken tempi passati, bezogen auf Juden wirkt jener Unsinn noch immer. Mal offen, mal verdeckt. Hand aufs Herz: Wer hätte nicht gehört, wie sogar brave Bürger ihre „jüdischen Mitbürger" in Deutschland oder woanders auf „ihren Ministerpräsidenten in Israel" ansprechen?

Die Zahlen für 2021:
    Juden insgesamt ca. 15,2 Millionen
    Israel: 6,9 Millionen
    USA: 5,7 Millionen
    Frankreich: 453 Tsd.
    Kanada: 400 Tsd.
    UK: 263 Tsd.
    Argentinien: 180 Tsd.
    Russland: 172 Tsd.
    Australien: 121 Tsd.
    Brasilien: 120 Tsd.
    Deutschland: 118 Tsd.

Grundfaktum 2: Zwei Judentümer

Jüdische Weltbevölkerung nach Kontinenten, 1170–2020, in Tausendern

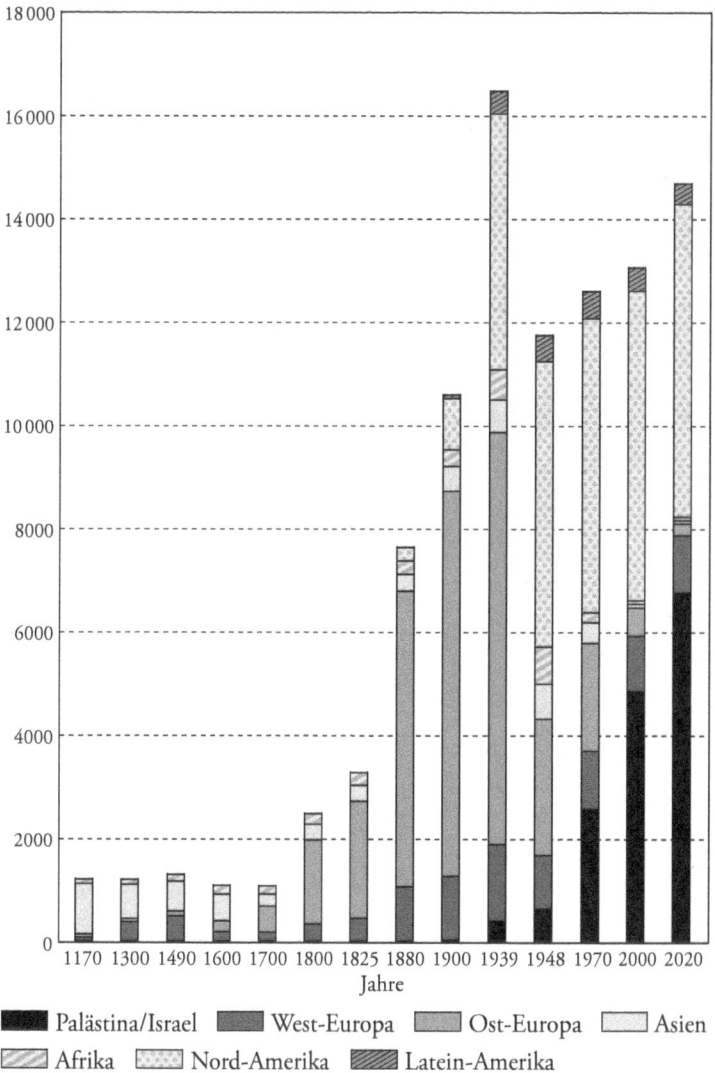

Quelle: Sergio DellaPergola/L. Daniel Staetsky, Jews in Europe at the Turn of the Millennium. Population Trends and Estimates, Institute for Jewish Policy Research, Report Oktober 2020, https://www.researchgate.net/publication/345670770_JPR_2020Jews_in_Europe_at_the_turn_of_the_Millennium

IV. Geografie: Das Land Israel und die mehrfache Diaspora

Die obenstehende Abbildung stellt vereinfacht und verkürzt die (mit der Demografie verflochtene) historische Geografie der Juden vom Hochmittelalter bis zur Gegenwart dar. Auch antike Autoren nennen Orte und Zahlen. Diese sind allerdings noch weniger stichhaltig als die mittelalterlichen und frühneuzeitlichen.

Sagen wir es so: In der Antike gab es folgende judengeografische Schwerpunkte: Land Israel, Mesopotamien, Ägypten sowie vornehmlich die am Fernhandel beteiligten Küstenregionen des Mittelmeerbeckens. Wo oder wann in jener Epoche die meisten Juden lebten, kann man nur sagen, wenn man Kaffeesatzleserei betreiben möchte.

Anteil der in Europa lebenden Juden an der gesamten jüdischen Bevölkerung, 1170–2020, in Prozent

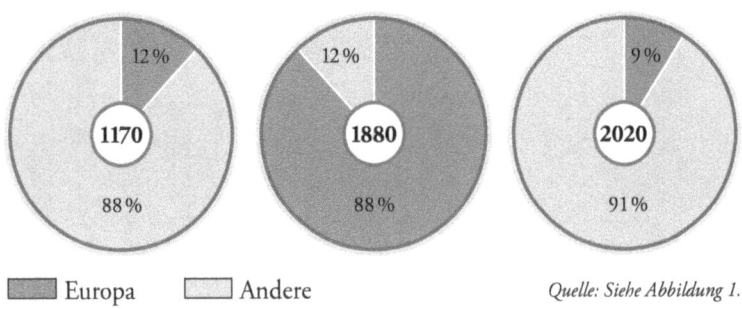

■ Europa   □ Andere   *Quelle: Siehe Abbildung 1.*

Was auffällt: In den vergangenen rund 150 Jahren hat sich das „Weltjudentum" erneut enteuropäisiert. Dass dies nicht freiwillig geschah, sondern durch (nicht nur, aber vor allem von Deutschen geplanten und ausgeführten) Mord und Völkermord an den Juden, muss wohl nicht ausdrücklich erwähnt werden. Eine Variante der vielbesungenen „europäischen Werte", die nicht unerwähnt bleiben darf.

Existenz auf Widerruf Nr. 1: Im Land (Eretz) Israel

Neu-Israel im Philisterland

Anders als die Chronologie und Demografie jüdischer Geografie ist die *Theologie* des Judentums zweifellos auf das „Heilige Land" fokussiert. Für dessen normative bzw. religionspolitische Geografie findet man in der Hebräischen Bibel mehrfach unterschiedliche Angaben. Einzelheiten hierzu sind im Abschnitt „Was ist das Heilige Land?" in meinem Buch „Wem gehört das Heilige Land?" angegeben. Vereinfacht zusammengefasst: Wie es gefällt, kann man zwischen einem Mini- und Maxigebiet wählen. Jede biblisch-geografische Rechtfertigung kann mühelos durch eine andere entkräftet werden. Die theologische Geografie des Heiligen/Gelobten Landes/ Israel/Palästina ist historisch und damit letztlich politisch bestimmt, also eine *politische Geografie*. Umgekehrt prägten die politisch-geografischen Rahmenbedingungen die jüdische Theologie.

Sowohl Archäologie als auch Theologie (Hebräische Bibel) benennen das Kerngebiet jüdischen Seins im Heiligen Land: vom Judäischen Bergland im Raum Nablus, Bet El (bei Ramallah, also nördlich von Jerusalem) und Hebron bis nach Beer Schewa im Süden.

Der religions- und geschichtsgeografische Fokus auf den (kleinen) „Groß"-Raum im und um das heutige Israel (minus Küstenebene, die lange von den Philistern beherrscht wurde) plus Westjordanland wird sowohl in der Hebräischen Bibel als auch im Talmud, in den Gebeten der Juden und natürlich der altjüdischen Geschichte bis 70 u. Z. und wieder seit Beginn des zionistischen Aufbauwerks ab 1882 sowie seit 1948, in der Gründung des modernen Israels, erkennbar. Ironie der Geschichte: Der geografische Kern von Neu-Israel entstand im 20. Jahrhundert und besonders seit der Staatsgründung von 1948 gerade dort, wo Alt-Israel nicht war: in der Küstenebene. Aschkelon und Aschdod sowie Gaza, heute Hochburg der islamistischen Hamas- und Jihad-Palästinenser, gehörten zum Fünf-Städte-Bund der Philister. Anders als Wissensschwache und Gesinnungsstarke behaupten, waren die Philister jedoch nicht die Vorfahren der Palästinenser. Die Palästinenser sind bekanntlich Araber. Die Philister kamen im 12. Jahrhundert v. u. Z. aus dem Balkan in den Vorderen Orient.

Von einer räumlichen Ausschließlichkeit Alt-Israels in der jüdischen Theologie bzw. der unheilvollen Heilsgeschichte der Juden kann dennoch nicht gesprochen werden. Man denke an die kosmisch-globale Schöpfungsgeschichte, die Erzählung vom „Paradies", von Noah und der Sintflut, an die Bücher Hiob (Land Uz) und Esther (Persien) oder die Propheten Ezechiel und Daniel.

Das jüdische Sandwich

Geschichte ist ohne Geografie selten verständlich. Das gilt auch bezüglich des Heiligen Landes. Es lag zwischen *Ägypten und Mesopotamien*. Wie Sandwich-Belag wurde es von oben und unten zerquetscht – Existenz auf Widerruf.

Die Küstenebene am östlichen Mittelmeerrand war (und ist) die Landbrücke zwischen den beiden Großräumen Mesopotamien und Ägypten, also den beiden regionalen, frühgeschichtlichen Hochkulturen. Beide waren seinerzeit Großmächte. Mal expandierte die südlich-ägyptische nach Norden über die „israelische" Küstenebene Richtung Euphrat und Tigris, mal die nördlich-mesopotamische nach Süden über die Küstenebene Richtung Nil. Bei jedem Feldzug, ob von Nord nach Süd oder Süd nach Nord, jedes Mal wurde die Bevölkerung, wie Sandwichbelag, von „oben" und „unten" zerquetscht. Bis es den Einheimischen reichte. Sie zogen ostwärts ins judäische Bergland und entzogen sich damit den wechselnden Invasoren aus Nord und Süd. So entstand im judäischen Bergland allmählich die erste quasi jüdische Gemeinschaft. Diese Entwicklung hat der Tel Aviver Archäologe Israel Finkelstein in seinem Buch „Das vergessene Königreich, Israel und die verborgenen Ursprünge der Bibel" (2017) präzise und allgemeinverständlich beschrieben.

Diese kulturpolitisch-historische Geografie, konkret: die nichtjüdischen Einflüsse und Ursprünge der jüdischen Religion und Kultur, verrät unausgesprochen, sozusagen ohne Fußnoten-Beleg, auch die Hebräische Bibel. Sie ist natürlich keine geschichtswissenschaftliche Quelle. Doch in einigen ihrer Geschichten führt sie fiktional durchaus zu außerjüdischen religions- und kulturgeografischen Ursprüngen des Judentums und „judaisiert" sie.

Existenz auf Widerruf Nr. 1: Im Land (Eretz) Israel

Regionale Verflechtungen – Sintflut und andere nichtjüdische Quellen

Die Verflechtung mit *Mesopotamien* erkennen wir an der Sintflut-Geschichte. Viel älter als die biblische Version ist die Sintflut-Erzählung im altmesopotamischen Gilgamesch-Epos, das zwischen dem 24. und 16. Jahrhundert v. u. Z. entstanden sein soll. Zu empfehlen ist die Übersetzung von Raoul Schrott.

Auch ohne Gilgamesch-Kenntnisse erkennt jeder an der biblisch-mythischen und nicht historischen Geschichte vom jüdischen Stammvater Abraham die kulturell-religiöse Verflechtung des Altjudentums mit der Region Mesopotamien. Aus dem mesopotamischen Ur in Chaldäa wandert Abraham nach Kanaan aus, ins Gelobte Land. Deutlicher kann der alttestamentliche „Wink mit dem Zaunpfahl", das Eingeständnis, nicht sein. Den Bibellesern wird signalisiert: Die jüdische Religion und Kultur sei ohne die Hochkultur des Zweistromlandes undenkbar.

Es blieb nicht nur bei Stammvater Abraham. Dessen Sohn, Stammvater zwei, Isaak, „importierte" seine Frau Rebekka aus Mesopotamien ins Gelobte Land, und Stammvater drei, Jakob, „erarbeitete" sich in Mesopotamien seine Frau Rachel sowie (ungewollt) zuvor Lea in 14 langen Jahren. Vergessen wir nicht die Geschichte vom Turmbau zu Babel, und der Prophet Jona sollte die frevelnden Bürger Ninives, der Hauptstadt Assyriens, zur Umkehr bewegen. Ausgerechnet Assyrien, das 721 v. u. Z. das (aus Sicht der Bibelschreiber) „Sünder"-Königreich Israel vernichtet hatte. Rund 800 Jahre später wurde die Hebräische Bibel kanonisiert bzw. kodifiziert. Ohne Wenn und Aber wurde der mesopotamische Einflussstrang fixiert.

Eher doppelbödig, negativ und positiv, wird der mesopotamische Einfluss in der Hebräischen Bibel beschrieben. Ein Beispiel: Negativ natürlich die Zerstörung des Ersten (Salomonischen) Jerusalemer Tempels sowie das Verschleppen vieler der besiegten Judäer (der biblisch „besseren" Juden) nach Mesopotamien/Babylon. Meist positiv aber das Verhältnis zu den Juden in Mesopotamien, sowohl in der kurzen Babylon-Ära als auch und erst recht in der Perserzeit (siehe das Buch Esra und Nehemia).

Moses – Der jüdische Prophet, ein Ägypter

Ebenso klar signalisiert die Hebräische Bibel: Auch ohne die *Hochkultur Ägyptens* sei die jüdische Religion und Kultur undenkbar. Neben vielen anderen Bezügen sind zu nennen: die Geschichte von Josef, der ganzen Jakob-Sippe in Ägypten sowie die Versklavung der Kinder Israels in und deren Exodus bzw. Flucht unter der Führung von Moses aus Ägypten. Bedenkt man zudem, dass der Name Moses ägyptischen Ursprungs ist und Pharao Echnaton (der Gatte der wunderschönen Nofretete, deren Büste in Berlins Ägyptischem Museum zu bewundern ist) im 14. Jahrhundert v. u. Z. in Alt-Ägypten eine Art Monotheismus einzuführen versuchte, dann übertreibt man nicht, indem man sagt: Jene alttestamentlichen Passagen sind das willentliche und wissentliche Eingeständnis der Bibelautoren, dass die jüdische Religion und Kultur auch ohne ägyptische Wurzeln undenkbar ist. Zu ihnen weiterführend und unverzichtbar ist Jan Assmanns „Exodus" (2015) und davor sein Buch „Moses der Ägypter" (1998). Seite eins.

Die andere Seite: In einer Art Vatermord oder einem Akt der Selbstermächtigung wird das Positive ins Negative gedreht: In der biblischen Geschichte versklaven und drangsalieren Pharao und die Ägypter die Juden. Die Botschaft ist recht klar: Verleugnen können wir unsere ägyptischen Wurzeln nicht, aber erst wir haben aus ihnen etwas gemacht. Auch das ist nicht ganz falsch, denn in der jüdischen Gemeinschaft setzte sich der Eingott-Glauben bzw. Monotheismus allmählich, wenngleich nicht widerstandslos, durch. Echnatons Monotheismus dagegen wurde im Alten Ägypten ausgelöscht und das Gedenken an ihn getilgt.

In der Hebräischen Bibel, der sozusagen jüdischsten jüdischen Literatur, findet man mühelos weitere Belege für die Tatsache und meist dialektische (Sowohl-als-auch-)Bewertung jüdisch-ägyptischer Verflechtungen. Negativ natürlich Fron und Sklaverei in Ägypten. Durchaus positiv, in späteren Passagen, etwa Bündnisse der Könige Judäas und Israels mit dem Pharao. Meist gegen die jeweilige mesopotamische Großmacht (oder umgekehrt mit dieser gegen Ägypten). Sowohl positiv als auch negativ beispielsweise die Ehe des, neben David bedeutendsten Bibel-Königs, Salomon mit einer Tochter Pharaos. Sie war in seinem Harem nicht die einzige Nichtjüdin: „Aber der König Salomo liebte viele ausländische Frauen: die Tochter des Pharao und moabitische, ammonitische, edomitische, sidonische und hetitische – aus solchen Völkern, von denen der HERR den Israeliten gesagt hatte: Geht nicht zu ihnen und lasst sie nicht zu euch kommen; sie werden gewiss eure Herzen ihren Göttern zuneigen." (1 Könige 11,1–4)

Jenseits der mythischen Potenz Salomons – sie übertrifft sogar die mythische Manneskraft des Moslempropheten Mohammed – beschreibt die Bibel, im Kern historisch durchaus zutreffend, unverkrampft die sehr realen außerjüdischen religiös-kulturellen Einflüsse aufs realhistorische Judentum. Diese werden zwar negativ bewertet, aber nicht bestritten. Will sagen: Das ursprüngliche, frühe Judentum kann – trotz seines monotheistischen Alleinstellungsmerkmals – nicht losgelöst von noch früheren und gleichzeitigen nahöstlich-regionalen Vielgötterkulten betrachtet werden. Das Fazit:

- Nicht einmal der Ursprung des jüdischen Monotheismus ist jüdisch oder im Land Israel, sondern in Ägypten entstanden. Geistig-geistlicher Vater war wohl Pharao Echnaton (Mitte des 14. Jahrhunderts v. u. Z.).
- Nicht einmal den Empfang der Zehn Gebote lokalisiert die Hebräische Bibel in Judäa/„Israel", sondern in der Wüste, am Berg Sinai – außerhalb von Eretz Israel.
- Nicht einmal die Ursprünge der Synagoge lassen sich in Judäa/„Israel" verorten. Weil es nach der Zerstörung des Ersten Jerusalemer Tempels (586 v. u. Z.) eben keinen Tempel mehr gab, kamen die Juden im Babylonischen Exil in einem meist wohl recht kleinen „Versammlungshaus" (hebräisch: „beit knesset", heute = Synagoge) zusammen. Es konnte und kann auch ein Nicht-Haus sein, zum Beispiel ein Raum, sogar ein winziger.
- Der babylonische Ursprung der Synagoge wird von anderen Fachleuten bezweifelt. Sie sehen die gegen die Tempelaristokratie der Sadduzäer agierenden Pharisäer des zweiten vorchristlichen Jahrhunderts als Konkurrenten des Tempels und somit als „Erfinder" der Synagoge. Für diese Annahme spricht: In der Ära des Zweiten Tempels dominierte bis zu den Makkabäern des 2. Jahrhunderts v. u. Z. der Tempeladel ideologisch/theologisch und politisch. Gegen diese Annahme spricht: Ohne kollektive Zusammenkünfte – wo und wie auch immer – hätten die Juden Babylons nicht als Juden überleben können. Wahrscheinlich waren die „Versammlungshäuser" Babylons Vorläufer der dann von den Pharisäern als Tempel-Konkurrenz (aber nicht als Tempel-Ersatz) etablierten Synagogen.
- Die Synagoge war und ist zweierlei zugleich: Gotteshaus und allgemeiner Treffpunkt für Geselligkeiten und andere Zusammenkünfte, in etwa dem Forum Romanum vergleichbar oder so etwas wie Stammtisch (ohne Essen und Trinken) plus Beten.

IV. Geografie: Das Land Israel und die mehrfache Diaspora

Sandwiches als Königreiche – Israel und Judäa

Wir erkennen: Jüdische Staatlichkeit war nur möglich, wann und wenn sowohl Ägypten als auch Mesopotamien zu schwach waren, sich der zwischen ihnen liegenden Mitte zu bemächtigen. Erst in dieser Situation, kurz nach 1000 v. u. Z (etwa 100 Jahre später also, als bisherige Schulweisheiten vermittelten), schlossen sich die damals noch alles andere als rein monotheistisch-jüdischen Stämme des judäischen und samaritanischen Berglandes zu einem Klein-Königreich zusammen. Zu kriegerischen Zusammenstößen kam es immer wieder mit dem Bund der fünf Philister-Fürstenstädte in der Küstenebene: Aschdod, Aschkelon, Ekron, Gaza, Gat. Zu dieser Geschichte gehören zum Beispiel die biblischen Erzählungen von Samson und Delila oder von David gegen Goliath. Im 12. Jahrhundert v. u. Z., also nicht viel früher als die jüdisch-königliche Stammesvereinigung, waren die Philister von der Balkanhalbinsel als „Seevölker" in den Vorderen Orient eingedrungen. Weshalb? Weil sie im Gefolge der sogenannten Dorischen Wanderung (um 1200 v. u. Z) aus ihrer Heimat vertrieben wurden. Das wiederum ist für den heutigen Nahostkonflikt alles andere als unwichtig, denn: Die Palästinenser sind nicht die Nachfahren der Philister. Dieser historisch-geografische Befund wird durch den biologischen der DNA-Analysen bestätigt (vgl. das Kapitel „Biologie").

Datierung und Existenz des vereinigten Königreichs von Saul, David und Salomon (im 10. Jahrhundert v. u. Z.?) sind unter Wissenschaftlern umstritten, nicht aber, dass es im Land Israel seit dem 9. Jahrhundert v. u. Z. zwei jüdische Königreiche gab. Eine Mittelmacht, das Königreich „Israel" (Nordreich), sowie eine jüdische Minimacht, das Königreich Judäa. Beider Lebensdauer war begrenzt. Israel wurde 721 v. u. Z. von Assyrien zerstört, die jüdische Bevölkerung deportiert und Menschen aus anderen Teilen des assyrischen Großreichs „importiert". Wer von den Juden konnte, floh aus Israel nach Judäa. Wenig später, seit 586 v. u. Z., zerstörte Nebukadnezar von Babylon das Königreich Judäa und verschleppte viele, wenngleich nicht alle Juden nach Mesopotamien.

Nach Zion? Nur wenn's brennt

518 v. u. Z. erhielten die Juden Babylons vom Perserkönig Kyros – die Perser hatten zuvor Babylon besiegt – die Erlaubnis, nach Zion zurückzukehren.

Doch, wie im modernen Zionismus von 1897 bis heute, bestand der „Zionismus" der meisten antiken Diasporajuden mehr in Worten als Taten. Nur eine idealistische Minderheit sowie die weniger Wohlhabenden machten vom Rückkehrrecht Gebrauch. Die Mehrheit der Juden blieb in Mesopotamien und begleitete die Tat-Zionisten mit guten Worten und Spenden, denn die wirtschaftliche und politische Oberschicht der mesopotamischen Juden war weniger am Neuaufbau Zions interessiert als am Ausbau ihres komfortablen Diasporadaseins. Dieses Muster gilt ebenfalls bis in die Gegenwart.

Der Salonzionismus jener babylonischen Juden dokumentiert einmal mehr den dauerhaften innerjüdischen Riss zwischen Universalisten und Partikularisten. Im persisch-achämenidischen Mesopotamien konnten sich Universalisten wohlfühlen. Die jüdische und nichtjüdische Gesellschaft stand ihnen offen. Das persisch-autonome Zion der Zweiter-Tempel-Periode war eine jüdische Theokratie, ein geradezu radikal partikularistisch-jüdischer Gottesstaat. Fast wie das iranische Mullahregime seit 1979. Nachzulesen im Esra-Buch der Hebräischen Bibel. So gesehen muss man sich nicht wundern, dass es Juden, sogar jüdische Söldner, ins von 525 v. u. Z. bis 332 v. u. Z. persisch beherrschte Ägypten, zum Beispiel nach Elephantine zog, wo sogar ein jüdischer Tempel stand.

Eine entscheidende Ausnahme gilt bezüglich des erwähnten Musters: Wenn in der Diaspora Leib und Leben in Gefahr sind, besinnen sich die Diasporajuden auf Zion, heute Israel, als Ort verwirklichter Lebensversicherung. Das Beispiel der argentinischen und französischen Juden – teils der US-amerikanischen Juden seit 2018/19 – liefert Anschauungsunterricht. 1994 fielen im Jüdischen Gemeindezentrum von Buenos Aires rund 100 Menschen einem Bombenattentat zum Opfer. Die Täterspur führte in den Iran. Die Regierung von Präsident Menem sowie später des Ehepaares Kirchner deckte aus politischen Gründen die Täter, sprich: die Verantwortlichen aus Teheran. Die Folge: Juden wanderten verstärkt nach Israel aus. Vergleichbar das Beispiel Frankreich. Im Jahre 2000 lebten dort rund 500.000 Juden, 2020 nur noch 400.000 plus x. Der Grund: Antisemitismus. Drohungen und vor allem Morde, ebenso andere Gewaltaktionen gegen Juden, vornehmlich von muslimischen Tätern, hatten dramatisch zugenommen. Die staatlichen Behörden, wenn überhaupt gutwillig, waren selten fähig, die Täter zu überführen oder gar zu bestrafen. Die Folge: vermehrte Auswanderung von französischen Juden nach Israel. Ähnlich, wenngleich quantitativ noch nicht wirklich ins Gewicht fallend, die Folgen zunehmender antijüdischer Gewalt in den USA seit 2018/19.

IV. Geografie: Das Land Israel und die mehrfache Diaspora

Die Regel: Die meisten wollen ins Land Israel nur, wenn's brennt. Die Ausnahme: eine idealistische Minderheit. Sie will ohne Not ins Land.

„Sinat chinam", grundloser Hass

Zurück in die Antike. Sie mutet ebenfalls recht gegenwärtig an, denn im Land Israel scheinen sich „die" Juden besonders heftig (und gern?) zu streiten. Diese Aussage entstammt keiner antisemitischen Quelle. Grundloser Hass („sinat chinam", „ch" wie in „ach"), so die talmudischen Weisen, sei der entscheidende Grund für die Zerstörung des Zweiten Tempels und des Endes jüdischer Staatlichkeit im Jahre 70 u. Z. gewesen: „Zur Zeit des Zweiten Tempels haben (die Juden) sich mehr als je zuvor der Tora gewidmet, die Gebote erfüllt und Bedürftigen geholfen. Warum (also) wurde er (der Tempel) zerstört? Weil grundloser Hass (zwischen den Juden) herrschte." (Babylonischer Talmud, Joma 9b) Der Talmud drückt sich hier sehr milde aus, denn die Ära des Zweiten Tempels war mindestens bis zum 2. Jahrhundert v. u. Z. eine Theokratie.

Dass die Geografie der entscheidende Faktor für das Ende der Tempelzeit gewesen wäre, dürfte niemand annehmen. Doch im eigenen Gemeinwesen, als Mehrheit, lässt es sich leichter streiten als in der Fremde, als Minderheit. Damals ebenso wie heute. So gesehen ist „Der Jüdische Krieg" von Flavius Josephus (37/38–100) heute so aktuell wie einst. Er beschrieb darin unter anderem diese scheinbar völlig absurde Situation: Die Weltmacht Rom belagerte die Hauptstadt der Minimacht Judäa, die sich gegen Rom erhoben hatte. Der Krieg war längst verloren. Trotzdem hatten die rivalisierenden jüdischen Gruppierungen „Wichtigeres" zu tun, als sich zu verteidigen. Sie bekämpften sich, im wörtlichen Sinne, bis aufs Messer. Weshalb?

Die Minderheit, die ab 538 v. u. Z. nach Zion ging, baute einerseits den Zweiten Jerusalemer Tempel als alt-neues Zentrum, verzichtete andererseits nicht auf dezentrale Synagogen. Daraus entwickelte sich ein theologischer und soziologischer Wettbewerb. Im Tempel dominierte rituell und theologisch die alt-neue Aristokratie, in den Synagogen die sich ständig soziologisch und theologisch erneuernde rabbinische Meritokratie der mehrheitlich pharisäischen „Bourgeoisie". Die Tempel-Aristokratie hatte sich zudem mit der von Rom gewährten Autonomie abgefunden, die pharisäische Bourgeoisie nicht so sehr und die „Zeloten" (Eiferer) gar nicht.

Am Ende stritt und kämpfte jeder gegen jeden. Ihrer aller Niederlage war folglich nur eine Frage der Zeit.

Mobil, weil ohne immobiles Land

Man vergesse nicht: Tempel für den oder die Götter waren in der Antike allgemeiner Brauch. Natürlich auch in Gemeinschaften der Vielgötterei. Zuerst wohl in Ägypten. Man übersehe ebenfalls nicht, dass die beiden Jerusalemer Tempel nicht die einzigen jüdischen Tempel waren. Auf der Nilinsel Elephantine gab es zeitweilig einen – wo nicht nur „Jahu" (Jahwe) verehrt wurde. Dieser Bau existierte bereits vor dem Jahre 525 v. u. Z. – die genaue Datierung ist unbekannt –, also bevor Perserkönig Kambyses Ägypten eroberte, und wurde 410 v. u. Z. zerstört. Die Gründe sind in der Forschung umstritten. Bemerkenswert dabei: Die Zerstörung geschah in der persisch-achämenidischen Epoche Ägyptens. Die Zentralregierung war fast (!) immer judenfreundlich. Überliefert ist, dass der Statthalter des Perserreichs dem Druck der offenbar gegen „die" Juden eingestellten griechischen (!) Einwohnerschaft der Elephantine-Region nachgab. Ein Jahr nach der Tempelzerstörung hatte die Zentralregierung die Hinrichtung jenes Statthalters durchgesetzt. Daraus folgt: Die Quelle dieses Antijudaismus war lokal und nicht zentral.

Historisch pikant: Von 586 bis 515 v. u. Z., nach der Zerstörung des Ersten und dem allmählichen Wiederaufbau des Zweiten Jerusalemer Tempels, war der von Elephantine der einzige jüdische. Trotzdem war während, vor und nach dieser Zeit der Jerusalemer „der" jüdische Tempel an sich. Das war, im regionalen Vergleich, besonders mit der hellenischen, hellenistischen und römischen Welt, eher ungewöhnlich, denn Tempel für diese oder jene Gottheit gab es in der Antike wie Sand am Meer. Kaum einer galt im monopolitischen Sinne als „der" Tempel.

Auch deshalb stand der zweite jüdische Tempel in Ägypten, der Onias-Tempel in Leontopolis (Tel el-Yahudiya), 20 Kilometer nordöstlich vom heutigen Kairo, stets im Schatten der Jerusalemer. Flavius Josephus schreibt über den Onias-Tempel in seinem „Jüdischen Krieg" (VII, S. 426 ff.). Errichtet wurde jener Tempel vom jüdischen Hohepriester Onias IV., der vor den syrisch-hellenistischen Seleukiden, die in Judäa wüteten, ins ägyptisch-hellenistische Reich der konkurrierenden Ptolemäer geflohen war. Von der innerhellenistischen Rivalität der beiden Nachfolgereiche Alexanders des Großen profitierte die jüdische Gemeinschaft. Immer wieder: Jüdische Geschichte wird nur im Zusammenhang mit der nichtjüdischen verständlich oder ableitbar. Diese Aussage gilt ebenfalls für die Zerstörung des Onias-Tempels im Jahre 73. Kaiser Vespasian, zuvor Roms Feldherr im Krieg gegen Judäa (66–70), gab hierzu den Befehl. Er fürchtete nämlich, dass jüdische Eiferer, die nach der Zerstörung des Zweiten Jerusalemer Tempels (70), also nach ihrer Niederlage gegen die römische Weltmacht, aus Judäa nach Ägypten geflohen waren, dort einen neuen antirömischen Aufstand entfachen würden. Bittere Ironie der Geschichte: Seit dem Kampf der Makkabäer gegen die Seleukiden im 2. Jahrhundert v. u. Z. war Rom Quasi-Schutzmacht Judäas. Im judäischen Bürgerkrieg wurde es von einer Partei um „Friedensintervention" gebeten. Roms Pompeius ließ sich gern bitten. Bald bekam der jüdische Bürgerkrieg eine zusätzliche Dimension als Krieg gegen die römische Welt- und Besatzungsmacht, die, was Wunder, siegte – und schließlich sowohl den Tempel in Jerusalem als auch den ägyptischen zerstörte.

Nach der Zerstörung des Zweiten Tempels durch Rom dominierte das rabbinisch-synagogale Judentum, denn dem Überbau der Aristokratie fehlte die Basis, nämlich der Tempel, sprich: ihr Monopol. Die Synagogen waren weit kleiner und erst recht nicht so monumental wie der Tempel, aber sie waren sozusagen die bauliche Voraussetzung für die Mobilität von Juden. Diese wurde aufgrund der sich wiederholenden Judenverfolgungen bittere Notwendigkeit. Ihre Religion war bis 1948 die „portative" bzw. tragbare Heimat der Juden.

Gott, Herzl oder Hitler?

Die dritte Gründung eines jüdischen Gemeinwesens bzw. Staates stellt religiös betrachtet ein nicht unerhebliches Problem dar. Die Vertreibung der „sündigen Kinder Israels" aus der Heimat Zion, ihre weltweite „Zerstreuung", das Exil, hatten die Propheten vorhergesagt. Ihre Predigten verhallten, und „die" Juden „sündigten" weiter. Eine Rückkehr nach Zion hatten die Propheten, „im göttlichen Auftrag", nicht ausgeschlossen. Entscheiden könne darüber freilich nur Gott – nie und nimmer jedoch der Mensch. Wenn Gott es wolle, werde es wieder ein jüdisches Gemeinwesen geben. Punkt.

Genug gelitten, das Schicksal selbst in die Hand nehmen, ein jüdisches Gemeinwesen neu errichten – das beschlossen Theodor Herzl und „die" Zionisten Ende des 19. Jahrhunderts. In den Augen der Orthodoxie war das – und für die extreme Orthodoxie ist das bis heute – „Gotteslästerung", denn: Kein Mensch sei befugt, dem Lieben Gott sozusagen Nachhilfe zu erteilen. Das sei menschlicher Größenwahn. Daher gelte: „Zionismus ist Blasphemie" (Gotteslästerung). Alles sei gottgewollt, jüdische Freud' ebenso wie jüdisches Leid. Erst die Erlösung Israels, das Kommen des Messias, erlaube die Neugründung eines jüdischen Staates.

Diesen Standpunkt vertritt inzwischen nur noch die extreme Orthodoxie (wie die Neturei Karta in Jerusalem), doch wirklich zionistisch ist die Orthodoxie immer noch nicht. Sie beteiligt sich seit dem Holocaust am Zionismus und seit 1948 am Jüdischen Staat, um diesen, aus ihrer Sicht, überhaupt erst jüdisch (um)zu formen.

Richtig oder nicht, das ist hier nicht die Frage. Orthodox betrachtet, wäre auch der Teufel Hitler ein Instrument Gottes gewesen. Inakzeptabel. Für die Mehrheit der Juden ebenso wie für jeden „normal" denkenden und fühlenden Menschen. Deshalb das uneingeschränkte Ja der Zionisten und inzwischen der Judenmehrheit zum Jüdischen Staat. Bis zum Holocaust hatte die Mehrheit der Diasporajuden befürchtet, der Zionismus würde bei Nichtjuden ihre jeweilige staatsbürgerliche Loyalität in Zweifel ziehen und somit Antisemiten, wie die einstige deutsche Historiker-Ikone Heinrich von Treitschke (1834–1896), in ihren Vorurteilen bestärken. Dieser Judengegner hatte ihnen „Doppelloyalität" vorgeworfen.

Die Orthodoxie bestritt nicht das Teuflische des Holocaust, verstand es aber als „gottgewollt" und fügte sich dem ungeheuerlichen Leid. Anders die Zionisten. Anders judenfreundliche Nichtjuden: Nach und wegen Hitler könne und dürfe man den Juden ihren Staat nicht verweigern. Sie interpretieren die Gründung Israels im Jahre 1948 als Folge des Holocaust. Überspitzt: „Ohne Hitler kein Israel." Diese These, einst auch von Bundeskanzler Helmut Schmidt vertreten, ist historisch falsch. Wenn selbst die Fidschi-Inseln 1970 den (britischen) Kolonialismus überwinden konnten, spricht wenig dagegen, dass es „die" Zionisten auch „ohne Hitler und Holocaust" geschafft hätten. (Ausführlicher dazu Wolffsohn, Ewige Schuld?, Kapitel 1.)

Das „portative Vaterland"

Theologisch und soziologisch änderte sich die Geografie der Judengemeinschaft fundamental seit der Zerstörung des Zweiten Jerusalemer Tempels durch die Soldaten des späteren römischen Kaisers Titus im Jahre 70 sowie nach der Eroberung der Festung Massada am Toten Meer (73).

IV. Geografie: Das Land Israel und die mehrfache Diaspora

Jüdische Präsenz, wenngleich erheblich kleiner, gab es in Judäa auch danach, doch keine staatlich-jüdische Souveränität, wohl aber unter römischer Herrschaft so etwas wie interne Autonomie. Sowohl geografisch als auch demografisch verlagerte sich der Schwerpunkt der Juden vom Kernland Judäa in die Diaspora. Zum einen ins Zweistromland, Mesopotamien, und nach Ägypten sowie zum anderen ins westliche (Italien) und östliche (Kleinasien) Römerreich.

Die neuen, politisch bedingten Rahmenbedingungen jüdischer Geografie bedeuteten für die jüdische Theologie mangels Tempel langfristig die Entmachtung der Tempelaristokratie und damit den (bis heute) dauerhaften „Macht"-Antritt der rabbinisch-synagogalen „Bourgeoisie". Das wiederum bedeutete soziologisch (und ideologisch) den Übergang der Standes- zur Leistungsgesellschaft, also Meritokratie statt Aristokratie. Leistung und nicht mehr durch Geburt bestimmte Vorrechte entscheiden über Auf- oder Abstieg des Einzelnen. So gesehen bilden „die" Juden bereits seit rund 2000 Jahren eine bürgerliche Gesellschaft, lange vor deren eigentlichen Entstehung nach der und durch die Französische Revolution.

Der Jerusalemer Tempel war bis zu seiner Zerstörung trotz des vorherigen, etwa 500-jährigen Wettbewerbs zwischen Tempel und Synagoge bzw. Aristokratie und Bourgeoisie der unbestreitbare religiöse Bezugs- und Mittelpunkt des Judentums. Sollte jüdischer Zusammenhalt nach der Tempelzerstörung erhalten werden, brauchte man eine inhaltliche und bauliche Alternative. Zu bedenken war dabei zugleich, dass man, als Minderheit überall und immer gefährdet, Mobilität oder gar Flucht mit geringen Verlusten anzustreben hatte.

Die bauliche Alternative waren in der Regel kleine Synagogen statt monumentaler Bauten. Diese wurden erst seit ca. Mitte des 19. Jahrhunderts errichtet, als sich vor allem Europas Juden, allen voran die deutschen, in der Illusion wiegten, ihr ungefährdetes Bleiben wäre sicher. Je größer die Synagoge, desto größer das Sicherheitsgefühl der örtlichen Juden – und umgekehrt. Wer ständig mit Vertreibung rechnen muss, baut keine Kathedralen, sondern eben kleine, oft geradezu mickrige Gottesräume, also die radikalste *bauliche Alternative* zum einst monumentalen Tempel.

Die *inhaltliche Alternative* zum Tempeljudentum war der Ersatz der Tat durch das Wort. Konkret: der Ersatz des Rituals, wie etwa Opferungen, bzw. des „Dienstes" an und für Gott („Awodat Hakodesch" = „Heilige Arbeit" oder „Arbeit für den Heiligen", sprich: für Gott, also „Gottesdienst") durch das Wort. Das biblische Wort, zu dem die biblischen Gebote gehören. Dies alles musste freilich erläutert werden. Das geschah durch und im *Talmud*. Dessen erster Teil, die *Mischnah*, fasst vor allem die schriftlich-biblischen sowie die mündlichen, (angeblich) von Moses „im Auftrag Gottes" überlieferten Gebote zusammen. Im zweiten Teil des Talmuds, der *Gemara*, werden all diese Gebote unter den talmudischen Weisen bzw. Rabbinen durchaus kontrovers diskutiert, präzise oder auch in Gestalt von ausschmückenden Geschichten kommentiert und religionsgesetzlich entschieden.

Diese Doppelung von (kleinen) Synagogen und dem religiösen Wort verwandelte die einst vornehmlich lokale, ortsgebundene, aufs judäische „Vaterland" bezogene jüdische Religion in eine global „anwendbare", ortsunabhängige, sozusagen tragbare Religion. Ihren Staat, ihr Vaterland, das Territorium ihrer Souveränität, hatten die Juden 70 verloren, statt des Bodens hatten sie das leicht transportierbare Wort. Heinrich Heine prägte 1854 im Vorwort seiner „Geständnisse" bezogen auf die Bibel das Wortbild vom „portativen Vaterland". Wie erläutert, gehört mindestens der Talmud zur „Wanderausrüstung" des Judentums.

Der Talmud entstand folgerichtig in den ersten vier bis fünf Jahrhunderten u. Z. Den *Jerusalemer Talmud* erarbeiteten die Weisen/Rabbis in Palästina, den *Babylonischen Talmud* die Weisen in der mesopotamischen Diaspora. Der Jerusalemer wurde im späten 4. /frühen 5. Jahrhundert abgeschlossen, der Babylonische im 6. Jahrhundert.

Bedeutender, ausführlicher und freier ist der Babylonische Talmud. „Frei" im Sinne von „weniger politisch gegängelt" bzw. „politisch weniger behindert". Die talmudischen Weisen Palästinas lebten unter römischer Herrschaft. Rom und die Juden, das war seit der Zeitenwende, diverser jüdischer Aufstände oder, umgekehrt, der Besatzung und Unterdrückung wegen belastet. Im 4. Jahrhundert hatte in Rom das Christentum triumphiert. Ebendieses Christentum „emanzipierte" bzw. grenzte sich in seiner Frühphase zumindest verbal militant von seinen jüdischen Ursprüngen ab. Das Judentum reagierte seinerseits aufs frühe Christentum. Polemik beidseits. Im Babylonischen Talmud ist die jüdische Gegenwehr offener, breiter und heftiger. Die politische Geografie erklärt warum: Das Zweistromland wurde in der Talmud-Epoche bis zum 3. Jahrhundert vom nichtchristlichen Reich der Parther sowie danach vom ebenfalls nichtchristlichen Sassanidenreich beherrscht. Judäa/Palästina war dagegen Teil des christlich-oströmischen Reiches. Womit wir die politische Geografie und Theologie um die jüdische Demografie der Mehrfachen Diaspora ergänzen.

IV. Geografie: Das Land Israel und die mehrfache Diaspora

Der Rückweg nach Altneuland

Ganz – Entschuldigung, aber es muss so krass gesagt werden, weil von den Landesherren so gewollt – „judenrein" war das Land Israel auch nicht nach der Zerstörung des Zweiten Jerusalemer Tempels im Jahre 70. Umgekehrt konnte von einer jüdischen Mehrheit keine Rede sein. Nicht einmal im Jahre 1948, als der Jüdische Staat, Israel, in „Altneuland" (Theodor Herzl) wieder gegründet wurde. Einzelne Juden wagten den langen, nicht ungefährlichen Weg ins „Land der Väter", eine kollektive Rückkehr war jedoch undenkbar, weil politisch aus doppelter Perspektive unmöglich. Wer hätte wie – Perspektive eins – in der Diaspora den Exodus aus der Diaspora organisieren können, sollen oder dürfen? Perspektive zwei: Welcher Landesherr im „Land der Väter" hätte eine jüdische Masseneinwanderung geduldet?

Größere kollektive, doch noch nicht institutionell organisierte Einwanderungen von Juden nach Eretz Israel begannen 1882 – als Folge massenhafter Juden-Liquidierungen seit 1881, 1903 und 1905 im russischen Zarenreich. Institutionell organisiert begann die von Theodor Herzl (1860–1904) 1897 gegründete Zionistische Bewegung die kollektive jüdische Einwanderung. Auslöser des Zionismus war 1894 die aus eindeutig antisemitischen Motiven erfolgte Verurteilung des französisch-jüdischen Hauptmanns Alfred Dreyfus wegen vermeintlichen Landesverrats. Wer sich in Europa über den angeblich kolonialistischen Zionismus beklagt, also A sagt, muss auch B benennen und sich (einmal mehr) zur Verletzung „Europäischer Werte" durch und in Europa, West wie Ost, bekennen. Den erwähnten Juden-Liquidierungen und -Diskriminierungen folgten danach viele. Schon vor dem sechsmillionenfachen Judenmord durch den Mordmeister aus Deutschland und seine willigen, ihre vermeintlichen Werte missachtenden europäischen Gesellen. Deshalb entstand in Altneu-Zion schon während des Britischen Mandats die personelle und institutionelle Grundstruktur des Jüdischen Staates. Den Weg zu ihm, die Geschichte des Zionismus sowie die Geschichte des Staates Israel beschreiben andere Bücher (auch meine).

Der Wunschtraum des Zionismus war: Sicherheit für „die", besser: alle Juden vor Antisemitismus als Antijudaismus, also: endlich jüdische Existenz ohne die Gefahr eines Widerrufs. Keck gesagt: Im Jüdischen Staat sollte der Antisemitismus eine innerjüdische Angelegenheit werden. Er wurde es, und oft werfen sich dort die Gegner wechselseitig vor, „Antisemiten" oder gar „Nazis" zu sein. Dummheit kennt keine Grenzen. Klugheit, gottlob, auch nicht.

Dann, ab 1947/48, das böse Erwachen: Auch im Jüdischen Staat ist jüdisches Überleben Existenz auf Widerruf. Die Gründe sind oder mögen anders als in der Diaspora sein, aber die Grundtatsache bleibt, weil "Antiisraelismus etwas ganz anderes als Antisemitismus ist". Hört man. Wirklich? Auf dieses "weite Feld" werden wir uns hier nicht bewegen.

Existenz auf Widerruf Nr. 2: Die mehrfache Diaspora

Deutschland als Muster – kein Sonderweg (bis 1933)

2021 – Deutschland im Judenjubel. Staatlich verordnet wurden 1700 Jahre deutschjüdischen Lebens gefeiert. Was sprach dagegen, dass die Bundesrepublik ihre Bürger zum Judenjubel anfeuerte? Nichts! Es ehrte die Repräsentanten dieses Staates. Wohl und Wehe der Juden in Deutschland dokumentieren das Muster jüdischer Diasporaexistenz schlechthin. Die Lektüre des Musters könnte manche Leser ermüden, denn Ost und West, Süd und Nord, Abendland und Morgenland, christliche oder muslimische Welt – das Muster bleibt, trotz der durchaus vorhandenen Unterschiede. Auch die Legenden halten sich hartnäckig. Zum Beispiel die Legende, den Juden wäre es unter „dem" Islam meistens besser ergangen. Meine These: Gäbe es in der Geschichte, wie im Sport, ein Zielfoto, könnte man schwerlich den „Sieger" im antijüdischen Wettbewerb bestimmen. Zurück zu Deutschland.

Im Jahre 321 u. Z. gehörten weite Teile des heutigen Deutschlands zum römischen Weltreich. In jenem Jahr unterzeichnete Roms Kaiser Konstantin ein Dekret, das erstmals die Berufung von Juden in den Kölner Stadtrat gestattete. Es ist die erste *vorhandene* schriftliche Überlieferung deutschjüdischen Lebens. Faktisch gab es sicher schon etwa 300 Jahre früher Juden auf deutschem (und heute österreichischem plus Schweizer) Boden, nördlich der Alpen generell. In Trier wurde eine Öllampe mit Menora-Motiv gefunden, die etwa 100 Jahre älter als das Konstantin-Dokument ist. Daraus oder aus dem Kölner Edikt von 321 Rückschlüsse auf eine größere Judengemeinschaft zu ziehen, wäre voreilig und übertrieben, denn es gibt für jene Epoche keinen einzigen archäologischen Beleg jüdischen *Gemeinschafts*lebens (vgl. Das Dekret von 321). Keine Synagogen- oder Mikwebzw. Ritualbad-Funde, kein Friedhof, nichts. Bis ca. 1000 war die Zahl der

IV. Geografie: Das Land Israel und die mehrfache Diaspora

Juden auf deutschem Reichsgebiet winzig. Für das späte 10. Jahrhundert wäre für Nordwest- und Mitteleuropa eine Zahl von 4000 bis 5000 Juden „realistisch" (Toch, Die Juden im mittelalterlichen Reich, S. 6).

Ja: Wo Rom war und wohin Rom ging, lebten – schon vor der im Jahre 70 (Zerstörung des Zweiten Jerusalemer Tempels durch Rom) erzwungenen europäischen Diaspora – Juden am und rund ums Mittelmeer. Wo archäologische Belege für jüdisches Gemeinschaftsleben gefunden wurden, gab es – offenkundig – tatsächlich größere oder kleinere Gemeinschaften. Wo wir uns nur auf Gegenstände stützen können, die Einzelnen oder einer Familie gehört haben könnten bzw. müssten, wissen wir nichts über eine x-beliebige Gemeinschaft, sei sie jüdisch oder nicht. Das gilt in Bezug auf die Trierer Menora-Öllampe ebenso wie für den Siegelring aus dem 4. Jahrhundert, der 2001 im schweizerischen Kaiseraugust (Kanton Aargau) 2001 bei Grabungen entdeckt wurde. Das Motiv: Menora, Lulav (Palmenzweig) und Etrog (Zitrusfrucht), zum herbstlichen Laubhüttenfest gehörende Symbole. Eindeutige archäologische (Be-)Funde für jüdische Siedlungen, also Gemeinschaften nördlich der Alpen, also auch in „Deutschland", gibt es erst für die Karolingerzeit im 9. und 10. Jahrhundert (vgl. Toch, Die Juden im mittelalterlichen Reich, S. 4 f.).

Es besteht ein dokumentarisches „Loch" von rund 600 Jahren deutsch-jüdischer Geschichte, ganz allgemein jüdischer Geschichte nördlich der Alpen. Das frühe Mittelalter scheint uns auch deshalb so „finster", weil uns oft zuverlässige Quellen fehlen. Nicht nur in der jüdischen Geschichte.

Die wenigen vorhandenen spätantiken oder frühestmittelalterlichen Belege der offenbar ganz wenigen Juden, die sich nördlich der Alpen zumindest aufgehalten, aber dort nicht unbedingt dauerhaft gelebt haben, fand man nur in römisch und nicht in germanisch oder keltisch beherrschten Regionen. Das ist wenig verwunderlich, denn womit und mit wem sollten jüdische Händler – die meisten Juden waren damals nicht stationär, sondern urban stationierte, mobile Fernhändler – im, sagen wir, germanischen oder keltischen „Urwald" handeln? Noch weniger hatte dieser „Wilde Norden" Stadt- und Handelsmenschen wie den Juden nach dem Ende der (west)römisch antiken Stadtkultur zu bieten. So gesehen, bezog sich 2021 der staatlich verordnete, aufs Jahr 321 gerichtete „Judenjubel" über „1700 Jahre Juden in Deutschland" auf einen freundlich-falsch „frisierten" Geschichtsbezug.

Erst seit der karolingischen Renaissance und danach, mit der Entwildung des Wilden Nordens, seiner Zivilisierung und Kultivierung, wurde diese Region besonders seit dem 11. Jahrhundert für ortsansässige Städter sowie Nah- und Fernhändler mit ihren Familien plus (jüdischer) Infrastruktur wie Synagoge, Ritualbad (Mikwe), Friedhof attraktiv (vgl. Toch, Die Juden im mittelalterlichen Reich, S. 6). Diese Juden dürften die Kerngruppe der „Aschkenasim" gewesen sein. Dass sie die Nachfahren der Juden von „Köln 321" waren, ist höchst unwahrscheinlich, denn diese hinterließen überhaupt keine Spuren.

Ein dramatischer Einschnitt folgte 1179: Das Dritte Laterankonzil verbot Juden so gut wie alle Berufe, mit zwei Ausnahmen: dem Geldverleih, der gleichzeitig Christen verboten wurde. Ausnahme zwei: Ärzte. „Jüdische Medizin" hatte bereits damals eine lange eigene sowie eine etwas kürzere islamisch-iberische Tradition und damit einen quantitativ-zeitlichen sowie, daraus abgeleitet, qualitativen Vorsprung: Auf gute Ärzte wollten auch Antisemiten seit jeher nicht verzichten. Wundern kann man sich nur darüber, dass sich bis zur Gegenwart (und besonders im Dritten Reich) so viele darüber wunderten, dass es so viele und so viele so gute jüdische Ärzte gab. Antisemiten hatten höchstselbst seit Jahrhunderten die jüdische Dominanz in der Medizin ebenso wie im Finanzwesen zementiert. „Ein Teil von jener Kraft, / Die stets das Böse will und stets das Gute schafft." Schöne Grüße von Mephisto.

Geldverleiher und Ärzte bildeten die jüdische Oberschicht. Schmal, sehr schmal war sie, breit dagegen die jüdischen Unterschichten, die, im Bild gesprochen, jüdischen „Wasserträger und Holzfäller" für allgemein benötigte Waren (Klein- und Hausiererhandel) oder speziell jüdische Bedürfnisse wie Sch(l)ächter, handwerklich Arbeitende, Bäcker, Synagogendiener, Betreiber von Ritualbädern und Friedhöfen (Toch, Die Juden im mittelalterlichen Reich, S. 9 f.).

Wissenschaft ist hochspezialisiert. Wer deutsche Geschichte studiert und lehrt, kennt deutsche Geschichte, Talmudspezialisten kennen den Talmud, aber keine deutsche Geschichte. Wenn man beide Felder verbindet, stößt man auf eine Information, die amtlicherseits völlig unbekannt und in keinem (mir bekannten) Buch zu finden ist: Die *wirklich erste Erwähnung jüdischen Lebens auf deutschem Boden*. In der Mischna (Teil 1 des Talmuds) lesen wir im Traktat „Negaim", Abschnitt II, 1 bezogen auf Aussatzschäden: „Der hellweiße Fleck sieht an einem Germanen dunkel aus." Was können wir daraus bezogen auf Juden in „Deutschland" schließen? Dass es schon vor 321 Juden gab, die sich zumindest zeitweise (auch dauerhaft?) in

IV. Geografie: Das Land Israel und die mehrfache Diaspora

„Deutschland" aufhielten, die mit Juden im Heiligen Land kommunizierten – und umgekehrt. Denn: Die Mischna wurde im römisch beherrschten Judäa/Palästina verfasst und um 200 u. Z. kodifiziert. Daraus folgt: Einzelne (!) Juden lebten oder weilten, wie lange auch immer, auf deutschem Boden deutlich vor denjenigen Germanen, deren Nachfahren viele bzw. die meisten der heutigen „Bio-Deutschen" sind. Und daraus folgt: Die bis 1933 in Deutschland lebenden und dann vertriebenen oder vernichteten Juden sind in Deutschland mindestens so einheimisch wie die alteinheimischen nichtjüdischen Deutschen.

Konstantin und jüdische Mitbestimmung – das suggeriert konstantinische Toleranz. Davon kann keine Rede sein. Dieser Kaiser verbot den Juden, Menschen (Proselyten genannt, griech. für „Hinzugekommene") aufzunehmen, und Christen verbot er zum Judentum überzutreten. Den Übertritt vom Juden- zum Christentum förderte er. Konstantins Menschlichkeit hielt sich in engsten Grenzen. Fünf Jahre nach seinem scheintoleranten Edikt ließ er seine Frau Fausta und seinen ältesten Sohn Crispus ermorden. Konstantin wollte die Juden nicht, er brauchte sie. Im zwar hochentwickelten, doch bereits zerfallenden, krisengeschüttelten Römischen Reich und ganz besonders im damals unterentwickelten Germanien wurden Bürger gebraucht, die, spitz formuliert, anders als die wenigen einheimischen und vielen ein- oder zugewanderten Barbaren lesen und schreiben oder Geld- sowie Fernhandel betreiben konnten. Juden lebten also am „deutschen Rhein" bereits vor den meistens erst später eingewanderten Germanen.

Es ist üblich, abgeleitet aus dem Neuen Testament und dort besonders aus dem Johannesevangelium, pauschal und grundsätzlich vom „christlichen Antijudaismus" zu sprechen. Das ist irreführend. Der auf dem Konzil von Nicäa 321 u. Z. verdammte Arianismus war keineswegs judenfeindlich. Der wohl wichtigste Grund: Das arianische Christentum betrachtet Jesus als Propheten bzw. herausragenden Menschen. Als Menschen und eben nicht als Messias oder Gottes Sohn. Diese Sicht Jesu bot durchaus Anknüpfungspunkte zu weltoffenen Teilen des Judentums – und umgekehrt. Folglich erging es den Juden unter den arianischen Ostgoten (Theoderich) recht gut. Sie herrschten in Norditalien von 493–553 u. Z. Im byzantinischen Süden sowie in der römisch-katholischen Ära mangelte es an Toleranz. Bestenfalls boten ihnen Papst, Fürsten oder Könige Schutz – aus wirtschaftlichem Eigennutz.

Römisch-katholischer und orthodox-christlicher Antijudaismus – Diskriminierung von Juden durch diese Christen war so alt wie das nicänische, also nichtarianische Christentum, doch zur Liquidierung von Juden kam es im spätantiken und frühmittelalterlichen Vor-Deutschland ebenso wie im westlichen und südlichen Europa bis Mitte des 11. Jahrhunderts eher selten, denn Juden wurden gebraucht. Nicht jeder Jude betrieb Geld- oder Fernhandel, doch jeder Geld- und Fernhandel treibende Jude brauchte eine jüdische Infrastruktur. Folglich wurden „die" Juden geduldet.

Mitte des 11. Jahrhunderts war es so weit: Nun konnte und wollte die nichtjüdisch vorbürgerliche Bevölkerung – auch im islamischen Spanien – ins lukrative Geschäft einsteigen oder schuldenfrei werden. 1012 und 1080 kam es in Mainz zu „kleineren" Judenverfolgungen. In einen Blutrausch steigerten sich im Mai 1096 Teilnehmer des Ersten Kreuzzuges (1096–1099). Auf dem Weg ins Heilige Land wollte der aufgehetzte, verarmte ländliche und städtische Pöbel an Rhein und Mosel, unterstützt von Desperados aus Ostfrankreich, Flandern und England, durch Massaker die Heimat judenrein und schuldenfrei machen. Wut und Neid hatte auch der Steuererlass erzeugt, den Kaiser Heinrich IV. (ja, der „Canossa-Kaiser") 1074 den dortigen Juden – aus Eigennutz – gewährt hatte. Dieser Steuerverzicht war volks- und „kaiserwirtschaftlich" sinnvoll, doch nicht vermittelbar. Der „Volkszorn" traf 1096 besonders „Jerusalem am Rhein" – die Juden der Städte Mainz, Worms und Speyer, die „SchUM-Städte". SchUM ist die hebräische Abkürzung für Speyer, Worms und Mainz. Hier wirkten bis heute einflussreiche Rabbiner wie Gerschom ben Jehuda (um 960 in Metz geboren, gestorben 1028 oder 1040 in Mainz). Er, heißt es, habe das religionsgesetzliche Ende der Vielehe verordnet. Als „der" Bibel- und Talmudkommentator schlechthin gilt Raschi (Troyes 1040–1105). Er lehrte von 1055 bis 1065 in Mainz und dann in Worms.

In SchUM-„Jerusalem" floss auch im Zweiten Kreuzzug (1147–1149) Blut. Im Dritten konnte Kaiser Barbarossa die Juden schützen. Wieder war es „der Staat", dessen Spitze, die Obrigkeit, die sie vor der Todesgefahr von unten rettete. Trotz allem und nach allem packten die örtlichen Juden den Wiederaufbau an. Was sonst hätten sie tun können? Asyl, einen sicheren „Hafen", gar einen jüdischen Staat gab es nicht. Sie konnten nur zwischen Pest und Cholera wählen. Bis zur Pestepidemie Mitte des 14. Jahrhunderts erblühten jene Judengemeinden erneut. Danach „verwelkten" sie. Wie fast alle Juden im Westen Europas wurden sie aus SchUM im 15. Jahrhundert vertrieben. Bis dahin hatte sich in zahlreichen Städten ein christliches Handels- und Finanzpatriziat gebildet, das die jüdische Konkurrenz von den „Fleischtöpfen" verdrängen wollte – und verdrängt hat. Das ließ sich seit

IV. Geografie: Das Land Israel und die mehrfache Diaspora

und nach der Pestepidemie ab 1348 und den seitdem verschärften Judenverfolgungen als „soziale" und „christliche" („Wohl"-)Tat schichtenübergreifend politisch leicht durchsetzen. Um 1400 lebten in „Deutschland" etwa 40.000 Juden (Toch, Die Juden im mittelalterlichen Reich, S. 13).

Dem ökonomischen Druck von unten – nicht nur aus Deutschland – nachgebend, hatte der Vatikan im 13. Jahrhundert, besonders auf dem Vierten Laterankonzil (1215), in ganz Europa die antijüdische Gangart theologisch verschärft. Wieder muss der Blick über das rein Jüdische hinaus gelenkt werden. Papst Innozenz III. ließ erstens auch vermeintliche „Ketzer" – in Wahrheit meistens Reformer wie die Albigenser, Katharer oder Waldenser – brutal verfolgen. Das war die Ouvertüre zur Inquisition. Zweitens duldete er auch den wenig zimperlichen Umgang der Ritter des von ihm 1198 angestifteten Vierten Kreuzzuges gegenüber dem orthodoxen Byzanz. 1204 legten diese wenig ritterlichen Ritter Konstantinopel in Schutt und Asche und raubten die noch heute auf dem Markusdom von Venedig als Kopie (und im dortigen Dommuseum als Original) zu bewundernde Quadriga. Zweitens war die Judenpolitik ein zusätzliches Instrument in seinem Kampf mit den weltlichen Herrschern um die auch von seinen Vorgängern angestrebte Hegemonie des Papsttums über das König- und Kaisertum in Europa sowie im Heiligen Römischen Reich Deutscher Nation. Im Fürsten- und „Bürgerkrieg" zwischen Staufern und Welfen mischte Innozenz III. kräftig mit.

Die päpstliche Dominanz über Könige und Kaiser wäre für deren Juden-„Schutz", sprich: für die lukrativen „Schutz"-Gelder nicht folgenlos geblieben. (Grundlegend zum Thema Vatikan und Juden ist Thomas Brechenmachers Buch „Der Vatikan und die Juden", 2005.)

Noch eine zusätzliche Dimension muss beim Judenschutz beachtet werden. Bereits 1179 hatte, wie erwähnt, das Dritte Laterankonzil für Christen ein allgemeines Geldverleih- und für Juden ein fast absolutes Berufsverbot verhängt. In Letzterem war ein entscheidendes, zynisch konzipiertes Schlupfloch, denn einen, nur einen Beruf durften die Juden ausüben: Geldverleih. Geld benötigten, besonders in der Hochkonjunktur des 12. und 13. Jahrhunderts, alle: Klerus, Kaiser, Könige, Fürsten, Stadtpatrizier, Handwerker, Bauern. Geldverleiher werden immer und überall gebraucht, doch nicht geliebt, und schnell braut sich individueller oder „Volkszorn" gegen sie zusammen. Gerade dieser ist vor allem von Obrigkeiten leicht manipulierbar. Ergo brauchten die Juden Schutz, den Schutz des „Staates".

Der ließ sich diesen Schutz teuer bezahlen. Je öfter das „Volk" in (jederzeit aktivierbaren) Zorn geriet, desto höher der Preis. Doch Vorsicht, denn je härter das Volk zuschlug und Juden erschlug, desto weniger Juden, die zur Kasse „gebeten" werden konnten. So schlug der strukturelle finanzielle Vorteil umstandsbedingt nachteilig um und zurück. Ein Drahtseilakt. Die Verschärfung der „christlich" judenpolitischen Gangart brachte demnach sowohl der weltlichen als auch der kirchlichen Obrigkeit Vorteile – aber eben auch mögliche Nachteile. Der, wie gesagt, durch und durch zynische Vorteil im Nachteil: Je mehr Juden man ermordete, desto weniger Schulden waren zurückzuzahlen. Jüdische Existenz – auf Abruf und auf Widerruf. Unentrinnbar, „alternativlos". Dennoch erwies sich diese Vorgehensweise immer wieder als kurzsichtig und langfristig eben doch nachteilig, denn Judenmorde oder Judenvertreibungen führten nicht nur im Mittelalter zu geringerer finanzieller Fachkunde in Gesellschaft und Politik, also zu volkswirtschaftlichem Schaden. Dieses Faktum übersahen – und übersehen! – Judenfeinde oft. Jenseits der A-, Un- und Antimoral: Antisemitismus lohnt nicht.

Anders als die weltliche Obrigkeit konnte die päpstlich-kirchliche an einer zusätzlichen „Schraube" drehen: der theologischen. Und diese Theologie war auch volkswirtschaftlich klug. Sie lässt sich – analytisch wie wieder zynisch – *formelhaft zusammenfassen: „Juden diskriminieren? Ja! Juden liquidieren? Nein!" Das ist, aus meiner Sicht, der „klassische Antisemitismus" auf den Punkt gebracht. Wenn dieser „klassisch" diskriminatorische Antijudaismus „aus Versehen" in einen liquidatorischen umschlägt, kann der Akteur des klassischen seine „Hände in Unschuld waschen".*

Konkret zum theologischen, allein Papst und Klerus möglichen Instrument der Schutzherrschaft über die Juden: Anknüpfend an das von Kirchenvater Augustinus entwickelte „Konzept der Zeugenschaft" (Brechenmacher, Vatikan, S. 21) sollten, nein, mussten die Juden lebende (!) Zeugen des Kirchen-Triumphs sein. „Ecclesia Triumphans". Im Mittelalter ein beliebtes Skulpturenmotiv. Zum Beispiel im Straßburger Münster oder dem Bamberger Dom. Unmittelbar neben der „Triumphierenden Kirche", ebenfalls als weibliche Figur, die „Synagoga" mit Augenbinde und gebrochenem Stab. Nicht das Licht der Kirche erkennend – Augenbinde – und, am gebrochenen Stab erkennbar, ist Synagoga, ist also das Judentum durch die Kirche machtlos. (In Bamberg ist die Frauengestalt der Synagoga schöner als die Ecclesia – Zufall oder Künstlerlist?) Jene theologische Selbstsicht gehört zu den „Klassikern" des Antisemitismus: Diskriminieren ja, liqui-

IV. Geografie: Das Land Israel und die mehrfache Diaspora

dieren nein, denn tote Zeugen sind keine Zeugen. Augustinus: „Obwohl der Unglaube der Juden in vieler Hinsicht zu verurteilen ist, dürfen die Juden von den Gläubigen ... nicht verfolgt werden, wird doch durch sie unser Glaube erst wirklich bestätigt" (zitiert aus: Brechenmacher, Vatikan, S. 21 f.).

Nicht nur textlich, auch bildlich wurde Judenfeindschaft über Ecclesia und Synagoga hinaus als Mode zur Schau gestellt. In deutschen Kirchen mehr als woanders war das vulgäre Motiv der „Judensau" beliebt. Am Hut und, wie Prostituierte, am gelben Stoffring mussten Juden seit 1215 (Viertes Laterankonzil) an ihrer Kleidung erkennbar sein. Ans Judengelb knüpften die Nazis später an.

Bemerkenswert ist die internationale und interkonfessionelle Soziologie des Antijudaismus: nicht nur auf deutschem Boden und nicht nur in der christlichen Welt, auch in der islamischen und polytheistischen (Volksmund: „heidnischen") Welt. Bis in die erste Hälfte des 20. Jahrhunderts einte nicht nur religiös legitimierte Diskriminierung der Juden die einheimischen Ober-, Mittel- und Unterschichten. Die Oberschichten, die katholischen und später evangelischen (wie wir sahen) sowie die islamischen (wie wir sehen werden), stellten sich schützend vor die Juden. Weniger aus „christlicher Nächstenliebe" als vielmehr aus wirtschaftlicher Vernunft. Durch Schutzgelder bereicherten sie sich persönlich an den Juden, und sie brauchten die allgemein besser gebildeten und meistens auch besserverdienenden Juden volkswirtschaftlich. Vom relativen Wohlstand, zumindest ihrer Klientel, hing das politische Überleben der Obrigkeit ab. Wenn und weil Unter- und Mittelschichten, ethnische oder andere Minderheiten gegen die Obrigkeit rebellierten und, noch schlimmer, obsiegten, drohte den Juden meistens mörderische Gefahr.

Wie meistens bei Verallgemeinerungen muss eingeschränkt werden: Politischen Schutz gewährte die Obrigkeit – solange es ihren Interessen diente und der Nutzen das Risiko überwog. „Judenretter", die persönlichen, aktiven, existenziellen Schutz boten, stammten eher (wenngleich nicht nur) aus den Unter- und unteren Mittelschichten (vgl. Lustiger, Rettungswiderstand).

Jenes Obrigkeitsmuster gilt historisch für Deutschland ebenso wie für Spanien oder das Osmanische Reich, selbst in den vermeintlich „Goldenen Zeiten". Sogar die waren nicht golden, eher grau.

Deshalb waren nicht nur die deutschen Juden alles andere als „Revoluzzer" oder „Ruhestörer". Obrigkeit war für sie in der Regel, trotz immerwährender Diskriminierung, Schutz vor Liquidierung. Wenn die Obrigkeit von sich aus dem antijüdischen Druck von unten nachgab, waren die Juden verloren, weil auch überrascht. So geschehen nicht „nur", aber vor allem ab 1933 in „Deutschland". Lange zuvor schon in Deutschland sowie in West- und Zentraleuropa im Zeitalter der Pestpandemien ab 1348 bis zu den frühneuzeitlichen Umbrüchen, die bis ins frühe 16. Jahrhundert Kettenreaktionen von Judenvertreibungen auslösten, zum Beispiel 1492 aus Spanien, 1497 aus Portugal und zuletzt 1519 aus Regensburg. Nun waren Europas Mitte und Westen quasi „judenrein". Nicht ganz, denn in ländlichen Regionen, im heutigen Baden-Württemberg, Hessen, Bayerisch-Schwaben, Franken, Westfalen, der Pfalz, im Elsass, in Böhmen und Mähren, also jenseits der allgemeinen Aufmerksamkeit, fanden Juden vom 16. bis zum 19. Jahrhundert, besonders nach den Verwüstungen des Dreißigjährigen Krieges, auf dem Land, in Dörfern und kleinen Städten Schlupflöcher, wo sie die Obrigkeit duldete. Gegen Bezahlung, versteht sich. Viel zahlen konnten sie nicht. Ihre Berufe waren alles andere als einkommensstark: Hausierer, Kleinhändler, Handwerker, auch Schlachter, Gemischtwarenhändler, Vieh- und Pferdehändler (vgl. EJGK, Band 3, S. 478 ff.).

Juden in die Städte holte die Obrigkeit nach den Verwüstungen des Dreißigjährigen Krieges. Wie weiland Kaiser Konstantin holte zum Beispiel Brandenburgs Großer Kurfürst 1671 50 wohlhabende (!), aus Wien vertriebene jüdische Familien nach Berlin und 1685 von Frankreichs Ludwig XIV. verfolgte Hugenotten. Er brauchte aus *volkswirtschaftlichen Gründen* geistig und unternehmerisch gebildete Bürger, Denker und Macher. Ähnlich die Überlegungen der englischen Puritaner 1655. Gedanklich und politisch eingeleitet hatte die Rückkehr der Juden nach England allerdings bereits 1648 der hochrangige Oxforder Royalist unter Karl I. und Karl II. Edward Nicholas in seiner Schrift „An Apology for the Honorable Nation of the Jews". Den Rückkehr-Lorbeer verteilen historische Schriften eher dem aus Portugal vertriebenen und nach Amsterdam geflüchteten Rabbi Samuel Menasse Ben Israel. Er habe Oliver Cromwell hiervon überzeugt. In Robert Menasses Geschichten und Geschichte kunstvoll verknüpfendem Roman „Die Vertreibung aus der Hölle" wird, wie mir scheint, Rabbi Menasses Rolle und Wirkung richtig gewichtet. Jedenfalls berief Lordprotektor Cromwell im Dezember 1655 die „Whitehall Conference" ein, auf der sich Klerus und Kaufmannschaft, jene aus religiösen Motiven und diese aus betriebswirtschaftlicher Konkurrenzangst, dem Ansinnen widersetzten. Doch 1664 durften Ju-

IV. Geografie: Das Land Israel und die mehrfache Diaspora

den zurück nach England. Im Widerstreit zwischen betriebs- und volkswirtschaftlichen Motiven hatten diese obsiegt. Habsburg hinkte nach. Noch Maria Theresia ließ 1744/45 Juden aus Prag, Böhmen und Schlesien vertreiben. Der wirtschaftliche Schaden war enorm. Deshalb durften die Juden schon 1748, wenngleich unter strengen Auflagen, zurück. Joseph II., ihr Sohn, wendete ähnliche Schäden gleich ab und verfügte 1782 das „Toleranzpatent" für die Juden. Auslöser dieser „Aufklärung" und „Toleranz" war das ökonomische Interesse. Gleiches gilt für die „liberalen" Reformen in den übrigen deutschen Staaten des späten 18. und 19. Jahrhunderts. Für die allgemeinen Reformen sowie die rechtliche Gleichstellung der Juden gilt: Im Prozess beschleunigter wirtschaftlicher und gesellschaftlicher Veränderungen benötigte man alle nur denkbaren und möglichen Akteure, besonders qualifizierte, und dafür nahm man „sogar" Juden „in Kauf". Das deutsche Muster gleicht im Prinzip mehr oder weniger dem französischen, englischen, habsburgischen und so weiter und so weiter. Ironie der Geschichte: Die Liebe zum Mammon unterstellen Antisemiten gerne „den" Juden. In Windeseile schafften die Juden aufgrund jahrtausendealter Geistes- und Bildungsübungen den Sprung vom Ghetto ins allgemeine Bürgertum, dessen Bildungsavantgarde sie wurden, was nicht zuletzt Neid auslöste. Bessere Bildung bedeutete schließlich auch bessere Verdienstmöglichkeiten. Sollten „ausgerechnet" diese „Neuankömmlinge", „gar" jüdische, besser verdienen?

Größer als je zuvor war nicht nur in Deutschland während der ersten Industriellen Revolution in der ersten Hälfte des 19. Jahrhunderts der Bedarf an fähigen Modernisierern, nicht zuletzt eben Juden. Die zweite Industrielle Revolution seit dem späten 19. Jahrhundert wollte die nichtjüdische Mittelschicht selbst gestalten. Wie stets zuvor erstarkte die „Juden-raus!"-Welle. Erinnert sei an die deutsche Gründerkrise seit 1873 und besonders an den Berliner Antisemitismusstreit von 1878/79, der bis in den Kaiserhof drang, an die Pogrome in Russland 1881/82, 1903 und 1905 oder an die Dreyfus-Affäre in Frankreich seit 1894. Doch ganz ohne Juden ging es immer noch nicht, zumindest nicht in der innovativen Wissenschaft und somit Wirtschaft. Jenseits der ganz Großen aus Wissenschaft und Wirtschaft gab es freilich mindestens ebenso bemerkenswerte Einzel- und Familienschicksale. Literarisch wertvoll und zugleich historisch aufklärend sind die Romane „Familie Karnovski" von Israel J. Singer (der dem Bruder und Nobelpreisträger Isaac mehr als ebenbürtige Bruder) und Gabriele Tergits „Effingers", das jüdische Gegenstück zu den „Buddenbrooks".

Die Namen der ganz Großen kennt jeder. Albert Einstein, Paul Ehrlich, Luise Meitner, Richard Willstätter, Magnus Hirschfeld, der getaufte Jude Fritz Haber und viele mehr. Selbst im neuen Alltag waren Juden Pioniere: Die „jüdischen Kaufhäuser" der Wertheims und Tietz' und mehr, der Schwangerschaftstest (Selmar Aschheim), die Schallplatte (Emil Berliner), das Aspirin (Arthur Eichengrün), Kondome (Julius Fromm), das bezahlbare Radio (Siegmund Loewe), Tempo-Taschentücher und Labello-Lippenpomade sowie Nivea (Oscar Troplowitz). Wie „schön" und einfach, das alles zu rauben, zu enteignen bzw. zu „arisieren", also „judenrein" zu gestalten. Nicht nur in Deutschland. Ähnliche Enteignungen einheimischer Juden, loyale Staatsbürger wie auch viele Nichtjuden, erfreuten sich großer Beliebtheit.

Juden und Innovation: Nicht nur in Deutschland und nicht nur damals ist die Verbindung auffallend. Zufall? Keineswegs. Lange Zeit waren alle Positionen, erst recht Spitzenpositionen, in etablierten Fachrichtungen und Berufen „besetzt". Nur dem traditionellen, sprich: nichtjüdischen Nachwuchsreservoir war Aufstieg vorbehalten. Manchmal amtlich, manchmal informell, stets wirksam. Um aufzusteigen, mussten „die" Juden neue Wissens- und Wirtschaftsbereiche entdecken oder entwickeln. Sie waren somit funktional unverzichtbar. Nur Leistung und „Lieferung", nicht die Herkunft zählte auf dem neuen Gebiet. Ähnlich wie bei Musiksolisten. Wer gute Musiker sucht, braucht gute Musiker, selbst wenn es Marsmenschen oder Juden wären.

Jüdische Innovationen entwickelten seit dem 19. Jahrhundert, nachdem ihnen die rechtlichen Fesseln gelockert worden waren, Juden auch im rein jüdischen Bereich. Erstens wurde das religiöse Monopol der Orthodoxie durch das Liberale bzw. Reform- sowie durch das Konservative Judentum gebrochen. Zweitens wurde das Judentum selbst Gegenstand der Wissenschaft in Forschung und Lehre. Ausgehend von Deutschland wurden diese beiden Neuerungen seit Mitte des 19. Jahrhunderts vom damals weitgehend deutschstämmigen US-Judentum übernommen. In Deutschland bereitete das Dritte Reich dieser Doppel-Entwicklung spätestens seit der „Kristallnacht" vom 9. November 1938 ein jähes, brutales Ende. Seit der deutschen Wiedervereinigung knüpfen alle drei jüdischen Strömungen an jene Tradition an. Tonangebend ist nach wie vor das amerikanische Judentum. Was einst die deutschjüdische Welt, ist heute die US-jüdische. Den Nationalsozialisten sei „Dank".

„Judenreinheit" strebten ab 1933 – aus teils ähnlichen, teils abweichenden Gründen, doch im Ziel einig – die Mordmeister aus Deutschland und

IV. Geografie: Das Land Israel und die mehrfache Diaspora

ihre willigen europäischen Gesellen seit 1939/41 im Rahmen der „Endlösung" an. Sechsmillionenfach gelang es ihnen. Nicht ganz. Den Alliierten sei Dank. Das ist die helle Seite der Medaille. Die dunkle war die ethisch-zivilisatorisch unglaublich hohe Bereitschaft der von Hitlers Wehrmacht besetzten Völker, mit den deutschen Judenmördern zu kollaborieren, Juden mitzuliquidieren, sich dabei hinter dem NS-deutschen „Schutzschild" zu verstecken – und sich „danach" nur noch als Opfer darzustellen. Fundamentalethisch erschreckend ist dabei die Erkenntnis, dass und wie sehr „der" Mensch, individuell ebenso wie kollektiv, zugleich Opfer und Täter sein kann.

„Nach der Katastrophe lastete auf Deutschland ein *herem*, ein Bann. Niemand hatte ihn verhängt, und doch war er allgegenwärtig" (Diner, Rituelle Distanz, S. 35), obwohl es im (religiösen) Judentum keinen ortsbezogenen Bann gibt. Nur in pseudojüdischen Legenden.1948 verbot der Jüdische Weltkongress den Glaubensgenossen, sich in Deutschland niederzulassen. Zur Durchsetzung fehlt(e) ihm jedes Mittel. Als auch religionsgesetzlicher Papiertiger verschärfte er 1950 den Ton. Israel stimmte ein. Heinz Galinski von der West-Berliner Gemeinde tönte pragmatisch und nicht hilachisch (religionsgesetzlich) dagegen: Man lasse sich von niemandem vorschreiben, wo man zu leben habe.

Reingebeten wurden Juden nach 1945/49 weder von der alten Bundesrepublik noch von der DDR. Trotz des Banns kamen trotzdem Juden: Überlebende der deutschen Höllen aus Osteuropa. Nur wenige blieben. Die meisten zogen nach Israel – nachdem die britische Mandats-, faktisch: Kolonialmacht abgezogen war. Es gab auch Rückkehrer. Wenige. Sie kamen nicht los von Deutschland. Trotz allem, nach allem. Kaum wahrnehmbar, etwa 28.000, das war bis 1989 die Zahl der jüdischen Rückkehrer und Zuwanderer nach Westdeutschland. Als die Mauer fiel, lebten in der DDR knapp 500 Juden.

Ab 1990, in der Ära der Wiedervereinigung, als „Angst vor Deutschland" grassierte, brauchte die neue Bundesrepublik Imagepflege. Kanzler Kohl schnappte Israel rund 200.000 Juden weg, die aus der Sowjetunion eigentlich in den Jüdischen Staat sollten. Ohne sie wäre das 1990 nur noch winzige Judentum in Deutschland ausgestorben. Die eher alternative Szene Berlins beleben in den letzten zwei Jahrzehnten 20.000 bis 30.000 zugezogene Israelis.

Unglaublich, aber wahr: Trotz allem und nach allem leben heute in Deutschland wieder etwa 200.000 Juden; davon nur knapp die Hälfte in den Gemeinden. Ähnliche Rückkehrmuster an die Stätten einstiger Verfolgungen kann man epochenübergreifend oft in den jüdischen Vergangenheiten erkennen. Bis heute. Selbst in Zeiten, da es jüdische Staatlichkeit gab. Siehe die Antike bis 70 u. Z. und siehe Deutschland nach 1945. „Doppelte Loyalität" wurde und wird „den" Juden außerhalb ihres Staates unterstellt. Eine Legende. Fakt ist: Eher wäre von Überloyalität zu sprechen.

Nicht die Juden haben in Deutschland überlebt, aber das Judentum lebt. Anders, neu. Dauerhaft? Heute ist Deutschland auch ohne Juden hochangesehen. Einem Großteil der vermeintlichen Geistes-„Elite" Deutschlands, weiten Kreisen des linken und rechten Bürgertums sowie Rechtsextremisten, Linksextremisten und vielen Muslimen gelten Diasporajuden generell als Fünfte Kolonne Israels. Wieder droht daher den Juden Gefahr von unten. Weder Vertreibung noch gar Massenvernichtung, doch Terror, gefolgt von „freiwilliger" Auswanderung. Frankreich im frühen 21. Jahrhundert ist das Muster. In 20 Jahren wanderte ungefähr ein Fünftel der französischen Juden aus. Die meisten nach Israel, denn anders als seit 321 sind die Juden heute nicht mehr auf Gnade angewiesen. Sie haben einen, den Jüdischen Staat, Israel. Ein „judenreines" Deutschland, Frankreich, Europa verlöre dringend benötigtes israelisches sowie jüdisches Know-how. Im Jahre 2018 ermittelte die Europäische Agentur für Grundrechte bei einer Umfrage in Österreich, Belgien, Dänemark, Frankreich, Deutschland, Ungarn, Italien, den Niederlanden, Polen, Spanien, Schweden und Großbritannien, dass 38 Prozent der Juden im Alter von 16 bis 34 Jahren die Auswanderung nach Israel in Betracht zogen (European Union Agency for Fundamental Rights, Experiences and Perceptions, S. 38). Deutschland und Europa haben die Wahl.

Wie man es dreht und wendet: Einen deutschen Sonderweg gab es in der jüdischen Geschichte Europas bis 1933 nicht. Seit 1933, genauer: von 1935/38 (Nürnberger Gesetze, Reichskristallnacht) bis 1945 sehr wohl. In der Bundesrepublik Deutschland auch; von 1945 bis zum Herbst 1969, dem Beginn der SPD/FDP-Koalition. Die Zeit von 1945 bis 1969 war die Ära amtlich demonstrierter Reue und Sühne, einer (in Anlehnung an Willy Brandts interne Bemerkung vom 11. Februar 1970, vgl. Wolffsohn, Friedenskanzler, S. 42 f.) Juden- und Israelpolitik mit „Komplexen". Bis 1969 war Westdeutschland bezüglich der allmählichen amtlichen sowie gesellschaftlichen Distanzierung von Juden und Jüdischem Staat westeuropäischer Nachzügler. Die DDR agierte und agitierte bereits ab 1952/53 antijüdisch. Regelrechte „Judenlisten" wurden 1953 angelegt (vgl. Wolffsohn,

IV. Geografie: Das Land Israel und die mehrfache Diaspora

Die Deutschland-Akte, S. 384), und 1969 schaltete die Regierung Brandt/ Scheel um. Ausgerechnet am 9. November (!) 1969 versuchten West-Berliner Linksterroristen ein Bombenattentat auf das Zentrum der Jüdischen Gemeinde. Zur Unterzeichnung des Polenvertrages am 7. Dezember 1970 lud Kanzler Brandt absichtlich keinen Vertreter der westdeutschen Juden ein. Gesellschaft und Politik Westeuropas hatten sich spätestens seit dem Sechstagekrieg vom Juni 1967, Deutschland seit 1981 (Begin-Schmidt-Kontroverse über deutsche Waffen an Saudi-Arabien) judenpolitisch „normalisiert", sprich: von der Judenmordgeschichte mental distanziert und sozusagen emanzipiert. Diesbezügliche Umfragen sprechen eine deutliche Sprache. Einst wurde der wehrlose Jude verachtet, heute der wehrhafte.

Juden im Orient

Von Zion betrachtet begann die realgeschichtliche jüdische Diaspora im Osten. In Mesopotamien. Ebenso die religionsgeschichtliche. Siehe Stammvater Abraham. Die zweite Diasporaregion war, real ebenso wie religiös, Ägypten.

Sowohl Ägypten als auch Mesopotamien sowie die angrenzenden und sich ausweitenden Diasporaregionen sind heute islamisch oder weitgehend islamisch.

In der Fachliteratur oder in Politik und Medien stößt man meistens auf diese Aussage: „Gemessen an der christlichen Welt ging es den Juden in der islamischen eigentlich immer viel besser." Tatsache oder Legende?

Ägypten

Durch die biblische Hauptgeschichte über die Versklavung der Kinder Israels in Alt-Ägypten ist das Nil-Land scheinbar nur schlecht beleumundet. Bei genauerer (nicht nur, sondern auch Bibel-)Lektüre stellt man fest, dass die vorherrschende Wahrnehmung trügt. Immer wieder findet man im Alten Testament Hinweise auf Bündnisse der Königreiche Judäa und Israel mit den Pharaonen, auf Asyl, das (modern formuliert) Juden vor Juden und Nichtjuden gewährt wurde. Leser des Neuen Testamentes erinnern sich unschwer daran, dass die „Heilige Familie" (Joseph, Maria und Jesus) auf der Flucht nach Ägypten war.

Nach der Zerstörung des Ersten Jerusalemer Tempels im Jahre 586 v. u. Z. flohen offenbar viele Juden aus Judäa nach Ägypten. Einer von ihnen war der Prophet Jeremias. Um 525 v. u. Z. wurde Ägypten von den persischen Achämeniden erobert, danach von Alexander dem Großen. Es folgte das ptolemäische Nachfolgerreich. Allesamt heuerten jüdische und griechische Söldner („Soldaten") an. Offenbar genossen jüdische Haudegen damals militärische Wertschätzung. So entstand, vor allem in Alexandria, eine recht große und buntgemischte jüdische Gemeinschaft von Kaufleuten, Denkern und Draufschlagenden. Ganz anders, als „man" sich Juden in Legenden so vorstellt.

Die Aktivitäten der ägyptisch-jüdischen Kaufleute führten sie auch ins antike Italien und besonders nach Rom. So entstand in Ägypten die erste jüdische Gemeinschaft – lange vor der erzwungenen Diaspora nach der Zerstörung des Zweiten Jerusalemer Tempels durch „die" Römer, die (genauer: Antonius und Octavian/Augustus) im Jahre 30 v. u. Z. in der Schlacht von Actium Ägypten erobert hatten.

Seit ungefähr dem 6. Jahrhundert v. u. Z. gab es im Mittellauf des Nils wie erwähnt auf der Insel Elephantine im Süden Ägyptens sogar einen jüdischen Tempel, der 410 v. u. Z. zerstört wurde. Wo ein jüdischer Tempel, da eine jüdische Gemeinschaft. Trotz dieser und anderer, sagen wir diplomatisch Unerfreulichkeiten blieben Juden in Ägypten. Viele sogar in der zweiten (Tempel-)Epoche jüdischer Staatlichkeit (bis 70 u. Z.) im „Land der Väter" sowie danach. Die Gemeinden blühten vor allem in hellenistisch-ägyptischer Zeit und brachten große Geister hervor, vornehmlich in der antiken Weltstadt, der Kulturmetropole Alexandria. Hier übersetzten – im Auftrag des offenkundig judenfreundlichen Königs Ptolemäus II. für die berühmte Bibliothek der Stadt – angeblich 70 (lateinisch: „septuaginta") jüdische Gelehrte den Großteil der Hebräischen Bibel von 250 bis 100 v. u. Z. ins Altgriechische. Der Rest wurde bis ca. 100 u. Z. vollendet. Zur Gemeinde in Alexandria gehörte der bedeutende jüdische Philosoph und Theologe Philo von Alexandria (15/10 v. u. Z.–40 u. Z.). In den Jahren 38 und 40 u. Z. kam es zu massiven Angriffen hellenistischer Alexandrier auf Juden. Philon hat dieses *erste Judenpogrom der Antike* erlebt und beschrieben. Wirksam wurde hier *Muster zwei* antijüdischer Verfolgungen: politisch in einem innerelitären Konflikt manipulierter hellenistisch-griechischer Pöbel, Minderheit eins schlug zu gegen Minderheit zwei. *Muster eins*: Auch ohne manipuliert worden zu sein schlug der Pöbel zu, was, bei Bedarf, die „Eliten" für ihre Zwecke (miss)brauchten.

IV. Geografie: Das Land Israel und die mehrfache Diaspora

Der große Diasporaaufstand der Juden war der nächste große Einschnitt. Er tobte von 115 bis 117 in der Cyrenaika (heute Libyen), Ägypten, Zypern und Mesopotamien. Begonnen hatten ihn Juden der Cyrenaika unter ihrem Anführer Andreas/Lukas. Nach Anfangserfolgen weitete sich der Aufstand aus. Viele ägyptische Juden verstanden das Kriegshandwerk augenscheinlich immer noch bestens. Römischen Quellen zufolge gingen die Aufständischen äußerst brutal und erfolgreich vor. Noch brutaler und noch erfolgreicher war dann aber Kaiser Trajan bei der blutigen Niederschlagung. Ungefähr 90 Prozent der ägyptischen Juden wurden umgebracht. Für Ursachen und Anlass des Großen Judenaufstands bietet die Forschung unterschiedliche Erklärungen. Gewiss herrschte strukturell nach dem Jüdischen Krieg in Judäa (66–70) jüdisch-römisches Misstrauen, so dass schon ein kleiner Anlass einen Großbrand auslösen konnte.

Nach der römischen Reichsteilung gehörte Ägypten bis zur islamischen (die Schulweisheit sagt) Eroberung bzw. (so die bemerkenswerten Abweichler der interdisziplinären Frühislam-„Inarah"-Forscher) innergesellschaftlichen Umwälzung zu Ostrom bzw. Byzanz. Den wenigen Juden ging es mehr schlecht als recht. Im islamischen Ägypten wurde es besser, denn als „Religion des Buches" genoss das Judentum trotz struktureller Diskriminierung der Juden als Bürger zweiter Klasse den Schutz des Staates. In inneren Angelegenheiten genossen sie weitgehende Autonomie bzw. Selbstbestimmung. Anders als andere Herrscher dieser Dynastie unterdrückte der sechste Fatimiden-Khalif al-Hakim (996–1021, Sohn einer christlichen Konkubine) die Juden seines Reiches. Er entwickelte in seinem Antijudaismus durchaus Fantasie und verlangte im Jahre 1005 von den Juden, Glocken an ihren Gürteln und ein „Goldenes Kalb" aus Holz um den Hals zu tragen. Strafe musste sein – für den Tanz „der" Juden um das Goldene Kalb beim (fiktiv-biblischen) Auszug der Kinder Israels aus Ägypten. Weniger fantasievoll, eher konventionell war seine Idee der Zwangskonversion. Er ließ zudem eine Synagoge in Kairo sowie das Judenviertel niederbrennen und ermunterte die Juden 1013 zur Auswanderung nach, ausgerechnet, Byzanz. Dass al-Hakim sich so wenig judenfreundlich zeigte, war auch innerislamisch bedingt. Islamischer Rivale der quasi-schiitischen Fatimiden, die ihre Herkunft auf den Propheten Mohammed zurückführen, waren die sunnitischen Abbasiden, die in und aus Bagdad herrschten. Diese verbreiteten die religionspolitische Totschlag-Mär, die Fatimiden wären Nachfahren einer jüdischen Familie.

Dass die Juden daraufhin diskriminiert oder „zumindest" teilweise (wie auch die Hunde Kairos) liquidiert werden „mussten", verstand sich fast von selbst.

Zu den Christen seines Reiches war al-Hakim noch unfreundlicher: 1009 wurden auf sein Geheiß Grab und Kirche der Jerusalemer Grabeskirche geplündert und zerstört. Seine christlichen Untertanen mussten auffällige Gürtel tragen und an schwarzen Kopfbedeckungen erkennbar sein. Zehn Jahre später lenkte er gegenüber den Christen ein, aber die Kunde von al Hakims vormaliger Christenverfolgung gelangte nach Westeuropa. Auch nach „Deutschland". „Die Juden sind schuld", hieß es. Das „gesunde Volksempfinden" wütete – und „rächte" sich während des Ersten Kreuzzugs besonders an den Juden von Worms, Mainz und Speyer.

Dagegen „ex oriente lux", aus bzw. im Osten Licht. Den Fatimiden folgten in Ägypten die Ayyubiden, deren berühmtester Herrscher Saladin wurde, 1187 der strategische Bezwinger der Kreuzritter. Sein und seiner Spitzenbeamten Arzt war in Kairo der in Cordoba geborene, über Marokko nach Kairo geflohene jüdische Philosoph, Mediziner und Theologe Moses Maimonides (1135/38–1204).

In der mamlukisch-islamischen Ära (1260–1517) wurden Juden (und Christen!) systematisch diskriminiert und nicht selten auch ermordet. Trauriger Höhepunkt war 1301 das antijüdische und antichristliche Pogrom. Alle Juden der Stadt Bilbeis im südlichen Nildelta mussten zum Islam übertreten. Erst seit 1517, der Eroberung Ägyptens durch die Osmanen, unterlag jüdische Existenz nicht mehr dem möglicherweise ständigen Widerruf. Nicht ständig, aber sporadisch. Zum Beispiel 1735, als der Pöbel das Kairoer Judenviertel stürmte, wütete und die meisten Einwohner ermordete. Als Frankreichs Noch-nicht-Kaiser Napoleon in Ägypten landete, lebten dort nur noch etwa 3000 Juden, und auch dann mussten Sicherheitskräfte alle jüdischen Beerdigungen schützen, denn Attacken auf diese hatten sich unter den Mamluken zur „guten alten Gewohnheit" verwandelt. 1801 vertrieben Mamluken die verbliebenen Franzosen. Die Ernennung von Muhammad Ali Pascha zum osmanischen Gouverneur Ägyptens im Jahre 1805 bereitete dem Mamluken-Spuk ein Ende und war der Anfang einer rasanten Modernisierung bzw. Verwestlichung. Moderne und modernisierende Eliten wurden gebraucht, also auch Juden. Nun waren sie willkommen. In der ersten Hälfte des 20. Jahrhunderts lebten in Ägypten zwischen 75.000 und 85.000 Juden, die meisten Nachfahren der 1492/97 aus Iberien ins Osmanische Reich Geflohenen. 1945 waren es rund 100.000.

IV. Geografie: Das Land Israel und die mehrfache Diaspora

Sie lebten gut, weil sie gebraucht wurden. Als Ägyptens Bürgertum seit den 1930er Jahren mit italienisch-faschistischer und dann deutscher NS-Hilfe den Kampf gegen die seit 1882 de facto bestehende britische Herrschaft aufnahm, wurde es für die Juden brenzlig, zumal der arabisch-islamisch-palästinensisch-zionistische Konflikt nun auch an den Nil schwappte. Er führte von 1948 bis 1956 zur Auflösung der demografisch gewichtigen und kulturell sowie religiös einst so bedeutenden ägyptischen Diaspora. Die meisten Juden flohen nach Israel. Der erste historisch wahre Auszug der Kinder Israels aus Ägypten.

Mesopotamien (Iran, Irak)

Iran, Irak, Juden. In der Gegenwart denkt man nicht gerade an friedliches Zusammenleben. In der Vergangenheit sah es ähnlich aus – und auch ganz anders. Sowohl historisch als auch biblisch ist die mesopotamische Diaspora belegt: seit 721 v. u. Z. durch die Assyrer und seit 586 v. u. Z. durch Babylons Nebukadnezar. Aus dem zerstörten Königreich Israel wurden Juden nach Mesopotamien verschleppt und nach „Israel" Araber sowie diverse andere Gruppen. Teile der Neusiedler, die Samaritaner, schufen ein variiertes Judentum.

Die biblische Zahlenangabe von 4600 Exilierten (Jeremias 52,28–30) entdramatisiert die Quantität des Babylonischen Exils. Besonders die judäische Oberschicht dürfte nach Mesopotamien verschleppt worden sein. Das Land Judäa war allerdings durch den jüdischen Aufstand und vor allem durch dessen Niederschlagung erheblich zerstört. Edomiter, ihrerseits von Arabern aus ihrem Stammland verdrängt, rückten ins judäische Machtvakuum ein. Das aber war alles andere als der Anfang einer multi-„nationalen" Demografie Judäas.

Im Zusammenhang mit der Babylonischen Gefangenschaft, aus der sehr bald eine freiwillige und bis1948 während Diaspora wurde, gerät die 586 v. u. Z. einsetzende Neuauflage einer ägyptischen Diaspora in den Hintergrund. „Da machte sich auf das ganze Volk, Klein und Groß, und die Obersten des Kriegsvolkes und zogen nach Ägypten; denn sie fürchteten sich vor den Chaldäern" (2 Könige 25,26). Das „ganze Volk" kann es nicht gewesen sein. Der Prophet Jeremia hatte die Judäer ausdrücklich vor einer Auswanderung nach Ägypten gewarnt und Schlimmstes als „Gottesstrafe" angekündigt (Jeremias 42).

Anders als im Text des berühmten Gefangenenchores der Verdi-Oper „Nabucco" verzehrten sich die exilierten Juden keineswegs nach der „teuren Heimat". Als der neue Herrscher über Babylon, der achämenidische Perserkönig Kyros II. („der Große"), 538 v. u. Z. den Juden die Rückkehr nach Zion gestattete, zog es nur einen Bruchteil der Zweistromland-Juden „nachhause". Kein Wunder, denn selbst die Hebräische Bibel stellt Babylon und besonders den Achämeniden bezüglich der (modern ausgedrückt) Integrationswilligkeit der Mehrheit ein schmeichelhaftes Zeugnis aus. Juden waren auch Spitzenpositionen zugänglich, selbst im Staatsapparat. Der so großen und ständig wachsenden babylonisch-mesopotamisch-persischen Diaspora entsprossen zahlreiche große Geister. Nicht zuletzt, freilich Jahrhunderte später, bis etwa 500 u. Z., die bedeutendsten Talmudisten.

Dynastien kamen und gingen in Persien. Nach den Achämeniden das Zwischenspiel Alexanders des Großen und des seleukidischen Nachfolgereiches, dann Parther und Sassaniden. Und fast immer ging es den Juden gut. Fast immer. Also auch hier Existenz auf Widerruf, besonders in der Sassaniden-Ära. Dieses historisch-faktische „Fast", die ambivalente Lebensgrundlage der Juden selbst im achämenidischen Perserreich, um- und beschreibt religiös-literarisch das biblische Buch Esther: als König Ahasveros (wohl Xerxes, des Judenfreundes Kyros Enkel) die schöne und zunächst (traditionell) weiblich-unterwürfige Jüdin Esther ehelichte, nachdem seine erste Hauptfrau, die Nichtjüdin Waschti, es in einem Akt von „Frauen-Power" „gewagt" hatte, sich einem seiner Wünsche zu widersetzen. Des Königs mächtiger „Reichskanzler" Haman wollte die Juden Persiens liquidieren, Esther erfuhr es und schlug den Bösewicht beim König mit den Waffen einer schönen Frau ... Happy End und, obwohl biblisch, es wird nicht einmal Gottes Hilfe erwähnt oder gar hervorgehoben.

Ob (so die Schulweisheit) von islamischen Kriegern erobert oder (so die „Inarah"-Forscher) als Folge innenpolitischer Umwälzungen im Perserreich: Mesopotamien wurde islamisch. Manche Autoren schreiben, die Juden hätten die neuen, muslimischen Herrscher freudig begrüßt – obwohl es ihnen zuvor, unter den Sassaniden, gut ergangen sei. Wenn dies wahr ist, bleibt die Freude der Juden über den Herrschaftswechsel rätselhaft. Wie dem auch sei, unter den Muslimen ging es den Juden, wie den Christen, als „geschützte Minderheit" („Dimhi") lange nicht schlecht, obwohl sie eindeutig aufgrund islamischen Rechts als Bürger zweiter Klasse angesehen und behandelt wurden. Ihre geistig-geistliche Kreativität litt nicht darunter.

IV. Geografie: Das Land Israel und die mehrfache Diaspora

Den im Parther- und Sassanidenreich kreativ aktiven Talmudisten folgten im islamischen Mesopotamien bis 1038 die „Geonim" (hebräisch für „Genies"), also die Oberhäupter der „Jeschiwot" (Talmud- und Tora-Schulen bzw. Akademien) von Sura und Pumbedita. Sie waren in ihrer Epoche für alle religionsgesetzlichen (hilachischen) Fragen die oberste Instanz.

Wie wurde man ein „Genie" („Gaon")? Das jeweilige Oberhaupt der anderen Jeschiwa schlug einen Kandidaten vor, und dann entschieden sich die Rabbinen für ihr künftiges Oberhaupt. Das politische Oberhaupt der Diasporajuden, der Exilarch, musste ebenfalls zustimmen. Unverzichtbar war das Ja des (Abbasiden-)Kalifen. Der Entscheidungsvorgang war damals ungefähr so ergebnisoffen wie die Ausschreibung von Professuren seit eh und je. Die Weichen waren bereits vorher gestellt. In den rund 400 Geonim-Jahren kamen die Akademie-Oberhäupter aus sieben Familien, eine davon führte ihren Stammbaum auf König David zurück – der „nur" etwa 1500 Jahre vorher regiert hatte.

Aus zahlreichen jüdischen Diasporagemeinden innerhalb und außerhalb Mesopotamiens wurden die Geonim zur Halacha (Religionsgesetze) und ihrer Auslegung befragt. Die Antworten („Responsa") erteilten entweder die Geonim persönlich oder, in ihrem Auftrag, ihre gelehrten Schüler. Eine besonders große Sammlung (200.000 Manuskriptfragmente) dieser „Responsenliteratur" wurde 1896 in der Kairoer Ben-Esra-Synagoge gefunden (Kairo-Genisah).

Um das Jahr 1000 hatte sich das demografische und theologische Schwergewicht der Juden nach Europa verlagert. Zuerst nach Spanien, dann Frankreich. Mehrere Faktoren führten zum Bedeutungsverlust der beiden mesopotamischen Akademien. Innerjüdisch ein allmählicher Autoritäts- und Prestigeverlust und der gleichzeitige sowohl religiös- als auch weltlich-intellektuelle Prestigegewinn der spanisch-jüdischen, danach französisch-jüdischen Rabbinen und Gelehrten. Sie wurden immer sachkundiger und somit selbstbewusster. Die „Nachfrage" der europäischen (spanischen und französischen) Diaspora nach Geonim-Expertise nahm dramatisch ab. Immer häufiger wohnten die Geonim nicht mehr am Ort ihrer Akademie, sondern in Bagdad. Dem politischen Zentrum der Abbasidenkalifen und des jüdischen Diasporaoberhauptes (Exilarch), mit dem sie immer mehr konkurrierten, wollten sie so nahe wie möglich sein. Dass auch die zahlreichen Exilarchen ihre Herkunft auf König David zurückführten, verstand sich fast von selbst.

Zu ihrem Bedeutungsverlust trugen die ständigen Rivalitäten der beiden Akademien sowie der scharfe Wettbewerb der Geonim mit den

Karäern bei. Diese lehnten die gesamte mündliche Tora und damit den Talmud, also die Basis des rabbinischen Judentums, kategorisch ab. Kaum überraschend: Auch bei religiösen Strömungen wirken psychologisch und historisch bekannte Modemuster. Jede „Mode" bzw. Strömung nutzt sich auf Dauer durch „Veralltäglichung" und Häufung ab. Der (deutschen) Romantik folgte der Realismus, der talmudischen Fein-, Feinst- und (Über-) Interpretation folgte der Wunsch nach Einfachheit: „Nur den (Bibel-) Text", Luthers vorweggenommenes „sola scriptura" der jüdischen Art.

Äußere Faktoren beschleunigten ebenfalls den Bedeutungsverlust der Geonim. Das Abbasidenkalifat verlor seit Mitte des 10. Jahrhunderts an Gewicht und erschwerte seinerseits durch Einschränkungen und Schikanen die Tätigkeit der Geonim und ihrer Akademien. Bereits in der Abbasiden-Frühzeit erging es den Juden zwar nicht schlecht, doch deutlich weniger gut als unter den persischen Dynastien. Ihr Wohlergehen war weniger als zuvor strukturell gesichert als personell und damit eher widerrufbar. Erstaunlicherweise wird das Los der Juden im Islam selbst von souveränen Experten wie Bernard Lewis allgemein günstiger dargestellt, als es war. Schon der wegen „1001 Nacht" legendäre und idealisierte Harun ar-Raschid (786–809), der gemeinsame Interessen (sprich Feinde) mit Karl dem Großen teilte, bestand seit 807 (wie bereits Omar II. von der Vorgänger-Dynastie der Umayaden) darauf, dass Juden (und Christen!) an ihrer Kleidung erkennbar sein müssten. Während der folgenden Jahrzehnte wurde diese Kleiderordnung durch das „Judengelb" verschärft und Synagogen in Bagdad zerstört. Unter Kalif al-Mamun (813–833) wurden die Juden zeitweilig aus Bagdad vertrieben.

Im Jahre 945 übernahmen die iranisch-schiitischen Bujiden die weltliche Macht, der sunnitische Kalif war nur noch geistliches Oberhaupt des Persisch-Irakischen/Mesopotamischen Reiches. Es kam schlimmer. Zwischen die Mühlsteine der seit 1030 gewalttätig rivalisierenden Sunniten und Schiiten gerieten die Juden. 1038 wurden die ruhmreichen Akademien von Sura und Pumpedita geschlossen, 1045/46 fielen sowohl Schiiten als auch Sunniten über die Reichsjuden her. Allgemeines Chaos ohne Ende. 1055 zog das zentralasiatische, sunnitische Turkvolk der Seldschuken in Bagdad ein und löste die Bujidenherrscher ab. Vom Regen in die Traufe kamen die Juden. Seit 1121 mussten sie zusätzlich zum Judengelb (wie Christen) eine Halskette mit dem Hinweis „Dimhi" (= Schutzbefohlene) tragen. Dieser Schutz war eher ein „Schutz" (mit Anführungszeichen). Er schützte so wenig, dass, so die Überlieferung, zahlreiche Juden ausgerechnet ins benachbarte, traditionell judenfeindliche Byzanz, aber auch nach Spanien und Aschkenas (West- und Zentraleuropa) flohen.

„Ritter, Tod und Teufel" stießen von 1096 bis 1291 vom Westen in den orientalischen Osten: die den Juden alles andere als wohlgesonnenen Kreuzritter. Die islamische Vorherrschaft wankte. Kurz bevor jene vertrieben wurden, Mitte des 13. Jahrhunderts, tobte der allgemein schlecht beleumundete Mongolensturm über der Region. Von 1256 bis 1318 währte die Mongolenherrschaft über Mesopotamien. In Teilen war sie besser als ihr heutiger Ruf, und welche Eroberer wären in der Menschheitsgeschichte mit den Eroberten glimpflich, menschlich umgegangen? Die sogenannten Dimhi-„Schutz"-Gesetze wurden gegen den Willen der einheimischen islamischen Geistlichen aufgehoben, und neben der traditionellen Stammesreligion der Mongolen genossen Juden ebenso wie Buddhisten und andere Religionsfreiheit. 1291 wurde ein Jude sogar Wesir, also quasi Kanzler. Dann aber, 1295, konvertierte Mongolenherrscher Ghazan (1295–1304) und mit ihm der Adel zum Islam. Prompt wurde die Kleiderordnung für Juden verschärft und wurden Synagogen zerstört. Die Mongolenherrschaft ging an inneren Zerwürfnissen zugrunde. Das Reich zerfiel in rivalisierende Fürstentümer, doch der aus Südwesten versuchte Mamluken-Ansturm wurde abgewehrt. Seitdem blieb der Euphrat mehr oder weniger dauerhaft die Grenze zwischen Persien, dem Osmanischen Reich und dem heutigen Irak.

Kriege, Invasionen und Migrationen bieten schlechte Rahmenbedingungen fürs physische und erst recht geistig-geistliche Leben. Bis heute erreichte das orientalische Judentum nie mehr die einstige theologische, kulturelle und wirtschaftliche Strahl- und Stahlkraft. Der Schwerpunkt von Juden und Judentum hatte sich inzwischen längst nach Europa verlagert. Zunächst nach Spanien und Frankreich, dann über „Deutschland" (das noch nicht Deutschland war) allmählich ostwärts über Polen ins zaristische Russland.

Die Herrschaft der turko-mongolischen sunnitischen Timuriden war der nächste große Einschnitt, auch für die Juden Persiens. Es begann 1380: Timur/Tamerlan eroberte den Osten Persiens. Bis zu seinem Tod, 1405, gehörte der Westen zu seinem Weltreich. Selbst dieser Schlächter passt ins judenhistorische Muster: Um die Textilproduktion seines Reiches, besonders in der Hauptstadtregion Samarkand, anzukurbeln, bot er persischen Juden materielle Vergünstigungen.

Der Widerruf der Existenz folgte in der Ära der turkmenisch-schiitischen Safawidenschahs von 1502–1794. Ihre Gegner hatten die Juden toleriert. Das allgemeine Kontrastprogramm zu diesen wurde durch das judenpolitische ergänzt, Juden also diskriminiert und, situationell oder personell bedingt, liquidiert. Theologische Rechtfertigungen boten die heiligen islamischen Schriften ohnehin. Dass Juden in einem eigenen Viertel lebten, überrascht nicht. Weder im Morgen- noch im Abendland.

Wie alle Nichtmuslime galten die Juden den schiitischen Safawiden als „unrein". Das Ziel eines „judenreinen" Staates haben demnach weder einzelne Christen noch die Nationalsozialisten im Abendland erfunden. Es gab eine Ausnahme, die wieder unser Muster bestätigt: Abbas I. „der Große" (1587–1629) wollte die Isolierung seines Reiches durchbrechen, Kunst und Handel modernisieren und die radikalschiitische Geistlichkeit schwächen. Er griff zu einem allseits bewährten Mittel und importierte „Know-how", nicht zuletzt jüdisches. Existenz. Der Widerruf folgte bald: In seinen letzten Lebensjahren änderte Abbas seinen Kurs im alten Sinne. Juden wurden wieder verfolgt. Besonders unter Abbas II. (1642–1666), dem Urenkel des Großen Abbas. Des zweiten Abbas Diskriminierungen wurden durch zahlreiche Liquidierungen ergänzt und übertrafen die des Großen bei weitem. Zwangskonversionen, aus dem christlichen Europa bekannt, waren an der Tagesordnung. Diese Judenpolitik gehörte zum safawidischen Alltag. Unter dem einzigen nichtschiitischen Safawidenherrscher, Nadr Schah (1736–1747), blieb den Juden die zuvor drohende Totalvernichtung erspart. Freilich war dieser Schah zuvor ein echter Räuberhauptmann. Dann hatte er sich in den Dienst des formal herrschenden Schahs Tahmasp II. (1729–1732) gestellt, Afghanen, Russen und Türken aus Persien vertrieben, Armenien und Georgien erobert – und setzte den Schah ab. Nicht jeder, der Juden gegenüber (relativ) tolerant war (und ist), war (und ist) zugleich ein feiner Herr. (Gleiches gilt für Damen.)

Trotz periodischer Aufschwünge geriet die persisch-safawidische Wirtschaft unverschuldet in eine fundamentale Strukturkrise. Grund eins: Durch die Entdeckung der Neuen Welt Amerikas fokussierte Europa seine ökonomische Blickrichtung westwärts. Grund zwei: Der Handel zwischen Asien, dem Iran und Europa war durch den Rivalen Persiens, das Osmanische Reich, das 1453 Konstantinopel erobert und Byzanz zerstört hatte, blockiert. Der Anfang vom Safawiden-Ende.

1794 schlug die Stunde der turkmenischen Kadscharen. Hauptstadt ihres Reiches wurde Teheran. Und wieder das bekannte Muster: Die Juden suchten das urbane Zentrum, wo auch ihre wirtschaftlichen Fähigkeiten – zunächst! – gefragt waren. Nicht zuletzt wegen der allmählichen Europa-Orientierung der neuen Dynastie. Geschuldet war die Europäisierung, wie im späten Osmanischen Reich und im Ägypten des 19. Jahrhunderts, der überlebenswichtigen Modernisierung von Wirtschaft und Gesellschaft. Dennoch galten Juden weiterhin als „unrein". In der ersten Hälfte des 19. Jahrhunderts folgten Massentötungen. Die schlimmste 1830 in Täbris, von wo die Juden zeitweilig vertrieben wurden. So auch in Schiraz. Um 1850 wurden die Juden ins Ghetto gepfercht. 1901 kam es in Teheran zu antijüdischen Unruhen, und 1910 zog der Mob von Schiraz aus, um Juden einmal mehr zu ermorden.

Auffallend ist die zeitverschobene (!) Ähnlichkeit mit den mittelalterlich-frühneuzeitlichen europäischen Mustern der Judenpolitik. Die Kadscharen kopierten sie fast eins zu eins und verkannten dabei die ökonomische Vernunft. Diese gebot, besonders in Zeiten des wirtschaftlichen Umbruchs, alle Produktivkräfte einzubinden, erst recht die wahrhaft produktiven.

Es konnte nicht gutgehen. Einerseits Juden aus funktionalen Gründen hofieren, sie andererseits diskriminieren und liquidieren. Auch die Modernisierung verlief nicht wie gewünscht, weil sich die Kadscharenherrscher zu viel Luxus gönnten. Wirtschaft und Gesellschaft kränkelten und waren bald krank. Russland und Großbritannien, Kreditoren der Modernisierung, teilten das Land 1907 in zwei Einfluss-, sprich: Machtsphären auf: im Norden Russland, im Süden Großbritannien, dessen Persien-Macht bald durch Ölfunde im Jahre 1908 schwarzvergoldet wurde. Das ermöglichte 1911/12 Winston Churchill als verantwortlichem Minister (mit Hilfe des britisch-jüdischen Unternehmer-Politikers Marcus Samuel) die strategische Entscheidung zur Umstellung der britischen Marine von Kohle auf Öl. Bereits 1909 wurde die Anglo Persian Oil Company gegründet, deren Aktienmehrheit Britannien 1914 „erwarb". Wirtschafts-, außen und gesellschaftspolitisch brach die Kadscharenherrschaft 1925 zusammen. Das zuvor schwache Parlament bekam mehr Gewicht und wählte im Dezember mit dem Kommandanten der Kosakenbrigade (auch welthistorisch nicht gerade neu) einen mächtigen Emporkömmling, Reza Khan Pahlavi, zum neuen Machthaber, hier: Schah.

Schnell wurde aus der konstitutionellen Monarchie eine Modernisierungsdiktatur, in der modernisierungsfähige und -willige Menschen benötigt wurden – also nicht zuletzt Juden. Das Muster ist wohlvertraut: funktional-ökonomische Toleranz.

Um seine faktische Abhängigkeit von Großbritannien und die strukturell-geografische von der Sowjetunion zu verringern, liebäugelte der Schah seit 1933 mit Hitler-Deutschland. Das änderte allerdings nicht seinen judenfreundlichen Kurs. 1935 benannte der Schah seinen Staat um. Die Umbenennung sowie ihr Zeitpunkt sind aufschlussreich: Quasi seit Urzeiten hatten die Einheimischen ihre Heimat „Iran" genannt, „Land der Arier". Dass Briten und Sowjets weniger begeistert reagierten, überrascht nicht. Erst recht nicht nach dem Überfall von Hitler-Deutschland auf die UdSSR im Juni 1941. Ein mit dem Dritten Reich zusammenarbeitender Iran war für Briten und Sowjets in diesem Krieg inakzeptabel, denn Nachschublieferungen an die UdSSR wären ohne freie Passage durch den Iran unmöglich gewesen. Im September 1941 musste Reza Schah abdanken. Sein Sohn wurde vom Parlament zum Nachfolger bestimmt. Wider Erwarten behauptete er sich und wurde in den 1950ern mit Hilfe der USA mächtiger als zunächst erwartet – oder von vornehmlich schiitisch-religiösen Muslimen gewollt. Genau diesen Bevölkerungsteilen waren „die" Juden ebenso verhasst wie „die" Amerikaner und der Schah als US-„Lakai". Im Februar 1979 siegte die Islamische Revolution, der projüdische und prowestliche Schah musste fliehen, kein westlicher Staat gewährte ihm Exil. Er starb in Ägypten, das – keineswegs vom Westen bejubelt – 1979 mit Israel Frieden geschlossen hatte.

Wer keine Existenz auf Widerruf zu fürchten hat, mag die Haltung der persisch-iranischen Juden missbilligen: Wie konnten sie nur geradezu genussvoll und freiwillig in der Modernisierungsdiktatur der Pahlavis *leben*? Sie konnten und wollten, weil ihren Vorfahren seit rund 500 Jahren nur eine Existenz auf Widerruf vergönnt war, und das hatte sich unter den Pahlavis geändert. Was ihnen nach den Pahlavis an *überleben*sgefährlichem Juden- und Israelhass seit 1979 entgegenschlug, dürfte ihren Lebensplänen ebenfalls nicht ganz entsprochen haben. Ähnlich die ethische Ambivalenz der deutschen Juden, die nach 1933 aus Hitlers Judenhölle ins rassistische Südafrika flohen, wo sie, anders als woanders, nicht nur aufgenommen, sondern freundlich aufgenommen wurden. Erinnert sei außerdem an die hohe Zahl der aus dem Iran nach Israel schon vor 1979 ausgewanderten Juden sowie an die südafrikanische Bürgerrechts- und Anti-Apartheid-Bewegung, der sich überproportional viele Juden angeschlossen hatten.

Der Widerruf persisch-jüdischer Existenz erfolgte, wie so oft in der jüdischen Geschichte, nicht von oben; nicht durch die etablierte, vornehmlich für sich selbst ökonomisch motivierte, sondern durch die von unten veränderte Staatsmacht. Verändert von den unterprivilegierten, religiös fanatisierten Massen. „Nichts Neues unter der Sonne." Von außen wenigen erkennbar hatte sich das Erstarken der religiös-fanatischen Modernisierungsgegner bereits in den 1950er und noch mehr in den 1960er Jahren abgezeichnet. Die Folge: Von 1948 bis 1974 waren circa 70.000 persische Juden nach Israel ausgewandert. Am Vorabend der schiitisch-islamischen Revolution, Anfang 1979, lebten im „Land der Arier" noch rund 100.000 Juden, im heutigen Iran nur noch ungefähr 9000 mehr schlecht als recht. Allein in Israel beträgt die Zahl der persischstämmigen Juden rund 250.000, in den USA 60.000 bis 80.000, in der EU etwa 6000. Ganz „judenrein" ist der Iran noch nicht. Das wäre für die schiitische Diktatur außenpolitisch töricht. Wenn nämlich im Iran Juden (obwohl total verängstigt und deshalb nach außen „zufrieden") leben, kann das Regime „beweisen", dass es nicht „gegen Juden" sei, sondern nur gegen den jüdischen Staat, Israel. Die Parole lautet: „Antisemitismus? Nein, Antizionismus? Ja!" Es soll auch in demokratischen Staaten Menschen geben, die das glauben. Dennoch: Es war einmal – das mesopotamische Judentum. Das betrifft sowohl den Iran als auch den Irak.

Eine Sonderbetrachtung des Irak im mesopotamischen Raum ist seit der Frühen Neuzeit geboten. Erstens, weil von 1534 bis 1917/18 fast ununterbrochen der Euphrat auch eine politische Grenze zwischen dem Persischen und Osmanischen Reich bildete. Von 1623 bis 1639 hatten die persischen Safawiden die Osmanen zwischenzeitlich vertrieben. An der osmanischen Rückeroberung sollen sich zahlreiche Juden als Soldaten (!) beteiligt haben. Oft wird ein Anteil von zehn Prozent genannt. Zweitens ist das nachkoloniale Kunstgebilde „Irak" seit dem ersten Drittel des 20. Jahrhunderts, recht besehen seit der endgültigen Vertreibung Großbritanniens 1958, meistens ein eigenständiger Akteur – wenngleich dreigeteilt zwischen Schiiten im Süden, Sunniten im Zentrum und Kurden im Norden. Schon diese Dreiteilung lässt unterschiedliche Behandlungen der Juden zu Recht vermuten.

Die osmanische Epoche sei aus der Reichssicht beschrieben und in diesem Abschnitt übergangen. Nur so viel: Unter den Osmanen erging es den Juden, weil als Nichtmuslime auch hier Bürger zweiter Klasse, wirtschaftlich und sicherheitspolitisch recht gut. Auch im Vor-Irak.

Vor der osmanischen Ära gab es in dieser Region nur noch wenige Juden, denn unter den schiitisch-persischen Safawiden floh, wer konnte. In osmanischer Zeit kehrten Juden zurück, und auch aus diversen anderen Regionen wanderten viele ein, denn auch in weiten Teilen Europas waren sie nicht willkommen.

Jüdisches Wohlbefinden im osmanischen „Irak" hing allerdings von der Durchsetzungskraft der Reichszentrale ab, und die wurde seit Mitte des 18. Jahrhunderts deutlich schwächer. Von 1750 bis 1831 schalteten und walteten mamlukische Regional-Gouverneure mehr oder weniger nach eigenem Gutdünken, was für die Juden mehr Schlechtes als Gutes bewirkte. Um den Verfolgungen unter Daud Pascha (1817–1831) zu entkommen, flohen „viele" (genaue Angaben findet man nicht) Juden ins kaum tolerantere Persien sowie nach Indien, wo sie unbehelligt blieben. Nach Daud Pascha übernahmen, bereits in der osmanischen Reformära, modernisierungswillige osmanische Gouverneure das Steuer. Juden wurden gebraucht und daher bis zum Reichsende recht gut behandelt, sieht man davon ab, dass im Kriegsjahr 1917 – die Niederlage zeichnete sich ab – 17 Juden in Bagdad aufgrund falscher Beschuldigungen hingerichtet wurden. Seit 1908 hatten die Jungtürken auch für die Juden gleiche Rechte durchgesetzt.

In der Periode fast absoluter britischer Dominanz, 1917–1932, blühte jüdisches Leben im Irak auf. Knapp 88.000 Juden lebten 1920 (1945: 150.000) im „Königreich" Irak, davon ungefähr zwei Drittel in Bagdad. Auch dieses Muster ist bekannt: Juden und Urbanität. Urbanität von Juden bedeutet meistens auch Bildung. Bildung bewirkt Chancen und diese, wenn (wie häufig) genutzt, Wohlstand.

Auch im Irak gewann der arabische Nationalismus im frühen 20. Jahrhundert an Stärke, und 1932 erlaubte London den Irakern, besonders der sunnitischen Minderheit, mehr Selbstbestimmung. Das bekam den irakischen Kurden, Schiiten und erst recht – als Reaktion auf den Kampf um Palästina – den als fremd und feindlich abgestempelten Juden nicht sonderlich gut. Sie wurden zudem als Büttel Londons angefeindet. Um Großbritanniens Macht im eigenen Land zu brechen, setzten besonders sunnitisch-irakische Nationalisten seit den späten 1930er Jahren auf die NS-deutsche Karte, erst recht seitdem Deutschland und das Empire gegeneinander Krieg führten. Im Mai 1941 wagten die NS-deutschfreundlichen Iraker, an ihrer Spitze Raschid Ali al-Ghailani, mit Hilfe militanter Palästinenser, darunter Amin al-Husseini, den antibritischen Aufstand. Er wurde bis zum 31. Mai blutig niedergeschlagen. Doch nur kurz danach standen die siegreichen Briten Gewehr bei Fuß, als am 1. und 2. Juni Bagdader Juden im „Farhud" („gewalttätige Plünderung") massenweise nicht nur beraubt, sondern 140 in einem regelrechten Pogrom massakriert und 2000 verletzt wurden. Ganz vor den Kopf stoßen wollte London die Araber nicht. Das hätte die Muslime des Empire im Zweiten Weltkrieg noch mehr gegen das Mutterland

IV. Geografie: Das Land Israel und die mehrfache Diaspora

aufgebracht. Die Juden brauchte man im Kampf gegen Hitler nicht, denn millionenfach von ihm und seinem Regime verfolgt und ermordet, würden sie natürlich nicht mit ihrem Massenmörder paktieren. Husseini erhielt in Hitlers Berlin Asyl. Im November 1941 empfing Deutschlands Führer den Führer der Palästinenser. Dieser zeigte sich dankbar und mobilisierte in Bosnien Freiwillige für die Waffen-SS.

Jenes Pogrom war der Anfang vom Ende des irakischen Judentums. Der zionistisch-palästinensische Konflikt wurde 1947/48 zunehmend ein blutiger gesamtarabisch-zionistischer, auch im Irak. Im März 1950 gestattete die irakische Regierung schließlich den Juden die Ausreise. Ihr Eigentum mussten sie zurücklassen. Den Exodus organisierte Israel mit Flugzeugen. Die „Operation Esra und Nehemia", eine Luftbrücke zwischen Bagdad und Israel, brachte vornehmlich 1950/51 rund 123.000 irakische Juden nach Israel. 1971 lebten im Irak ca. 500 Juden, im März 2021 sollen es laut JNS (Jewish News Syndicate) drei (3) gewesen sein. Nun ist auch dieses Land „judenrein". Die jahrtausendealte mesopotamisch-jüdische Hochkultur – sie war einmal.

Es begann für die irakischen Juden, ebenso wie für Hunderttausende anderer Einwanderer aus aller Herren Länder, eine ganz andere, innerjüdisch-israelische Leidensgeschichte. Sie fand zuerst in den Auffanglagern oder in den Übergangsunterkünften („Maabarot") statt. Sie ähnelten eher kleinen Städten oder großen Siedlungen. Die meisten wurden zwischen Gedera und Hedera errichtet. In den Auffanglagern blieb man relativ kurz, etwa zwei Monate, der Übergang in den „Übergangsunterkünften" dauerte für manche sogar 20 Jahre. Besonders für die jüdischen Einwanderer aus arabischen Staaten, vom Irak bis nach Marokko. Dieser „Übergang" hat bis heute tiefe Verletzungen bei den orientalisch-jüdischen Israelis hinterlassen. Auch bei ihren Nachfahren. Das europäisch-jüdisch-israelische, damals vorwiegend sozialistische, sozialdemokratische und teils linksliberale Establishment ließ und lässt sie im Alltag deutlich spüren, dass sie Einwanderer zweiter Wahl waren – und bis heute sind. Die amtlich propagierte Willkommenskultur entsprach nicht der gesellschaftlichen und politischen Wirklichkeit Israels. Fast von einem Tag auf den anderen lebten seit 1951 in den Übergangsunterkünften fast nur noch orientalische Neubürger, die in der Regel seit jeher religiöser als die aus Europa stammenden („Aschkenasim") waren. Die „Europäer" wurden erheblich schneller und besser versorgt.

Nach Jahrzehnten wurde dieser „Integrationsskandal" in Israel aufgedeckt: In den 1950er Jahren wurden Neugeborene jemenitischer Einwanderer ihren Eltern klammheimlich, mit den seltsamsten Erklärungen, regelrecht geraubt, damit sie die im Sinne der aschkenasischen bzw. europäisch-jüdischen Ideale „richtige Erziehung" bekämen. Im Jahre 2001 beschloss die Regierung, die Opfer wenigstens finanziell zu entschädigen.

Alle Maßnahmen waren damals kein Zufall, sondern amtliche Politik. Sie entsprach – und entspricht teilweise noch immer – dem politischen Fühlen, Denken sowie dem Vokabular der etablierten linken und liberalen Israelis, die ihre orientalischstämmigen Mitbürger (unter sich) nicht selten als „Schwooorze" bezeichnen oder mit dem besonders üblen Schimpfwort „Tschachtschachim" bedenken. Jenen unethischen und krassen politischen Fehler der Linken nutzten vor allem die Rechtsnationalisten, rechten Nationalreligiösen und früher ins Land eingewanderten orthodoxjüdischen Orientalen. Sie nahmen sich dieser demografisch ständig wachsenden Bevölkerungsgruppen dünkellos an. Diese dankten es ihnen und wankten selten bei Wahlen. Sie bilden die feste und ständig wachsende strukturelle Wählerbasis des Likud und seiner Vorläufer sowie der orthodoxjüdisch-orientalischen Schass-Partei. Warum ständig wachsend? Weil orientalischstämmige Israelis, besonders orthodoxe, noch mehr Kinder bekommen als ihre nichtreligiösen Landsleute. Obwohl längst Establishment, werden Likud und Schass noch heute von den orientalischen (meist) Unterschichten als Anti-Establishment wahrgenommen und deshalb zuverlässig gewählt.

Ein zweiter Grund: Die aus islamischen Staaten Eingewanderten haben die teils heftigen Judenverfolgungen in ihrer alten Heimat erlebt und ihren Nachfahren überliefert. Daher bevorzugen orientalisch-jüdische Israelis mehrheitlich Parteien mit einer eher harten Araberpolitik, also Likud, Schass und Partner.

Juden auf der Arabischen Halbinsel

Schriftliche Überlieferungen über jüdisches Leben auf der Arabischen Halbinsel gibt es seit dem 1. Jahrhundert unserer Zeitrechnung. Sie werden in Mischna und Gemara (= Talmud) ebenso erwähnt wie in den „Midraschim", also den erzählenden Erklärungen der Rabbinen. In den frühislamischen Quellen – Koran, Hadith und kanonisierte Mohammed-

IV. Geografie: Das Land Israel und die mehrfache Diaspora

Biografien – werden Juden ebenfalls häufig erwähnt. Freilich erst seit dem 7./8. Jahrhundert. Meistens waren die arabischen Juden Handwerker, Bauern, Kunst- oder Waffenschmiede sowie Fernhändler. Ihre jüdisch-religionsgeschichtliche Bedeutung blieb begrenzt, historisch und nicht zuletzt tagespolitisch ist sie höchst bedeutsam, ja geradezu explosiv.

Woher, wann und warum kamen Juden auf die Arabische Halbinsel? Man schaue in den Atlas (oder googele geografisch) und siehe: Zwischen Zion, auch Mesopotamien und der Arabischen Halbinsel besteht territoriale Durchgängigkeit. Handel, Wandel, Konflikte, Krisen und Kriege sind Dauererscheinungen der Menschheitsgeschichte. Dieser ständige Austausch, mal erfreulich, oft unerfreulich, findet meistens mit den jeweils benachbarten Regionen statt. Er findet in Geschichte und Geschichten seinen Niederschlag. Der jüdisch-arabische Austausch findet sich bereits in der Hebräischen Bibel. Zum Beispiel in den Stammvätergeschichten. Die Bibel ist bekanntlich kein Geschichtsbuch, sie erzählt Geschichten, die, fiktional gewendet, nicht selten durchaus auf teils realhistorischer Basis fußen. Ebenso wie der Nord-Süd-Austausch zwischen den Großräumen Mesopotamien (einschließlich Iran) und Ägypten über Alt-Israel stattfand wurde dieser durch den Austausch mit der Arabischen Halbinsel ergänzt. Ebenso um die West-Variante Äthiopien.

Jemen

Anders als die meisten anderen „Ur- bzw. Altjuden" aus Zion stammen die jemenitischen nicht aus dem Vorderen Orient. Mehr dazu im Kapitel „Biologie". Daraus folgt: Irgendwann müssen Einheimische zum Judentum konvertiert sein.

In der Epoche des Zweiten Tempels (518 v. u. Z. bis 70 u. Z.) lebte der Großteil der Juden in Mesopotamien sowie im Nordosten der Arabischen Halbinsel. Geografisch sowie ökonomisch naheliegend zogen und siedelten jüdische Kaufleute bereits in vorislamischer Zeit von Nord nach Süd bis zum Jemen, entlang den Handelsrouten und in den nordwestlichen Oasen der Arabischen Halbinsel. Ihre Anwesenheit wurde offensichtlich geschätzt, denn in Himyar, dem Südwesten der Arabischen Halbinsel, konvertierten einige arabische Stämme im späten 4. Jahrhundert u. Z. zum Judentum. Manche bestreiten ihre Konversion zur jüdischen Religion und sprechen eher allgemein von einem neuen Monotheismus in jener Region, die bald ein Königreich wurde: Himyar. Nördlichster Punkt des Königreichs Himyar war Yathrib, das spätere Medina. Ihr bedeutendster König war Jusuf Dhu Nuwas (460–525). Die Expansion des Königreichs Himyar beendete das christliche Äthiopien im Jahre 525. Um 570 wurde Himyar ein Protektorat der persischen Sassaniden.

Unter dem Kalifen Omar wurde ein vermeintliches Testament des Propheten entdeckt. Darin habe Mohammed verlangt, dass es im Hedschas (Küstenregion am Roten Meer, die Mekka und Medina umfasst) nur eine Religion geben dürfe: den Islam. Die verstreut in Arabien lebenden Juden wurden daraufhin vertrieben. Spätestens seit dem 12. Jahrhundert lebten nur noch im Jemen Juden.

In den Jemen gekommen waren sie teils als bis nach Ostasien verkehrende Fernhändler oder mit den römischen Eroberern im 1. Jahrhundert u. Z. Historisch lebten sie nicht nur geografisch am äußersten Rand der jüdischen Welt. So die herkömmliche Darstellung. Wieder ergänzt die Biologie, die Humangenetik, die Geografie (vgl. das Kapitel „Biologie"). DNA-Analysen konnten bei den jemenitischen Juden keine Land-Israel-Vorfahren ermitteln. Das jemenitische Judentum entstand demnach durch Konversion und nicht durch Migration. Das wiederum führt uns zurück in die skizzierte vorislamisch-jemenitische Periode, in der es ein jüdisches Königreich gab. Auch in seiner Tradition hebt sich das jemenitische Judentum vom aschkenasischen, zentral- und osteuropäischen sowie vom sefardisch-orientalischen ab.

Die islamisch-schiitische Zaiditen-Ära begann 897 für die Juden verheißungsvoll. Ihr erster Herrscher garantierte ihnen den durch eine Steuer gesicherten Status geschützter Fremder. Doch seit 1160 – „Konversion oder Tod" – folgte eine Attacke auf die andere. 1165 wollte das religiös-politische Oberhaupt, der sunnitische Imam Abd an-Nabi, die Juden liquidieren (mit Hilfe eines jüdischen Konvertiten ...). Ein Teil der jemenitischen Juden zog es vor, muslimisch zu werden, ein zweiter klammerte sich panisch an einen (Lügen-)Messias. Die Nachricht von diesem selbsternannten Heilsbringer sowie von der Lebensgefahr für Juden erreichte und alarmierte Maimonides in Kairo, den großen jüdischen Philosophen und Arzt von Saladin und seinem Sekretär. In seinem Jemen-Sendbrief warnte Maimonides 1173 seine Glaubensgenossen vor dem Möchtegern-Messias und sprach ihnen Mut zu, ihr Judentum nicht aufzugeben. Er wusste, wovon er sprach, denn sowohl in Spanien als auch danach in Marokko waren er und seine Familie dem islamischen Konversionsdruck ausgesetzt gewesen. 1173/74 eroberten die Ayyubiden den Jemen, das Los der Juden besserte sich – kurzfristig. Um 1200 sollte sie einmal mehr muslimische Gewalt vom Islam überzeugen.

IV. Geografie: Das Land Israel und die mehrfache Diaspora

Seit 1545 gehörte der Jemen zum Osmanischen Reich. Und wieder: Erst wurde es besser, dann schlechter. 1618 auf Geheiß von Konstantinopel Vertreibung in den Süden, Mord und Totschlag. Das Dilemma der Juden: Sie gerieten zwischen die Mühlsteine von sunnitischen Osmanenherren einerseits und einheimischen, unterworfenen, schiitischen Zaiditen andererseits. Von 1630 bis 1635 vertrieben die Zaiditen die Osmanen. Das im Morgen- und Abendland bekannte Repertoire: 1660 diskriminierende Kleiderordnung, zumal den schiitischen Zaiditen (wie den in Persien damals herrschenden schiitischen Safawiden) Juden als „unrein" galten. 1676 ließ Imam al-Mahdi Ahmad alle Synagogen zerstören und befahl die Vertreibung der Juden in die Glutofenregion von Mawza östlich von Mokha. Nur ein Drittel der Juden überlebte, durfte ein Jahr später zurückkehren – und fand die eigenen Häuser entweder zerstört oder von Muslimen bewohnt. (Jahrhunderte später, nach 1945, erging es beispielsweise den wenigen deutschen, polnischen, französischen und anderen europäischen Juden, die, wie durch ein Wunder, den NS-Vernichtungshöllen entkommen waren, ähnlich. „Der Mensch ist des Menschen Wolf." Noch häufiger der Juden Wolf.) Zwar durften die Juden in Sana leben – allerdings nur außerhalb der Stadt, im neu errichteten Judenviertel. Sie waren ja „unrein".

1717 und 1726 löste eine Trockenzeit die Judenfrage meteorologisch. Im Kampf um knappes Nahrungsgut zogen die Juden den Kürzeren. Viele verhungerten, zahlreiche Überlebende konvertierten zum Islam. Wes Brot ich ess, des Gott ich preis. Wer wollte es ihnen verübeln? Danach wurde es im 18. und 19. Jahrhundert besser. Die rivalisierenden Machthaber – seit 1839 beherrschten Briten Aden, 1872 rückten wieder Osmanen in Teile des Landes – und einheimische Herrscher waren „modern" oder mussten modernisieren, um weiter herrschen zu können. Dafür brauchten sie modernisierende Eliten, also auch Juden. Auf sie zu verzichten, wäre wirtschaftliche Torheit gewesen. Wir kennen das Muster. Man ließ die Juden in Ruhe, sie vermehrten sich, manche kamen von außen. 1934 lebten im Jemen etwa 70.000 Juden.

Im späten 19. Jahrhundert, 1881/82, sogar noch vor der ersten, russisch-jüdischen Einwanderung nach Palästina, wurden auch jemenitische Juden der Existenz auf Widerruf überdrüssig. Sie gingen nach Zion. 1948, am Vorabend von Israels Unabhängigkeit, lebten dort bereits 35.000 jemenitische Juden. Längst war der islamisch-arabisch-zionistische Konflikt ebenfalls in den Jemen übergeschwappt. Der jemenitische Imam, der die Juden schützen wollte (um sein Land zu entwickeln), wurde „vorsorglich" am 17. Februar 1948 ermordet, damit der Mob ungehindert Juden berauben und ermorden konnte. Mit der (Flug-)Operation „Adlerflügel" 1949/50 ermöglichte Israel 48.000 jemenitischen Juden die Rettung. Der Anfang vom Ende der Juden im Jemen. Die letzten drei jüdischen Familien, insgesamt 13 Personen, wurden im März 2021 von den schiitischen Huthi-Rebellen vertrieben. Schutzmacht der Huthis ist die iranische Mullahdiktatur. Nun ist auch der Jemen „judenrein".

Im Herzen Arabiens (Hedschas)

Gemäß islamischer Überlieferung waren in Yathrib/Medina im 7. Jahrhundert drei jüdische Stämme politisch dominant. Zunächst habe Mohammed mit ihnen paktiert, dann habe er zwei eliminiert und den dritten vertrieben. Nachzulesen zum Beispiel in der quasi kanonisierten Propheten-Biografie von Ibn Ishaq (704–767/8). Das Kapitel „Der Angriff auf die Banu Quraiza" ist deutlich: Diese Juden „mussten sich ergeben, und der Prophet ließ sie im Gehöft … einsperren. Sodann begab er sich zum Markt von Medina … und befahl, einige Gräben auszuheben. Als dies geschehen war, wurden die Quraiza geholt und Gruppe um Gruppe in den Gräben enthauptet … Insgesamt waren es sechs- oder siebenhundert Männer; einige behaupten sogar, es seien zwischen acht- und neunhundert gewesen." Historisch wahr oder nicht, empirische Belege hierfür gibt es nicht. Sehr wohl empirisch ist der kanonisierte Beleg, auf den sich muslimische Judenfeinde religiös berufen können, um Juden zu ermorden – oder zu entwürdigen.

Als Schriftreligion steht das Judentum, wie das Christentum, unter dem Schutz des Islam, doch zugleich wird nicht zuletzt im Koran hervorgehoben, dass die Juden, noch mehr als die Christen, Gottes bzw. Allahs Gebote nicht erfüllen. Deswegen verwandelte Gott/Allah jüdische Gesetzesbrecher in Affen (Sure 2, 65; Sure 4, 163–166). In Sure 5, 60 werden aus den sündigen Juden Affen, Schweine und Götzendiener. Ähnlich auch Sure 7, 166–168. Obwohl jene extrem antijüdischen Passagen weit in die Vergangenheit zurückweisen, blieben sie gegenwärtig und somit politisch wirksam. So nannte Ägyptens einstiger, am 24. Juni 2012 demokratisch gewählter und am 3. Juli 2013 vom Militär weggeputschter Präsident Mohammed Mursi (1951–2019), als Muslimbruder ein Fundamentalist, im Jahre 2010 Zionisten (unbestreitbar Juden) „Affen und Schweine". Er hatte diese schmeichelhafte Bezeichnung nicht erfunden. Sein „religiöses" Signal wurde verstanden.

IV. Geografie: Das Land Israel und die mehrfache Diaspora

Zurück zu den judenpolitischen Anfängen und Strukturen des Islam. Was auch immer historisch in der Herzregion Arabien am Anfang des Islam geschah oder nicht geschah: Neben – im Vergleich zum Abendland – größerer *Toleranz* den Juden gegenüber gibt es im Islam von Anfang auch eine antijüdische *Militanz*. Diese Doppelbödigkeit bleibt bis heute Leitmotiv im Verhältnis beider Religionen zueinander – unabhängig davon, was in politisch motivierten, die historische Wirklichkeit überzuckernden Legenden verbreitet wird. Doppelbödigkeit will sagen: Epochenübergreifend, historisch, (er)ging es den Juden in islamischen Gemeinwesen weitaus besser als in der sich christlich nennenden Welt. Strukturell, traditionell und grundsätzlich bietet der Islamische Kanon jedoch von Anfang an denen, die wollen, jede Menge religionstextlicher Rechtfertigungen, Juden zu diskriminieren oder gar zu liquidieren. Man findet diese Legitimierungen zur Judenfeindschaft bereits im Koran, in den Hadithen (Sprüche und Handlungen Mohammeds) sowie in der schon erwähnten, von Ibn Hischam (gestorben 834) bearbeiteten Mohammed-Biografie Ibn Ishaqs. Diese Aussage wird aus politischen Gründen oft bestritten, auch von „Wissenschaftlern". Ebenfalls aus politischen Gründen. Da all diese Texte übersetzt wurden, kann jeder mit dem Mut, sich des eigenen Verstandes zu bedienen, sich ein eigenes Urteil bilden und mühelos den Ausgang „aus der selbstverschuldeten Unmündigkeit" finden.

ÄTHIOPIEN

Wie die jemenitischen Juden stammen auch die äthiopischen nicht von den Ur- bzw. Altjuden aus Zion ab.

Bereits sehr früh findet man Juden in Äthiopien. So früh, dass diese Juden nur das biblische Judentum kannten und praktizierten. „Falaschas" wurden sie in der alten Regionalsprache genannt, also „Heimatlose", „Außenseiter". Die freundlichere Bezeichnung lautet „Beta Israel" bzw. „Haus Israel".

Der Talmud, der in der Zeit von der Zerstörung des Zweiten Tempels im Jahre 70 u. Z. bis ca. 500 u. Z. entstand, war diesen Juden unbekannt. Daraus folgt: Sie konvertierten oder kamen nach Nordäthiopien schon vor der Zeitenwende. So oder so wurde das Judentum hierhin importiert. Woher? Auch darüber streiten die Gelehrten. Aufgrund der Geografie gibt es nur zwei Möglichkeiten. Möglichkeit 1: aus Südägypten, wo es bekanntlich in Elephantine sogar einen jüdischen Tempel gab; Möglichkeit 2: aus Mesopotamien über den Westen der Arabischen Halbinsel. Neue Methoden der Biologie, genauer: der Humangenetik, ergänzen die Geografie und schaffen Klarheit (vgl. das Kapitel „Biologie"). DNA-Analysen der äthiopischen Juden ergaben zweifelsfrei, dass sie keine Land-Israel-Vorfahren haben. Sie sind wann und durch wen auch immer zum Judentum konvertiert. Sie siedelten in Hütten-Dörfern des nordwestlichen, 2000 bis 3000 Meter hohen Hochlands der Provinzen Amhara und Tigray. Auch dieses Faktum unterscheidet sie von den meisten Juden epochenübergreifend, denn nicht alle, doch die meisten Juden zogen bekanntlich seit der Antike das Stadtleben vor. Was sie auch unterschied und wobei Einflüsse islamischer Nachbarschaft erkennbar sind: Beim Betreten der (Hütten-)Synagoge musste man die Schuhe ausziehen (was in jener Region auch in christlichen Gotteshäusern üblich wurde).

Allein die landessprachliche Bezeichnung als „Heimatlose" bzw. „Außenseiter" signalisiert: Generell (er)ging es den äthiopischen Juden wie anderen Juden, eigentlich überall und immer. Sie wurden mal diskriminiert, mal liquidiert, mal beides.

Um 325 u. Z. wurde die Monarchie im heutigen Äthiopien christlich. Ein Teil der bereits jüdischen Einheimischen spaltete sich aus Protest ab. Wahrscheinlich wurden sie von der Küste ins nordwestliche, gebirgige Landesinnere verdrängt. (Ein klassisches Muster der Historischen Geografie: Die Vorfahren von heute in schwer zugänglichen oder am Rande liegenden Regionen lebenden Menschen wurden – wie z. B. die Kelten in Irland und Schottland – einst von Eroberern dorthin vertrieben.) Jedenfalls erstarkten jene äthiopischen Juden und errichteten vom 9. bis frühen 17. Jahrhundert ein eigenes Reich. 1627 wurde es endgültig besiegt. Davor gab es in ständigen Kämpfen mit Christen und Muslimen Höhen und Tiefen jüdischer Macht. Der nenn-christliche und nicht ethisch-christliche Kaiser Yacob Zara (1434–1468) bezeichnete sich stolz als „Juden-Exterminator". Legendär wurde um 960 u. Z. Königin Gudit (oder Judith) von Aksum. Sie war nicht „nur" die „Frau des Königs", sondern faktisch: KöniginN. War Königin Gudit/Judith Konvertitin oder Jüdin von Geburt? Darüber schweigen sich die ohnehin spärlichen (zuverlässigen?) Quellen aus.

Trotz ihrer nicht immer Juden gegenüber praktizierten „christlichen Nächstenliebe" legten Äthiopiens christliche Herrscher (Kaiser) großen Wert auf die jüdisch geschmückte, amtsäthiopische Legende. Sie besagte, dass der erste Kaiser des Landes, Menelik I., Sohn des biblischen Königs Salomon und der Königin von Saba sei und um 980 v. u. Z. das (bis 1974 bestehende) Kaiserreich Äthiopien gegründet habe. Eine schöne Geschichte, aber eben nicht Geschichte. Zugleich aber auch ein schönes Signal: Bei und trotz aller Verfolgungen gab es keinen Volksmord an den Juden des Landes. Im Gegenteil: Ihrer Vorfahren wurde freundlich gedacht. Freilich war das kein Grund, besonders im 19. und 20. Jahrhundert auf Zwangsbekehrungen von Juden zum Christentum zu verzichten. So kam es neben der Gruppe der Falaschas/Beta Israel zur Gruppe der Falasch Mura, der getauften Juden. Vor allem nach dem Sturz des Kaiserhauses im Jahre 1974, während der extrem antiisraelischen kommunistischen Diktatur, wurde die Verbindung zwischen den äthiopischen Juden und dem Jüdischen Staat intensiviert. Große und abenteuerliche Auswanderungsaktionen hat Israel in den 1980er Jahren sowie 1991 („Operation Salomon") über den (damals islamistischen) Sudan organisiert. Inzwischen gibt es in Äthiopien kaum noch Juden, und immer mehr Falasch Muras werden, nun einvernehmlich zwischenstaatlich, nach Israel geflogen. Umstritten war im religiösen Establishment Israels das Judentum dieser Juden. Juden ohne Talmud? Das konnte und durfte nicht sein. Es durfte politisch seit 1977 und darf seit Januar 2020 (immerhin knapp 30 Jahre nach der letzten großen, staatlich veranlassten Einwanderung) mit Zustimmung des Oberrabbinats. Rund 130.000 Juden äthiopischer Herkunft leben derzeit in Israel. Es sind „schwarze Juden" bzw. „kaffebraune", und auch viele Juden Israels sind menschlich leider nicht farbenblind. Im Klartext: Die aus Äthiopien eingewanderten Juden leiden unter erheblicher Diskriminierung. „Rassismus" ist auch unter Juden ein Problem.

ADIABENE

Kennen Sie Königin Helena? Nein, nicht die von Paris ver- und entführte, treulose Gattin des Spartakönigs Menelaos, sondern Adiabenes Königin Helena (manchmal „Helene"), heute irakisches Kurdistan. Adiabene gehörte seit Mitte des 1. Jahrhunderts v. u. Z. zum Partherreich, das von Rom bedroht wurde, erlangte ungefähr zur Zeitenwende Autonomie und im 1. Jahrhundert u. Z. erhebliches Gewicht im Partherreich. „Unsere" Helena war die Mutter des zweiten Adiabenekönigs Izates II., der von 36 bis 59/60 u. Z. regierte. Beide konvertierten um das Jahr 30 u. Z. zum

Judentum und unterstützten, nicht zuletzt aus „national"-parthischem Interesse, die antirömischen Rebellen Judäas, das Pompeius 63 v. u. Z. besetzt hatte. Helena und ihr Sohn werden sogar im Talmud lobend erwähnt.

Für die Weltgeschichte nicht nur der Juden bedeutsam ist:

1.) Es gab (zumindest bis zum Verbot durch Roms Kaiser Konstantin I. im 4. Jahrhundert u. Z.) offenkundig eine mehr oder minder aktive jüdische Mission; keine „Judenmission", sondern Mission von Juden fürs Judentum. Helenas Konversion erfolgte etwa zur gleichen Zeit und in der mehr oder weniger gleichen Region wie die Mission des christlichen Apostels Paulus. Das wiederum beweist, dass zu jener Zeit in der „heidnisch"-polytheistischen Welt Monotheismus erhöht nachgefragt wurde. „Die" Christen waren dabei erheblich erfolgreicher als „die" Juden. Kaiser Konstantin I. (der „Große") verbot den Juden Proselyten aufzunehmen und Christen zum Judentum überzutreten. Im Fall der Fälle sollten Bekehrer und Bekehrte bestraft werden. Umgekehrt wurde der Übertritt von Juden zum Christentum gefördert. Erst danach endete die Missionierung durch Juden – weitgehend. Stichwort Chasaren. Dazu später mehr.

2.) Die Juden Mesopotamiens waren dort und damals so frei, dass sie ihre Religion „exportieren" konnten und durften.

3.) Das mesopotamische Judentum seit dem 8. Jahrhundert v. u. Z. (Assyrisches Exil, ab 721 v. u. Z.) bis ins 20. Jahrhundert war in dieser Region fest verwurzelt. Der Kampf um Israel/Palästina führte zur Flucht der irakischen Juden ab 1948. Aus dem Iran flohen die Juden nach der Mullahrevolution von 1979. Eine Epoche von rund 2500 Jahren ging zu Ende.

Chasaren/Kaukasus/Zentralasien

Unweit Mesopotamiens liegt der Kaukasus. In dessen nördlichem Teil, später am nördlichen Rand von Schwarzem und Kaspischem Meer, wurde, wahrscheinlich im 7. Jahrhundert, ein türkisches Nomadenvolk sesshaft, die Chasaren. Im späten 8. oder frühen 9. Jahrhundert – darüber streitet man in der Wissenschaft – traten sowohl die chasarische Oberschicht als auch breite Teile der Bevölkerung zum Judentum über. Wie breit? Wie in der Wissenschaft üblich wird auch darüber gestritten. Eine gewichtige jüdische Präsenz ist jedenfalls bis zum Ende des Chasarenreiches durch die Kiewer Rus (969) eindeutig nachweisbar. Ebenso die intensive Kommunikation der chasarischen Juden mit den persisch-mesopotamischen. Fik-

IV. Geografie: Das Land Israel und die mehrfache Diaspora

tional dargestellt wurde das im von einem Rabbiner vorgetragenen Plädoyer für den Übertritt des Chasarenkönigs Kusari zum Judentum im Buch „Kusari" des spanisch-jüdischen Philosophen und Poeten Jehuda ha-Levi (um 1074–1141). Die vom Dichter dem christlichen und muslimischen Geistlichen in den Mund gelegten Argumente zugunsten eines Übertritts des Chasarenkönigs zu ihrer Religion sind im „Kusari" in durchaus polemischer Absicht schwach.

Der israelische Historiker Shlomo Sand (2011) behauptet, die osteuropäischen Juden wären Abkömmlinge von in den Norden geflüchteten Chasarenjuden. Mit dieser These erregte er freudiges Aufsehen bei Lesern in West- und Zentraleuropa. Etwa weil seine These ihre vor rund 900 und 700 Jahren lebenden Vorfahren von deren Judenvertreibungen nach Osteuropa quasi freisprach? Einerlei. Die Biologie widerlegt, was die Geografie durchaus einleuchtend scheinen lässt: Auf DNA-Analysen gestützt ist der genetische Befund eindeutig: Zwischen den Chasaren und den heutigen Juden gibt es keine biologische Verbindung (siehe das Kapitel „Biologie").

Die Geografie ist unbestreitbar. Vom Chasarenreich nach Osteuropa ist es nicht weit. Doch auch die Chronologie zeigt, dass Sands These auf Sand gebaut ist. Das Chasarenreich ging 969 unter. Die erste jüdische Fluchtwelle nach Polen bzw. Osteuropa begann rund 100 Jahre später mit dem Ersten Kreuzzug (1096–1099), als es „christliche" Fanatiker in der Rheinregion vorzogen, einheimische Juden zu drangsalieren und zu liquidieren, statt – erheblich riskanter – das Heilige Land für die Christenheit von den Muslimen (und wenigen Juden) zu „befreien". Herzog Boleslaw II. nahm die aus „Deutschland" vertriebenen Juden sozusagen als bürgerlich-kaufmännische Entwicklungshelfer freudig auf. Er profitierte vom ersten und nicht letzten selbstverschuldeten „Brain Drain" der Deutschen. Die zweite deutsche Verfolgungswelle im Westen begann mit der Pest 1348/49. Auch Polens König Kasimir III. nahm die vertriebenen Juden freudig auf. Der zweite Brain Drain. Der (hoffentlich) letzte erfolgte ab 1933.

Zu erwähnen wären in dieser Region – im weiteren Sinne – die *„Bucharischen Juden"*. Auch ihr Anfang führt zur Zerstörung des Ersten Jerusalemer Tempels und zum Babylonischen Exil zurück (586 v. u. Z.). Die „Jüdische Geografie" wurde in diese seit dem 8. Jahrhundert dominant islamische Welt erweitert: in das heutige Turkmenistan, Kasachstan, Südrussland, Usbekistan, Kirgistan, Tadschikistan und sogar Afghanistan. Außer der Geografie dürfte die Ökonomie die Juden zur „Expansion" motiviert haben: die

Handelswege, besonders die Seidenstraße, zwischen Ost- und Westasien und von dort nach Europa und teils Nordafrika. Was lag näher, als sich im Seidenanbau und -handel zu betätigen?

In Afghanistan lebte im August 2021, beim Wiedereinzug der Taliban, noch ein (!) Jude, der dort auch seinen Lebensabend beschließen wollte, um die letzte verbliebene Synagoge des Landes nicht verfallen zu lassen. Doch in der Nacht des Jüdischen Neujahrsfestes, am 7. September 2021, floh er, um nicht auch noch seine Beschützer zu gefährden (*Israel Hayom*, 7.9.2021). Der Anfang dieses neuen jüdischen Jahres war das Ende der rund 1000-jährigen jüdischen Geschichte Afghanistans. Knapp drei Monate nach dem letzten Juden Afghanistans wurde noch eine letzte Jüdin entdeckt, die 83-jährige Tova Moradi, die mit 16 Jahren ihr Elternhaus verlassen und einen Muslim geheiratet hatte. Nach 1996 bis 2001 wollte auch sie kein zweites Mal unter den Taliban leben.

Heute ist Afghanistan „judenfrei". In den 1930er Jahren lebten dort rund 40.000 Juden. Nach der Ermordung von König Mohammed Nadir Schah begann ihr allmählicher Exodus, denn seitdem begannen systematische Diskriminierungen, die sich international schon lange „bewährt" hatten: zum Beispiel Kleider- und Baubestimmungen.

Lange, doch nicht immer, währten Leben und Wohlleben der Juden in dieser islamischen Welt, obwohl sie als nichtmuslimische Angehörige einer Buchreligion nur Bürger zweiter Klasse waren („Dimhi"). Fühl- und sichtbare Auflagen erschwerten ihren Alltag: Kopfsteuer, Kleidungsgebote und -verbote, ihre Häuser mussten niedriger als die der Muslime sein und auf den Dächern ein bestimmtes Tuch, nach Sonnenuntergang hatten sie seit dem 17. Jahrhundert die Stadt zu verlassen, und sie mussten (wie in der mittelalterlich christlichen Welt) einen besonderen Judenhut tragen.

Trotzdem: Der wirtschaftliche und kulturelle Glanzpunkt jüdischen Seins in Zentralasien wurde trotz der kontinuierlichen Diskriminierungen (ohne Liquidierungen!) sowie der nicht enden wollenden Kriegszüge der verschiedensten Völkerschaften im heute usbekischen Buchara im 16. Jahrhundert erreicht. Doch schon zu Beginn des 17. Jahrhundert durften die Juden nur noch in ihrem eigenen Viertel leben. Es wurde noch „ungemütlicher": Zwangskonvertierung zum Islam Mitte des 18. Jahrhunderts. Wie in Spanien die Marranen lebten diese Schein-Bekehrten („Tschala") nach außen wie die Landesmehrheit, hier Muslime, im Binnenbereich blieben sie Juden. Eine zweite Welle von Zwangsbekehrungen folgte Anfang des

IV. Geografie: Das Land Israel und die mehrfache Diaspora

19. Jahrhunderts. Die Macht über den Islam Zentralasiens gewann das orthodox-christliche Zarenreich nach dem verlorenen Krimkrieg. Die Juden kamen vom Regen in die Traufe. Darüber im Zusammenhang mit der Geschichte der Juden Russlands.

Anders als die meisten anderen Juden in fast allen Epochen waren die *„Bergjuden"* im, am und um den Kaukasus eher Landjuden. Sie lebten meistens in Dörfern. Sie kamen allmählich ebenfalls aus dem Exilkernbereich Mesopotamiens und waren als Herrschaftsobjekte, versteht sich, von Aufstieg und Fall ihrer teils christlichen, teils muslimischen Herrschersubjekte abhängig. Während der jüdischen Epoche der Chasaren genossen die Bergjuden den Schutz des „großen Bruders". Weitgehend unbehelligt lebten die kurdischen Bergjuden in ihren Dörfern vorwiegend im Nordirak und -iran. Dieses friedliche Nebeneinander von einst wirkt bis in die Gegenwart. Jenseits der irakischen oder iranischen Regierungspolitik pflegten „die" Kurden seit 1948 intakte Kontakte zu Israel.

Nicht zu den Bergjuden zählen die Juden in der urbanen Erdöl-Region Baku. Traditionell genossen die Juden in *Aserbaidschan* Toleranz. Sie ist nicht zuletzt dem turko-persischen Gegensatz geschuldet. Die Aseris sind zwar, wie die meisten Perser, Schiiten, doch die nomadische Tradition dieses lange nach den Persern in diese Region eingedrungenen Turkvolkes bewirkte von Anfang an eine große Distanz und Rivalität mit der eher urbanen persischen Hochkultur. So gerieten die Aseris in die Machtstrudel Persiens, Russlands und des Osmanischen Reiches. Damit hing das Schicksal der Juden von der jeweiligen Großmacht ab. Im Zweiten Weltkrieg wollte Hitler und sollte die Wehrmacht die Ölfelder von Baku erobern. Im Sommer 1942 schien dieses Ziel in greifbare Nähe gerückt. Todesgefahr für die Juden. Bis zu den Ölfeldern von Maikop gelangten deutsche Soldaten. Ende 1942 konnte die Rote Armee den deutschen Vormarsch beenden, und nach der Niederlage von Stalingrad musste sich die Wehrmacht zurückziehen.

Nicht alle sahen in Hitler-Deutschland den Feind, sondern in Stalins Sowjetunion. Diese Minderheit kollaborierte mit dem NS-deutschen Aggressor, und die Mehrheit dieser Minderheit waren Kaukasus-Muslime, nicht zuletzt aserische (vgl. Meining, Eine Moschee in Deutschland, Kapitel 1, besonders S. 30 ff.; Kellmann, Dimension der Mittäterschaft, Kapitel „Sowjetunion", besonders S. 355 ff.). Sie handelten nach dem Motto „Der Feind meines Feindes ist mein Freund". Stalin reagierte auf seine Weise:

Das Kollektiv der turk-muslimischen „Verrätervölker", die „sich seit den 1920er Jahren vom Bolschewismus unterjocht fühlten" (Kellmann, Dimensionen der Mittäterschaft, S. 355), wurde „umgesiedelt".

Eine Handvoll überlebender Kollaborateure fand nach 1945 in der Bundesrepublik Deutschland Unterschlupf und gründete in der Moschee von Freimann bei München die Kernzelle des westlichen Islamismus. Dessen Wiege stand im Kaukasus, wurde dann nach Westdeutschland verlegt. Das Netzwerk dieser Kollaborateure wurde immer größer und war auch für den Mega-Terror vom 11. September 2001 alles andere als unwichtig (vgl. Meining, Eine Moschee in Deutschland, Kapitel 7).

Den heutigen Norden Irans betrachtet die 1991 auferstandene Republik Aserbaidschan als widerrechtlich annektierten südlichen Teil ihres Staates. Das erklärt sowohl die Westbindung Aserbaidschans als auch das enge Verhältnis zu Israel sowie das den Juden in dieser schiitisch-islamischen Gesellschaft entgegengebrachte Wohlwollen. Für 2021 wurde eine Zahl von 10.000 bis 20.000 Juden angegeben. Noch 1989 waren es rund 40.000. Nach dem Ende der Sowjetunion zogen die meisten die Auswanderung vor, zumal der Übergang von der UdSSR zur neuen Republik auch wegen des Krieges zwischen dem neuen Aserbaidschan und dem neuen Armenien turbulent und keineswegs gewaltfrei verlief. Jeder tatsächlich oder vermeintlich Fremde war suspekt. Olga Grjasnowa, eine aus Aserbaidschan stammende Jüdin, schildert durchaus autobiografisch dieses staatliche Geburtschaos in ihrem Roman „Der Russe ist einer, der Birken liebt".

Anders als im geografisch christlichen Europa erging es den Juden im geografisch asiatischen, kulturell eher europäischen *Georgien* recht gut. Im Jahre 1799 bat der georgische König um militärische Hilfe gegen Persien. Russlands Truppen kamen, „halfen", das Land wurde 1801 annektiert, die einheimische Monarchie abgeschafft. Das zaristische Russland wurde bekanntlich ab 1917 eine Räterepublik, 1922 die „Sowjetunion" (= Union der Räte). Ihr Zerfall ermöglichte 1991 die nationale Wiedergeburt Georgiens. Die russisch-sowjetische Ära war für die Juden Georgiens – 1897 laut Volkszählung 18.574 (Encyclopedia Hebraica, EH, Band 10, Spalte 175) – eine Leidenszeit, worüber im Russland-Abschnitt mehr gesagt wird.

Ein kurzer Blick auf das Nachbarland *Armenien* lohnt. Weshalb? Das Beispiel zeigt, dass weder Christen noch Muslime, unabhängig von ihren heiligen Texten, Juden unbedingt verfolgen „mussten" – oder verfolgt haben.

Wir überspringen die geografisch und dadurch auch chronologisch nachvollziehbare jüdische Siedlungsgeschichte in Armenien. Zwei Stichworte zu ihrem Anfang: Erstes assyrisch-mesopotamisches Exil nach der Zerstörung des Königreiches Israel im Jahre 721 v. u. Z. Zweites assyrisch-babylonisches Exil nach der Zerstörung des Ersten Jerusalemer Tempels 586 v. u. Z. Das Auf und Ab politischer Rahmenbedingungen oder ökonomische Notwendigkeiten, manchmal beides, sorgte dafür, dass Juden sich auch im groß- und kleinarmenischen Raum ansiedelten. Die Eigenständigkeit des kleinen Armenien hing (wie zum Beispiel die Polens im Zusammenhang mit Deutschland und Russland) von den beiden großen und eher selten freundlich-friedlichen Nachbarn ab: Rom, dann Ostrom/Byzanz und Persien, später Russland/Sowjetunion.

Armenien war seit 314/15 der erste christliche Staat und musste sich ab 640 den arabisch-muslimischen Eroberern beugen. Der große christlich-byzantinische Bruder wurde um Hilfe gebeten. Ja, aber, lautete die Antwort. Das Aber bezog sich auf die Art der armenischen Christlichkeit. Da sie von der byzantinischen abwich, habe sie diese zu übernehmen. Dann erst würde geholfen. Byzanz pochte seit dem Konzil von Chalkedon (heute Teil Istanbuls) im Jahre 451 u. Z. darauf, dass Jesus, der Christus (Erlöser, Heiland), „ein und derselbe ist ... in zwei Naturen, unvermischt, unveränderlich, ungetrennt und unteilbar". Anders die miaphysitischen Armenier und mit ihnen die meisten Ostkirchen: Ja, Jesus sei göttlich, doch zugleich menschlich und habe geteilt existiert. Armeniens Monarchie und Aristokratie waren nicht bereit, ihre „Ketzerei" aufzugeben. Lieber unterwarfen sie sich der arabisch-muslimischen Oberhoheit.

Angesichts dieses christlich-theologischen Dissenses überrascht es nicht, dass die armenisch-christlichen „Ketzer" auch „den" Juden gegenüber toleranter dachten und handelten. Ob der „Liebe Gott" sie dafür belohnte, sei dahingestellt. Jedenfalls schwächelten die arabischen Herrscher, und 885/886 erstand ein neues Königreich Armenien. Doch die byzantinischen Dogmatiker ließen nicht locker und zerstörten 1045 den neuen Staat des kleinen Bruders. Über diesen Sieg konnte sich der große Bruder nicht lange freuen, denn 1071 siegten andere Muslime, die Seldschuken. Sie vertrieben Byzanz endgültig aus Anatolien, fanden sich aber damit ab, dass im Südosten der heutigen Türkei Kleinarmenien entstand, das nur bis zur mamlukisch-muslimischen Eroberung, 1375, bestand. Das Judenschicksal hier unterschied sich nicht vom ägyptisch-mamlukischen, das an anderer Stelle beschrieben wird. Am Ende jüdischen Daseins in Kleinarmenien waren die Mamluken insofern beteiligt, als sie 1603 einen der vielen Kriege mit dem großen persischen Nachbarn verloren. Fast alle Juden Kleinarmeniens wurden ins schiitische Persien verschleppt, wo es ihnen deutlich schlechter als bei den sunnitischen Mamluken erging. Kleinarmenien war nun weitgehend „judenfrei".

Erheblich besser, sicherer und freier lebten die Juden Armeniens in der osmanischen Epoche. Sie begann 1515 und endete 1828 mit der Annexion des armenischen Nordostens durch Russland. Fortan traf die Juden dieses Gebietes das Schicksal ihrer russischen Glaubensgenossen. Der Westen des Landes verblieb im Türkenreich, wo zwar die Juden relativ sicher lebten, nicht jedoch die Armenier. 1894 bis 1896, 1909 und vor allem im Ersten Weltkrieg, 1915 wurden sie systematisch vernichtet – was die offizielle Türkei bis heute bestreitet.

Die jüdisch-armenische Empathie eines Franz Werfel („Die vierzig Tage des Musa Dagh"), des französisch-armenischen Musikers Charles Aznavour oder – lange vor der diesbezüglichen Resolution der französischen Nationalversammlung (2001), des Deutschen Bundestages (2016) sowie des amerikanischen Kongresses (2019) – die Bemühungen der „US-jüdischen Lobby" in den 1980er Jahren zugunsten der Benennung der Massenmorde von 1915 als „Genozid" im amerikanischen Kongress sind kein Zufall. Ebenso bedenkenswert wie umstritten bleibt diese Frage: Soll oder kann man die durchaus unterschiedlichen Massenmorde an verschiedenen Völkern – jeder an und für sich vollkommen inakzeptabel – mit demselben Begriff „Völkermord" bezeichnen? Ein und derselbe Begriff deutet ein und die gleiche Gewichtigkeit an. Gilt diese Gleichgewichtigkeit von sechs Millionen Judenmorden und beispielsweise Herero-und-Nama-Ermordungen, Armenier-Todesmärschen und -Tötungen, Kolonialverbrechen, Biafra, Kambodscha, Tutsi-Abschlachtungen? Hier wären Zweifel anzumelden, denn anders als die anderen massenweise ermordeten Völker waren „die" Juden vollkommen wehrlos einer industriellen und (!) konventionellen Mordmaschinerie ausgesetzt. Zu bedenken auch dies: Ist eine Völkermord-Rangfolge, Sportrekorden vergleichbar, ethisch hinnehmbar? Die Fragen müssen gestellt werden. Alle Leser werden sich hierzu ihre eigenen Gedanken machen. Vielleicht so: Alles Völkermorde, der Holocaust ein einzigartiger Völkermord?

Das war 1926 die Situation der armenischen Juden nach den christlich-islamischen Aufs und Abs: 335 Juden lebten im gesamtarmenischen Raum.

IV. Geografie: Das Land Israel und die mehrfache Diaspora

Im Zweiten Weltkrieg wurden es deutlich mehr: Wer als Sowjetjude konnte, floh so weit weg wie möglich vor Hitlers Wehrmacht, also auch in den Süden, zum Beispiel nach Armenien oder Aserbaidschan. Ende der 1950er Jahre lebten in Armenien etwa 10.000 Juden. Doch wer nach 1945 der Sowjetdiktatur samt Antisemitismus und Antizionismus entkommen konnte und nicht in die USA oder die Bundesrepublik Deutschland durfte, wanderte spätestens seit dem Ende der Sowjetunion, 1991, nach Israel aus.

OSMANISCHES REICH

„Ferdinand soll ein weiser König sein? Er macht sein Land arm und unseres reich." So soll der osmanische Sultan Bayazid II. (1481–1512) über Spaniens König gespottet haben, als er hörte, Ferdinand und seine Gemahlin Isabella würden die Juden ihres Landes vertreiben. Unverzüglich ließ er verkünden, dass die Juden in seinem Reich willkommen seien. Sie kamen in Massen.

Jener Spott trifft auf viele zeitgenössische „Kollegen" Bayazids zu, denn seit dem Jahrzehnt der Großen Pest von 1348/49 bis ins frühe 16. Jahrhundert waren Judenvertreibungen in Süd- und Westeuropa geradezu eine durch ökonomische und religiös-ideologische Interessen ausgelöste politische Mode. Vor jener selbstzerstörerischen und verbrecherischen Dummheit waren spätere Herrscher ebenfalls nicht gefeit. Sie meinten (oder gaben vor), durch Judenverfolgungen, -vertreibungen oder -ermordungen weise, gerecht, fromm oder auch nur interessenbezogen zu handeln. Einer von diesen war Adolf Hitler, der nicht „nur" ein verbrecherischer Millionenmörder, sondern auch (judenpolitisch) dumm war. Wie viele Judenfeinde, die sich mit ihrem Judenhass ins eigene Fleisch schnitten. Auf dieses Muster antijüdischer Geschichte sollte hingewiesen werden, wenn die Betrachtung der Vergangenheit(en) nicht nur Selbstzweck sein, sondern Hilfen und Hinweise für die je eigene Gegenwart und Zukunft bieten soll.

Man stelle sich nicht vor, „alle Juden" wären damals oder jemals nur reich, klug oder gar Genies gewesen (und bis heute geblieben). Auch unter Juden sind die Einsteins, Freuds etc. eine Miniminderheit, und es gibt (sogar …) „dumme Juden". Dennoch ist unbestreitbar, dass „die" Juden durch ihre lange und gepflegte Bildungstradition für jede Gesellschaft ein (zumindest) volkswirtschaftlicher Gewinn sind. Auch unter den osmanischen Juden bildeten die Wohlhabenden die Minderheit. Die meisten waren arm und verdienten sich ihr Brot mehr schlecht als recht durch Hausieren und Kleinhandel.

Die wirtschaftliche und wissenschaftliche Tüchtigkeit der jüdischen Bildungs- und Oberschichten hatte sich auch zu Bayazid II. und seinen Sultan-Vorgängern herumgesprochen. Murad I. (1360–1389) hatte die Osmanen erstmals nach Europa geführt. Die Juden der eroberten byzantinischen Gebiete waren erleichtert, vom orthodox-christlichen Joch befreit worden zu sein, und der Sultan, ebenso wie seine Nachfolger keineswegs unglücklich, dass einige der Eroberten, nämlich die Juden, willige Helfer beim Aufbau der vom Krieg zerstörten Wirtschaft sowie in der neuen Verwaltung waren. Mehmed II. (1444/46 und 1451-1481), der Eroberer von Konstantinopel, rief die Juden aus allen Teilen des Reiches dazu auf, sich in der nun osmanisch-muslimischen Hauptstadt niederzulassen. Das klingt humaner, als es war, weil manche Zeugnisse darauf hinweisen, dass der Ortswechsel zumindest teilweise Züge einer Zwangsumsiedelung trug. Wie auch immer, freies jüdisches Leben blühte auf. Auch in anderen osmanischen Handels-, meist Küstenstädten: Thessaloniki, Adrianopel, auch Jerusalem und Safed, Damaskus, Kairo, später Smyrna (heute Izmir). Als Nah- und Fernhändler, Ärzte, Diplomaten und Dolmetscher waren sie gefragt und hatten dabei nicht selten das „Vergnügen", Vertretern ihrer einstigen Peiniger aus West- und Südeuropa bei kniffligen Verhandlungen zu begegnen.

In der zweiten Hälfte des 16. Jahrhunderts wendete sich allmählich das Geschichtsblatt zuungunsten des Osmanischen Reiches. Die fehlgeschlagene erste Belagerung Wiens 1529 war die Ouvertüre zum Anfang vom Ende, dieses begann mit dem Fehlschlag der zweiten Belagerung Wiens 1683. Der „christlich-abendländische" Gegenstoß ins Herz des Osmanenreiches begann und endete mit dem Ersten Weltkrieg 1918. Gleichzeitig, ebenfalls in Etappen, verschlechterte sich die Situation der Juden.

Der zeitliche Zusammenhang wird z. B. daran deutlich, dass 1553 die klassische, ursprünglich „christliche" Blutlegende Juden Anatoliens angedichtet wurde. Juden wurden ermordet. Die osmanischen Behörden reagierten indifferent. Die bereits Mitte des 15. Jahrhunderts von Mehmet II. erlassene Kleiderordnung für Juden war kaum je beachtet worden. Das änderte sich Mitte des 16. Jahrhunderts. Einen roten Hut und schwarze Schuhe mussten Juden tragen. 1702 und 1758 wurde jene Kleiderordnung verschärft. Prächtige Kleidung wurde Juden faktisch verboten. Schlimmer: der Bau neuer Synagogen ebenfalls. 1592 brannten Janitscharen in Konstantinopel Häuser von Juden nieder. Besonders an der Peripherie des Rei-

IV. Geografie: Das Land Israel und die mehrfache Diaspora

ches häuften sich antijüdische Attacken, ohne dass die Behörden eingriffen. So geschehen auch in Jerusalem und Safed.

Zwischen 1620 und 1650 wurden Juden in Jerusalem mehrfach von Arabern ermordet, ohne dass Schutz vom Sultan kam. Das galiläische Städtchen Safed entwickelte sich zum neujüdischen Mittelpunkt im Heiligen Land. Um 1550 lebten hier etwa 10.000 Juden. Jüdische Mystiker wie Rabbi Josef Karo (geboren 1488 wahrscheinlich in Toledo, gestorben 1575), einer der bedeutendsten jüdischen Mystiker (Kabbalisten) und Gesetzesfixierer, sowie der Neo-Kabbalist Rabbi Isaak Luria (geboren 1534 in Jerusalem, gestorben 1572) wirkten in Safed. 1660, andere Forscher sagen 1662, zerstörten Drusen die Stadt, andere Forscher nennen Araber als Täter. 1660 wurde Tiberias von Drusen zerstört. Die meisten Einwohner waren Muslime, und 1662 lebte dort kein einziger Jude mehr, obwohl ab 1561 der Sultan eine demografische und kulturelle „Judaisierung" zugelassen hatte. Juden waren offenbar nicht „das" Ziel, aber eines, denn sie galten an der Reichsperipherie als Günstlinge der osmanischen Zentrale.

Viele Juden wichen nach Konstantinopel und Izmir aus. 1756 brannte das Judenviertel von Konstantinopel. Im 18. und besonders im 19. Jahrhundert dünnte die jüdische Gemeinschaft aus. Europa war wieder weitgehend offen und schien (!) ihnen sicherer. 1882 flohen Juden aus Russland, um ihr Leben zu retten, ins Heilige Land, das zum Osmanischen Reich gehörte. Dort sollte wieder eine neue jüdische Gemeinschaft entstehen. Von einem „Staat" war noch keine Rede, aber in Konstantinopel und von den Arabern Palästinas wurde die Eigendynamik jenes Wunsches sehr wohl verstanden. Sie widersetzten sich. Langfristig erfolglos. Im Dezember 1917 eroberten die Briten Jerusalem, das Ende des Osmanischen Reiches folgte bald, ebenso der Kampf um den Jüdischen Staat – gegen Großbritannien und Araber. Seit 1948, nach Gründung Israels, zog es die meisten der etwa 30.000 verbliebenen osmanischen Juden in den Jüdischen Staat.

Das osmanisch-jüdische Drehbuch liest sich anders als das spanisch-portugiesische, doch der Effekt war ähnlich. Auf der Iberischen Halbinsel verjagte man die Juden, weil der ständig größer werdende „Kuchen" ohne sie genossen werden sollte. Bekanntlich wurde der Kuchen dann allmählich kleiner – weil die jüdischen Mitesser entscheidend am Kuchenbacken beteiligt gewesen waren. Im Osmanischen Reich wurde der „Kuchen" seit 1529 langsam, aber unverkennbar kleiner. Auch die Juden konnten keinen größeren backen. Verglichen mit dem „christlichen" Europa ging es ihnen bei den Osmanen erheblich besser, doch wahrlich nicht „gut". Weder physisch noch wirtschaftlich. Über- und Angriffe häuften sich im osmanischen Vielvölkerstaat, wobei die Attacken auf Juden seltener von Türken ausgingen. Über den jüdischen Alltag in Bosnien kann man natürlich gute Sachbücher finden, aber weil literarisch haushoch überlegen und zugleich faktenbezogen, sei den Lesern das Werk des Literaturnobelpreisträgers Ivo Andrić nachdrücklich empfohlen, besonders die aus verschiedenen seiner Bücher zusammengestellte Textsammlung „Liebe in einer kleinen Stadt". Die Schicksale der „kleinen Leute" in der kleinen Stadt, ganz allgemein in Bosnien, werden in allen Feinheiten und Grausamkeiten des durch die „Großen" verursachten Alltags der Juden während des Osmanischen Herbstes auf der Balkanhalbinsel beschrieben.

Für den inneren Frieden in strukturell multikonfessionellen, -ethnischen und -nationalen Gesellschaften hätte das osmanische „Millet"-System heute eigentlich mehr denn je Vorbildcharakter. Es ermöglichte – in diesem Fall, also im Osmanischen Reich seit dem 19. Jahrhundert – den jeweiligen Religionsgruppen weitgehend Selbstbestimmung und Selbstverwaltung bzw. Autonomie in rechtlichen, religiösen, wirtschaftlichen und administrativen Bereichen (EJGK, Band 4, S. 180 ff.). Als „Religionen des Buches" genossen Judentum und Christentum den Schutz des Sultans bzw. des Staates. Dafür hatten sie eine Schutzsteuer zu entrichten. Aufregend war und ist das nicht, denn auch im modernen Staat zahlen die Bürger – unter anderen Überschriften – ebenfalls und selbstverständlich für den Schutz des Staates Steuern. Wo und wenn das jüdische oder christliche Recht mit dem islamischen zusammenstieß, galt das islamische. Auch das völlig verständlich, denn in jedem Staat sollte der Mehrheitswille – wie auch immer ermittelt – die Richtung vorgeben. Freilich unter Wahrung und Sicherung der Minderheitenrechte.

Byzanz-Griechenland

Seit der Frühen Neuzeit ist die Geschichte der Juden auf dem Balkan weitgehend aus der osmanischen Geschichte ableitbar. Sie fiel aber nicht vom Himmel. Zu erwähnen wäre die 323 v. u. Z. von Alexander dem Großen begründete hellenistische Tradition. Sie war, von Ausnahmen abgesehen, eine den Juden günstige Epoche. Bis zur Zeitenwende setzte sich diese Tradition im Römischen Reich fort. Für jedermann leicht nachlesbar in der Apostelgeschichte des Neuen Testamentes. Heiden-Apostel Paulus hat bekanntlich als Jude in Synagogen gepredigt – und wurde verjagt. Kontakte zu den Altgriechen hatten bereits die Makkabäer gepflegt. Ebenfalls leicht nachlesbar. Im Alten Testament, 1 Makkabäer 2,5.

Weniger erfreulich, also von Diskriminierungen und teilweise Verfolgungen unterbrochen, doch nicht vernichtend, war die folgende, oströmisch-byzantinische Epoche. Wenig verwunderlich, dass sowohl die Juden Zions/Palästinas 634 u. Z. als auch des oströmisch-byzantinischen Reiches im 14. Jahrhundert und 1453 (Eroberung Konstantinopels durch die Osmanen) diese Bevorzugung bekundeten: Sie begrüßten die (traditionell als Muslime, doch von der Forschungsgruppe „Inarah" als arianische Christen bezeichneten) Omajaden und später die (unbestreitbar) muslimischen Osmanen als Befreier. Wie sehr sie Recht hatten, zeigte sich schon bald nach der osmanischen Eroberung von Balkan und Konstantinopel. Der Sultan bot den aus Spanien und Portugal 1492 und 1497 vertriebenen Juden in seinem großen Reich eine neue Heimat – aus der sie, anders als im christlichen Europa, nie vertrieben wurden.

Dennoch wäre es irreführend, die jüdische Geschichte in und von Byzanz als einzige Kette einer Leidensgeschichte darzustellen. Und doch gab es viel Leid. Byzanz war nie die erste Wahl „der" Juden. Als Byzanz und Persien einmal mehr im frühen 7. Jahrhundert im Dauerkonflikt lagen und Persien in „Palästina" kurzfristig obsiegte, gehörten jüdische Soldaten zum persischen Heer. Die im Lande verbliebenen Juden jubelten den neuen Herren zu. Bald wurden diese neuen Herren von Byzanz besiegt. Bitter war Byzanz' Rache. Umso freudiger begrüßten Juden und arianische Christen (also nicht an die Heilige Dreieinigkeit von Vater, Sohn und Heiligem Geist glaubende Christen) die arabischen (arianischen oder islamischen?) Eroberer im Jahre 634.

Vom 8. bis zum 10. Jahrhundert gab es für die Juden von Byzanz eine räumliche und inhaltlich freiheitliche Alternative: das seinerzeit jüdische Reich der Chasaren (siehe das Kapitel dazu).

Auffallend ist, wie fast immer und überall, das uns inzwischen altbekannte Muster: Die Obrigkeit schützte und stützte „die" Juden – meistens, keineswegs immer und immer je nach individuell bestimmten Interessen des Kaisers oder der anderen jeweils Mächtigen. Wieder „Existenz auf Widerruf". Der Widerruf konnte durchaus plötzlich kommen. Vom Kaiser-Vater zum nachfolgenden Sohn etwa, ohne dass sich die wirtschaftlichen und politischen Strukturen oder Institutionen verändert hätten, wohl aber die herrschenden Personen. Ebenfalls als Muster bekannt: Die Orthodoxe Kirche, anders als der Vatikan ohne eigenen Kirchenstaat, konnte – und hat – daher auch nicht die politische „Last" des Judenschutzes tragen müssen. Die theologisch-judendiskriminatorische „Pflicht" ertrug sie relativ unbeschwert.

Ebenfalls vom allgemeinen Muster bekannt: Zur antijüdischen Gewalt griffen zumeist städtische und ländliche Unterschichten. Sie waren aber eher ausführende Organe als Organisatoren. Die Diskriminierungen und teilweise Liquidierungen richteten sich keineswegs „nur" gegen Juden. Konstantinopel war eine multinationale, -ethnische und -religiöse Handelsmetropole. Zorn und Konkurrenzneid der Inländer richteten sich, meistens mit Scheinargumenten, auch gegen ansässige Christen wie Venezianer, Genuesen oder Armenier und Muslime.

Die mit den Kreuzzügen eskalierenden Judenverfolgungen im römisch-katholischen Bereich Europas seit 1096 lösten regelrechte Fluchtwellen aschkenasischer Juden aus Frankreich und Deutschland über Ungarn ins griechisch-orthodoxe Byzanz aus. Die nicht vorhandene christliche Nächstenliebe unter den beiden großen Kirchen kam den verfolgten Westjuden zugute. Dem Bannkreis Roms entkommen, waren die Juden aus Eigennutz nun in Byzanz willkommen. Vor allem in Konstantinopel und Saloniki bauten sie eine neue Existenz auf – auf Widerruf. Den in Jerusalem ansässigen Juden war ein widriges Los beschieden. Als die unritterlichen Kreuzritter die Heilige Stadt eroberten, schlachteten sie die dortigen Juden und Muslime regelrecht ab.

Viele Byzanz-Juden waren, wie woanders, Händler. Sie dominierten die „jüdische Wirtschaft" und benötigten ihrerseits eine religiöse Infrastruktur, die sie finanzierten. Arbeitsbeschaffung durch Religion. Erfolg erzeugt überall und immer zuverlässig Neid und Missgunst, materieller Erfolg allemal. Folglich ebenfalls im griechischen Byzanz. Die Steigerungsstufen sind bekannt. Besser haben es Ärzte und noch besser sehr gute, weil sich jeder an das je eigene Leben klammert, und unter sehr guten Ärzten – kein Vorurteil, sondern erklärbare und hier erklärte Empirie – gab es seit jeher viele Juden. So durfte während der Herrschaft von Kaiser Manuel I. (1143–1180) nur ein Jude ein Reitpferd nutzen: sein Leibarzt Salomon der Ägypter. Existenz auf Widerruf: Kaum war Kaiser Manuel tot, unternahm seine Witwe als Vormund ihres Thronfolgersohnes nichts, um 1182 ein Massaker an Seidenhändlern aus Venedig und Genua zu verhindern. Unter ihnen, keine Überraschung, viele Juden. Sie „mussten" als Konkurrenten sterben, nicht als Juden.

IV. Geografie: Das Land Israel und die mehrfache Diaspora

Die letzte Byzanzdynastie, die Palaiologen (1261–1453), meinte es langfristig und gegen den Widerstand der orthodoxen Kirche nicht zuletzt aus wirtschaftlichem Interesse gut mit den Juden. Angesichts der permanenten und schließlich tödlichen Bedrohung durch die Osmanen wäre jede andere Politik selbstmörderisch gewesen. So konnte das Ende bis 1453 hinausgezögert werden. Die Juden waren loyale, aber angesichts ihrer jahrhundertealten Byzanz-Erfahrungen keine tief überzeugten Byzanz-Bürger. Als die Osmanen Konstantinopel eroberten, teilten viele Christen und Juden das gleiche Los: „Wehe den Besiegten." Doch bald erkannten die überlebenden Juden: Die muslimischen Osmanen würden ihnen – soweit vorhersehbar – eine sichere Existenz bieten.

Überall im Osmanischen Reich verteilten sich die Juden, vor allem im griechischen Saloniki. Am Vorabend der deutschen Besatzung Griechenlands, bis April 1941 also, lebten in jener Hafenstadt rund 80.000 Juden. Das entsprach zwei Dritteln aller Stadtbewohner. Ermordet wurden 60.000 Juden, fast alle in Auschwitz. Der Tod war „ein Meister aus Deutschland" (Paul Celan), aber er fand auch hier willige Gesellen. Wie eigentlich überall im von der Wehrmacht eroberten und besetzten Europa. Vornehmlich „von unten", aber eben anders als traditionell auch „von oben", denn wirklich oben, eben (be)herrschend, war NS-Deutschland.

Das christliche Griechenland hatte zudem noch eine offene Rechnung, die es „den" Juden präsentieren wollte. Im Unabhängigkeitskrieg der Griechen gegen das Osmanische Reich (1821–1829) hatten „die" Juden mit ihren bisherigen Beschützern, „den" Türken, sympathisiert. Schon während der Kampfhandlungen bekam diese Haltung den Juden schlecht. Allein auf dem Peloponnes wurden etwa 5000 Juden von griechischen Freiheits(?)kämpfern ermordet. Kaum von den Osmanen befreit und unabhängig, wurde 1847 ein Pogrom begonnen.

Während der deutschen Besetzung Griechenlands, seit 1941, hatte sich dort „die größte Widerstandsbewegung in Europa" formiert (Kellmann, Dimension der Mittäterschaft, S. 532). Kollaborateure gab es vom Frühjahr 1941 bis zum Abzug der Wehrmacht vom hellenischen Festland am 2. November 1944 dennoch, und diese motivierten Mitmacher waren in ihrem Sinne sehr erfolgreich. „Von den 77.000 griechischen Juden sind 65.000 umgekommen, über 80 Prozent" (Kellmann, S. 533). Die Kollaborationsbereitschaft bürgerlicher Griechen war zudem seit dem Herbst 1943 gestiegen, als Reaktion auf die Dominanz der Kommunisten im Widerstand. Lieber braun als rot. Lieber Hitlers Wehrmacht als eine Rote Armee.

Eigentlich begann also der bis 1949 tobende griechische Bürgerkrieg nicht erst 1944, sondern bereits 1943.

Nach der Befreiung von den Deutschen herrschte Friedhofsruhe. 4985 Juden lebten 1945 in Griechenland, 2000 in Saloniki. Mehrfach verlangte Griechenland, bis heute, von Deutschland, zu Recht oder nicht, Entschädigung für die immensen Schäden der Besatzungszeit. In dieser Debatte bleibt allerdings unerwähnt, dass sich das befreite Griechenland von den Deutschen seinerzeit geraubtes jüdisches Eigentum entschädigungslos aneignete, zum Beispiel das Gelände des ehemaligen jüdischen Friedhofes von Saloniki. Die neue Universität wurde auf diesem Gelände errichtet.

Die Wehrmacht „ging", die wenigen jüdischen Überlebenden kehrten zurück. „Die christlichen Bewohner begegneten ihnen meist mit Verachtung und Furcht, hatten sie doch tausende jüdische Häuser ‚legal'... ‚erworben'..." (EJGK, Band 5, S. 310). In Griechenland nicht anders als in Deutschland, Frankreich, Polen und so weiter. *„Der Mensch ist des Menschen Wolf." Einerseits. Andererseits: Es gibt auch andere. Der Mensch ist schlecht. Der Mensch ist gut. Beides gilt. Das lehrt nicht zuletzt die Jüdische Weltgeschichte.*

1949 standen die etwa 2000 jüdischen Rückkehrer „immer noch vor den Häusern, in denen die Nutznießer des deutschen Holocaust wohnten. Die für die Juden zuständige Fremdenpolizei ordnete diese zeitweise in die Kategorie ‚feindliche Minoritäten' ein, die ansonsten für ehemals kollaborierende Minderheiten reserviert war" (Kellmann, Dimensionen europäischer Mittäterschaft, S. 538).

Nicht überraschend daher Griechenlands Verhalten bei der Abstimmung in der UNO-Vollversammlung am 29. November 1947. Als einziger europäischer Staat stimmte das neue Hellas gegen die Gründung des Jüdischen Staates, Israel.

Die populistisch-sozialistischen Pasok-Regierungen von Großvater Georgios Papandreou, Sohn Andreas und Enkel Giorgios Papandreou in den 1960er, 1980er und 1990er Jahren konnten ihre antiisraelische Nahostpolitik auf jene wenig judenfreundlichen Traditionen stützen. Seit dem antiisraelischen Schwenk der Türkei unter Erdoğan ist Griechenland Israel als Sicherheitspartner gegenüber der seit 1974 (wegen der Zypern-Invasion) wieder zu Recht beargwöhnten Türkei willkommen, zumal im Falle eines NATO-Binnenkonfliktes zwischen Griechenland und der Türkei Athen wohl recht allein dastünde.

IV. Geografie: Das Land Israel und die mehrfache Diaspora

(Rest-)Balkan

Die Diaspora in *Serbien* ist, wie oft ebenfalls woanders, sozusagen aus anderen Geschichtsabläufen abgeleitet. Den römischen Legionen folgten die Händler, also auch jüdische. Mit der Teilung des Römischen Reiches im Jahre 395 gehörte Serbien zum Ostreich, Byzanz. Bekanntlich war es kulturell und sprachlich griechisch und seit dem späten 9. Jahrhundert orthodox-christlich und nicht römisch-katholisch geprägt.

Im 11. Jahrhundert begannen Serben, wie andere Balkan-Slawen, sich allmählich von der griechisch-byzantinischen Dominanz zu lösen. Regelrecht aufgelöst durch Krieg und Plünderungen wurde 1204 das orthodoxe Byzanz von den vornehmlich venezianisch-katholischen Kreuzrittern, die auf dem Weg ins Heilige Land, ganz unheilig, bei der ökonomischen Konkurrenz in und um Konstantinopel Station machten. Die Gunst dieser Stunde nutzte Serbien zur Trennung von Byzanz, und das wiederum war „gut für die Juden", denn so fanden sie im 13. und 14. Jahrhundert Italien verlassend nach dem extrem antijüdischen Vierten Laterankonzil von 1215 eine räumlich nahe und sichere Alternative: Serbien. Hier erhofften sie sich ein besseres, weil sicheres Leben. Selten genug in der jüdischen Geschichte: Diese Hoffnung erfüllte sich. Sie erfüllte sich erst recht unter osmanischer Herrschaft, deren Symboldatum 1389 wurde, also die Schlacht auf dem Amselfeld. Aber erst 1459 verlor Serbien seine Unabhängigkeit an das Osmanische Reich.

Bekanntlich waren die Juden bei den Sultanen wohlgelitten, was wiederum aus Spanien 1492 und aus Portugal 1497 vertriebene Juden veranlasste, sich im serbischen Teil des Osmanenreiches anzusiedeln. Besonders in Belgrad, wo sie in einem eigenen Viertel lebten. Nicht zwangsweise, sondern freiwillig, um die Erfüllung religiöser Gebote sowie die Binnenkommunikation zu erleichtern. Angesichts der Migrationsherkünfte leuchtet es ein, dass sefardische Juden in Serbien dominierten. 1939 lebten hier rund 10.000 Juden, davon waren 8500 Sefarden.

Seit dem späten 18. und besonders im 19. Jahrhundert wurde es für die Juden im Gefolge der serbisch-habsburgischen Konfrontationen „ungemütlicher", denn das nationale Fieber erfasste im 19. Jahrhundert auch „die" Serben. 1867 obsiegten sie militärisch gegen das Osmanenreich, ihr Land wurde faktisch unabhängig, rechtlich besiegelt durch den Berliner Kongress 1878. Jüdische Autonomie, eine Errungenschaft des osmanischen Millet-Systems, wurde nicht abgeschafft. Die neue Obrigkeit sah (zu Recht) nicht ein, weshalb sie beim Aufbau ihres neuen Staates ausgerechnet materiell und ideell tüchtige sowie durch und durch loyale Staatsbürger vor den Kopf stoßen, verstoßen oder gar vernichten sollte.

Nach dem Ersten Weltkrieg wurden sowohl das Habsburger als auch das Osmanische Reich von Siegern in Einzelteile zerschlagen. So entstand 1918 das Königreich der Serben, Kroaten und Slowenen, ab 1929 „Jugoslawien". In diesem serbisch dominierten Staat mit seinem serbisch-kroatischen Dualismus lebten Juden, besonders im orthodoxen Serbien, weitgehend unbehelligt. Im katholischen Kroatien deutlich weniger.

Nach der allmählichen Loslösung von Byzanz hatte nicht zuletzt die Geografie das, im Vergleich zu Serbien, nördlichere *Kroatien* mehr mit der Geschichte des römisch-katholischen Europas verflochten. Hier bedeutete der Zeitabschnitt um das Jahr 1000 einen Einschnitt. Das kroatische Königtum datiert seit 925. Doch der Traum vollständiger Souveränität war bald ausgeträumt. Die Magyaren – bekanntlich von Otto dem Großen auf dem Lechfeld bei Augsburg 955 geschlagen und aus Zentraleuropa vertrieben – fielen bereits in Kroatien ein, als noch der erste König, Tomislav, regierte. Er konnte die Invasoren zurückschlagen. Noch. Schnell erreichte das Königreich Ungarn auf doppelte Weise trotzdem Dominanz in und über Kroatien. Mit der Macht des Militärs und des Ehebettes. Ab 1102 waren Kroatien und Ungarn in Personalunion vereinigt, wobei den Kroaten eine Art Selbstverwaltung zugestanden wurde. Eine sanftere Form der Fremdherrschaft. Sie bestand bis 1526. Dann kamen „die Türken", die Osmanen. Fremdherrschaft, dieses Stichwort ist, bezogen auf Kroatien, auch judenhistorisch bedeutsam, denn das Land taumelte von der einen in die andere. Habsburg kam Kroatien im Kampf gegen die Osmanen zu Hilfe. Christliche Solidarität: Katholiken halfen Katholiken gegen die „Muselmanen". Doch Ferdinand I. von Habsburg (der Bruder Kaiser Karls V.) dachte dabei nicht nur an christliche Nächstenliebe, sondern auch an Herrschaftserweiterung. 1527 begab sich der kroatische Adel („freiwillig", also notgedrungen) unter die Oberhoheit Habsburgs. Ferdinand I. (von 1558 bis 1564 Kaiser des Heiligen Römischen Reiches Deutscher Nation) war auch König von Kroatien, Böhmen und Ungarn. Das blieb so auch für seine Nachfolger bis 1918. Seit 1919 taumelten die Kroaten erneut von einer Fremdherrschaft in eine andere: diesmal in die serbische, wobei ein Etikettenschwindel die bittere Situation versüßen sollte. Die neue Monarchie hieß „Königreich der Serben, Kroaten und Slowenen", ab 1929 „Jugoslawien". Der Name wechselte, die serbische Dominanz blieb.

IV. Geografie: Das Land Israel und die mehrfache Diaspora

All das sollte man wissen, um den barbarischen Hass „der" Kroaten auf alles von Serbien Geschützte, also auch Jüdische, verstehen zu können, ohne diese Verbrechen ethisch zu rechtfertigen. Sich auf Hitlers Wehrmacht seit April 1941 stützend, explodierte der kroatische Hass geradezu. Unter der Führung der Ustascha-Killer und ihres „Führers" Ante Pavelić, richteten sich die Massen-Massaker in erster Linie gegen „die" Serben sowie „die" Juden und „die" Roma. In Anlehnung an die NS-deutsche „Endlösung der Judenfrage" strebten die Ustascha-Mörder die „Lösung der Juden- und Serbenfrage" an. Pavelić und die Seinen gehörten von 1941 bis zum Ende der deutschen Besetzung Jugoslawiens, 1944, zu Mordmeister Hitlers willigsten Gesellen.

Mit Hitlers Hilfe wollten sich „die" Kroaten von fast 1000-jähriger Fremdherrschaft befreien, zuletzt vom serbisch beherrschten Jugoslawien. Ein eigener Staat war ihr Ziel. Erst im Serbisch-Kroatischen Krieg von 1991 bis 1995 ist ihnen das – nach und ohne Hitler – schließlich gelungen. Doch da gab es längst in beiden Staaten, wegen Hitler, kaum noch Juden. 509 Juden erfasste die Volkszählung von 2011. Vor der NS-deutschen Invasion waren es rund 20.000. Allein 20.000 Juden aus dem gesamten Balkan hatte die Ustascha, dem deutschen „Vorbild" folgend, im selbst errichteten KZ Jasenovac ermordet. Weitere 10.000 auf andere, meist bestialische Art und Weise (Kellmann, Dimensionen europäischer Mittäterschaft, S. 487–521).

Motivation, Manier und Masse des kroatischen Judenmordens von 1941 bis 1944 werden allerdings unverständlich, wenn man erfährt, dass Pavelić' Frau Maria eine geborene Jüdin war. Sie war Aktivistin an seiner Seite (s. Bitunjac, Verwicklung. Beteiligung. Unrecht). Mit den beiden Kindern folgte sie ihrem Massenmördermann zunächst ins argentinische Exil, wo sie viele „Alte Kämpfer" wie Adolf Eichmann trafen, und dann ins spanische Exil, wo ihnen Diktator Franco einen beschaulichen Lebensabend ermöglichte. Die Beweggründe für Maria Pavelić' Verhalten dürften jenseits der Historiker-Kompetenzen zu finden sein. Eher bei Psychologen. Vielleicht kann man sich anhand tiefsinniger Belletristik geistig an eine Antwort heranrobben, etwa durch ein Buch wie „Kapo" von Aleksandar Tisma, dessen jüdischer Protagonist die KZ-Höllen von Jasenovac und Auschwitz überlebte, indem er seine Dienste den Mördern als Aufseher der Zwangsarbeiter („Kapo") anbot.

Dem mittelalterlichen Königreich *Bosnien,* territorial mehr oder weniger dem heutigen Bosnien-Herzegowina entsprechend, war, wie den anderen

Balkanmonarchien, nur eine kurze Periode der Unabhängigkeit vergönnt. Sie begann allmählich, wurde um 1250 (schwach) gefestigt und reichte bis zur osmanischen Eroberung im Jahre 1463. Die Mehrheit der Bosniaken (und Albaner) konvertierte zum Islam.

Nach der Teilung des Römischen Reiches im Jahre 395 lag dieses Territorium am östlichen Rand Westroms und seit Justinian, Mitte des 6. Jahrhunderts, am westlichen Rand Ostroms. Am jeweiligen Staatsrand befinden sich selten Metropolregionen. Folglich war Bosnien wirtschaftlich lange eher „unterentwickelt" und für multinationale Händler wie „die" Juden wenig anziehend. Das änderte sich schlagartig mit der Vertreibung der Juden aus Spanien und Portugal 1492 bzw. 1497. Im Osmanischen Reich wurden die Juden, bildlich, mit offenen Armen, Herzen und (ökonomisch programmierten) Köpfen als „Entwicklungshelfer" und Modernisierer empfangen. Mehr oder weniger auch in Bosnien, freilich, wie überall in der islamischen Welt als Bürger zweiter Klasse, aber eben von der Obrigkeit geschützt. Sarajewo wurde Bosniens jüdisches Zentrum; aufgrund von Chronologie und Geografie weitgehend sefardisch. Nach dem Russisch-Türkischen Krieg von 1877/78 wurde die Osmanenherrschaft beendet. Mit Billigung der Berliner Konferenz besetzte 1878 Habsburg Bosnien-Herzegowina, um es, gegen internationalen Protest, 1908 vollends zu annektieren, was wiederum bedeutete, dass allmählich auch aschkenasische Juden in diese Balkanregion einwanderten. Urbanjüdischer Tradition gemäß ließen sie sich, wenig überraschend, vornehmlich in der größten Stadt nieder, also in Sarajewo. Vor dem Zweiten Weltkrieg lebten in Bosnien-Herzegowina circa 14.000 Juden, allein in Sarajewo rund 10.000 neben und mit der muslimischen Mehrheit. Historiker sprechen, nicht ganz zu Unrecht, meistens von einem friedlichen Neben- und Miteinander. Oberflächlich, die Makroebene „von oben" und am Schreibtisch betrachtend, trifft diese Beurteilung zu. Wer jedoch die feinsinnigen Meistererzählungen des Literaturnobelpreisträgers von 1961 Ivo Andrić liest, erliest, erfährt und erfühlt die täglichen Erniedrigungen, denen „die" Juden Bosniens ausgesetzt waren.

Andrić' Fragment „Vor dem Unglück" leitet zu dem über, was den Juden von 1941 bis 1944 angetan wurde: Massenmorde durch Deutsche und Kroaten mit – abgesehen vom Kaukasus, ein bosnisches Alleinstellungsmerkmal – muslimischer Hilfe. Diese Hilfe mobilisierte einer der ersten Islamisten, der vor den Briten nach Hitler-Deutschland geflohene Großmufti von Jerusalem, Amin el-Husseini. Seinen antisemitischen und antizionistischen Kampf hatte er mit Hitlers Hilfe nach seinem Scheitern in Palästina (1939) und im Irak

(Mai 1941) auf den Balkan verlegt. Über das Morden jener Jahre auf dem Balkan und die bis in die 1990er reichenden Traumata sei David Albaharis Roman „Mutterland" empfohlen. Wie bei Andrić dringt die Erzählweise dieses Schriftstellers tiefer in die Leserseele als jede Historiker-Beschreibung.

Ein auf den palästinensisch-israelischen (Dauer-?)Konflikt bezogenes Innehalten scheint hier angebracht. Zumindest einige der frühen Palästinenserführer, allen voran Amin el-Husseini, haben eine bis heute wirksame, dynamitbeladene politische Dynamik programmiert, die nicht zwischen Zionisten und Juden trennt. Der nicht zuletzt von Amin Husseini ausgelöste oder mitgetragene, gewalttätige und auch religiös begründete Palästinenserwiderstand richtete sich von Anfang an eben nicht „nur" gegen Zionisten in Palästina/dann Israel und in der jüdischen Diaspora, sondern ganz allgemein gegen Juden. Sichtbar wurde dieses Faktum erstmals etwa 1929 bei den antijüdischen Massakern in Hebron. Sie trafen eher orthodoxe, nichtzionistische Juden. Den Aufstand der palästinensischen Araber in den Jahren 1936 bis 1939 muss man „nur" der Kategorie Antizionismus zuordnen. Dessen Folgen trafen und betrafen Millionen europäischer Juden tödlich. Um die Palästinenser sowie die arabische Welt im absehbaren Krieg mit Hitler-Deutschland zu beschwichtigen (was nicht gelang), verhängte die britische Regierung ab Mai 1939 durch das „Weißbuch" ein nahezu vollständiges Einwanderungsverbot für Juden ins Mandatsgebiet Palästina. Trotz der judenmörderischen Zeichen an der NS-deutschen Wand. Gewollt oder nicht wurde die Palästinenserführung auf diese Weise Teilhaber am millionenfachen Judenmorden des deutschen NS-Staates. Sowohl Husseinis Rolle 1941 im Irak-Aufstand als auch seine Balkan-Aktivitäten richteten sich ebenfalls nicht gegen „die" Zionisten, sondern gegen „die" Juden – ausgehend von der Grundannahme, jeder Jude wäre Zionist. Auch nach Husseini blieb die Unterscheidung Antizionismus/Antijudaismus bzw. Antisemitismus in der palästinensischen Nationalbewegung unscharf. Diese Wahrnehmung hat die Palästinenserpolitik der meisten israelischen Regierungen seit 1977, mit Ausnahme der Rabin/Peres-Koalition von 1992 bis 1995/96, und noch mehr die ständig wachsende rechte Mehrheit der israelischen Gesellschaft geprägt.

NORDAFRIKA

Selbst in alttestamentlichen Erzählungen findet man „Staaten", die mit dem Königreich Judäa oder Israel freundschaftlich verbunden waren. Zu dieser winzigen Schar der Auserwählten zählten die handelstüchtigen Phönizier. „Gleich um die Ecke", im heutigen Libanon lebten sie, und von dort trieben sie höchst erfolgreich im gesamten Mittelmeerraum, besonders im südlichen, Handel und Wandel. Zum Beispiel in Nordafrika und Spanien. Mit den Phöniziern dürften die ersten Juden nach Nordafrika gekommen sein. Ebenfalls als Kaufleute, geschützt von der mächtigen Phönizierflotte. Auch nur annähernd maritim Vergleichbares hatten „die" Juden nicht zu bieten.

Marokko

Archäologisch lässt sich jüdische Anwesenheit im heutigen Marokko erst seit dem 3. Jahrhundert u. Z. belegen. Sie wuchs und wuchs und wuchs. In den 1940er Jahren waren es etwa 250.000, im Jahre 2021 etwas mehr als 2000. Zwei Zahlen, eine klare Aussage darüber, dass und wie „gut" es den Juden Marokkos erging.

Die jüdische Geschichte Marokkos unterscheidet sich nur unwesentlich vom allgemeinen Muster. Dennoch sei sie seit der nachrömischen Ära skizziert. Weniger urban als andere Judenheiten war die marokkanische, wenngleich in den zwei islamisch gegründeten Städten Fes (Idrisiden-Kapitale 789/809) und Marrakesch (Berber, Almoraviden-Zentrum, 1070) von Anfang an Juden lebten. Von einer massiven Verstädterung der Juden Marokkos kann erst seit dem 19. Jahrhundert gesprochen werden.

Das Ende der christlich-(ost)römischen und damit der Beginn der muslimischen Herrschaft wurde von den einheimischen Juden begrüßt. Nach dem unbarmherzigen, nur formal- und nicht jesuanisch-christlichen Joch von Byzanz konnte es für die Juden nur besser werden, und es wurde besser, zumal ein großer Teil der einheimischen Berber arianische und keine römisch-katholischen Christen waren. Nicht wenige (antiken Mengenangaben ist meistens zu misstrauen) sollen jüdisch gewesen sein. Die Berber hatten bereits seit 740 gegen die arabische Vorherrschaft rebelliert und 786 Idris ibn Abdallah aufgenommen. Als Alide (Anhänger des Kalifen Ali) war er von den in Bagdad (gegründet 762) herrschenden Abbasiden verfolgt worden und gründete im Maghreb sein eigenes Reich, das der *Idrisiden*. Judenglück. Besonders in der blühenden Metropole Fes, das im 11. Jahrhundert eine jüdische Bevölkerungsmehrheit aufwies. Dann aber 1033: Pogrom. Ungefähr 6000 Juden wurden ermordet und, wie es das interkonfessionelle Muster erwarten lässt, vorher beraubt. Nach ihrer Vertreibung aus Marrakesch flohen manche Juden ins muslimische Südspanien. Es war also keine Flucht aus dem Islam, sondern vor einem bestimmten, besonders fanatischen und aggressiven Islam. Die interkonfessionelle Chronologie der Pogrome ist bemerkenswert und umbruchsbedingt: 1033 Fes, 1066 Granada, 1096 am Rhein, 1144 Blutlegende in Norwich, England – um nur einige Beispiele zu nennen. Islamisch-christliche Gemeinsamkeiten.

Unter der nächsten Herrscherdynastie (1062–1147), den sunnitisch-berberischen *Almoraviden*, floss ausnahmsweise kein Judenblut, obwohl städtische Unterschichten, besonders in Fes, danach verlangten. Sie sahen und neideten jüdischen Wohlstand – mühsam und gewiss gefahrenreich erworben unter anderem durch den Indienhandel seit dem späten 11. Jahrhundert. Doch welcher Neider – wo und wann auch immer – beachtet je die Mühen und Risiken der Erfolgreichen?

Die *Almohaden*herrscher (1147–1244), rivalisierende extremistisch-sunnitische Berber, erfüllten den Unterschichten ihren lange gehegten Wunsch. Konversion oder Tod – das war nun die Alternative, vor die Juden gestellt wurden. Es floss Blut. Nicht das Blut aller Juden, denn viele zogen eine Scheinkonversion zum Islam vor, um ihr Überleben zu sichern. Hierzu hatte sie kein Geringerer als der große jüdische Gelehrte, einer der bedeutendsten überhaupt, Maimonides, in seiner Schrift „Brief des Trostes" (oder auch „Märtyrer-Brief") ermutigt. Aus Córdoba war er (wahrscheinlich) 1160 mit seiner Familie vor den Almohaden nach Fes geflohen. Lange blieben sie nicht. Sie zogen nach Kairo. In jenem Brief riet er davon ab, sich angesichts der entsetzlichen Verfolgungswelle auf das baldige Kommen des Messias zu verlassen.

Hier erkennen wir ein Abweichen vom bekannten Muster: Die almohadische Staatsspitze widersetzte sich nicht dem Judenhass der Unterschichten, sie entfachte ihn mit und erleichterte den Blutgesellen die Arbeit, indem die Juden zunächst „nur" gezwungen wurden, eine gelbe Kopfbedeckung zu tragen. (Auch die Prostituiertenfarbe Gelb gehörte zu den christlich-muslimischen Gemeinsamkeiten des Judenhasses.)

Das Juden-Unglück brachte den Almohaden wenig Glück. Bereits 1244 wurden sie von einer anderen Berberdynastie entmachtet, den *Meriniden*, und diese Wendung entspricht durchaus dem judenhistorischen Muster: Lange blieb den Judenverfolgern und -mördern das „Glück" nämlich nicht hold. Aus welchen Gründen auch immer, nicht zuletzt aus wirtschaftlichen.

Religiöse Juden werden aus der Haggada, der Pessachfibel, zitieren: „Nicht nur einmal, sondern in jeder Generation will man uns auslöschen, doch der Heilige, gelobt sei ER, rettet uns vor der Mörderhand." Nüchtern und ohne unzulässige Verallgemeinerung lässt sich – weit über den Einzelfall Marokko – dies sagen: Wo und wenn es zu Judenverfolgungen und -ermordungen kommt, kann, ja muss man im Sinne einer Hypothese (Annahme) vermuten, dass dieser besondere Sachverhalt auf ein allgemeines Krisenproblem hinweist. Judenhass, Judenverfolgung und Judenvernichtung wären, so gesehen, ein allgemeiner Krisenindikator.

Unter den Meriniden herrschte in Marokko judenpolitische Ruhe. Zunächst, denn der weitgehend von Juden betriebene Goldhandel mit der Subsaharaegion – ein Dorn im Auge der Unterschichten – füllte Kassen und Bäuche der Oberschicht. 1437 attackierte der Pöbel die Juden von Fes. Um die Juden zu schützen, ließ der Sultan, wie zuvor christliche Schutzherren, die Juden umsiedeln und um den neu errichteten jüdischen Wohnbezirk herum sozusagen einen projüdischen Schutzwall errichten. So entstand das erste Ghetto Nordafrikas, „Mellah" genannt. Wie im Abendland wurde auch im Morgenland aus dem ursprünglichen Schutz allmählich eine Art Lager.

In der „Revolution von 1465" erhielten die Judenhasser die Erlaubnis, Juden zu ermorden. Fast die gesamte Judenheit der Stadt Fes wurde ermordet. Sechs Frauen und fünf Männer überlebten den antijüdischen Blutrausch. Dieser Umsturz fand auf zwei Ebenen statt: als Machtkampf zwischen zwei Machtgruppen der Oberschicht (Meriniden und *Wattasiden*) sowie Unterschichten zuerst in Fes und dann, überschwappend, in anderen Städten. Den profitablen Goldhandel hatten die Marodierer den Juden seit langem geneidet.

Revolutionssieger waren 1465 die Wattasiden. Auch sie sunnitische Berber, und auch sie konnten sich nicht lange an der Macht halten. Freilich lang genug, um die großen jüdischen Flüchtlingswellen aus Spanien (1492) und Portugal (1497) – gegen den Willen darob beunruhigter Muslime nicht nur der Unterschicht – aufnehmen zu können.

Die jüdischen Flüchtlinge aus Spanien und Portugal hatten zwar ihr Vermögen in der alten Heimat zurücklassen müssen, doch Wissen und Bildung, also gute Startbedingungen für und im neuen Lebensumfeld, waren transportabel. So gelangten recht viele (wie viele?) schnell zu neuem Wohlstand und bildeten die neue jüdische Führungsschicht Marokkos. Ein ebenfalls recht großer Teil der Flüchtlinge verarmte, denn die örtliche Infrastruktur war überfordert, in kurzer Zeit so viele Menschen in Wirtschaft und Gesellschaft zu absorbieren und zu integrieren.

IV. Geografie: Das Land Israel und die mehrfache Diaspora

Jenseits der allgemeinen Krise entstand eine innerjüdische: der sich seitdem fortlaufend erweiternde Abstand zwischen städtischen Bildungs- und Wirtschaftsbürgern, der Oberschicht, und den Unterschichten in Stadt und Land wie Handwerker oder Kleinbauern. Diese sozioökonomisch-kulturelle Distanz ist Kern der heute noch in Israel spürbaren Polarisierung zwischen den Bürgern orientalischer, besonders marokkanischer, und aschkenasischer (europäischer) Herkunft. Strukturell verschärft wurde dieser innerisraelische Gegensatz dadurch, dass die Nachfahren jener einst aus Iberien stammenden, „modernen" und weniger religiösen marokkanisch-jüdischen Oberschicht in den 1950er und 1960er Jahren nicht nach Israel, sondern nach Frankreich auswanderten. Ohne ihre Oberschicht, ihre durchsetzungsfähige Führung, verfügten die eher religiösen bis orthodoxen marokkanischen Neuisraelis gegenüber dem aschkenasischen Establishment über wenig Druckmöglichkeiten. Erst die Gründung der marokkanisch-jüdisch-orthodoxen Schass-Partei führte in den frühen 1980er Jahren zur politischen Wende, über die vor allem weltlich-aschkenasische, meist wohlhabende Israelis stöhnen: Schass, also Israelis marokkanischer Herkunft, sind eine politische Macht. Und sie werden, dank der Demografie, künftig noch mächtiger, denn ihre Familien sind kinderreicher. Das bedeutet, dass sie demnächst strukturell über noch mehr Wähler und somit noch mehr Macht verfügen werden.

Von 1554 bis 1659 herrschten die *Saadier*. Ebenfalls Sunniten, doch keine Berber, sondern arabischer Herkunft und so klug wie die osmanischen Sultane, die jüdische Flüchtlinge, weil gebildet und ökonomisch leistungsstark, gerne willkommen hießen – und ebenso gerne die Judensteuer erhöhten. Motto: „Wenn du zahlst, lebst du bei mir sicher." Ausgesprochen human kann man diese Haltung wohl nicht nennen, aber in ihrer Geschichte lernten „die" Juden Bescheidenheit: Besser zahlen, als enteignet, verfolgt oder ermordet zu werden. Besonders beliebt waren auch hier jüdische Ärzte, und besonders tüchtige Juden schafften es sogar bis auf „Minister"-Posten.

Das jüdische Glück endete wieder 1664 mit der Machtergreifung der *Alawiden*dynastie. Sie herrscht bis heute in Marokko und ist arabischen Ursprungs. Ihr Herkunftsmythos besagt, sie stamme direkt vom Propheten Mohammed ab. Licht und Schatten erlebten Marokkos Juden unter dieser Dynastie. Wie so oft, und vom Diasporamuster kaum abweichend, hing jüdisches Wohl und Wehe vom jeweiligen Herrscher (bis 1956 Sultan, danach König) ab, war also eher personell als strukturell bedingt.

Der erste Alawidensultan, Mulai ar-Raschi (1664–1672) meinte es weder mit Christen noch Juden oder der Vorgängerdynastie gut. Deren letzten jüdischen Berater ließ er, samt dessen Familie, in Marrakesch öffentlich verbrennen, die Synagogen der Stadt zerstören sowie die Juden der südwestlichen Region Souss vertreiben. Pragmatischer verhielt sich sein Sohn und Nachfolger Mulai Ismail (1672–1727). Seine variantenreichen Judensteuern waren beachtlich, hohe Posten standen Juden offen, doch dem ungesunden „Volksempfinden" widersetzte er sich nicht. Es entlud sich mehrfach pogromartig, was den Sultan nicht daran hinderte, Genehmigungen für Synagogen-Neubauten zu erteilen.

Es folgten bessere Zeiten, also judenfreundliche Sultane – und bald auch wieder judenfeindliche wie Sultan Yazid (1790–1792). Der hatte beabsichtigt, seinen Vater Mohammed III. zu entmachten, und von den Juden Tetuans finanzielle Unterstützung verlangt, die sie ihm verweigerten. Seine erste Amtshandlung nach dem (wohl doch natürlichen) Tod des Vaters war die Plünderung des Tetuaner Judenviertels. Vergewaltigungen jüdischer Frauen gehörten ebenfalls zum „Programm". Die reichsten Juden der Stadt wurden gefesselt, an Pferde gebunden und durch die Stadt geschleift. 1790 wurden die Juden erneut aus Fes vertrieben und ihre Synagogen zerstört. 1792 durften sie zurück. Wenige kamen. Auch den Juden anderer Städte und Regionen erging es nicht besser. „Bestenfalls" konnten sie zwischen Konversion oder Tod wählen. Natürlich entschieden sich die meisten für ein Überleben als Muslime. Unter dem Einfluss der fundamentalistischen *Wahabiten* aus der Arabischen Halbinsel, heute Saudi-Arabien, verschärfte Sultan Mulai Sulaiman (1792/98–1822) den antijüdischen Kurs seines Vorgängers. Wohlhabende Juden wurden in Ghettos (Mellahs) gepfercht, Land- und kleinstädtische Juden dorthin vertrieben, Armut, vorher eher selten unter Marokkos Juden zu beklagen, wurde ein allgemein jüdisches Problem in Marokko.

Während des 19. Jahrhunderts, besonders nach dem ersten Drittel, wetteiferten im europäischen Wettbewerb des direkten und indirekten Imperialismus die modernen westeuropäischen Staaten um Einfluss in der Welt. So auch in Nordafrika. Wie viele andere außereuropäische und nicht zuletzt nahöstliche Staaten geriet auch das zumindest technologisch und wirtschaftlich rückständige Marokko in diverse Abhängigkeiten von Europa. Zur Entfesselung aller Produktivkräfte einer Gesellschaft setzten die modernisierenden, liberalen Eliten jener Epoche auf die rechtliche Gleichstellung der Juden. Deren Diskriminierung, erst recht Liquidierung hielten sie, jenseits ethischer Überzeugungen, folgerichtig für total dysfunktional. Das wiederum vermehrte den Wohlstand des städtischen, liberalen Wirtschaftsbürgertums, nicht zuletzt des jüdischen. Der wirtschaftliche Austausch mit Europa bedeutete natürlich eine Ausweitung der Einfuhren aus Europa, und diese gefährdeten die Existenz der weniger wettbewerbsfähigen Einheimischen, besonders der Handwerker in Stadt und Land. Jüdische ebenso wie nichtjüdische. Dadurch vergrößerte sich sowohl das gesamtgesellschaftliche als auch das innerjüdische Gefälle zwischen Arm und Reich.

Die verarmten Juden begrüßten zwar die Verbesserung ihrer rechtlichen Situation, litten jedoch unter der Verschlechterung der wirtschaftlichen. Die verarmten Nichtjuden litten unter dem gleichen wirtschaftlichen Notstand, machten hierfür aber „die" Juden als Sündenbock verantwortlich, weil die ohnehin „nicht wirklich" zugehörigen Juden sich europafreundlicher als die einheimische Allgemeinheit (mit Ausnahme der Oberschicht) verhielten. „Die" Juden, das war die „Fünfte Kolonne" Europas, besonders der Haupteindringlinge Frankreich und (ausgerechnet) Spanien. Plünderungen diverser Mellahs gehörten seit 1844 und wieder 1859 zum marokkanischen Alltag. Warum 1844? Weil in diesem Jahr Marokko den Krieg gegen das aus Algerien vordringende Frankeich verloren hatte. Warum 1859? Weil Marokko den Krieg gegen die spanischen Eindringlinge verloren hatte. Man kennt das Muster: „Die Juden sind schuld!" *Wie so oft im welthistorisch antijüdischen Muster: Judenfeindschaft als Mischung aus Klassenkampf, Neid, Religion, Ideologie und „Nationalem".*

Das alles geschah bereits vor der rechtlichen Gleichstellung der Juden und auch um diese zu verhindern. Dass sie 1864 dennoch vollzogen wurde, bezeugt durchaus den Mut der Oberschicht. Vielleicht war es auch nur Einsicht in die Notwendigkeit, der erhoffte Rettungsanker oder Strohhalm, an den sich der Sultan klammerte, um die Übernahme seines Staates durch Europäer zu verhindern. Doch trotz rechtlicher Gleichstellung wurde das Leben der Juden Marokkos nicht sicher. Zu systematischer, von unten getragener und kaum von Franzosen und Spaniern unterbundener Gewalt gegen mehr als nur einzelne Juden – man spreche von „Pogromen" oder anderem – kam es 1903, 1907 und 1908. Am Überfall gegen die Juden von Casablanca waren 1907 rund 5000 Angreifer, Plünderer und Mörder beteiligt.

Der von Marokkos Modernisierern erhoffte jüdische Rettungsanker half nicht gegen die französische und spanische Übermacht. Der eine Teil

Marokkos wurde 1912 französisches „Protektorat" (faktisch Kolonie), der andere spanisches. Prompt folgte 1912 das Pogrom von Fes. 51 Juden wurden dabei getötet. Wer verübte es? Marokkanische Soldaten. Denn am Verlust waren (natürlich) „die" Juden schuld. Dem Druck von unten wurde von oben nachgegeben – Ventilfunktion.

Im Vergleich zur vorfranzösischen Zeit fühlten sich Marokkos Juden dennoch sicherer und besser. Wer von den Juden konnte, wollte unbedingt französisch sprechen, sein oder werden. Französisierung („francisation") war Trumpf, und zusätzliche Urbanisierung gehörte dazu. Für Marokkaner, die Marokkaner bleiben und keine Franzosen-Kopien werden wollten, stempelten sich dadurch die frankophilen Juden – und damit die marokkanische Judenheit insgesamt – als Fremdkörper ab. Lange konnte das nicht gutgehen – zumal auch Franzosen nicht gegen den Antisemitismus-Bazillus immun waren. Schon gar nicht Vichy-Franzosen, die nach der Kapitulation vor Hitlers Wehrmacht, im Juni 1940, in Marokko herrschten. Wenig überraschend: In Berlin reiften 1942 auch Pläne für eine „Endlösung" in den, wie es hieß, „nicht besetzten französischen Gebieten". Für die wenigen aus dem deutsch besetzten Europa nach Französisch-Marokko geflohenen Juden wurde im Südosten des Landes ein Arbeitslager errichtet.

Über die Haltung des in Französisch-Marokko im Zweiten Weltkrieg formal herrschenden Sultans, Mohammed V., gibt es zwei Historikerversionen. Version 1: Er sei strikt dagegen gewesen und habe alles unternommen, um diese Teufelei zu verhindern. Das amtliche Israel hat diese Sicht übernommen und im September 1986 in der Hafenstadt Aschkelon einen Platz nach ihm benannt. Kein Geringerer als der damalige Ministerpräsident Schimon Peres war bei der Einweihung anwesend. Version 2 widerspricht der ersten und stellt ihn als Mitmachenden, wenngleich nicht als Drängenden dar. So oder so: Am 8. November 1942 landeten amerikanische und britische Truppen in Marokko. Geschlagene Vichy-Soldaten und ihre marokkanischen Kollaborateure rächten sich am 15. November 1942 an den Juden Casablancas und danach auch in ländlichen Regionen.

Anders in Spanisch-Marokko, das von Diktator Franco beherrscht wurde. Bekanntlich hatte sich dieser im Spanischen Bürgerkrieg 1936 bis 1939 mit Hitlers Hilfe blutig an die Macht geputscht. Franco war ein Diktator und ein beinharter, kirchlich-„christlich" geprägter Antisemit. Aber erstens gewährte er im spanischen Kernland jüdischen Flüchtlingen die Möglichkeit, über sein Land in sichere Drittstaaten zu gelangen, und zweitens waren die (wenigen) Juden in Spanisch-Marokko vor deutschen Mordgehilfen

IV. Geografie: Das Land Israel und die mehrfache Diaspora

sicher. Auch in Tanger, das seit 1906 internationale Zone war und 1940 – nach Frankreichs Niederlage gegen Deutschland – von Francos Spanien besetzt wurde, wo aber rund 3000 jüdische Flüchtlinge aufgenommen wurden. Nach 1945 wurde die Stadt wieder internationale Zone. Sie nahm 15.000 Juden auf. Nach Marokkos Unabhängigkeit verlor die Stadt 1956 ihren Status, Waren konnten nicht mehr zollfrei eingeführt werden, der Handelsplatz verfiel, und die meisten Juden wanderten aus. Ende 2021 lebten dort etwa 60 Juden. Ein weiteres Aber zu Franco sei nachgetragen. Es hebt die ersten auf: Seine faschistische Solidarität blieb unerschüttert: So gewährte er verschiedenen Massenmördern, wie zum Beispiel dem ehemaligen „Führer" der kroatischen Ustascha, Ante Pavelić, die Möglichkeit, seinen Lebensabend friedlich in Madrid zu beenden.

1945 war der Zweite Weltkrieg zu Ende, und der islamisch-jüdische Krieg um Israel/Palästina flammte nun erst richtig auf – und erreichte ebenfalls Marokko. Gewalt gegen Juden in Stadt und Land. Auch in den Jahren nach Israels Unabhängigkeit im Mai 1948. So zum Beispiel 1953 bis 1955. Allein 1953 wurden 40 Juden ermordet. Wer konnte, floh. Die jüdische Oberschicht nach Frankreich, für die Ärmeren und weniger Gebildeten organisierte Israel die Auswanderung, genauer: die heimliche Flucht. Denn von 1956/58, der Unabhängigkeit Marokkos von zuerst Frankreich und dann Spanien, war bis 1961 den Juden die Auswanderung verboten. (Und trotzdem wurde 1986 in Aschkelon ein Mohammed-V.-Platz eingeweiht.)

Einige Zahlen verdeutlichen die Entwicklung. 1947 lebten in Marokko etwa 205.000 Juden. Schon bis zur Unabhängigkeit von Frankreich, 1956, flohen 85.000 über das britische Gibraltar und Franco(!)-Spanien. 1960: 160.00 Juden im Königreich. Von 1961 bis 1964 verließen offen und offiziell 80.000 Juden das Land. 2006 verblieben 2500, für 2021 werden circa 2250 angegeben. Nicht nur deutsche Journalisten zeigen sie gerne als Beleg für islamische Toleranz gegenüber Juden.

Die marokkanisch-jüdische Einwanderung betrachtete das damalige Establishment Israels (nicht die Rechtsnationalisten und Nationalreligiösen) als „Zweite Wahl", mit der man sich abfand, weil die „Erste Wahl" (wohlhabende und gebildete Europäer und Amerikaner) nicht nach Israel einwandern wollte. *Auch dieses Muster kennen wir aus der frühen, sogar alttestamentlichen jüdischen Geschichte.* Der Wahltag vom 17. Mai 1977 war für diese Israelis „zweiter Klasse" Zahltag. Ihre Stimmen führten zum seitdem fast ununterbrochenen Machtverlust der Linken und Linksliberalen Israels.

Westbindung und Pragmatismus (nicht zuletzt mit „Hilfe" des eigenen und befreundeter Geheimdienste) führten unter König Mohammed V. (gestorben 1961) sowie seinen Nachfolgern Hassan II. (1961–1999) und Mohammed VI. (seit 1999) zu einer gemäßigten Politik sowohl gegenüber den eigenen jüdischen Bürgern als auch gegenüber dem Staat Israel. Hassan II. spielte im Sommer und Herbst 1977 hinter den Kulissen eine entscheidende Rolle als Vermittler zwischen Israel und Ägypten und führte letztlich zum Friedensvertrag, den beide im März 1979 schlossen. Ohne diplomatische Beziehungen arbeitete das amtliche Marokko mit dem Jüdischen Staat relativ eng zusammen. Nach dem Oslo/Washington-Abkommen zwischen Israel und den Palästinensern vom September 1993 nahmen beide Staaten 1995 diplomatische Beziehungen auf. Marokko brach sie im Jahre 2000 nach dem Ausbruch des Palästinenseraufstands gegen Israel (Intifada, 2000–2005) ab, um sie 2021, dem Druck von US-Präsident Trump nachgebend sowie dem Beispiel der Vereinigten Arabischen Emirate und Bahreins folgend, wieder aufzunehmen. Marokko ist nicht ganz „judenfrei", aber vorbei sind auch mehr als 2000 Jahre eines blühenden Judentums in Marokko.

Algerien

Das Schicksal der Juden im Gebiet des heutigen Algerien (territorial nicht dieselbe Einheit wie seit der Unabhängigkeit 1962) ähnelt dem der marokkanischen: Mit den Phöniziern kamen sie aus dem (heutigen) Libanon noch in der Epoche des Ersten Jerusalemer Tempels in diesen Teil Nordafrikas. Mehr legendäre als empirische Überlieferungen besagen, dass einheimische Berber bereits in jener Zeit zum Judentum konvertierten. Archäologische Belege für jüdische Präsenz gibt es seit dem 2. Jahrhundert. Das Faktische an der Frühkonversion von Berbern zum Judentum besteht darin, dass sie tatsächlich (wann genau und wie viele?) bereits in vorislamischer Zeit jüdisch waren und im Süden des Landes lebten. Ansonsten das nordafrikanische Muster: Imperium Romanum, Ostrom bzw. Byzanz gegen einheimisch arianisch-christliche Berber, die ins Landesinnere abgedrängt wurden. Der Übertritt des iberisch-westgotischen Königshauses und Teilen der Aristokratie vom arianischen zum römisch-katholischen Christentum führte, wie in Marokko, seit dem späten 6. bis zum Ende des 7. Jahrhunderts zu einer Welle jüdischer Flüchtlinge, die in Nordafrika eintrafen. Sie kamen vom römisch-katholischen Regen in die byzantinisch-christliche Traufe, die ihnen trotz allem sicherer schien. Mit dem Sieg von Arabern über die einheimischen Berber begann 646/698 das Islamische Zeitalter. *Auch hier das bekannte Muster: Immer wieder widersetzten sich die Einheimischen den (hier arabischen) Eroberern. Meistens erfolgreich, wenngleich formal abhängig vom jeweiligen Kalifat, mal „gut für die Juden", mal nicht, stets aber gilt, egal wer obsiegte: Jüdisches Leben blieb Existenz auf Widerruf. Der Widerruf wiederum hing ab 1.) von den Herrscherpersönlichkeiten und 2.) vom Grad ihres religiösen oder anders motivierten Fanatismus sowie dem ihrer Basis.* An der faktischen Herrschaft einheimischer Dynastien änderte sich auch unter der formalen osmanischen Oberhoheit (ab 1516/18) wenig.

Wie allgemein unter den Osmanen genossen die Juden Algeriens weitgehende Autonomie im Rahmen des Millet-Systems. Das klingt gut und war gut. Doch wo Licht, da auch Schatten. Dass die Juden Bürger zweiter Klasse waren, ließ man sie spüren: Sie durften nur auf Eseln oder Maultieren reiten, nicht auf Pferden. Helle Kleidung war ihnen ebenso verboten wie Schuhe mit Absätzen. Kamen sie an einer Moschee oder dem Herrscherpalast vorbei, mussten sie ihre Schuhe ausziehen. Jüdinnen durften ihr Gesicht nicht verschleiern. Trotz allem jubelten die Juden Algeriens, als Osmanen und einheimische Herrscher spanische Eroberungsversuche 1541 (Karl V.) und 1775 (Invasion von Algier zur Bekämpfung der von dort ausgehenden Piraterie) erfolgreich abwehrten.

Es wurden Juden auch gerufen oder willkommen geheißen – wenn die Obrigkeit sie brauchte. So Juden aus dem italienischen Livorno 1342, niederländisch-burgundische 1350 (auf der Flucht vor katholischer Unduldsamkeit), 1391 von den Balearen, 1492 aus Spanien und 1497 aus Portugal. Die spanischen Juden dominierten fortan auch in der algerischen Judenheit, was zu erheblichen innerjüdischen Spannungen führte. Die spanisch-jüdische Oberschicht, im eigenen und dem Interesse der Obrigkeit auch im Getreidehandel führend, riskierte dabei einiges, denn Krisen der Obrigkeit waren automatisch auch für sie Krisen – unter denen dann, wie 1805 beim Pogrom von Algier, die Gesamtheit der Juden litt.

25 Jahre später begann die Eroberung Algeriens durch Frankreich, wobei jeder Böswillige aus dieser Geschichte zwei neue Varianten der „Die-Juden-sind-schuld"-Legende entwickeln kann. Am Anfang war Napoleons Italienfeldzug 1796/97. Ohne Brot für die Soldaten kein Krieg. Für den Kauf des notwendigen Getreides wandte sich der Korse an die algerischen

"Getreidejuden" Bacri und Busnach. Deren Firma nahm beim heimischen Dey, ihrer Obrigkeit, Kredite für die Vorfinanzierung auf. Sie sollten durch französische Zahlungen für das gelieferte Getreide beglichen werden. Das faktisch unabhängige Algerien war also der Gläubiger. Und weil es so gut lief, erinnerte sich Napoleon für seinen Ägyptenfeldzug 1798 erneut beider Juden. Der Schuldenstand im Jahre 1800: acht Millionen Francs. Wie bei jedem Kredit üblich, bestanden beide Juden auf der Zahlung. Napoleon „vergaß". Die Lieferanten beharrten auf Bezahlung. Napoleon weigerte sich, weil die Firma auch Frankreichs Feind, England, beliefere. Zur „Belohnung" wurden zwei jüdische Firmenvertreter 1800 in Frankreich verhaftet, doch bald entlassen. Man einigte sich auf eine Restschuld von 3,5 Millionen Francs. Frankreich zahlte trotzdem nicht. Der Dey wurde ungeduldig. Die beiden Juden ebenso. „Pacta sunt servanda", Verträge müssen eingehalten werden. In der Einwohnerschaft Algiers gärte es. Am 28. Juni 1805 explodierte ihr Unmut. Ein Grund: Des britischen Drucks wegen durften die Piraten seit einem Jahr nicht mehr zu ihren lukrativen Raubzügen ausfahren. Der Dey, ihre Obrigkeit, hatte es verboten. Schuld daran wäre, so der randalierende, marodierende und mordende Pöbel, („natürlich") der Jude und damit „die" Juden: Familie Busnach, die eigentlichen Herrscher Algeriens. Naphtali Busnach, tatsächlich ein einflussreicher Berater des Deys, wurde am 28. Juni 1805 in Algier von einem Janitscharen erschossen. Ja, wie andere Kaufmänner war Busnach gegen Piraterie, denn abgesehen von ihrem blutigen Charakter widerspricht jegliche Form der Raubschifffahrt prinzipiell ökonomischer Rationalität. Der Mord an Busnach war nur der Anfang. Unverzüglich überfiel der Mob jeden greifbaren Juden, jüdische Häuser, Synagogen. In anderen Städten Algeriens fanden sich ebenfalls willige, Juden jagende Nachahmer. Zwischen 200 und 500 Juden wurden in den Tagen vom 28. Juni bis zum 1. Juli vornehmlich, doch nicht allein in Algier ermordet (vgl. den Augenzeugenbericht von Timothy Mountford, The Gilder Lehrman Institute of American History, https://www.gilderlehrman.org/collection/glc02794063). Der seit 1798 regierende Mustafa Dey wies, wenig überraschend, jedwede Schuld von sich und auf „die Juden". Zu spät. Auch er wurde erschossen. Sein und Busnachs Ende beendete freilich nicht die Schuldenlast. Weder die französische noch die der jüdischen Firma.

Verträge haben zu gelten. Auch nach Systemwechseln. 1815: Napoleon besiegt, vertrieben, exiliert, Rückkehr der Bourbonen, Restauration. Frankreichs Könige Ludwig XVIII. und Karl X. weigerten sich, die Altschulden des verhassten kaiserlichen Emporkömmlings zu begleichen. Die jüdischen Gläubiger wandten sich an ihre algerische Obrigkeit, dessen Schuldner sie waren. Der Dey beharrte auf Rückzahlung. Die jüdischen Getreidehändler: Sie würden ihre Schulden sofort begleichen, könnten es aber nicht, weil Frankreich nicht zahle. Bis 1826 war Frankreichs Schuld auf 14 Millionen Francs inklusive Zinsen angestiegen. In einer Kommission einigten sich die drei Parteien auf sieben Millionen Francs, die zu begleichen seien.

29. April (manchmal heißt es am 30. April) 1827: Ramadan-Empfang des Deys. Auch Frankreichs Konsul ist anwesend und wird vom Gastgeber auf die Getreideschulden angesprochen. Hochnäsig wehrt der Franzose ab. Dann schlägt der Dey zu. Mit der Fliegenklatsche auf den Konsul. Hausverweis. Dieser Affront war willkommenes Alibi für die altneue Bourbonenmonarchie, um eine dreijährige Seeblockade vor Algier zu beginnen, zumal König Karl X. innenpolitisch das Wasser bis zum Halse stand. Am 17. Juni 1830 begann die Invasion. Am 5. Juli war Algier besiegt. Die Eroberung des Landesinneren zog sich bis 1847 hin. Am 2. August 1830 musste Karl X. abdanken. Die Julirevolution hatte ihn regelrecht vom Thron gefegt. Algerien blieb französisch.

Wie die marokkanischen lebten die Juden Algeriens meistens in urbanen Zentren wie Algier, Oran und Constantin. Sie waren mehr „europaorientiert", „moderner" als ihre im Süden des Binnenlandes, in Kleinstädten oder Dörfern lebenden Glaubensgenossen. Ein erhebliches wirtschaftliches sowie soziokulturelles Gefälle bestand zwischen den weltoffenen, weil Handel treibenden und mit Ausländern verkehrenden, sowohl wirtschaftlich als auch kulturell und sprachlich mit dem Ausland kommunizierenden Juden in Hafenstädten und den auch religiöseren Binnenlandjuden, von denen nicht wenige schon sehr früh konvertierte Berber waren. Wohlhabend war die relativ kleine Schicht der Handelsjuden, von Armut bedroht blieb die Mehrheit der jüdischen Einzelhändler und Handwerker, Silber- und Goldschmiede. Die fast allgemeine Urbanisierung der algerischen Juden begann während der französischen Herrschaft, ab 1830. Nun strömten nicht nur französische Siedler nach Algerien, auch Italiener, Spanier und Malteser. Allesamt in ihren Herkunftsstaaten erzkatholisch, antisemitisch geprägt und nicht unbedingt die Crème de la Crème abendländischen Feingeistes.

Am Anfang der Franzosenherrschaft über Algerien lebten 26.000 Juden im Land, am Ende (1962) etwa 130.000 bis 160.000. Die für 2020/21 genannten Zahlen schwanken zwischen 100 bis 200. Vollständige Rechtsgleichheit wurde Frankreichs Juden 1831 gewährt, gleich zu Beginn der

Ära des Bürgerkönigs Louis-Philippe. Das passt ins allgemein europäische Muster: Wo sich der Wirtschaftsliberalismus durchsetzte, sollten alle produktiven Kräfte zur Entfaltung kommen, und dabei wurde (zu Recht) so manches von „den" modernisierungswilligen und -fähigen Juden erwartet. Folglich wurden ihnen Bürgerrechte eher aus ökonomischen als ethischen Motiven zugebilligt. Verglichen mit Preußen, das, wie oft (auch von Historikern) behauptet, angeblich (noch) reaktionärer als andere europäische Staaten gewesen sein soll, war Frankreich ein Nachzügler, denn die preußischen Reformer konnten unter Hardenberg bereits 1812 die „Judenemanzipation" (Rechtsgleichheit) einführen.

Die nordalgerischen, in Hafenstädten wohnenden, modernen, europaorientierten Juden strebten ebendiese Rechtsgleichheit als Franzosen (!) an. 1860 wurde Napoleon III. bei seinem Algerien-Besuch eine diesbezüglich von 10.000 Juden unterschriebene Petition übergeben. Französisches Recht für die Juden bedeutete automatisch eine religionspolitische Anpassung an das allgemeine Rechtssystem, also zum Beispiel weitgehender Verzicht auf personenstandsrechtliche Autonomie. Das wiederum behagte den konservativen Landjuden weniger. Sie zogen die religiöse Autonomie vor, die ihnen das osmanische Millet-System geboten hatte. Auch aus diesem Grund, doch nicht nur, lehnten führende Muslime Algeriens ebenfalls die französische Staatsbürgerschaft ab. Hinzu kam, dass sie als „echte Algerier" sich nicht von den fremden Eroberern in deren Staat eingemeinden lassen wollten. Als strammweiße, nennchristliche „Herrenmenschen" lehnten die Vertreter der herkunftsfranzösischen und französisierten Siedler die Gleichstellung von Juden und Muslimen grundsätzlich ab.

Wir erkennen die Rahmenbedingungen algerisch-jüdischen Daseins seit 1830, einer besonderen Variante ihrer Existenz auf Widerruf.

- Wie zuvor, also empirisch-historisch belegt, war die allgemeine muslimische Bevölkerung aus theologischen, wirtschaftlichen und politischen Gründen strukturell jederzeit gegen „die" Juden mobilisierbar. Es bedurfte nur eines entsprechenden Anlasses oder Manipulators.
- Durch die zunehmende Frankreich-Orientierung der jüdischen Mehrheit Algeriens wuchs die Entfremdung zu den einheimischen Muslimen. Fortan waren „die" Juden nicht nur religiös anders. Genauso schlimm oder schlimmer noch: Sie identifizierten sich mit den fremden Unterdrückern, die sich den Muslimen gegenüber als Herrenmenschen aufspielten. Dass die Siedler sich den Juden

IV. Geografie: Das Land Israel und die mehrfache Diaspora

gegenüber ebenfalls so verhielten, spielte dabei für die Masse der Muslime eine untergeordnete Rolle.
- Die muslimische Führungsschicht kooperierte mit „den" Juden. Sie unterband antijüdische Aktionen – solange es ihr nutzte. Sobald diese Zusammenarbeit riskant wurde, endete sie, und der Widerruf begann. Jenseits dieses Opportunismus bedeutete die Frankreich-Orientierung der algerischen Juden auch für tolerante, judenfreundliche Muslime ein echtes Problem, ein Hindernis für jedwedes Zusammenstehen.
- Die große Mehrheit der Siedler war sowohl antijüdisch als auch antimuslimisch. In Wort und Tat. Dabei waren die „Herrenmenschen"-Siedler notfalls bereit, punktuell die einheimischen Muslime zu gebrauchen, sie also für ihre letztlich auch antimuslimischen Ziele zu missbrauchen.
- Die Europäisierung als Französisierung spaltete die jüdische Gemeinschaft in Modernisten und Traditionalisten und verschärfte den inneralgerisch-jüdischen „Nord-Süd-Konflikt" zwischen hafenstädtisch-weltoffenen und binnenorientierten Landjuden.

Im „Décret Crémieux" wurde Algeriens Juden am 24. Oktober 1870, also während des Preußisch-Französischen Krieges und nach der Absetzung Napoleons III. (4. September 1870), die französische Staatsbürgerschaft gewährt. Der Initiator, Minister Adolphe Crémieux, war selbst Jude. Wie bei der Gleichstellung der französischen (und anderer europäischer) Juden 1831 waren dabei nicht allein ethische Motive ausschlaggebend. Jeder wurde in Wirtschaft, Gesellschaft – und in der Armee gebraucht. Folgerichtig „durften" Algeriens Juden ab 1876 im französischen Militär dienen. Sie taten es – mit bekanntem „Erfolg". Den Antisemiten in Frankreich sowie den europäischen Siedlern Algeriens missfiel jenes „Privileg". Siehe seit 1894 die Dreyfus-Affäre in Frankreich und siehe die gewalttätigen antijüdischen Proteste der nennchristlichen „Mitbürger" Algeriens in den Jahren 1881, 1883, 1884, 1885, 1897, 1898. Die antijüdischen Gewaltakte 1898 waren die „Rache" der Siedler für Émile Zolas „J'accuse" zugunsten des zu Unrecht verurteilten Alfred Dreyfus.158 Läden von Juden wurden geplündert oder in Brand gesteckt, zwei Juden ermordet.

Dennoch: Wie die Juden Frankreichs (und Deutschlands und anderer Länder) zogen Algeriens Franzosen als „gute französische Patrioten" in den Ersten Weltkrieg. Etwa 2000 bezahlten das mit ihrem Leben. Wie das deutsche, „dankte" es ihnen auch das französische Vaterland, noch mehr die Siedler Algeriens. Diese hetzten 1934 ihre muslimischen Mitbürger gegen „die" Juden zu Gewaltaktionen auf. Allein in Constantin wurden 200 „jüdische Läden" geplündert und 25 bis 34 (die Zahlenangaben schwanken) Juden ermordet.

Somit waren – vor Frankreichs Niederlage gegen Hitler-Deutschland, 1940 – die Weichen für das „Mit"einander von Juden, Muslimen und Siedlern während der algerischen Vichy-Ära gestellt. Auf die Darstellung von Einzelheiten kann hier verzichtet werden, weil es zum Thema „Vichy und die Juden" gehört. Nur so viel: Viele der sich als französische Herrenmenschen fühlende und präsentierende Siedler waren auch bezüglich ihres Antisemitismus als Kopie mehr Vichy als das Vichy-Original. Im Südosten Algeriens „durften" sich rund 2000 Juden in einem „Arbeitslager" zu Tode schuften. Bemerkenswert die Haltung der muslimischen Führung jener Jahre: Sie wehrte Vichy- und deutsche Versuche und Ersuchen ab, ihre strukturell antijüdische Basis zu antijüdischen Aktionen aufzustacheln. Mehr noch: Es wurde eine kleine, schlagkräftige muslimisch-jüdische Untergrundgruppe von knapp 400 Kämpfern gegründet. Am 8. November 1942 hat sie in Algier die Landung amerikanischer und britischer Soldaten erleichtert, indem sie militärische und zivile Einrichtungen Vichy-Frankreichs stürmte. 315 der 377 Kämpfer waren Juden (EJGK, Band 1, S. 33).

Dennoch dokumentiert sogar diese so erfreuliche muslimisch-jüdische Zusammenarbeit die Vielschichtigkeit dieser Beziehung. Die Juden kämpften natürlich gegen Vichy, weil Vichy, im Bild gesprochen, der kleine Hilfsteufel Hitlers war. Ebenso natürlich war für die Muslime der Kampf gegen Vichy-Frankreich Übung und Ouvertüre zum Kampf gegen die Kolonialmacht Frankreich. Ihr Ziel: die Unabhängigkeit Algeriens. Diesen Wunsch ihrer muslimischen Landsleute verstanden die Juden durchaus, aus leidvoller Erfahrung waren sie aber der muslimischen Basis gegenüber misstrauisch. Sie wussten aus der Vergangenheit zudem, dass auch die muslimische Führung ihre Judenschutzfunktion widerrief, wenn es opportun schien. Deshalb nahmen die meisten jüdisch-algerischen Repräsentanten auch nach 1943, nach dem von den USA und Großbritannien erfochtenen „Sieg" des freien Frankreichs, eine neutrale Haltung im antikolonialistischen Kampf der Muslime ein, zumal sie von Charles de Gaulle, der Personifizierung der France libre, bereits im Oktober 1943 ihre vollen Bürgerrechte zurückbekamen.

IV. Geografie: Das Land Israel und die mehrfache Diaspora

Kein Kollektiv ist homogen, auch und erst recht nicht das jüdische, ebenso wenig das algerisch-jüdische. Den Freiheitskampf der Muslime, aus dem 1954 ein regelrechter Krieg wurde, unterstützte vor allem Israels damaliger Hauptfeind, Ägyptens Präsident Nasser. Seit 1959 war er sozusagen ihr gesamtarabischer Schutzherr. Das wiederum verschlechterte die Beziehungen zwischen Juden und Muslimen in Algerien. So schlecht wurden sie, dass keineswegs wenige algerische Juden (aber nicht von den jüdischen Repräsentanten ermutigt) sich in der Endphase des Krieges der zur Jahreswende 1960/61 gegründeten Geheimen Siedler-Armee (OAS) anschlossen. Juden kämpften mit (nach- und spät-) faschistischen Siedlern. Was für eine Not-Allianz von eigentlichen Gegnern, ja Feinden. Hier und da fand man, noch weniger repräsentativ für „die" Juden, auch Einzelne bei der antikolonialistischen Nationalen Befreiungsfront FNL.
1962 wurde Algerien unabhängig. Noch ein jüdischer Exodus aus einem arabisch-islamischen Land war die Folge. 85 Prozent der meist wohlhabenden Juden zogen gen Frankreich. Wie bei den Juden Marokkos. Um die Unterschichten „durfte" sich Israel kümmern. Es hat sich gekümmert, aber die bis 1977 dominierende, bürgerlich-agrarische, sozialdemokratisch-sozialistische „Aristokratie" des Jüdischen Staates betrachtete auch diese nordafrikanischen „Brüder und Schwestern" Genannten als Einwanderer zweiter Klasse. Man ließ es sie spüren.

Seit 1977 zahlen sie es jener „Aristokratie" heim, gemeinsam mit ihren Leidensbrüdern und -schwestern, den anderen orientalisch-jüdischen Einwanderern und deren Nachfahren. Begin, Schamir, Scharon und Netanjahu sind ihre Rache für „damals" an „denen". Erstaunlich, dass die Nachfahren der europäischstämmigen, eher linken Gründeraristokratie angesichts dieser inzwischen keineswegs neuen Nach-Gründer-Demografie bis heute keinen Ansatz fanden (oder finden wollten), um in der Demokratie Israels Mehrheiten mit den „Orientalen" und nicht gegen sie zu bilden.

Tunesien

Das nachprophetische (also nach dem Tod des vermeintlich historischen Mohammed entstandene, genauer: eroberte) arabisch geprägte islamische Einheitsreich zerfiel schnell in regionale, ethnische, sprachliche und konfessionelle Einzelteile. Auch in Nordafrika und seit ungefähr 800 u. Z. in Tunesien, dessen Ureinwohner, wie sonst in Nordafrika, Berber waren. Fremde hatten sich schon zuvor über sie gesetzt: die Phönizier (und mit ihnen jüdische Fernhändler), Rom sowie arianische und deshalb eher nicht antijüdische Germanen (Vandalen). Zu ihnen flohen im späten 6. Jahrhundert u. Z. iberische Juden. Hier suchten und fanden sie Sicherheit vor den Judenverfolgungen des in Spanien (noch) herrschenden westgotischen Königshauses und seiner Anhänger, die einen Konfessionswechsel vom Arianismus zum Katholizismus vollzogen hatten. Judenverfolgungen sollten ihre „christliche" Gesinnung beweisen. Die vor dem arabischen Islam letzte Fremdherrschaft über die Berber übte unter Kaiser Justinian im 6. Jahrhundert u. Z. das aggressiv christliche Ostrom aus. Trotz Gegenwehr der Berber (und Juden) Ende des 7. Jahrhunderts u. Z. verhieß und brachte ihnen die islamische Herrschaft eine Wende zum Besseren, wobei die meisten Berber zum Islam konvertierten. Einige wenige, im Landesinneren, blieben oder wurden Juden.

Bis 695 u. Z. währte der Berber-Widerstand gegen die islamische Eroberung. Judenhistorisch verdient eine aus Fiktion und Fakten gemischte Überlieferung (oder Legende?) Aufmerksamkeit. Sie wird bis heute in eher antiarabischen Berberkreisen gerne weitergetragen: Ihr zufolge solle die jüdische (!) Berberkönigin Kahina (von Hebräisch „Kohen" = Priester) bis 695 den Berber-Widerstand angeführt haben. Ob historisch oder nicht, allein die Hartnäckigkeit dieser bei Berbern so beliebten Legende bezeugt bis heute bestehende Brücken zwischen der Berber- und jüdischen Welt. Wo Araber über Berber herrschen oder herrschten, blieb antijüdische Politik nicht risikolos, weil strukturelle, innergesellschaftliche Konflikte dadurch aufgeheizt werden konnten.

Die judenhistorische Entwicklung Tunesiens weicht nur unwesentlich vom allgemeinen oder auch nur vom speziell islamischen Muster ab: Jüdisches (Über-)Leben war „Existenz auf Widerruf". Im Rahmen dessen erging es den tunesischen Juden eher besser als woanders.

Um 800 u. Z. sicherte sich bis 909, besiegelt vom Bagdader Kalifen Harun ar-Raschid, die Aghlabidendynastie berberisch-islamische Unabhängigkeit vom Abbasidenreich. Hauptstadt und Sitz des Emirs wurde Tunis. Das war „gut für die Juden", besonders im Wirtschafts- und Kulturzentrum Kairouan, der um 670 u. Z. gegründeten islamischen Stadt. Hier ließen sich nicht zuletzt jüdische Kaufleute nieder, die bis ins ferne Indien Handel betrieben. Mit dem Emirat, der islamischen Obrigkeit, zusammenarbeitend, dominierten etwa 20 jüdische Familien den Im- und Export. Zur Sicherung ihres Fast-Monopols heiratete diese schmale Oberschicht meistens nur untereinander, was zu innerjüdischen Spannungen führte.

IV. Geografie: Das Land Israel und die mehrfache Diaspora

Von baldigen innerislamischen Spannungen wurden dann alle Juden Tunesiens, und nicht nur die, getroffen.

Mit Hilfe aus dem heutigen Algerien stammender Berber hatten im Jahre 909 die aus dem syrischen Salamiyah gekommenen ismaelitisch-schiitischen Fatimiden die Herrschaft über das heutige Gebiet Tunesiens errungen. Ihre zunächst ebenfalls ismaelitisch-schiitischen Partner, dann Vasallen, die ziridischen Berber, waren unter al-Muizz ibn Ziri 1045 von den Fatimiden-Oberherren abgefallen. Sie hatten das sunnitische Abbasidenkalifat von Bagdad anerkannt, und das kam einer Kriegserklärung an die ismaelitisch-schiitischen Fatimiden gleich. Die Emanzipation des regionalen Islam von Bagdad fand ihre jüdische Entsprechung. Das nordafrikanische, besonders das „tunesische" Judentum, insbesondere das Kairouans, etablierte sich religionsgesetzlich und kulturell unabhängig vom mesopotamisch-bagdader Geonat. Diese jüdische Gewichtsverlagerung sollte man nicht zuletzt im Zusammenhang mit der islamischen sehen.

Die Fatimiden hatten schon zuvor ihr Machtzentrum ins auch damals wirtschaftlich, geografisch und machtpolitisch gewichtigere Ägypten verlegt und dort 969 ihre neue Hauptstadt gegründet: Kairo, doch der ziridische Ungehorsam musste (im Sinne des ewigen Kinderspiels von Erwachsenen, genannt „Politik") bestraft werden. Prompt, 1046, ließ Fatimidenkalif al-Mustansir die aus Arabien stammenden, dann in Ägypten für ständige Unruhe sorgenden Beduinen der Banu Hilal und Banu Sulayim auf die Ziriden los. Damit schlug er zwei Fliegen, eigentlich sogar drei mit einer Klappe. Er entledigte sich eines innenpolitischen Störenfrieds und strafte einen aufmüpfigen Nachbarn. Der dritte Schlag traf die Juden „Tunesiens", war jedoch nur ein Nebeneffekt. Jene Beduinen zerstörten alles, was nicht niet- und nagelfest war, auch, 1057, die kulturell und wirtschaftlich blühende jüdische Gemeinschaft Kairouans. Trotz dieser Blüte waren selbst in Kairouan unter den Ziriden an Wohnhäusern von Juden Schilder mit Affen- und Schweinemotiven angebracht worden. Das war keine lokale Besonderheit, der Gedanke, daran sei erinnert, entstammte Sure 2, 65–66 des Korans.

Die barbarischen Beduinen zogen dann als Sieger westwärts. Die demografische Folge der Beduineninvasion war die Arabisierung der Bevölkerung Tunesiens. Die ökonomische Folge: Nordafrika, die einstige Kornkammer des Römischen Reiches und nachfolgender Herrschaften, wurde im wahrsten Sinne des Wortes verwüstet. Die Küstenstädte gewannen zusätzliche Bedeutung, weil hier ziridische Resthoheit bestand. „Gut für die

Juden", die traditionell Handel trieben; sogar, wie ihre Glaubensgenossen in der Region, bis Indien (ohne den erst 1869 eröffneten Suezkanal, versteht sich). Zerstört haben jene Beduinen viel, fast alles, geherrscht haben sie nicht lange. Die uns inzwischen bekannte Berberdynastie der Almohaden (siehe Marokko) eroberte 1159 auch in Tunesien die Macht. Ihre Judenpolitik kennen wir aus anderen Kapiteln, besonders dem iberischen. Hier wie dort begann eine neue Leidenszeit der Juden. Aufgrund interner, auch religiös begründeter Rivalitäten verloren die Almohaden ihre 1228 Herrschaft über Tunesien. Ihr ehemaliger Partner, die Hafziden, blieben bis zur Machtübernahme der Osmanen im Jahre 1574 Herren Tunesiens. Die Juden wurden nicht verfolgt und an der aktiven Handelspolitik der Hafziden mit dem christlichen Spanien und Italien beteiligt. Auf Sizilien fanden Hafziden und Juden einen besonders kooperationsbereiten Partner: Kaiser Friedrich II. Als „Schutzbefohlene" – und sie wurden unter den Hafziden tatsächlich geschützt – mussten die Juden freilich an ihrer Kleidung erkennbar sein. Immobilien zu kaufen, war ihnen gestattet, wohnen mussten die meisten im Judenviertel. Die meisten, nicht alle, denn auch unter den Juden waren manche „gleicher" als gleich: die wohlhabenden Händler. Sie durften neben Muslimen leben.

Die Macht der Hafziden bröckelte seit der Pest im 14. Jahrhundert von innen und außen und damit der Judenschutz durch die Obrigkeit. Die Juden an der tunesischen Küste lebten besonders im frühen 16. Jahrhundert gefährlich. Im Kampf gegen islamische Seeräuber, denen die Hafzidenherrscher kaum noch Einhalt gebieten konnten und wollten, und in der Absicht, die 1492 in Iberien besiegten Muslime weiter zu schwächen und Teile des vorgelagerten Südens zu erobern, landeten die spanischen Habsburger unter Karl V. 1515 und 1535 an der tunesischen Küste. Den Juden, derer die Spanier habhaft wurden, erging es schlecht. Die spanische Soldateska dachte nicht daran, mit ihnen freundlicher als ihre Vorfahren 1492 in Spanien umzugehen. Kaiser Karl zügelte sie nicht. (Das 1527 im Sacco di Roma geplünderte christliche Rom ließ er ebenfalls nicht gerade christlich behandeln.) Die Hafzidenherrschaft zerbröselte und führte in Abhängigkeit von Spanien. Die Hafzidenobrigkeit konnte weder sich selbst noch die Juden schützen. Die „Ankunft" der Osmanen wurde daher 1574 von den tunesischen Juden begrüßt, denn natürlich war ihnen bekannt, dass jene die jüdischen Spanien- und Portugal-Flüchtlinge Jahrzehnte zuvor freundlich willkommen geheißen hatten. Auch aus Eigeninteresse. Hauptsache gerettet, Hauptsache willkommen. *Wechselseitiges Interesse ist oft eine bessere Basis für Friedlichkeit als wortreiche und tatenarme Menschlichkeit.*

Das allgemein relativ günstige Los der Juden im Osmanischen Reich wurde bereits skizzenhaft geschildert, und in Tunesien galten diese Rahmenbedingungen ebenfalls. Dieser Region wurde von der Zentrale in Konstantinopel viel Eigenständigkeit gewährt. Um die örtliche Macht rangen Janitscharen und muslimische Piraten, die „Korsaren". Nachdem die Morisken (zwangschristianisierte Muslime), wie 1492 zuvor die Juden, aus Spanien vertrieben worden waren und sich auch in Tunesien niedergelassen hatten, kam ein dritter Kollektiv-Akteur hinzu. Allerdings ein auf friedliche Wirtschaftsrationalität bedachter. „Gut für die Juden", schlecht für Korsaren und Janitscharen, denn mit Hilfe der Morisken errang 1705 Hussein ben Ali, der Bey von Tunis (die Nummer zwei der amtlich-örtlichen Osmanenherrschaft), die Macht und begründete die Dynastie der Husainiden.

Wirtschaftliche Entwicklung war ihr Ziel, und bei dieser Zielverfolgung der Obrigkeit kennen wir das Muster: Kooperation mit den Juden – solange keine Gefahr aus der eigenen, nichtjüdischen Bevölkerung „von unten" droht. Natürlich drohte sie. Zum Beispiel 1752 im Gefolge von innerelitären Auseinandersetzungen um die Nachfolge der Husainiden, wobei sich 1756 auch algerische Berber einmischten. Zeiten schwacher oder nicht wirklich vorhandener Obrigkeit – hinterher weiß man, was nach Zeitpunkt 1 der Vergangenheit zum Zeitpunkt 2 der Vergangenheit geschehen würde, und genau das geschah. (Nachträglich) vorhersehbar waren Juden (und Christen!), also Minderheiten, Tunesiens sowohl 1752 als auch 1756 Opfer muslimischer Gewalt von unten. Erst 1807 wurde die faktische Macht der Algerier über Tunesien gebrochen. Die altneue, einheimische, husainische Obrigkeit war noch nicht ganz fest etabliert – und prompt, 1808 sowie 1811, wurden erneut Gewalttakte gegen Juden und Christen verübt. *Und wieder das Muster: Modernisierende Obrigkeiten schützen einheimische Modernisierer unabhängig davon, ob sie einer Minderheit angehören oder nicht.*

Fest im Sattel saß die Husainidendynastie nicht mehr. 1827 zerstörte Frankreich die Korsarenflotte, und in der Ära des Vor- und Frühimperialismus geriet auch der Bey von Tunis in Abhängigkeit, denn die wirtschaftliche Modernisierung des Landes hatte, wie auch fast zur gleichen Zeit im Osmanischen Reich oder in Ägypten, im wahrsten Sinne des Wortes ihren Preis. Modernisierung bedeutete Investitionen, Investitionen bedeuteten Kredite, also Schulden. Und wenn die Schulden nicht erstattet werden können: Verschuldung und Abhängigkeit. Mitte des 19. Jahrhunderts übernahmen Großbritannien, Frankreich und Italien die Finanzkontrolle über Tunesien. Hinzu kamen Pest- und Choleraepidemien. Kurzum, die einheimische Obrigkeit wurde schwach und schwächer, Unzufriedenheit und der Druck von unten immer stärker. Man staune nicht: Glaubt man zahlreichen Reiseberichten und Zeitzeugen, waren die Juden Tunesiens im Alltag beliebtes, beliebiges Opfer. Auf offener Straße und am helllichten Tage wurden sie geschlagen, bespuckt oder sonst wie misshandelt. Schutzlos. Die Obrigkeit wollte sie schützen. Sie konnte es nicht. Als Mohammed II. al-Husain 1855 sein Amt als Bey antrat, versuchte er es energisch und erließ 1857 Gesetze zugunsten der Minderheiten: Gleichstellung aller Bürger, liberal, „europäisch" also. Die Einheimischen tobten und rebellierten 1864. Die Gesetze wurden vom Nachfolger zurückgenommen, um Gewalt, Plünderungen und Brandstiftungen des Pöbels gegen Juden und Christen zu beenden. Sie zogen sich bis 1869 hin. Von 1881 bis 1883 zwang das zehn Jahre zuvor vom neuen Deutschland besiegte Frankreich militärisch dem Bey von Tunis eine „Schutzherrschaft", genannt Protektorat, auf und konnte sich dabei als Beschützer der Minderheiten, also auch der Juden, präsentieren. Kolonialismus als Fakt, Toleranz als Fiktion. Deutschlands Bismarck schaute gelassen zu, denn auf diese Weise waren französische Rachegelüste zumindest zeitweise neutralisiert, weil transferiert. „Gut für die Juden", weil Frankreich auf „Disziplin" pochte. Hätte sich nämlich die Volkswut entladen, wäre es nicht bei Angriffen auf Juden geblieben, auch das Risiko für die „Schutzmacht" wäre dramatisch gestiegen.

Ein anderes Risiko ging die französische „Schutzmacht" dennoch ein: Sie rekrutierte auch in Tunesien einheimische Soldaten. Im Ersten Weltkrieg „durften" sie das französische „Vaterland" verteidigen. Je länger der Krieg dauerte und härter wurde, desto weniger „dankbar" waren tunesische Soldaten für dieses „Privileg". Im Sommer 1917 meuterten sie. Wie zuvor bei Meutereien, Aufständen oder Unruhen zog es die Ärmsten der Armen, zu denen die Soldaten gehörten, in Richtung Judenviertel – und sie taten das Erwartbare: Raub, Mord und Totschlag. Das konnten sie freilich auch ohne Krieg und nach dem Krieg, 1930 und 1932. Da herrschte eine andere große Not: die Weltwirtschaftskrise, von der natürlich auch Nordafrika heimgesucht wurde. Aber, so die 1980 in Jerusalem herausgegebene Encyclopedia Hebraica (Spalte 582): „Im Allgemeinen lebten die Juden Tunesiens bis zum Zweiten Weltkrieg sicher, und ihr Emanzipationsprozess schritt zügig fort." Das änderte sich während der Vichy-Herrschaft vorhersehbar. Die französische Marionettenregierung Hitlers bezeugte ihren deutschen Herren nicht zuletzt durch judenfeindliche Maßnahmen „Loyalität". Es kam noch schlimmer: Von November 1942 bis Mai 1943 war Tunesien der letzte Brückenkopf des deutschen Afrikakorps nach dessen Niederlage vor den Toren Kairos im Oktober 1942. Mit „deutscher Schnelligkeit und Gründlichkeit" errichteten die Aggressoren 32 Konzentrationslager. Lange war auch in der Historiografie nur von einem „Arbeitslager" mit 5000 internierten Juden die Rede. Etwa 200 bis knapp 400 tunesische Juden wurden ermordet, „einige" tunesische (und libysche) Juden wurden nach Osteuropa transportiert – in die Vernichtungshöllen. 2500 Juden waren Opfer von Kampfhandlungen zwischen Deutschen und Alliierten. Wie reagierte die einheimische muslimische Bevölkerung? Passiv, darin sind sich die Historiker einig. Die freundliche Begründung: Sie hatten eigene Sorgen. Die weniger freundliche: Sie hatten weniger als nichts dagegen, wobei als „Beweis" auf ein damals höchst beliebtes Lied verwiesen wird. Dessen Text: „Vorwärts, vorwärts, ich möchte mit dir gehen, Hitler." Harte Beweise bzw. Indikatoren bestehen aus anderem Stoff. Erwähnenswert die Haltung der italienischen Partner Deutschlands in Tunesien während der kritischen Zeit vom November 1942 bis zur deutsch-italienischen Kapitulation Anfang Mai 1943: Sie schützten die Juden, wo und so sie konnten.

Eindeutiger sind diese Indikatoren: In Wohnungen und Häuser, aus denen Juden (besonders in Tunis) vertrieben wurden, zogen Einheimische gerne ein. Freilich unterschieden sich dabei tunesische Muslime nicht von nennchristlichen Deutschen, Franzosen, Polen und so weiter in anderen Gebieten unter NS-deutschem Joch. Ebenfalls eindeutig, im Sinne von eindeutig entlastend, ist dieser Indikator: Im Vergleich zur Kollaborationsrate im nennchristlichen Europa war sie im muslimischen Nordafrika insgesamt erheblich geringer und unter Muslimen deutlich niedriger als unter Nennchristen. Algerien als Beispiel: Das Vichy-Regime gestattete Nichtjuden, in enteigneten jüdischen Wohnraum zu ziehen. „Weiße" Siedler nahmen das Angebot gerne an, kaum ein Muslim. Vorsicht also bei Verallgemeinerungen.

Mutige Judenretter wären zu nennen: Zum Beispiel der „Tunesische Schindler", Khaled Abdul-Wahab (1911–1997). *Aufschlussreich und unser soziologisches Muster bestätigend und zugleich modifizierend: Er gehörte zur bildungsbürgerlichen Oberschicht seines Landes. Bestätigend, weil wir mehrfach feststellten, dass die jeweiligen Oberschichten, fast überall und immer, ihre Juden politisch (!) schützten – wenn sie konnten und solange es ihren eigenen*

Interessen entsprach. Modifizierend, weil zwischen politischem und direkt-persönlichem, lebensrettendem, durch eigenes Risiko ermöglichtem Schutz unterschieden werden muss. Als Lebensretter von Juden im NS-deutschen Herrschaftsbereich ragten – trotz durchaus schichtenübergreifender Merkmale – eher Unterschichten hervor, nicht zuletzt „proletarische", auch Mittelschichten, und da wieder eher untere Mittelschichten (vgl. Lustiger, Judenretter). Wer viel hat, kann viel verlieren und will das nicht. Realistisch, nicht ethisch.

Nach dem Zweiten Weltkrieg kam es, wie es wohl kommen musste: Der zionistisch-israelisch-arabische Konflikt schwappte auch nach Tunesien über, wobei Habib Bourgiba, die Führungspersönlichkeit der Unabhängigkeitsbewegung und Gründervater des neuen Staates, einen gemäßigten, den antijüdischen Druck von unten dämmenden Kurs zu steuern versuchte. „Erst" ab 1952, also vier Jahre nach Israels Unabhängigkeit, häuften sich antijüdische Aktionen von unten. Nach dem für Israel, Frankreich und Großbritannien militärisch erfolgreichen und politisch schädlichen Suezfeldzug vom Herbst 1956 radikalisierten sich die „Arabische Straße" und Politik insgesamt. Immer noch versuchte Bourgiba zu dämpfen, doch es wurde zu riskant. 1957/58 wurden jüdische Einrichtungen regelrecht wegplaniert. Das Judenviertel im Rahmen der „Slumbeseitigung" ebenso wie der jüdische Friedhof von Tunis.

„Slumbeseitigung" verweist auf die Soziologie der tunesischen Stadt- und Landjuden: Reichtum? Fehlanzeige, abgesehen von Ausnahmen. Die Hälfte der erwerbstätigen Juden waren damals in der Industrie beschäftigt, rund ein Drittel im Einzelhandel und etwa zehn Prozent im Dienstleistungssektor. Nach dem Sechstagekrieg vom Juni 1967 wurde jüdische Existenz in Tunesien, trotz Bourgiba, heikel. Die meisten Juden wanderten nach Israel aus, der Rest nach Frankreich. Seit den 1930er Jahren waren es bis 2021 rund 100.000. Die Schätzungen des derzeit wohl kompetentesten Demografen bezogen auf Israel und die jüdische Welt, Sergio DellaPergola, im Jahre 2015: 1050 bis 13.000 Juden. 1700, gibt der Europäisch-Jüdische Kongress an. Die meisten leben in Tunis und, wie seit langem, auf Djerba.

Warum andere Exodusproportionen als in Marokko und Algerien? Weil es in Tunesien weniger wohlhabende Juden gab, die sich einen Neuanfang ohne staatliche Hilfen leisten konnten. In Israel sorgte der Staat für Neueinwanderer. Freilich, der israelische Staat war arm, die Hilfe wurde damals kritisiert, auch heute, sie kam von der aschkenasischen „Aristokratie" paternalistisch, dünkelhaft – aber es gab sie. Die „Rache" auch dieser orientalischen Neuisraelis folgte bei späteren Wahlen. Bis heute.

IV. Geografie: Das Land Israel und die mehrfache Diaspora

Libyen

Die Ost-West-Zweiteilung Libyens als Ergebnis des Nach-Gaddafi-Bürgerkrieges ist nur scheinbar neu. Sie begann nicht erst nach dem gewaltsamen Sturz des Diktators im Jahre 2011, sondern bereits in der Antike – und betraf auch die Juden des Landes.

Am Anfang waren – nach den einheimischen Berbern und über sie an der Küste herrschend, wie woanders in Nordafrika – die aus dem Libanon stammenden Händler aus Phönizien, dem heutigen Libanon. Mit ihnen kamen Juden, wir wissen es aus den vorigen Abschnitten, jüdische Händler aus dem benachbarten Israel/Judäa. Es kamen Juden auch im Zuge der griechischen Kolonisation (der Gründung von außergriechischen „Tochterstädten" zwischen 750 und 550 v. u. Z.). Im Westen (Tripolitanien – Tripolis, so von den antiken Griechen genannt) die Phönizier mit „ihren" Juden (worüber im Abschnitt über Tunesien berichtet wurde) und im Osten – der heutigen, an Ägypten grenzenden Cyrenaika – die Griechen als Gründer der Metropole Kyrene mit „ihren" Juden. Kyrene – Cyrenaika. Kyrene wurde um 630 v. u. Z. gegründet. Bisherige archäologische Funde lassen vermuten, dass schon kurz danach, als unmittelbare Folge der Zerstörung des Ersten Tempels und jüdischer Staatlichkeit im Jahre 586 v. u. Z., die ersten Juden in Kyrene eintrafen – und sich offenbar wohlfühlten, denn: der Grieche Herodot (490/480–430/420 v. u. Z.), „Vater der Geschichtswissenschaft", erwähnt mit größter Selbstverständlichkeit jüdisches Leben in Kyrene.

Nach dem Tod Alexanders des Großen holte sein Feldherr Ptolemäus I. (305–285 v. u. Z.) – heutigen Judenklischees widersprechend – keine jüdischen Händler, Gelehrten oder Ärzte ins Land, sondern jüdische Söldner. Mitte des 2. Jahrhunderts v. u. Z. strömten, wie nach Ägypten (trotz der Geschichten, die wir aus dem biblischen Buch „Exodus" kennen), Flüchtlinge aus Judäa in die Cyrenaika. Sie entkamen den Verfolgungen des Seleukiden Antiochos IV. Epiphanes und seiner jüdischen Kollaborateure, die wir aus den Makkabäerbüchern und, damit zusammenhängend, aus der Chanukkageschichte kennen. Bald danach waren Ost- und Westlibyen als Teile des Römischen Reiches „vereint". Im Westen hatte Rom 146 v. u. Z. das rivalisierende Karthago endgültig besiegt und, wie vom älteren Cato (gestorben 149 v. u. Z.) gefordert, dem Erdboden gleichgemacht. Im Osten war Ägypten im Jahre 30 v. u. Z. von den Römern erobert worden.

Ost und West waren „gut für die Juden", wenngleich es in den Metropolen Kyrene und Alexandrien immer wieder zu Spannungen zwischen

Existenz auf Widerruf Nr. 2: Die mehrfache Diaspora

Griechen und Juden kam. Diese sowie die Nachwehen des Römisch-Jüdischen Krieges in Judäa (66-70/73 u. Z.) mit dem „totalen Sieg" Roms lösten in Kyrene den blutgetränkten jüdischen „Diaspora-Aufstand" der Jahre 115 bis 117 u. Z. aus. Er schwappte auf die Nachbarn über: Ägypten, Judäa, Zypern und Mesopotamien. Wer warum diesen Aufstand auslöste, blieb in der Forschung bisher umstritten. In einer Hinsicht sind die archäologischen Befunde eindeutig: Auch die Juden haben kräftig zugeschlagen. Das bezeugen die zweifellos in jenen Jahren zerstörten griechisch-römischen Gebäude, nicht zuletzt Tempel, also das Heiligste der Feinde. Die jüdische Schlagkraft überrascht nicht, wenn man sich daran erinnert, dass Diadochenkönig Ptolemäus I. etwa 300 Jahre zuvor jüdische Söldner ins Land geholt hatte. Berufliche Mobilität war in der Antike eher die Ausnahme als die Regel. Man kann deshalb vermuten, dass trotz der jüdischen Hochkultur in Kyrene und Alexandria ein nicht unerheblicher Teil der regionalen Judenheit nach wie vor unter Waffen stand oder zumindest im „Kriegshandwerk" geschult war. Ebenfalls wenig überraschend: Noch stärker als jene starken Juden war die Weltmacht Rom unter den Kaisern Trajan und Hadrian.

Bei der Teilung des römischen Riesenreiches im Jahre 395 u. Z. fiel das westliche Tripolitanien an Westrom und die östliche Cyrenaika an Ostrom. Richtig gute Freunde wurden Römer und Juden seitdem weder hier noch dort in der seit dem 4. Jahrhundert römisch-christlichen Kaiserzeit. Das Judenlos verbesserte sich seit 409 in Nordafrika und bald in Tripolitanien: Die geradezu legendären, angeblich nur barbarischen, alles und jedes zertrümmernden arianisch-germanischen Vandalen überrollten Nordafrika. Es sei daran erinnert: Das arianische Christentum war dem Judentum gegenüber erheblich duldsamer als das römisch-katholische. Kein Wunder also: Juden sowie unter ihren römisch-katholischen Glaubensgenossen ebenfalls leidende Donatisten waren über den Einmarsch der Vandalen erleichtert. Handel im westlichen Mittelmeer wurde von den Vandalen dominiert und kontrolliert: Die christlich-jüdische Zusammenarbeit war eine „Win-win-Situation". Den arianischen Erleichterungen folgten durch die Eroberungen des katholisch-oströmischen Kaisers Justinian I. (gestorben 565) und dessen „Wiedervereinigung" von Cyrenaika plus Tripolitanien altneue Erschwernisse. Als „guter" Kirchenchrist war Justinian auf die Verfolgung der Juden erpicht.

643 begann die Islamische Epoche. Bis 663 war ganz „Libyen" von früh- oder vormuslimischen/arianischen Arabern erobert, auch das eher

teils arianische, teils jüdische, berberische Landesinnere (Fessan). Ob dieser frühe Islam, wie die interdisziplinäre Forschergruppe „Inarah" (wie ich finde) überzeugend nachweist, ein von Arabern und Berbern getragener Arianismus war, aus dem dann „der" Islam wurde, sei dahingestellt. Fest steht: „Gut für die Juden." Zunächst jedenfalls. Bis heute besteht ein Dauerkonflikt zwischen den Erstbewohnern des Landes, den bald islamisierten Berbern – den Juden gegenüber oft durchaus offen – sowie den zugewanderten Arabern.

Unter den wechselnden muslimischen Dynastien, deren Judenpolitik im Zusammenhang mit Nordafrika, besonders Tunesien, zuvor beschrieben wurde, war der Alltag „gut für die Juden". Ausnahmen an der Basis mehr als bei der Obrigkeit bestätigen die Regel. Mit einer großen Ausnahme: der aggressiven, intoleranten Almohadenherrschaft von der Mitte des 12. bis zur Mitte des 13. Jahrhunderts. Freilich muss meistens zwischen Ost und West (Cyrenaika und Tripolitanien), aber auch Süd (Fessan), allesamt islamisch, unterschieden werden. Auch in der Epoche osmanischer Oberherrschaft bewahrten sie ihre relative Eigenständigkeit bzw. Autonomie, besonders zwischen 1711 und 1835 unter der Qaramanlidynastie. Sie herrschte über alle drei libyschen Regionen. 1835 landete die osmanische Flotte in Tripolis. Fortan unterstand die Region der direkten Kontrolle Konstantinopels. Doch da hatte bereits der militärische und wirtschaftliche Herbst des Osmanenreichs begonnen. Europas Imperialmächte bohrten ins Osmanenreich Löcher wie in Schweizer Käse. Der Fessan verselbständigte sich erneut, ebenso ab 1843 die Cyrenaika unter dem Senussi-Orden. Ihm gehörte der erste und letzte König des seit 1951 unabhängigen, vereinten Libyens an: Idris der Erste, und, wie gesagt, der Letzte, denn 1969 wurde er von Oberst Gaddafi gestürzt. Die Senussi-Obrigkeit des 19. Jahrhunderts war „für die Juden gut", und gerne arbeiteten diese mit jener zusammen. Der Alltag, Begegnungen mit den muslimischen Untertanen, waren eher weniger erfreulich. Wo und wenn möglich, belästigten die Unterschichten die Juden. War es Antijudaismus oder „Klassenkampf"? Beide Interpretationen sind möglich und von der Position der wertenden Historiker abhängig. Eine Mischung beider Erklärungen ist wahrscheinlich am überzeugendsten. Allerdings war im auch wirtschaftlich krisengeschüttelten Osmanischen Reich, ebenso in „Libyen", während des 19. Jahrhunderts nicht mehr viel zu erbeuten, zu plündern oder zu enteignen. Die meisten Juden betätigten sich im Einzelhandel, Hausieren, Handwerk mit selten goldenem Boden sowie in der Landwirtschaft.

Existenz auf Widerruf Nr. 2: Die mehrfache Diaspora

In Tripolitanien drohte den Juden Gefahr, es wurde bereits darauf hingewiesen, nicht allein von der muslimischen Basis, sondern auch von nennchristlichen, spanischen Invasoren. Zum Beispiel 1510. Ehemalige Spanien- und Portugalflüchtlinge der Jahre 1492/97 oder deren Nachfahren, die sich in Tripolitanien sicher wähnten, mussten ihren Irrtum erkennen. Kaiser Karl V. war drauf und dran, die zutiefst judenfeindliche Tradition seiner judenvertreibenden Großeltern Ferdinand und Isabella zu „krönen". 800 jüdische Familien Tripolitaniens flohen ins Landesinnere. Auf Judenverfolgungen hatte keine Religion das Monopol. Das zeigte sich 1588/89 in Tripolitanien, als während einer der zahlreichen Janitscharen-Rebellionen die Juden zwangsislamisiert wurden. Der Aufstand der Muslim-Soldaten wurde niedergeschlagen, und die Juden durften wieder Juden sein.

Während der ersten Hälfte der Qaramanliherrschaft über ganz „Libyen" blühte die Wirtschaft. Wie Tunis zog Tripolis Juden aus Livorno und anderen Teilen Italiens an. Auch in Bengasi wuchs die jüdische Gemeinde. Mitte des 19. Jahrhunderts lebten in Tripolis etwa 1000 jüdische Familien (ein Drittel der Gesamteinwohnerschaft). Sie genossen als Juden Autonomie. Ebenfalls in der zweiten osmanischen Ära, ab 1835. Und wieder: Schutzwillen und -versprechen der muslimisch-osmanischen Obrigkeit bereits 1835, doch von unten Attacken auf und Gewalt gegen Juden. Nicht nur gegen die inzwischen kleine, wohlhabende jüdische Oberschicht, sondern gegen „die" Juden schlechthin. „Klassenkampf" mag auch hier ein Motiv gewesen sein, doch einmal mehr: Mangels Eigentum gab es bei den meisten Juden nichts zu „enteignen". In welcher Form auch immer: Die osmanische Zentrale war als Schutzmacht der Juden zu schwach und wirtschaftlich von den europäischen Imperial- und Finanzmächten zunehmend abhängig. An diese wandten sich im 19. Jahrhundert die Juden „Libyens", wenn sie Schutz suchten. Sie fanden ihn meistens, denn trotz des auch in Europa grassierenden Antijudaismus setzte die jeweilige Oberschicht nicht zuletzt auf „die" eigenen Juden als modernisierende Wirtschafts- und Wissenschaftseliten, die man brauchte. Da „innerjüdische Solidarität und Kommunikation" zum Judenklischee von Europäern gehörte, ging man auch mit Juden außerhalb des eigenen Staates schonend um. Motto: „Schaden kann es nicht, wer weiß, wozu es gut ist." *Es war gut für die Europäer im Osmanischen Reich – und für die Juden. Einerseits. Andererseits verstärkte die Nähe von Fremdmacht und Juden in der örtlichen Bevölkerung das nun empirisch bestätigte Gefühl: „Die Juden sind anders, sie gehören nicht wirklich zu uns, sie wollen nicht zu uns gehören."* Dass der Zionismus, das Entstehen *der jüdischen Nationalbewegung diese Wahrnehmung eher zusätzlich festigte, ist nachvollziehbar – entschuldigt jedoch keinen einzigen Gewaltakt.*

September bis Oktober 1911: Einmarsch italienischer Truppen in Tripolitanien, dann Cyrenaika. Das Landesinnere wurde in einem regelrechten Vernichtungskrieg bis 1934 erobert, die drei Landesteile zusammengefasst und ab 1. Januar 1935 war „Libyen" nun wirklich Libyen – als italienische Kolonie. Fußend auf der Nostalgie des antiken Römerreiches wollte Italien für die eigene Zukunft wieder einen Platz an der Sonne Nordafrikas. Die Mussolini-Diktatur wird nicht selten als Operetten-Faschismus und -Antisemitismus verlacht. Im Vergleich zum nationalsozialistischen Deutschland mag das vielleicht stimmen, aber lustig war es weder für die Juden im italienischen Kernland noch in Libyen. An Mussolinis Anfang schien es so. 1937 besuchte der „Duce" Libyen. Er garantierte den Juden ihre Sicherheit. Bereits 1938 wurden die auch in Italien verschärften „Judengesetze" auf Libyen übertragen. Einheimische Muslime mischten gerne mit. Die Motive der Akteure: sozioökonomisch wie gehabt.

Je enger die Kooperation zwischen Mussolini und Hitler, desto schlechter für die Juden. Ab Februar 1941 hing der „Duce" mehr denn je vom „Führer" ab, dessen „Wüstenfuchs" Rommel die italienischen Truppen zum Sieg gegen das britisch dominierte Ägypten führen sollte. Die am 13. September 1940 von Italien allein begonnene Offensive gegen die britischen Truppenmassen in Ägypten (und Palästina!) war schnell in erhebliche Schwierigkeiten geraten. Hitler half. Dass den Juden Libyens tödliche „Endlösung" drohte, leuchtet ein. Ab April 1942 wurden etwa 2600 Juden in den Nafusa-Bergen im Nordwesten Tripolitaniens, nahe der Grenze zu Tunesien, interniert. Rund ein Viertel starb. „Einige" Juden (wie viele, ist bislang nicht gesichert) wurden in die deutschen Vernichtungshöllen Europas transportiert und dort liquidiert. Der Vormarsch der Briten gegen Rommel befreite im Januar 1943 die Überlebenden. Insgesamt 712 von 30.000 libyschen Juden hat die deutsch-italienische Zusammenarbeit der Kriegsjahre das Leben gekostet. Es kamen Juden zurück oder neu an. Ende 1945 lebten in Libyen, vorwiegend in Tripolis und Bengasi, 36.000 Juden.

Mai 1945: Der Krieg war zu Ende. November 1945: Judenpogrome begannen. Ohne deutschen Nazismus und italienischen Faschismus. Mit seinem zugleich palästinensischen, gesamtarabischen und panislamischen „Nationalismus" hetzte der Großmufti von Jerusalem die Arabische Straße auf. Zur Erinnerung: Hitler hatte ihm ab 1941 Asyl gewährt. 142 Juden wurden getötet. Bis 1948 ebbte der Sturm ab, allerdings nicht ganz, um im Juni 1948 erneut auszubrechen. Einen Monat zuvor war Israels Unabhängigkeit verkündet worden, der Erste Arabisch-Israelische Krieg begann. Auch der ratenweise Exodus der libyschen Juden.

Das seit der Antike bekannte Muster: Arme Juden wandern nach Zion, die Wohlhabenden bleiben oder wechseln nicht ins „Gelobte Land", sondern in einen materiell (scheinbar oder tatsächlich) besseren Staat. Viele wohlhabende Juden gab es in Libyen ohnehin nicht mehr. Von 1948 bis 1953 flohen knapp 32.000 Juden nach Israel. Die meisten im Jahre 1949: 14.352.

Der Ausbruch des Sechstagekrieges im Juni 1967 löste die nächste Pogromwelle gegen die circa 6000 verbliebenen Juden aus. Die meisten verließen das Land. Sie „durften". Die letzte Jüdin verließ Libyen im Jahre 2002. Libyen ist seitdem „judenrein".

DIE BILANZ JÜDISCHER GESCHICHTE IM ORIENT: BESSER ALS IM OKZIDENT, DOCH SCHLECHT GENUG

Verallgemeinerungen – und Bilanzierungen sind Verallgemeinerungen – sind der schlimmste Feind seriöser Untersuchungen. Deshalb Vorsicht. Dennoch sei der Versuch einer Bilanzierung jüdischer Geschichte im Orient gewagt. In islamischer ebenso wie in vorislamischer Zeit.

- *Verglichen mit ihrem Los im „heidnischen" und dann vornehmlich christlichen Okzident ging es den Juden im Orient besser, doch schlecht genug. Anlässe und Ursachen waren verschieden, die Ergebnisse ähnlich, wenngleich nicht identisch. Jüdisches Leben war hier wie dort, in islamischer Zeit ebenso wie in vorislamischer, christlicher ebenso wie vorchristlicher, Existenz auf Widerruf.*
- *Der Widerruf erfolgte eher selten in normalen Zeiten des Wohlstands oder relativen Wohlstands. In diesen gehörte die Diskriminierung von Juden (und Christen) als Bürger zweiter Klasse zum Alltag. Es herrschte funktionale Toleranz. Sie endete eruptiv in Krisenzeiten und führte nicht selten zum liquidatorischen, mindestens zum gewalttätigen Antijudaismus.*
- *Jederzeit gab es über den jeweiligen aktuellen „Anlass" bzw. Auslöser der Gewaltaktionen hinaus eine dauerhafte, strukturelle, jederzeit abrufbare Rechtfertigung: den Antijudaismus der Heiligen Schrift(en). In der islamischen ebenso wie in der christlichen Welt. Auch deshalb erübrigt sich*

IV. Geografie: Das Land Israel und die mehrfache Diaspora

jeder Vergleich zwischen muslimischer und christlich religiöser (In-)Toleranz. Wer, wie im Sport, Tabellen der (In-)Toleranz erstellt, fühle sich frei, verkaufe aber den jeweiligen Tabellenstand nicht als historische Wahrheit.

- *Den Juden ging es immer nur dann gut, wenn sie als Funktionsträger gebraucht wurden.*
- *Gebraucht wurden sie meistens aufgrund ihrer im Vergleich zur übrigen örtlichen Bevölkerung besseren Ausbildung und Weltkenntnis als Modernisierer. Das wiederum bedeutete: Die jeweilige Obrigkeit brauchte und schützte daher „ihre" Juden – nicht zuletzt gegen die eigenen Unter- und Mittelschichten –, solange es funktional, vor allem ökonomisch opportun schien. Ich würde von einer „funktionalen Toleranz" sprechen und nicht von einer religiös oder ethisch bestimmten.*
- *Wie im Okzident drängten meistens die Unter- und Mittelschichten zur Diskriminierung „ihrer" Juden. Lebensgefährlich wurde es für die Juden, wenn die Obrigkeit dem Druck von unten nachgab oder selber glaubte, sich der Juden besser zu entledigen. Die antijüdischen Aktivisten bekamen grünes Licht, und wie im Okzident schlug dann der diskriminatorische Antijudaismus/Antisemitismus in den liquidatorischen um.*
- *Erstaunlich (für mich): Selbst in der seriösen, eher tendenzfreien wissenschaftlichen Literatur wird die bedrückende Fülle antijüdischer Diskriminierungen und Liquidierungen im Orient kaum thematisiert. Die Gründe systematisch erforschen müssen gesonderte Studien. Einige Erklärungen sind offensichtlich: 1.) Der sechsmillionenfache Judenmord der NS-Deutschen war quantitativ und „qualitativ" (im Sinne der Vorgehensweise) tatsächlich einzigartig – wenngleich rechte und neuerdings zunehmend linke und „linksliberale" Revisionisten dieses Faktum bestreiten. Den spanischen (1492) und portugiesischen (1497) Judenvertreibungen oder dem Holocaust vergleichbare Vorgehen gab es im Orient nicht. 2.) Die jeweiligen Autoren haben, aus welchen Gründen auch immer, auf eine systematische und umfassende Recherche verzichtet. Behäbigkeit, Nachlässigkeit und Faulheit soll es auch unter Wissenschaftlern geben. 3.) Die jeweiligen Autoren haben ideologische Vorgaben bzw. Scheuklappen und wollen unbequeme, die Karriere oder das eigene Ansehen gefährdende Fakten „übersehen" und deshalb nicht erwähnen. Sie sammeln Fakten nur, um ihre eigene Position zu „belegen", und sortieren dabei die unbequemen, ungewollten aus.*

- *Ein großes Aber sei erwähnt: die Tatsache, dass es meistens (nicht nur in der islamischen, sondern auch in der christlichen Welt) Angehörige der Unterschichten, teils auch Mittelschichten und nur selten der Oberschichten waren, die, wenn überhaupt, Juden in der Not halfen. In ihren Palästen, Prunkbauten oder woanders haben islamische (und christliche!) Oberschichten Verfolgte – Juden oder Nichtjuden –, sagen wir, eher selten versteckt oder gar direkt beschützt. Trotzdem gilt überall und immer: Menschlichkeit ist keine Schichten- oder Religions-, sondern eine Charakterfrage.*
- *Dass die palästinensisch-arabische Führung (nicht Obrigkeit, weil ohne Staatlichkeit) die Judenfeindschaft der eigenen Bevölkerung nicht dauerhaft bremsen konnte und wollte, ist seit 1882 (Beginn der zionistisch motivierten Einwanderung ins „Heilige Land") auf den zionistisch/israelisch-palästinensischen Konflikt zurückzuführen. Dass dieser zweiseitige Konflikt jahrzehntelang auf die gesamte islamische Welt überschwappte, lässt sich so erklären: Die nach dem Zweiten Weltkrieg im Zuge der Entkolonialisierung (nicht nur) im islamischen Bereich entstandenen Staaten waren meistens Kunstprodukte der einstigen Kolonialmächte, ohne Rücksicht auf die jeweiligen, oft sehr unterschiedlichen, nicht selten miteinander verfeindeten Bevölkerungsgruppen der betreffenden Gebiete. Die neuen Staaten waren meistens die Umwidmung bzw. Umbenennung der kolonialen Territorien zu Staaten. Die neuen Staatsgrenzen entsprachen den mit Linealen gezogenen kolonialen. Um an die Macht zu kommen oder diese zu festigen, brauchten die jeweiligen Führungen dieser neu entstandenen Kunststaaten innergesellschaftliche Bindemittel, die auf eine, wenn auch noch so kleine Gemeinsamkeit zurückzuführen waren. Gesucht, gefunden: Hie Muslime, dort Juden, und diese als Räuber muslimischen Bodens oder Reichtums. Dass nicht alle Juden, erst recht nicht die „eigenen" bzw. einheimischen, Zionisten oder Israelis waren, spielte dabei faktisch keine Rolle, wurde aber propagandistisch unterschieden: „Wir haben nichts gegen die Juden, aber gegen Zionismus und Israel." Auf diese Weise häuften sich Diskriminierungen und Liquidierungen von Juden, und das erklärt die Tatsache, dass fast alle islamischen Staaten seit 1945/48 allmählich „judenrein" wurden.*
- *Ägyptens Staatspräsident Sadat (Obrigkeit!) hatte seit 1977 die historische Weitsicht, Einsicht und den nötigen Mut, sich aus diesem Gedankengefängnis zu befreien. 1979 schloss er den ersten Friedensver-*

trag eines arabisch-islamischen Staates mit dem Jüdischen Staat. Wie man leider danach feststellte: gegen die eigene Basis. Im Oktober 1981 wurde er ermordet. Allmählich folgten ihm andere arabische Führungspersönlichkeiten: 1993 schloss Arafat mit Israel einen palästinensischen Scheinfrieden. Scheinfrieden, weil er eine Doppelstrategie einschlug: einerseits Diplomatie, andererseits weiter Terror. Die israelische Reaktion ließ nicht auf sich warten. Das „Oslo-Abkommen" ist seit 1996 Makulatur. 1994 schloss König Hussein von Jordanien Frieden mit Israel. Es dauerte lange, doch 2020 schlugen die Obrigkeiten der Vereinigten Arabischen Emirate, Bahreins, des Sudan und Marokkos offen diesen Kurs ein. Zuvor nur hinter den Kulissen. Halb sichtbar ist das seit Jahren Politik zum Beispiel der Obrigkeiten Saudi-Arabiens, des Oman, Mauretaniens. Wann wird es ganz sichtbar? Wird es zurückgenommen werden (müssen), weil der Druck von unten zu stark wird? Erst recht im Falle eines Regimewechsels in jenen autoritär-traditionell geführten Staaten? Kein Zweifel, diese Obrigkeiten sind bestenfalls autoritär und alles andere als demokratisch. Aber Ägyptens islamistischer Präsident Mursi, der, aus dem Koran zitierend, Juden „Affen und Schweine" nannte, wurde 2012 demokratisch gewählt. Ebenso die Hamas 2006, ebenso und mehrmals seit 2002 wiederholt der türkische Ministerpräsident, seit 2014/2017 Staatspräsident Erdoğan, der aus seinem bislang nur diskriminatorischen Antijudaismus kein Hehl macht. Haben „die" Juden tatsächlich nur die Wahl zwischen Pest und Cholera?

Juden im Okzident

In Rom und Italien, in Hellas, Südfrankreich und Südspanien lebten bereits lange Juden im Abendland, das damals noch nicht christlich und ganz selbstverständlich „heidnisch" (korrekte Salonsprache: „polytheistisch") war. Ohne lange Literaturlisten sei allein auf die Apostelgeschichte (im Neuen Testament) verwiesen. „Heidenapostel" Paulus wirkte auch in Griechenland, Italien und Rom, wo er, so heißt es, „vermutlich etwa um das Jahr 60 u. Z." als Märtyrer starb. Skizzierend schauen wir genauer hin.

Italien

Rom-Touristen, die den Titusbogen betrachten und dort Juden, die die große Tempel-Menora tragen, erkennen, „wissen": Nach ihrer Niederlage im Jüdischen Krieg (66–70) wurden „die" Juden vom siegreichen Feldherren, dann Kaiser, Titus nach Italien verschleppt. Doch erstens wurden nicht alle Juden aus Land Israel nach Rom verschleppt. Es dürften etwa 50.000 gewesen sein. Sie wurden meistens versklavt, und im Land Israel, in Javne (Jamnia), begannen die ersten talmudischen Weisen ihre Arbeit, die bis ins 4. bzw. 6. Jahrhundert bekanntlich in der jüdischen Heimat sowie auch in Mesopotamien fortgesetzt wurde. Zweitens gibt es zahlreiche Belege für nichtversklavte jüdische Gemeinden seit dem 2. Jahrhundert v. u. Z. in Rom, Ostia und Capua, danach in Hafen-, also Handelsstädten wie Brindisi (Endpunkt der Via Appia), Bari, Tarent oder Otranto.

Überliefert ist zum Beispiel eine zeitweilige Vertreibung von Juden im Jahre 139 v. u. Z. „wegen der angeblichen Sympathie einflussreicher Römer für die Juden". Das Judentum war also für (wie viele?) Römer durchaus attraktiv und die italienisch-europäische Diaspora der Juden keineswegs nur erzwungen. Umgekehrt war Rom zumindest für manche Juden ein (zunächst) lohnender Partner: für Fernhändler ebenso wie für die hasmonäische Gesandtschaft, die 139 v. u. Z, also im Jahr der (kurzfristigen) Vertreibung von Juden aus Rom, die Weltmacht um Hilfe im Kampf der Land-Israel-Juden gegen die Seleukiden bat. Pragmatismus auf beiden Seiten und keineswegs Feindschaft. Langfristig war Roms tatsächlich erbrachte Hilfe der Anfang vom Ende jüdischer Staatlichkeit oder, im Bild gesprochen, so etwas wie ein Trojanisches Pferd. Dem Sieg über die Seleukiden folgte nämlich ein jüdischer Bürgerkrieg, bei dem eine jüdische Seite Rom um Hilfe bat (1 Makkabäer 15,15–24), die gewährt wurde und schließlich zur machtpolitischen Romanisierung Judäas führte, ihrerseits langfristig die Weichenstellung für den jüdischen Aufstand bzw. (Guerilla-)Krieg gegen die römischen Besatzer. Diesen Krieg verloren die Juden. Das war, nach dem freiwilligen Ortswechsel von Juden in den Westen, der Beginn der erzwungenen europäischen West-Diaspora. Wie woanders gab es auch in Italien Abweichungen vom beschriebenen diasporajüdischen Muster, doch keine Abweichungen an dessen Substanz. Auch hier stellten Herrschende ihrer wirtschaftlichen Interessen wegen die Juden unter ihren Schutz – gegen die immanente Aggression des Pöbels. Dieser staats- und privatwirtschaftlichen Schutzmacht galten die Juden als „Du-

IV. Geografie: Das Land Israel und die mehrfache Diaspora

katenesel". Die immanent abrufbare antijüdische Aggression hatten jene Herrscher nicht zuletzt selbst mitverschuldet, indem sie antijüdische Hetze nicht eindämmten. Wie überall war jener Schutz also doppelbödig. Das gilt selbstverständlich und ganz besonders für den Schutz, den die Päpste den Juden gewährten. Außer der allgemein üblichen Doppelbödigkeit des Judenschutzes hatte ihrer eine zusätzliche, theologische Dimension: Der in vielen Kirchen im Mittelalter auch bildhauerisch dargestellte „Triumph" der „Ecclesia" (Kirche) über „Synagoga", also des Christentums über das Judentum, bedurfte der Zeugenschaft. Die Demütigung der Juden „musste" im Alltag der Menschen sichtbar werden. Dafür brauchte man lebendige Juden, keine toten. Erfinder dieser doppelten „Schutzherrschaft" war Papst Gregor I. („der Große", um 540–604; vgl. Brechenmacher, Der Vatikan und die Juden).

Trotz „Schutzherrschaft" gaben Päpste mehrfach den Ton antijüdischer Hetze an. Das gilt sowohl für das Startsignal der Kreuzzüge durch Urban II. 1095 als auch für die antijüdische Eskalation des Vierten Laterankonzils 1215 unter Innozenz III., die Verfügung Pauls IV. über die Errichtung des römischen Ghettos 1555, die zeitweise Vertreibung der Juden 1569 unter Pius V. aus dem Kirchenstaat mit Ausnahme von Rom und (der Hafenstadt!) Ancona oder für das 1682 von Papst Innozenz XI. gegen Juden verhängte Geldhandelsverbot, das zur Verarmung der zuvor meist wohlhabenden Juden führte.

Immerhin: Zu längerfristigen Judenverbannungen oder großen Judenvertreibungen kam es in Italien nicht. Und wenn, waren sie kurz – und ökonomisch abgefedert. So bezeugte Großherzog Cosimo I. 1567 seine „Christlichkeit", indem er die Juden der Toskana dazu zwang, an ihrer Kleidung das „Schandmal" zu tragen. 1570/71 wurden sie aus seinem Kleinreich verbannt – nur nicht aus Florenz und Siena. Das wäre ökonomisch denn doch zu viel des „Guten" gewesen. Sowohl im 15. als auch im 16. Jahrhundert wurden in Italien regelrechte Flüchtlingswellen aus Spanien, Portugal, Frankreich und Deutschland aufgenommen – keineswegs zum wirtschaftlichen Schaden Italiens. Besonders dank der Flüchtlinge aus Spanien sowie Portugal und ihrer Nachfahren blühte in Italien bis zum 18. Jahrhundert die jüdische Kultur auf. „Sicher ist sicher": Sie „durften", also mussten, ins Ghetto. Anders in Livorno, das bald den Beinamen „Paradies der Juden" erhielt. Kein Ghetto, sondern bürgerliche Gleichberechtigung und Autonomie in dieser ab 1571 erheblich ausgebauten und erweiterten Hafenstadt, ermöglicht 1593 im Rahmen der zwischen 1590 und 1603 von Großherzog Ferdinand I. erlassenen „Leggi Livornine", die allen Händlern Glaubensfreiheit sicherten. Wie so oft und fast überall auch außerhalb Italiens hörte der Antijudaismus auf, wo und wenn Juden als Entwicklungshelfer, Finanziers und Modernisierer gebraucht wurden. Im restlichen Italien fielen die Ghettomauern erst 1796 – durch Napoleon, den französischen Eroberer Norditaliens. Dass Italiens Juden im Zuge des Freiheitskampfes im 19. Jahrhundert mehr auf den erhofften Erneuerer Garibaldi als auf den ersten italienischen Ministerpräsidenten Cavour setzten, überrascht nicht. Sie hatten zwar aufs „falsche Pferd" gesetzt, erhielten aber 1870 Rechtsgleichheit. Sogar in der frühen Ära von Faschistenführer Mussolini blieben Juden unbehelligt. Erst die Rassengesetze des Jahres 1938 brachten eine dramatische Verschlechterung. Im Vergleich mit dem deutschen Faschismus schien sie fast operettenhaft – und dennoch schlimm genug. Vor allem während der Endzeit des „Duce", in der Republik von Salo, vom September 1943 bis April 1945 wurden Juden den NS-deutschen Mördern ausgeliefert. Ein Drittel der italienischen Juden fiel ihnen zum Opfer. „Resistenza", Widerstand gegen die deutschen Besatzer und deren Judenmorden? Es gab ihn, aber deutlich seltener als in den postfaschistischen Legenden Italiens. Nicht anders als in den meisten Staaten Europas. *Diese Tatsache dürfte die überzeugendste Erklärung dafür sein, dass „die" Juden, nicht nur in Israel, nach dem sechsmillionenfachen Judenmorden Sicherheitsversprechen gegenüber eher skeptisch sind.*

Spanien

Als „Goldenes Zeitalter" interreligiöser Toleranz zwischen den drei monotheistischen Religionen besingt die Schulweisheit die Epoche muslimischer Herrschaft auf der Iberischen Halbinsel zwischen 711 und 1492 u. Z. Leider ist diese Hymne zu schön, um wahr zu sein. Brian Catlos, der hierzu die derzeit wohl kenntnisreichste Studie veröffentlicht hat, zieht ein freundliches, doch nüchterneres, faktenbezogenes Fazit (Catlos, al-Andalus, S. 443): Die „Zusammenkunft und Zusammenarbeit von Angehörigen unterschiedlicher ethnischer und religiöser Gemeinschaften" in al-Andalus soll man besser „nicht im Namen eines Ideals der Toleranz, sondern aus Zweckmäßigkeit und aus praktischem Nutzen" betrachten. Einmal mehr unser Muster: Nach getaner Arbeit konnte „der Jude" gehen, und wenn er „Glück" hatte, kam er lebend davon. *Alles spricht für Toleranz. Sie ist das*

IV. Geografie: Das Land Israel und die mehrfache Diaspora

Ideal. Doch bei den meisten Menschen tritt die Toleranz-Tat weit hinter das Toleranz-Wort zurück. Dagegen orientiert sich Zweckmäßigkeit an Interessen, und die binden faktisch – wenngleich ohne große Worte. Weil man selbst kein Unfallopfer werden möchte, hält man sich an die Straßenverkehrsordnung. Weil Muslime, Juden und Christen zu einer bestimmten Zeit in al-Andalus aus Eigennutz teils gleiche Interessen hatten, blühte das Gemeinwesen auf.

Der Reihe nach. „Golden" war die muslimische Ära vor allem zwischen 929 und 1030. In dieser Ära hatten alle drei Großgruppen vom Miteinander einen großen praktischen Nutzen. Vorher und nachher bedarf das herkömmliche Bild einiger Korrekturen.

Juden in „Sfarad" bzw. „Spanien" werden bereits sehr früh erwähnt, im Buch des Propheten Obadja 1,20: „und die Weggeführten von Jerusalem, die in Sefarad sind, werden die Städte im Südland besitzen". Wie früh ist jenes „Früh", wann hat der Prophet Obadja gelebt? Die Datierungen der Gelehrten sind „haargenau": um 800 v. u. Z. sagen die einen, Mitte des 6. Jahrhunderts v. u. Z. sagen die anderen. Einerlei, lange vor der erzwungenen europäischen Diaspora (70 u. Z.) sowie vor der Festigung von Christentum und Islam lebten Juden in Spanien, wo das Handelsvolk der den Juden wohlgesonnenen Phönizier bzw. deren „Tochter"-Polis Karthago herrschte. Im Jahre 206 v. u. Z. verlor Karthago Iberien an Rom. Wo Rom, dort Handel, und wo Handel, dort Juden. Mehr als vorher. Freiwillig. Brenzlig wurde es für sie seit dem frühen 4. Jahrhundert. Seitdem ging das Christentum im gesamten Römischen Reich in die Offensive. Glück im Unglück für die Juden Iberiens: Seit der zweiten Hälfte des 5. Jahrhunderts eroberten die arianisch-christlichen Westgoten die Halbinsel. Anders als die römisch-katholischen betrachteten die arianischen Christen Jesus nicht als Christus bzw. Messias und zugleich als Gottessohn plus Gott plus Heiligen Geist (Trinität), sondern „nur" als Propheten, als herausragenden Menschen. Ihre Christologie stand somit dem Judentum erheblich näher als die römische. Kein Wunder, dass der römisch-katholischen Kirche der Arianismus seit 321 u. Z. (Konzil von Nicäa) als Ketzerei galt – womit sie die letzte Brücke zum Judentum – und später Islam! – abriss.

Dann die Wende. Im Jahre 587 trat Westgotenkönig Rekkared I. zum römisch-katholischen Glauben über. Damit verringerte er die Distanz zwischen der traditionell römisch-katholischen Bevölkerungsmehrheit und dem Königshaus. Die Mehrheit des Adels blieb jedoch arianisch. Im gesamten 7. Jahrhundert tobte ein Krieg zwischen der westgotischen Monarchie und Aristokratie. Die Schulweisheit sagt: 711 überquerten muslimische Berber die Straße von Gibraltar und eroberten und islamisierten die Iberische Halbinsel. Neuere Forschungen der interdisziplinären „Inarah"-Gruppe kommen zu einem anderen Schluss (vgl. bilanzierend Köster, Der missverstandene Koran): Der arianisch-westgotische Adel habe zu Beginn des 8. Jahrhunderts arianisch (!)-christliche (nicht muslimische!) Berber zu Hilfe gerufen und das katholisch-westgotische Königshaus vertrieben. 711 habe keine Invasion stattgefunden, sondern eine Revolution von innen mit Hilfe von außen. Erst allmählich habe sich auf der Iberischen Halbinsel, wie im Orient, um 800 u. Z. das arianische Christentum zum Islam gewandelt.

Wichtig für die jüdische Geschichte: Die Juden Iberiens standen – was Wunder? – auf Seiten der arianischen Aristokratie und deren Partner. Solange Iberien nicht römisch-katholisch wurde, blieben demnach die Rahmenbedingungen für Juden günstig.

Al-Andalus leuchtete wirklich zwischen 929 und 1030 – in der Epoche des Kalifats von Cordoba. „Triumph" überschreibt Catlos den Teil seines Buches, das jene Zeit behandelt und in der die „Sonne im Westen aufgeht". Dieses muslimische Licht bewirkte viel Positives. Abgefedert wurde die interne Rivalität zwischen Arabern und Berbern. Der innerchristliche Gegensatz verlor an Bedeutung, und den Juden (er)ging es gut. Die vermeintlichen „Eroberer" waren zwar auch Arianer (oder Früh-Muslime, die ebenfalls kategorisch die Trinitätslehre verwarfen), doch als Berber und Araber eine Minderheit, zudem eine fremde. Sie wären von allen guten Geistern verlassen gewesen, die höchst fähigen, fleißigen und kollaborationswilligen, also nützlichen Juden zu drangsalieren oder gar zu liquidieren. Mit den arianischen Westgoten und Restiberern bestand ohnehin bereits ein gutes Einvernehmen.

Es ging den Juden in den ersten Jahrhunderten von al-Andalus so gut, dass sie, „gute jüdische Tradition" fortführend, ihren internen geistig-geistlichen Kontroversen mit oder ohne Kabale nachgehen konnten: Hie rabbinisch-talmudisches Judentum, dort die Karäer, die (lange vor Martin Luther und freilich nicht auf Latein) „sola scriptura" verlangten, also die alleinige Geltung der Torabestimmungen ohne rabbinisch-talmudische (Um-)Interpretationen, denn das ist nicht zu bestreiten: Oft und faktisch, doch nicht in der vorgeschobenen Präsentation, widersprechen die Talmud-Erklärungen und -Bestimmungen denen der Tora eindeutig. Mitte des 12. Jahrhunderts war das karäische Judentum nur noch eine Randerscheinung. Inspiriert von der islamischen Mystik des Sufismus (Catlos,

IV. Geografie: Das Land Israel und die mehrfache Diaspora

al-Andalus, S. 306) entwickelte sich die Kabbala als jüdische Mystik und etwa gleichzeitig die christlich-europäische Mystik.

Jenes muslimische Licht über al-Andalus bewirkte, dass die einheimischen Iberer, bis ins 8. Jahrhundert mehrheitlich arianische sowie auch katholische Christen, Ende des 11. Jahrhunderts mehrheitlich und freiwillig (!) Muslime waren.

Die Zentralmacht im Einheitsstaat von Cordoba zerfiel, und 1030/31 fiel das Kalifat. Es folgten bis ca. 1220 Bürgerkriege und Chaos. Es war die Zeit der „fitna", des innerislamischen Ringens, das zur staatlichen Zersplitterung führte. 30 unabhängige islamische „Reiche" entstanden. Sie glichen eher Stadtrepubliken (Catlos, al-Andalus, Teil IV). In diesen Bürgerkriegen gab es keine religiösen Fronten, nur machtpolitische. Mal kämpften Christen mit Muslimen, mal gegen sie, ähnlich Muslime mit und gegen Muslime oder Christen. Die Juden waren zahlenmäßig so unwichtig, dass sie nicht mitkämpften, wohl aber die eine oder andere Seite mit politischem Rat, finanzieller Tat oder beidem unterstützten. Jeweils die Seite, die ihnen jüdisches Leben ermöglichte, und das geschah durchaus. Im allgemeinen Chaos, jeder gegen jeden, traf es auch Juden, zum Beispiel 1066 in Granada. Rund 4000 wurden ermordet. Folglich werden in vielen Darstellungen diese blutigen Ereignisse als „Pogrom" bezeichnet. Brian Catlos schreibt (S. 234): „Das trifft sicherlich nicht zu." Yusuf, quasi der Repräsentant der Juden Granadas, wollte den örtlichen „König" stürzen und ihn beerben – „und alle, die als seine Verbündeten galten, unter ihnen in der Tat viele unschuldige Juden, wurden nicht wegen ihrer Religion, sondern wegen ihres Verrats getötet. In der andalusischen Politik des 11. Jahrhunderts war dies ein ‚normaler' Vorgang und unterschied sich kaum von dem Massaker der Cordobeser an der berberischen Bevölkerung zu Beginn der fitna." Das jüdische Leben der Stadt „blühte in den nachfolgenden Jahren weiter auf". Einen Widerspruch hat Catlos in seiner Antwort selbst erzeugt: Warum wurden so viele (die meisten?) Juden getötet, wenn sie unschuldig waren, und warum als Gruppe und gerade diese Gruppe? Man könnte Catlos mit seinem eigenen Argument widerlegen: Wenn Yusuf „quasi der Repräsentant der Juden" war, galt der Volkszorn „den" Juden und eben nicht nur den aufgeflogenen Rebellen.

Vergessen wir nicht: Jene Zeit war die Ära der zunehmend erfolgreichen Reconquista, also der Rückeroberung der Iberischen Halbinsel durch katholische Christen, die weit über Iberien hinaus in die Offensive gegangen waren: Nur 30 Jahre nach dem „Pogrom" von Granada begannen die Kreuzzüge. Die deutsche Besiedelung über die Elbe hinaus ostwärts, Richtung Oder und Baltikum, der deutschchristliche, „hochmittelalterliche Landesausbau", zuvor „Ostkolonisation" genannt, war im Gange. (Der Begriff „Landesausbau" soll Distanz zum meist überseeischen Kolonialismus und Imperialismus der Neuzeit schaffen, mit dem „die" Deutschen im Vergleich zu anderen Europäern deutlich weniger belastet sind. Aus meiner Sicht handelt es sich hier um eine Überzuckerung der deutschen Geschichte, denn die Praktiken der „Landesausbauer" waren ungefähr so „human" wie die der Kolonialisten.)

Die Eroberung Toledos (1085) markiert einen Einschnitt. Freilich täuscht der gängige Begriff christliche „Wiedereroberung". Von einem „Wieder" konnte nur oberflächlich die Rede sein, denn das nun sich in Iberien ausbreitende Christentum war römisch-katholisch und nicht, wie bis 711, mehrheitlich arianisch und somit alles andere als juden- und islamfreundlich.

Obwohl sowohl die katholische als auch die muslimische Seite Kämpfer und Förderer der jeweils anderen Religion in ihren Reihen aufbot, wurden die iberischen Kriege und Konflikte bis 1492 (und darüber hinaus) politisch konfessionalisiert. Der Fall Toledos, der Vormarsch „der" Christen in Iberien rief die frisch zum Islam konvertierten und (daher?) fundamentalistischen nordafrikanischen Berber der Almoraviden auf den Plan. 1086, kurz nach Toledos Fall, „halfen" sie den geschwächten islamischen Teilstaaten als „Befreier", um sich dort 1090 als Besatzer festzusetzen. Die Begeisterung von Juden und Christen (jedweder Ausrichtung) hielt sich in Grenzen, so dass sie die Grenzen von al-Andalus gen Norden überschritten. Die dort jeweils herrschenden Christenherrscher nahmen sie freudig auf. Diese hochkultivierten Juden und Christen waren als „Kolonisatoren" und Modernisierer nützlich, denn der Fortgang der Konfrontation mit dem islamischen Süden war absehbar. Nicht das Ob, nur das Wann war fraglich. Vorsorge tat not, und in dieser Christen-Not war jeder auch nichtchristliche Nothelfer willkommen – „sogar" Juden, die in anderen, seit langem fest christlichen Regionen – wie an Rhein, Main, Mosel und Donau – schon bald (seit dem Ersten Kreuzzug ab 1096) diskriminiert und liquidiert wurden. Da zudem im 11. Jahrhundert auch unter den christlichen Fürsten Machtkämpfe tobten, wollte fast jeder Fürst Zuwandererelite für sich gewinnen.

Ganz ohne Hilfe und nur gegen die einheimisch-iberischen Funktionseliten konnten die Almoraviden „keinen Staat machen". Auch nicht die

IV. Geografie: Das Land Israel und die mehrfache Diaspora

Almohaden-Berber, die in Südiberien von 1147/49 bis 1235 dominierten. Die Iberische Halbinsel war seit Mitte des 12. Jahrhunderts zweigeteilt, in den christlichen Norden und den islamischen Süden. Weder hier noch dort war es „zweckmäßig", die jeweiligen Wirtschafts- und Bildungseliten zu vertreiben oder zu ermorden. Nur ein bisschen. So ergab sich für die Juden nun eine mehrschichtige Wirklichkeit. Zwar „verschwanden" (Catlos, al-Andalus, S. 273) die Gemeinden Cordobas und Granadas, doch andere blieben oder blühten auf. 1149 „durften" die Juden und Christen Cordobas wählen: Konversion zum Islam oder das Land verlassen. Der bedeutende jüdische Philosoph, Religionsgelehrte und Arzt Maimonides entschied sich, wie viele andere, für Auswanderung, eher Flucht, über Marokko nach Kairo.

Mit ihrer dauerhaften „Zweckmäßigkeit" für zunehmend radikale Muslime und Christen konnten die Juden um 1200 nicht rechnen. Fundamentalistisch waren die Almohaden-Berber, die Iberien und Nordafrika dominierten, und vorhersehbar heikler wurde jüdische Existenz in der gesamten katholischen Welt seit dem Vierten Laterankonzil von 1215, auf dem die antijüdische Gangart der Kirche weiter verschärft wurde. Gleichzeitig wurde das christliche Territorium auf der Iberischen Halbinsel Zug um Zug größer, das islamische kleiner, gar winzig im Vergleich zur Frühzeit. Die letzte Bastion war von 1238 bis 1492 das nasridische Sultanat/Emirat/Königreich Granada mit den Hafenstädten Málaga und Almería, ein blühendes Gemeinwesen – mit nur wenigen Christen und etwa 2000 Juden. Deren Leben im christlichen Spanien hing am seidenen Faden. Begonnen hatte es im ersten Pestjahr,1348, und eskalierte: landesweite Judenverfolgungen und -morde in den (nenn)christlichen Landesteilen, besonders 1378 sowie 1391 in Sevilla. Trotzdem – immer noch waren die Juden als Wirtschafts-, Bildungs- und medizinische Elite nicht ganz verzichtbar, selbst die monarchischen Judenvertreiber von 1492, Ferdinand und Isabella, benutzten „ihre" Juden bis zum bitteren Ende, der Vertreibung, dem spanisch-katholischen Vorläufer der „Endlösung der Judenfrage". Einer jener Juden war der aus Lissabon stammende Kaufmann, Philosoph, Bibelkommentator und bis 1481 „Finanzminister" des portugiesischen Königs Alfonso V. sowie von 1484 bis 1492 des spanischen Königspaares Ferdinand und Isabella Isaak Abarbanel (1437–1508). Ohne seine Finanzhilfen hätten die beiden Katholischen Könige den Krieg gegen Granada weder führen noch gar bis zum 2. Januar 1492 gewinnen können. Nichts half. Im selben Jahr wurden (Expertenberechnungen schwanken) zwischen 160.000 und 400.000

spanische Juden durch den Ausweisungsbefehl vom 31. März 1492 vertrieben, auch Abarbanel. Er floh, wie viele andere nach Italien, wo auch nicht alle Tore offenstanden, andere nach Bordeaux, Amsterdam, Antwerpen, später nach England und Nordamerika, aber vor allem in die, jawohl, islamische Welt: Viele Juden wanderten ins Osmanische Reich aus, zu dem auch Land Israel mit den Wunschzielen Safed und Jerusalem gehörte. Viele zog es nach Nordafrika und Persien. Die meisten, etwa 100.000, suchten in Portugal Schutz. Doch damit war es schon 1497 vorbei. Portugal folgte dem spanischen „Vorbild". Die einheimische Monarchie, Aristokratie und Bourgeoisie wollten die Pfründe der Neuen Welt lieber unter sich aufteilen. Sozusagen „judenrein" und „moslemrein". Etwa 200 Jahre schien diese Rechnung aufzugehen, aber räumliche und wirtschaftliche Überdehnung, falsche Politik sowie eben vor allem der selbstverschuldete „Brain Drain", also die Vertreibung und Ermordung der Bürgerintelligenz bzw. der Infrastruktur des einheimischen Wissens und Könnens, schwächte beide Gemeinwesen. Das war der Preis dafür, dass beide zwar nicht ethisch, doch demografisch christlich waren.

Religiös war Iberien nun „judenrein". Besonders „christlichen" Christen war das nicht rein genug, und auch die Taufe reichte ihnen nicht. „Rein" sollte das Blut der Christen sein. Erstmals 1449 wurde die „limpieza di sangre" („Reinheit des Blutes") in Toledo amtliche Voraussetzung für staatliche und kirchliche Ämter. Ab 1478 nahm sich in Spanien die Inquisition dieses Themas an. Noch heute hält sich in Teilen der Geschichtswissenschaft das Gerücht, die rassistische Dimension des Antijudaismus wäre erst ein Phänomen des ausgehenden 19. Jahrhunderts. Das unterscheide den „modernen" Antisemitismus vom herkömmlichen Antijudaismus. Solche Thesen können nur „Experten" aufstellen, deren Fachkenntnisse mit dem 19. Jahrhundert beginnen.

Militanter, zu Taten drängender Judenhass, kirchlich seit dem Vierten Laterankonzil von 1215 zusätzlich entfacht, war, nicht nur in Iberien, vornehmlich bei zu kurz Gekommenen anzutreffen (Graetz, Geschichte der Juden, Band 5, S. 77). Die Oberen drehten den judenfeindlichen Hahn, je nach Zweckmäßigkeit, auf oder zu, doch die Geister, die sie riefen, wurden sie nicht mehr los. Papst Martin V. (1417–1431) erinnerte die Christenheit ohne viel Erfolg daran, dass die christliche Religion von Juden stamme und das Judentum zur „Bestätigung des Christentums notwendig" sei (Graetz, Geschichte der Juden, Band 5, S. 33). „Notwendig" als Zeugenschaft der „Triumphierenden Kirche". Im Klartext einmal mehr und immer wieder:

Diskriminierung ja, Liquidierung nein, denn tote Zeugen können keine Zeugenschaft ablegen, die Augustinus empfahl.

Nicht „nur" Judenhass oder Theologie motivierten manche Geistliche, „Blutreinheit" als Voraussetzung kirchlicher Ämter zu verlangen. Die Ökonomie spielte eine mitentscheidende Rolle, denn jene Forderung war ein vortreffliches Argument und Instrument, unliebsame innerkirchliche Konkurrenten auszuschalten, und zwar solche, deren Vorfahren oder die selbst ursprünglich Juden waren. Wiederum fühlt man sich an Späteres erinnert. So mancher „rein" deutsche Akademiker, der noch keine Professur innehatte, war ab April 1933 dem NS-„Führer" und Neukanzler höchst dankbar, dass jüdische Lehrstuhlinhaber ihre Posten räumen mussten – nur weil sie Juden waren. Ähnlich wie einst in Spanien half ab 1935 (Nürnberger Gesetze) auch die eigene oder der Großeltern Taufe diesen „Rassejuden" nicht. Und ähnlich wie im damaligen Spanien hatte die Verfolgung der „Rassejuden" einen handfesten materiellen Vorteil: „Rassejüdisches" Eigentum wurde enteignet. Im Dritten Reich nannte man das „Arisierung", wobei schon der selbstgewählte Begriff die rassistische Dimension unverhüllt offen dokumentierte.

Um 1500 schienen Spanien und Portugal dauerhaft Weltmächte zu sein, zu bleiben sowie erst recht ohne Juden und „Mauren" (Muslime) auskommen zu können. „Zweckmäßig" schien es, die ehemals jüdischen und maurischen Funktionen durch brave und „rassenreine" Christenmenschen, die danach dürsteten, ausüben zu lassen. Was für ein Irrtum. Langsam und selbstverschuldet drehte sich das Rad der Fortuna nach unten.

Vom iberischen „Brain Drain" profitierte in erster Linie das Osmanische Reich, das seinerseits Weltmacht wurde und die in Spanien und „Österreich" herrschenden Habsburger nun vom Südosten Europas bedrängte. 1529 und 1683 standen „die Türken" vor Wien. Nicht jüdische Soldaten oder Waffen, doch jüdisches Wissen war an den osmanischen Erfolgen alles andere als unbeteiligt, denn ohne Wissen und Wissenschaft wenig Wirtschaft und ohne starke Wirtschaft kein starkes Militär.

Ebenfalls selbstverschuldet verlor Spanien durch die Vertreibung der wissenschafts- und wirtschaftstüchtigen Juden seine Welthandelsperle: die Niederlande. Mehr als 80 Jahre, von 1568 (teils schon vorher) bis 1648 kämpften die Niederländer um ihre Freiheit gegen Spanien. Ihr ohnehin schon starkes Wirtschaftsbürgertum war durch den Exodus der Juden Spaniens und Portugals noch stärker geworden. So gelang es, den langen Freiheitskrieg ökonomisch abzusichern.

Einmal mehr und immer wieder: Nur kurzfristig konnten die Judenfeinde jubeln. Am Ende zahlten sie die Zeche ihrer selbstverschuldeten Unmenschlichkeit. Jenseits jeglicher Ethik war (und ist) Judenfeindschaft eine Dummheit. Unter Hitler glaubten viele in Deutschland auf diese Lektion verzichten zu können. Weltweit haben viele diese Lehre bis heute nicht verstanden und daher ihr Denken und Handeln nicht korrigiert.

Das „Judenthema" ließ Spanier auch im „judenreinen" Spanien nicht los. Lorenzo de Sepúlveda nahm sich als Erster der legendären Liebesaffäre König Alfonsos VIII. von Kastilien (1155–1214) mit der „Jüdin von Toledo" an, Lope de Vega 1609 dann zuerst in seinem Gedicht „Jerusalén Conquistada" und schließlich in seinem Drama „Die Jüdin von Toledo" 1617 („Las paces de los reyes y judia de Toledo").

Bis weit ins 20. Jahrhundert schien Spanien „judenrein". Tatsächlich – ein wahres Wunder – hielt sich eine Gemeinschaft von Kryptojuden im Land, also Menschen, die nach außen Christen waren, tatsächlich aber wie Juden lebten oder sich als solche fühlten. Erst 1968, noch in der Ära von Diktator Franco, wurde in Madrid die erste Synagoge nach 1492 eingeweiht.

Stichwort Franco – und auch Portugals Diktator Salazar: Beide werden als „Faschisten" bezeichnet. Man mag darüber streiten, ob diese Sammelbezeichnung zutrifft, denn zwischen dem Extremfaschismus des deutschen Nationalsozialismus und dem ebenfalls unmenschlichen, aber eben doch nicht millionenmörderischen Faschismus à la Franco und Salazar bestanden erhebliche Unterschiede. Ein nicht unwichtiger: Beide ermöglichten Juden, die den Fängen Hitler-Deutschlands entkamen, den Transit in die Freiheit – sofern andere Staaten bereit waren, jüdische Flüchtlinge aufzunehmen (vgl. Wolffsohn, Spanien, 1991). Wie die Konferenz von Evian im Juli 1938 bewies, war hierzu außer der von Rafael Trujillo (1930–1961) diktatorisch regierten Dominikanischen Republik kein Land bereit. Nicht einmal die USA unter der angeblich „verjudeten" Präsidentschaft von Franklin Delano Roosevelt (1933–1945). Aus Dankbarkeit gegenüber der Dominikanischen Republik, die ihr und ihres Mannes Leben gerettet hatte, wählte die deutschjüdische Lyrikerin Hilde Palm nach ihrer Rückkehr 1954 das Pseudonym „Domin". Gewiss, die Judenrettungen Trujillos, Francos, Salazars waren taktisch, außenpolitisch motiviert, aber diese Judenrettungen an sich sind unbestreitbar. Die demokratischen Niederlande hatten bereits vor Mai 1940, also vor der Besetzung durch NS-Deutschland, jüdische Flüchtlinge inhaftiert und im KZ Westerbork interniert – sie

IV. Geografie: Das Land Israel und die mehrfache Diaspora

wurden dann in den NS-Vernichtungshöllen liquidiert. *Die niederschmetternde, schmerzhafte „Lehre" aus der (nicht nur jüdischen) Geschichte: Auch Demokratien garantieren keine Humanität. Diktaturen erst recht nicht, aber manche manchmal eben doch, zumindest teilweise. Das macht die Diktatur als Diktatur nicht akzeptabler, doch der Befund betrübt (mich). Jenseits des Schwarz-Weiß-Denkens-und-Fühlens gibt es viel Grau.*

Spätestens seit den 1970er Jahren ist das Thema *„Juden als Sklavenhändler"* auf der Tagesordnung internationaler Politik. Begonnen hatte damit die von Louis Farrakhan geführte afroamerikanische Bewegung Nation of Islam. Zusätzliche Wucht bekam das Thema durch den arabisch-israelischen Konflikt, der zumindest teilweise auch ein islamisch-jüdischer ist. So gelangte diese Debatte auch auf die Agenda von US-Universitäten. Um für „die" Araber gegen Israel zusätzliche Sympathien in Afrika zu gewinnen, warfen arabische Propagandisten „den" Juden vor, tonangebend im Sklavenhandel gewesen zu sein. Das war ein geschickter, offensiver Schachzug, denn „die Muslime ... errichteten ... das größte und langlebigste sklavistische System der Weltgeschichte. Die islamische Sklaverei wurde seit dem 19. Jahrhundert beschönigt" (Flaig, Weltgeschichte der Sklaverei, S. 83).

Dennoch: Unbestreitbar waren vor allem Neuchristen bzw. Marranen/Conversos, also spanische und portugiesische Juden, die sich pro forma hatten taufen lassen, während des 16. Jahrhunderts im Sklavenhandel aktiv (kurz und präzise dazu EJGK, Band 5, S. 505 ff.). Dass die neuchristlichen Sklavenhändler ein jüdisches Leben führten, dass ihnen außer dem nackten Überleben und dem auf Unmenschlichkeit basierenden Profit Jüdisches wichtig gewesen wäre, kann nicht belegt werden. Wenig weist darauf hin (ebd., S. 505 f.). Sehr wohl zu belegen sind Amsterdamer Neuchristen, die im 17. Jahrhundert ins Sklavengeschäft einstiegen. Nicht Religion oder Herkunft, sondern die jeweilige Entfernung von Religion bzw. Verweltlichung scheint ein „Berufsfilter" für Sklavenhändler gewesen zu sein. Im 17. Jahrhundert wurde die Inquisition auch überseeisch aktiv, so dass die Neuchristen aus diesem ebenso schrecklichen wie lukrativen Geschäft verdrängt wurden. Das gleiche „Schicksal" ereilte ohne Inquisition die neuchristlichen sowie die wenigen „echten" jüdischen Sklavenhändler, die englische und niederländische Überseebesitzungen mit „Menschenware" „belieferten". Dieses Geschäft ließen sich die echten (wirklich?) Christen nicht nehmen. Juden blieben meistens vor der Tür.

Wirklich religiöse Juden dürfen, rein theologisch betrachtet, keinen Sklavenhandel betreiben, denn einer der Kernsätze jüdischer Religion, Ethik und (neudeutsch) „Erinnerungskultur" lautet: „Du warst Sklave in Ägypten." Du – und nicht nur unsere Vorfahren. Wer die Pessach-Haggada liest, findet diesen Gedanken mehrfach in unterschiedlichen Formulierungen. Daher überrascht es nicht, dass im 19. Jahrhundert viele Juden Vorkämpfer für die Abschaffung der Sklaverei waren und seit den 1960er Jahren in den USA zu den weißen Pionieren der Bürgerrechtsbewegung gehörten. Aber – siehe oben – die Radikalisierung afroamerikanischer Aktivisten, die anfänglich vor allem eine Islamisierung war und somit eine Verbindung zum islamisch-jüdischen Konflikt schuf, führte zu wechselseitiger Entfernung und bisweilen Entfremdung.

DIE NIEDERLANDE

Diese besondere Mischung aus fünf Fakten, Legenden und Gedanken bestimmt wohl bei den meisten spontan die Wahrnehmung der niederländischen Judengeschichte: Zuerst und vor allem das aus Frankfurt am Main stammende Mädchen *Anne Frank*, das mit seiner Familie während der NS-Besatzung in Amsterdam vom Ehepaar Miep und Jan Gies lange versteckt wurde. Miep Gies hat diese Zeit in ihrem 1987 erschienenen Buch beschrieben. Zweitens „Pfeffersäcke", freundlicher formuliert: wohlhabendes, Handel treibendes und daher weltoffenes, tolerantes *Bürgertum*. Drittens, als Voraussetzung für zweitens: von 1587 bis 1648 *heldenhafter Freiheitskampf* gegen die spanisch-habsburgisch-erzkatholische Unterdrückung, danach die erste freiheitlich-bürgerliche Gesellschaft Europas und dann, siehe eins, Mut und Widerstand in Zeiten der deutschen Besatzung im Zweiten Weltkrieg.

Viertens, zwei und drei sichtbar machend, die Gemälde des *Judenfreundes Rembrandt*. Hell, heller, am hellsten. Ethisch. Doch weder Individuen noch Kollektive sind nur in Schwarz oder Weiß bildlich oder verbal zu malen. Das ändert nichts daran, dass diese Klischees kaum aus der Welt zu schaffen sind.

Fünftens denken denkende und nicht zuletzt auch allgemein religiös interessierte Menschen, Juden ebenso wie Nichtjuden, dankbar und gerne an den großen jüdischen Gelehrten *Baruch Spinoza*.

Gedanke eins, *Anne Frank*, überstrahlt eine dunklere niederländische Wirklichkeit in den Jahren deutscher Besatzung. Das Ehepaar Gies zählte zu einer Minderheit von Niederländern, die Juden versteckten und so ungefähr 16.000 retteten. Das war, gemessen an den jeweiligen Bevölkerungszahlen, „Europarekord". Familie Frank wurde verraten. Von wem? Das ist bislang nicht sicher. Womit wir bei der Schattenseite wären: Dem Verrat an Juden. Die europaweit höchste Denunziationsrate erreichten „die" Niederländer. Die Zahlen kannten Judenretter damals selbstverständlich nicht, aber Miep Gies – ich hatte die Ehre, mit ihr zusammen 1987 in der Münchener Buchhandlung Herder ihr Erinnerungsbuch vorzustellen – bestätigte mir unumwunden: Ja, sie und andere heute als Helden gefeierte Niederländer seien sich damals bewusst gewesen, dass überall einheimische Denunzianten nur darauf warteten, Juden und Judenhelfer anzeigen zu können. Circa 105.000 der im Mai 1940, vor der deutschen Invasion, in den Niederlanden lebenden 140.000 einheimischen plus 30.000 ins Land geflüchteten Juden überlebten die Katastrophe (Schoa) nicht. Schon vor der deutschen Besatzung wurden deutsche Juden, die sich über die Niederlande vor den NS-Verbrechern retten wollten und dabei ertappt wurden, als „feindliche Ausländer" im KZ Westerbork interniert. Als Vernichtungshöllen wie Auschwitz zur Jahreswende 1941/42 „funktionierten", wurden die jüdischen Insassen dorthin transportiert und anschließend liquidiert. (Meine väterlichen Großeltern flohen im März 1939 aus Hitler-Deutschland nach Britisch-Palästina über die Niederlande und Belgien. Der Transit durch die Niederlande erfolgte in einem Kartoffeltransporter, der zu einem Fluchtwagen umgebaut worden war.)

Auch in den Niederlanden gab es nicht „die" Niederländer, die nur Retter wie das Ehepaar Gies oder nur Denunzianten waren. Licht und Schatten. Wie im wirklichen Leben, jenseits kollektiver Klischees. Man verschone uns mit der Legende der Nur-Guten oder Nur-Bösen. Die aus meiner Sicht gelungenste literarische Aufarbeitung der vielschichtigen Ethik der Niederländer von 1940 bis 1945 und lange danach, bis in die 1980er, ist Harry Mulisch in seinem Roman „Das Attentat" gelungen. Weißwäscher geben nicht auf: Im Januar 2022 „belegte" eine Studie, Familie Frank wäre von einem Juden verraten worden (NZZ, 17.1.2022). *Opfer werden in Täter verwandelt. Manche können den Juden den Holocaust nicht verzeihen ...*

Gedanke zwei: *„Pfeffersäcke"* bzw. wohlhabendes *(Welt-)Handelsbürgertum*. Ohne in Einzelheiten einzusteigen, ist dieses Stichwort zugleich Chiffre für eine dominant ökonomisch-funktionalistische Ethik. Konkret: Waren Juden „nützlich", geboten es Vernunft und daraus abgeleitete Moral, sie frei und unbedroht leben zu lassen. Sie sollten unbedingt ihr Potenzial

zugunsten der Volks- und Betriebswirtschaft einbringen. In der allgemeinen Soziologie der Judenretter sind daher deutlich weniger wohlhabende als „einfache" Bürger zu finden. Nicht nur in den Niederlanden.
Gedanke drei, *Freiheit* für alle knüpft an den zweiten an.
Gedanke vier, *Judenfreund Rembrandt*: Unstrittig bleibt,
- dass Rembrandt nicht nur ein herausragender Maler war, sondern auch der erste, der Alltagsjuden nicht klischee- und fratzenhaft karikierte und somit diskriminierte, sondern als „Menschen wie du und ich" zeigte;
- dass Rembrandt recht viele jüdische Auftraggeber hatte. Am niederländischen Welthandel beteiligten sich auch Juden erfolgreich. Kein Wunder bei einem Volk mit so langer Handelstradition. Dass die jüdischen Auftraggeber liberalreligiös waren, leuchtet auf Anhieb ein. Das vermeintliche Bilderverbot ignorierten sie offensichtlich. Nebenbei: Dass es im Judentum ein Bilderverbot gibt, gehört in den Bereich der Legenden. Das biblische Verbot, im (je nach Zählweise) zweiten Gebot, bezieht sich auf Götzen(!)bilder;
- dass Rembrandt, zumal in der Nähe des Judenviertels wohnend, viele Juden kannte.

Nichts hat ewigen Bestand, schon gar nicht in der Wissenschaft. In einer der neuesten Rembrandt-Biografien bestreitet Autor Gary Schwartz (2006), dass der Künstler ein Judenfreund gewesen sei. Einer der „Beweise" sei eine heftige gerichtliche Auseinandersetzung mit (s)einem jüdischen Nachbarn. Nachbarstreit als Indikator für „Antisemitismus"? Die Aktenfakten mögen stimmen, aber misst der Autor damit das, was er „(be)messen" will?
Zu Gedanke fünf, *Spinoza* (1632–1677): Kein Zweifel, Spinoza war ein herausragender niederländisch-jüdischer Philosoph portugiesischer Herkunft und einer der frühesten Religionskritiker. Wer seine höchst anspruchsvolle „Ethik" liest, weiß, dass er sowohl Rationalist als auch gläubiger Mensch war. Trotzdem, besser: gerade deswegen, verstand er die Bibel nicht wortwörtlich, sondern historisch-kritisch. Lange vor der „modernen" Bibelkritik sind seine 1670 veröffentlichten Bibelanalysen im „Theologisch-Politischen Traktat" ein zeitloses Dokument, das zeigt, wie Wissen durch atemberaubende Denkschärfe und den „Mut, sich seines eigenen Geistes zu bedienen" eingeordnet – und verstanden – werden kann. Dabei sollte nicht übersehen werden, dass dieser Text auch ein innenpolitisch-niederländisches Ziel im Auge hatte: die Liberalen um

IV. Geografie: Das Land Israel und die mehrfache Diaspora

Johan de Witt gegen die calvinistische Orthodoxie zu stärken (EJGK, Band 6, S. 147 ff.).

Baruch Spinoza war eine Zier für das „Volk des Buches". Leider sahen das seine und manche unserer jüdischen Zeitgenossen anders, und wer ihn zu einem Gottesleugner verketzert, kennt oder versteht seine Schriften nicht. Gleich am Anfang seiner „Ethik", unter dem Stichwort „Definitionen", umschreibt Spinoza Gott als „das absolut unendlich Seiende, d. h. die Substanz, die aus unendlichen Attributen besteht, von denen ein jedes ewiges und unendliches Wesen ausdrückt" (Spinoza, Die Ethik, S. 5, auch S. 685, 699; Jaspers, Spinoza, passim). Ketzer schreiben anders.

1656, Spinoza war 23, verhängte die portugiesisch-jüdische Gemeinde Amsterdams den Bann („Cherem", ch wie in „ach") über diesen vermeintlichen „Ketzer". Noch heute rechtfertigt die jüdische Orthodoxie in und außerhalb Israels diese Quasi-Exkommunikation. Selbst die Fürsprache von Israels Gründervater David Ben Gurion – er war philosophisch, religiös und historisch hochgebildet – änderte diesen absurden Bannstrahl nicht. Absurd deshalb, weil – und das entscheidet – in Traktat Synhedrin VI, II, Fol. 44a des Babylonischen Talmuds verfügt wird: „Ein Jude, auch wenn er gesündigt hat, so ist er dennoch ein Jude." Nicht nur jüdische Fundamentalisten, die sich sonst an die Wortwörtlichkeit der Schriften halten, verdrehen den Wortsinn, wenn er ihnen nicht passt. Die Anhäufung erlernten Wissens garantiert nie und nirgends Verstehen und Verständnis.

Spinoza war kein Einzelfall. Weder allgemein noch bei den jüdischen „Pfeffersäcken" Amsterdams. Sie waren gegen den aus Porto stammenden Religionsphilosophen Uriel da Costa (1585–1640) ähnlich rigoros vorgegangen. Noch vor dem nach ihm geborenen Spinoza hatte die Gemeinde 1623 sowie erneut (!) 1633 den Bann über ihn verhängt. Noch früher hatten das die Rabbiner Hamburgs und Venedigs getan. Ironie der Geschichte: Costa war als Sohn von „Marranen" (jüdische Scheinchristen) als Katholik erzogen worden und hatte sich freiwillig, nach intensiven Studien, dem Judentum zugewandt, lehnte dann aber das talmudische Judentum als Verfälschung des biblischen ab und endete nach entwürdigenden Demütigungen durch Amsterdams Juden *und* Nichtjuden als fundamentaler Kritiker jeglicher Religionen im Selbstmord (Kastein, Uriel da Costa). Spinoza und da Costa – zwei jüdische Tragödien, ganz und gar unwürdig des „Buchvolks". 1624 fanden „brave" Christen und (!) Juden zusammen. Der Amsterdamer Stadtrat und die jüdische Gemeinde veranstalteten in diesem Jahr eine öffentliche Verbrennung von da Costas Untersuchung über die pharisäischen Traditionen, in der er – gegen fundamentale Glaubenssätze des talmudischen, also gültigen, Judentums sowie des Christentums verstoßend – die Sterblichkeit der Seele bewies bzw. deren Unsterblichkeit bestritt.

Weit über das Judentum hinaus personifizieren Spinoza und da Costa, diese beiden Geistes- und Charakterhünen, das jedem unabhängigen Denker in jeder Gesellschaft zu jeder Zeit und überall drohende Schicksal totaler Vereinsamung durch Verketzerung.

Bis zur Vertreibung der Juden aus Spanien und Portugal sowie dem vornehmlich kosakischen Judenschlachten 1648/49 in Polen lebten nur wenige Juden in den Niederlanden, genauer: flohen dorthin. Die wenigen, die dort schon seit der Karolingerzeit zuhause waren, wurden, dem europäischen Muster entsprechend, während der Großen Pest 1348/49 vertrieben.

Nichts Neues auch bezüglich der „Willkommenskultur". Seit den 1560er Jahren kämpften besonders die calvinistisch-protestantischen Niederländer gegen das erzkatholische, habsburgische Spanien (das bekanntlich zuvor die Juden vertrieben hatte …) um ihre Unabhängigkeit, die sie schließlich 1648 erlangten. Zunächst war die calvinistische Geistlichkeit (sobald es sie im 16. Jahrhundert gab) nicht sonderlich darauf erpicht, Juden oder jüdische Scheinchristen (Marranen) aufzunehmen. Doch bald erkannten auch sie den wirtschaftlichen und damit letztlich auch militärisch ummünzbaren Vorteil, Juden nicht nur zu dulden, sondern ihren Verbleib rechtlich zu verankern. So geschehen zuerst 1604 in Alkmaar und 1605 in Rotterdam und Harlem. Eine echte niederländische Besonderheit war die 1619 beschlossene Entscheidung, dass jede Stadt ihre eigenen Judengesetze anwenden dürfe. Ein klares Zeichen für das Selbstbewusstsein der Handelsbourgeoisie. Die fromm-christlichen „Pfeffersäcke" trennten feinsäuberlich zwischen Gott und Geschäft. Vielleicht hielten sie diese Haltung für die Aktualisierung des Jesus-Spruches (Matthäus 22,21): „Gebt dem Kaiser, was des Kaisers ist, und Gott, was Gottes ist". Das Eis war dünn. 1634 verhängte Amsterdam, wo der Großteil der niederländischen Juden lebte, gegen die Juden berufliche Beschränkungen. Bis zur Französischen Revolution bzw. Eroberung durch Frankreich (1795–1813) erlangten die Juden zwar keine vollen Bürgerrechte, doch im Vergleich zu ihren Glaubensgenossen im übrigen Europa ging es ihnen gold, *denn Gelderwerb setzt Rationalität voraus. Hier bewirkte sie „Humanität" als ökonomische und weniger moralische Ethik.* 1799 ein ganz anderes Bild: dramatische Verarmung der niederländischen Juden. 54 Prozent der zuvor wohlhabenden Juden aus Portugal brauchten finanzielle Unterstützung durch die Gemeinden. Wie das? Inzwischen waren die niederländischen Kaufleute in der Lage, auch ohne Juden ihre lukrativen Geschäfte zu betreiben. Man kickte sie raus. Nicht durch Vertreibungen, es gab genug Geschäftsmethoden, um dieses Ziel „elegant" zu erreichen. Der internationale Wettbewerb war härter geworden und die Niederländer nicht mehr so stark wie früher. Wie reagierten „die" Juden? Immer mehr wechselten in die freien Berufe, und so wurden viele – keine Überraschung – zum Beispiel erfolgreiche Ärzte. 1798 erhielten die niederländischen Juden Rechtsgleichheit – durch die französischen Eroberer. Inzwischen hatte sich das Zahlenverhältnis zwischen aschkenasischen und ex-portugiesischen Juden vollkommen verändert. 1809 waren es insgesamt 48.609 Aschkenasen (davon 31.500 in Amsterdam) und 5000 „Portugiesen".

Das Herrscherhaus von Oranje kehrte zurück und richtete 1814 einen Jüdischen Zentralrat („Oberkonsistorium") ein. Das war das Ende der internen Autonomie, und die „Portugiesen" weigerten sich beizutreten. Wieder einmal ein schlagender Beweis gegen die Legende von der „innerjüdischen Solidarität". 1870 wurden zwei jüdische Räte staatlich genehmigt: ein aschkenasischer und ein sefardisch/portugiesischer. Wohlhabend war die Mehrheit beider Gruppen nicht (mehr), aber streiten konnten sie immer noch gut. Im Laufe des 19. Jahrhunderts, im Rahmen der allgemeinen Säkularisierung, also der Distanz zur Religion, besserte sich ihre wirtschaftliche Situation. Sie gingen nämlich zuerst in die Wissenschaft, sprich: an die Universität – Medizin und Jura vor allem – und verdienten dann gut durch erfolgreich angewandtes Wissen. Die jüdischen Oberschichten assimilierten sich ebenso rasant wie in anderen westeuropäischen Staaten. Der Mischehen-Anteil allein in Amsterdam betrug 1900 rund 13 Prozent und 1930 circa 40 Prozent. Das Muster ist bekannt. *Wie in Deutschland hätten die Antisemiten nur warten müssen, dann hätte die jüdische Gemeinschaft organisch, biologisch das Zeitliche gesegnet.*

England – Auch die Mutter passt ins Muster

England, Großbritannien, das Mutterland des Parlamentarismus, passt – mit zeitlichen und inhaltlichen Abweichungen – ebenfalls ins judenhistorische Muster.

Wieder seien die großen Linien gezeichnet. Britanniens Judenheit lebte und lebt im Zentrum allen britischen Daseins, es war und ist – natürlich – urban.

Die Schulweisheit besagt: Erst mit den Normannen, ab 1070, nach der für Wilhelm den Eroberer siegreichen Schlacht von Hastings (1066) über die Dynastie der Angelsachsen und Dänen (1013–1066), seien Juden auf der Großinsel nachweisbar. Ich halte das für höchst unwahrscheinlich, denn bis ins benachbarte Frankreich (Gallien) waren „die" Juden bereits mit den Römern ungefähr 1000 Jahre vorher gekommen. Dass sie nicht über den Kanal schwammen, können wir sicher annehmen, dass sie aber den „Kanalsprung" per Schiff zu Handelszwecken nicht unternahmen, halte ich für ganz und gar unwahrscheinlich – auch wenn es bislang für die Vermutung keinen schriftlichen oder archäologischen Beleg gibt.

Die wenigen normannischen Könige Englands (1066–1154) meinten es – am Anfang ihrer Herrschaft – gut mit den Juden, ihre Nachfolger, die Angevinische Dynastie, das Haus Plantagenet (1154–1399) weniger. Natürlich passt dieses Verhalten ins allgemeine Diasporamuster der „Existenz auf Widerruf". Wilhelm der Eroberer fand ein mehr oder weniger unterentwickeltes Land vor. Er suchte Entwicklungshelfer – und fand sie, wie viele andere woanders nach ihm, in „den" Juden. Rund 300 sollen zuerst eingetroffen sein. Wie erhofft, erbeten und erwartet, betätigten sie sich als Kaufleute im Nah- und Fernhandel sowie im Geldwesen. Der Schutz des Königs war ihnen gewiss. Natürlich. Doch nicht alle Einwohner Britanniens waren beglückt, zumal in der Ära der Kreuzzüge. Teile des Klerus *were not amused* und noch weniger die wirtschaftlich zu kurz gekommenen Christenmenschen. Wie ab 1096 in den „Judenstädten" am „deutschen Rhein". In Britannien war man erfinderischer. 1130 wurde „den" Juden Londons ein Christenmord unterstellt. Eine hohe Geldstrafe wurde verhängt. 1144 die antisemitische „Weltpremiere" in Norwich: die *Ritualmordlegende bzw. Blutlüge*. „Die" Juden hätten ein Christenkind ermordet, um Christenblut in die Matzen des Pessachfestes zu mischen. Jeder Christ wusste (damals), dass die bei der Kommunion in der Kirche verteilten Oblaten den „Leib des Herren" und der gereichte Wein das Blut des Christus (zumindest) symbolisierten. Mit viel Fantasie betrachtet, ähneln Matzen und Oblaten einander. Simsalabim: Oblate – Matze, Blut – Christenblut. Nun wären auch einfache, unschuldige Christenmenschen Opfer dieses „Gottesmördervolkes". Die jahrhundertelang wirksame historische West-Ost-Ausbreitung dieses mörderischen Unsinns ist bekannt. Erst durch das

Zweite Vatikanische Konzil wurde er kirchenamtlich korrigiert. Längst gibt es, bis heute, interkonfessionelle und „aktualisierte" Varianten unter Fundamentalisten in der islamischen Welt.

König Stephen, der letzte Normannenherrscher, hatte sich schützend vor die Juden Norwichs gestellt. Vergeblich. Die rein jüdische Sichtweise erklärt die Vergeblichkeit nicht. Einzuordnen ist sie in den auch woanders in Europa tobenden Machtkampf zwischen Monarchie und Aristokratie sowie Monarchie versus Theologie bzw. Kirche. So gesehen war die Positionierung im Kampf für oder gegen die Blutmordlegende eine frühe Etappe, die 1215 dazu führte, dass König „Johann Ohneland" die Magna Charta unterschreiben musste. Sie stärkte die Macht und Mitbestimmung des Adels und gilt zu Recht als Beginn einer Entwicklung, die viel später im demokratisch legitimierten Parlamentarismus gipfelte. Das wiederum ist keine Entschuldigung jener „Pogrome", aber eine erweiternde Erklärung.

Norwich 1144 war nur die Ouvertüre. Schnell erfreute sich die Ritualmordlegende großer Beliebtheit, zum Beispiel in Gloucester 1168, Bristol 1183, Winchester 1192. Pogrome (in der heutigen Sprachregelung) folgten bald: 1190 in London und besonders in York. Um die von ihnen geforderte Konversion zu vermeiden, begingen in York 150 Juden (wie 73 u. Z. auf Massada oder Juden am Rhein während des Ersten Kreuzzuges) kollektiven Selbstmord. Die Überlebenden wurden als Sklaven verkauft.

Wie das und warum? Wieder muss das Blickfeld erweitert werden, weil Judenpolitik und Antisemitismus oft (meistens?) aus anderen Bereichen abgeleitet werden müssen.

Erstens: Zahlreiche Adelige waren bei Juden verschuldet. Teils brauchten sie „einfach so" Geld, teils um sich für den Machtkampf gegen den König zu rüsten, zumal 1189 die Inthronisierung von Richard Löwenherz alles andere als unumstritten gewesen war. Die Logik der Aristokratie war simpel: Jude tot, Schulden weg. Und überhaupt, Zinsen auf geliehenes Geld zu verlangen: ganz und gar unchristlich. Eins, zwei, drei war auch das Gewissen beruhigt.

Zweitens: 1187 hatte Saladin die Kreuzritter bei Hittin (oberhalb des Sees Genezareth) vernichtend geschlagen. Als „guter Christ" wollte auch König Richard Löwenherz einen neuen Kreuzzug beginnen. Gedacht, getan. Jeder Krieg kostet Geld. Der König war klüger als der schon länger rebellierende Adel. Die „Geldmaschine" sollte weiter funktionieren, die Juden also leben. Sie zahlten, um zu überleben, denn der königliche Schutz war „alternativlos". Kaum war der König ins Morgenland aufgebrochen, um die muslimischen „Ketzer" zu besiegen, rebellierte der Adel, der, wie gesagt, eine andere „Kreditpolitik" bevorzugte. Richards Regent und Vertrauter William de Longchamp, Kanzler und erster „Justiciar", ließ die Täter bestrafen, doch die Juden waren tot. Juden diskriminieren oder liquidieren. Das war die eine Methode.

Die andere Methode: bei den Juden kassieren. Mehr, mehr, immer mehr. Bei seiner Rückkehr von der „heiligen" Mission des Kreuzzuges geriet Richard in Gefangenschaft. Am 4. Februar 1194 wurde er freigelassen. Das Lösegeld war astronomisch. Kein Zufall: Noch im selben Jahr wurde eine neue staatliche Einrichtung erfunden: der Exchequer of the Jews, eine eigens für bzw. über Juden gegründete Finanzbehörde. Dort wurde genau registriert, wer wie hohe Schulden bei welchem Juden hatte. Wilde Pogrome wie 1190 in York, bei denen Schuldscheine eigenmächtig vernichtet wurden, konnte der Staat nicht noch einmal dulden. Wieder wäre der Krone wertvolles Geld entgangen.

Bald folgte eine geradezu teuflische Mischung aus Theologie, Ökonomie und Soziologie. Die Kreuzzüge hatten wie ein gigantisches Konjunkturprogramm gewirkt. Ein neues städtisches Bürgertum war entstanden, das die Juden als störende Konkurrenten empfand. Das Gewissen konnte dadurch erleichtert werden, dass 1215 das Vierte Laterankonzil die seit dem Ersten Kreuzzug militant antijüdische Stimmung religiös absicherte. Zumindest die offensive Diskriminierung der Juden gehörte fortan (bis zur Erklärung „Nostra Aetate" des Zweiten Vatikanischen Konzils, 1965) zum guten Kirchenton. Auch im damals noch katholischen England. 1217 mussten die Juden an ihrer Kleidung erkennbar sein und das Judenmal tragen.

Der Kampf Aristokratie versus Monarchie flammte immer wieder auf. Eines konnten und wollten beide Seiten: Juden abkassieren. Nur gab es immer weniger, denn zahlreiche diskriminatorische Maßnahmen machten es im 13. Jahrhundert den jüdischen Händlern immer schwerer, Geld zu verdienen, und wer nicht verdient, kann nichts zahlen. Hinzu kam, dass Edward I. (1272–1307) unbedingt Wales erobern „musste" und von 1277 bis 1283 erobert hat. Der Krieg war hart, die Kosten hoch. Über Menschenleben hinaus auch finanziell. Die Juden hatten nichts mehr. Was die Juden vorher allein konnten, schaffte nun die städtische Bourgeoisie. Die Aristokratie hatte „die" Juden ohnehin als Instrument der Krone betrachtet, die ihrerseits das Interesse an den Juden verlor und sich des Judenschutzes gerne entledigen wollte. 1290 war es so weit, also noch unmittelbar vor dem gottlob (!) erfolglosen Ende der Kreuzzüge (1291). Edward I. ließ die etwa

IV. Geografie: Das Land Israel und die mehrfache Diaspora

4000 Juden aus seinem Königreich vertreiben. Neben den verarmten jüdischen Kaufleuten mussten auch namhafte jüdische Gelehrte, Bibel- und Talmudkommentatoren, das Land verlassen. Sie waren mit ihren vorangegangenen und zeitgenössischen „Kollegen" in Frankreich und Deutschland die Begründer der aschkenasischen, religiösen Gelehrsamkeit. Als erster mittelalterlicher Staat Europas war England nun quasi „judenrein".

Bemerkenswert: Selbst in der „judenreinen" Zeit kamen Literatur und Theater Englands nicht „von den Juden los". Siehe Christopher Marlowes „Der Jude von Malta", zwischen 1589 und 1592 verfasst, und Shakespeares „Kaufmann von Venedig". Beide Stücke sind an sich alles andere als judenfreundlich. Und dennoch: Wer sie als „antisemitisch" abstempelt, ignoriert die Mehrschichtigkeit beider Stücke und ihrer (trotz der Antisemitismen) genialen Autoren. Denn auch „die" Nichtjuden kommen alles andere als „gut weg". Shylocks Monolog in der ersten Szene des dritten Aktes im „Kaufmann" halte ich für einen der klügsten, einfühlsamsten und menschlichsten Texte, vorbildlich für Toleranz. Das englische Beispiel ist kein Einzelfall. Siehe Lope de Vegas ebenfalls mehrdimensionales und in „judenfreier" Zeit verfasstes Drama „Die Jüdin von Toledo".

Nach England durften Juden wieder ab 1655. Die Überlieferung besagt, der niederländische Rabbi Menasse ben Israel habe den streng puritanischen Lordprotektor und Führer der kurzlebigen britischen Republik, Oliver Cromwell, überzeugen können, diese Entscheidung zu treffen. Eine schöne Geschichte. Sicher auch teilweise wahr, doch gerade aufgrund seiner durch und durch „protestantischen Ethik", durchweht vom „Geist des Kapitalismus", wusste Cromwell sicher auch ohne den Rabbi, dass der „Import" von Juden dem wirtschaftlichen Aufbau des vom Bürgerkrieg gezeichneten Landes nur guttun könne. Man kann das „Toleranz" nennen, zutreffender aber ökonomisch bestimmtes, funktionales Nützlichkeitsdenken. Man lese Robert Menasses Roman „Die Vertreibung aus der Hölle".

Mindestens so wichtig: Der Puritanismus respektierte die Hebräische Bibel außerordentlich, und Cromwell bekämpfte den spanischen Katholizismus sowohl aus wirtschaftlichen als auch seemilitärischen Gründen – günstige Rahmenbedingungen für scheinchristlich-jüdische „Maranen"-Kaufleute.

In der Puritanerschrift „Agreement of the People" aus dem Jahre 1647 wurde ohne Wenn und Aber die Gleichheit aller Menschen hervorgehoben. Religionsfreiheit sowie die Gleichheit aller Bürger vor dem Gesetz wurden ebenfalls verlangt. Die puritanischen „Pilgerväter", die 1620 mit der „Mayflower" die USA in Massachusetts erreicht und dort ihre erste Siedlung gegründet hatten, hatten bereits gezeigt, dass und wie man diese hehren Prinzipien in Praxis umsetzen konnte. Historischer Rückenwind für „die" Juden. Die Windgeschwindigkeit war freilich unterschiedlich. In Britannien war es 1655 eher noch ein Windchen: 300 Juden durften unter Cromwell ins Land – aber ohne Bürgerrechte und ohne das Recht, Immobilien zu besitzen. Letzteres wurde ihnen erst 1754 erlaubt.

Nach der Restauration der Stuart-Monarchie im Jahre 1660 kehrte Karl II. 1664 zum altbekannten Judenschutz zurück. Die City-Patrizier waren dagegen. Fürchteten sie die Konkurrenz von 94 jüdischen Haushalten? Das Ende der Stuarts folgte bald, und die „Glorreiche Revolution" von 1689 stärkte das Parlament. Wilhelm von Oranien wurde König. Oranien – Niederlande – Freiheitskampf gegen das katholisch-absolutistische Spanien: günstige Rahmenbedingungen für Juden. Wie zu erwarten, kamen Juden aus Amsterdam, auch aus Deutschland, vor allem Hamburg, sowie Maranen aus Spanien und Portugal, aber auch wegen der Folgen der Judenverfolgungen in Polen und der Ukraine von 1648/49 Juden aus Osteuropa. Die innerjüdische Folge: Rivalitäten zwischen Sefarden und Aschkenasen. Bei Druck und Verfolgung von außen werden die innerjüdischen Kämpfe eher – keineswegs immer – vermindert oder beendet. So auch 1760 in Großbritannien, nachdem 1753 das „Judengesetz" im Parlament gescheitert war. Es sah vor, dass in Großbritannien lebende ausländische Juden das Bürgerrecht für ihre im Königreich geborenen Kinder kaufen könnten.

Wie fast überall auf dem Kontinent geboten Konkurrenz zu und Krieg gegen das napoleonische Frankreich sowohl legitimatorisch-ideologisch als auch militärisch-wirtschaftlich (Entfesslung aller eigenen gesellschaftlichen Kräfte) die rechtliche Gleichstellung von Juden. Nach dem Sieg über den „korsischen Emporkömmling" Napoleon (1815) schien es dann doch nicht mehr so eilig. Erst 1890 erlangten Katholiken und Juden die völlige rechtliche Gleichstellung. Auch diesbezüglich war Deutschland keine „verspätete Nation", denn in Preußen galt die „Judenemanzipation" seit März 1812.

Im Vergleich zur ökonomischen und daher judenpolitischen Wirklichkeit hatte sich das britische Recht verspätet, denn bereits 1837 war der („natürlich" steinreiche) Jude Moses Montefiori zum Ritter geschlagen worden, 1855 wurde David Salomon der erste jüdische Bürgermeister Londons, 1858 Lionell Nathan Rothschild (auch er zählte nicht zu den Ärmsten) als Repräsentant der City Mitglied des Unterhauses und 1868 der als

IV. Geografie: Das Land Israel und die mehrfache Diaspora

Jude geborene, bereits als Kind getaufte und gerne als Toleranz-Trophäe hervorgehobene Benjamin Disraeli Premierminister.

Wie zig andere Juden-Konversionen im damaligen Europa dürfte auch Disraelis nicht religiös begründet gewesen sein. Eher als Eintrittskarte in die allgemeine Gesellschaft, Kultur, Wirtschaft oder eben Politik. Man denke an die getauften heutigen (!) Vorzeigejuden Heinrich Heine (der später selbst vom „Entréebillet" sprach), Rahel Varnhagen (geborene Levin), Henriette Herz, Dorothea Schlegel (geborene Brendel Mendelssohn) oder (später) selbst das „Lästermaul" Karl Kraus. Heute werden sie als Personifizierung christlich-jüdischer Symbiose gefeiert. Von wegen. Selbst diese großen Geister spürten, dass sogar andere große Geister sie nur als Nicht-(mehr)-Juden akzeptieren würden.

1880 lebten in Britannien 65.000 Juden, 1914 bereits 300.000. Wie woanders neigten viele „Ostjuden", die von zahlreichen Pogromen in ihren alten Heimaten nach Westen, unter anderem England, verjagt wurden, zum Zionismus. Dem „altbritisch"-jüdischen Establishment missfiel dieses „Jüdeln". Sie meinten, wie ihre deutschjüdischen „Brüder und Schwestern", es würde die nichtjüdische Umwelt provozieren und Zweifel an der staatsbürgerlichen Zuverlässigkeit von Juden wecken. Die gab es trotzdem und unabhängig vom „Jüdeln", ob zionistisch, orthodox oder anders jüdisch.

Die „Ostjuden", noch um 1900 bitterarm und vorwiegend im Londoner East End wohnend, assimilierten sich schnell, und spätestens nach den erneuten russischen Pogromen in den Jahren 1903 bis 1905 (nach der Niederlage Russlands gegen Japan und während der gescheiterten Revolution) gaben die alteingesessenen Westjuden ihre Anstrengungen auf, die Neuankömmlinge zur Rückkehr zu ermuntern. „Jüdische Gegenden" waren, wie in anderen westlichen Demokratien, keine Ghettos, sondern „gute Adressen", wie zum Beispiel Golders Green oder Hampstead. Nicht anders war der innerjüdische West-Ost-Konflikt im kaiserlichen Deutschland zur selben Zeit verlaufen. Auch dieses wenig mustergültige Muster bleibt internationaljüdisch gültig.

Gültig auch dieses Muster: Als Patrioten zogen 50.000 britische Juden in den Ersten Weltkrieg. Natürlich kann nicht ermittelt werden, wie viele Juden der Mittelmächte und Alliierten sich wechselseitig töteten. Dass es geschah, darf angenommen werden. „Alle Juden halten immer zusammen?" Nur in Wahnvorstellungen von Antisemiten.

Über die britische Judenpolitik in der Ära der deutschen NS-Verbrecher und bis zu Israels Staatsgründung gibt es nicht nur Herzerwärmendes zu berichten. Solange es möglich war, strömten 73.000 Juden aus Deutschland und dem 1938 annektierten Österreich nach Großbritannien, 10.000 1938/39 aus der Tschechoslowakei, 5000 meist 1939 aus Polen und 2000 vor allem aus dem seit 1943 deutsch besetzten Norditalien. Sie fühlten sich so „wohl", dass nach dem Krieg 50.000 das Land wieder verließen. Dafür gab es mehrere Gründe: Ab 1939 wurden auch ankommende jüdische Flüchtlinge überprüft: Waren sie „feindliche Ausländer" oder nicht? Gab es auch nur den leisesten oder konstruierten Zweifel, wurden die Flüchtlinge interniert oder teils sogar nach Übersee deportiert. Beendet wurde dieser menschenverachtende Unsinn erst im Herbst 1942. Trotzdem: Jeder siebente männlich-jüdische Flüchtling schloss sich den britischen Streitkräften an, um gegen Hitler-Deutschland zu kämpfen. Um Wohlgefallen und Wohlverhalten nahöstlich-arabischer Partner oder auch Gegner zu erringen, hatte Großbritanniens Regierung vom Mai 1939 bis zur Unabhängigkeit Israels im Mai 1948 für Juden die Tore Palästinas faktisch verrammelt. Darüber hatte sich die britisch-jüdische Gemeinschaft entzweit. Ein Teil war „regierungsloyal britisch", der andere kritisch britisch.

Wen wählten „die" britischen Juden? Wie woanders eher liberal-bürgerliche Parteien, in Großbritannien die Liberalen, sofern sie nicht in der politischen Versenkung verschwanden. Danach, seit den 1920er Jahren eher Labour, solange sie sozialdemokratisch und nicht sozialistisch orientiert waren, seit der engagiert juden- und israelfreundlichen Maggie Thatcher vermehrt Tories. In der Labour-Ära des bekennenden und praktizierenden Antisemiten Corbyn verabschiedeten sich viele traditionelle Labor-Juden als Mitglieder und Wähler. Boris Johnsons Brexit-Politik entsprach nicht den eher weltoffenen Überzeugungen der Juden, die sich eher bei den wiederauferstehenden (?) Neu-Liberalen zuhause fühlen. Die bis zur Jahrhundertwende quasi häusliche Behaglichkeit im britisch-akademischen Milieu zerbricht allmählich. Wie in den USA sowie in Frankreichs und Deutschlands Gesellschaft wird auf dem britischen Campus der in Nahost mit Waffen ausgetragene Konflikt mit „den" Juden zunehmend mit scharfen Worten ausgetragen, als eine Art Stellvertreterkrieg mit anderen Mitteln. Die ideologische Basis besteht aus der Allianz einheimischer Linker, Linksliberaler und radikaler Muslime.

Für die innerjüdisch-religiöse Verzweigung der britischen Juden gibt es relativ zuverlässige Daten für 2016: 53 Prozent waren gemäßigt orthodox und traditionell, 27 Prozent liberal, 14 Prozent orthodox und je drei Prozent sefardisch-traditionell und konservativ. Gemäßigt Orthodoxe, Orthodoxe und Sefarden kann man zu einer Gruppe zusammenfassen. Das

IV. Geografie: Das Land Israel und die mehrfache Diaspora

bedeutet: Etwa 70 Prozent der britischen Juden waren bzw. sind durchaus religiös praktizierend. Im säkularen Zeitalter ein hoher Anteil. *Er ist bezüglich der Voraussetzungen und Rahmenbedingungen modernen jüdischen Seins höchst aufschlussreich. Anders als etwa Jean-Paul Sartre in seinem berühmten Essay über Antisemitismus behauptete, legt offenbar ein durchaus beachtlicher Teil der Judenschaft auch heute noch Wert aufs eigene Judentum – ohne dass der Antisemitismus sie dazu bewegt oder geradezu zwingt. Ein Sonderfall?*

Frankreich – mit Seitenblicken auf Deutschland

Weder inhaltlich noch zeitlich unterscheidet sich die Geschichte der Juden in Frankreich grundsätzlich von unserem allgemeinen Muster. Allein die Namen der Personen, die Orte und Anlässe unterscheiden sich. Antijudaismus/Antisemitismus gleicht eben einer bislang unausrottbaren Pandemie.

Dennoch gilt hier Besonderes: Nordfrankreich, die Champagne und Lothringen sind, gemeinsam mit den deutschen Rheinstädten Köln, Mainz und Speyer, die *Ursprungsregion des aschkenasischen Judentums,* das im Laufe der Jahrhunderte kultisch-theologisch, geografisch und demografisch zum europäischen Judentum schlechthin wurde.

Durch die Vertreibungen von 1492 (Spanien) und 1497 (Portugal) hat sich das andere, aus Iberien, also ursprünglich ebenfalls aus Europa, stammende sefardische Judentum geografisch, kultisch-theologisch sowie demografisch orientalisiert. Langfristig geriet es dadurch, wie allgemein der Orient im Vergleich zu Europa, ins Hintertreffen. So wurde, vereinfacht gesprochen und von damals weit in die Zukunft des heutigen Staates Israel bilanziert, aus dem ersten „aristokratisch"-jüdischen Kollektiv der Sefarden das israelisch-jüdische Proletariat – und die Aschkenasen wurden „Bourgeoisie" und „Aristokratie".

Am Vorabend der Französischen Revolution lebten in Bordeaux etwa 5000 Sefarden, 35.000 Aschkenasen vorzugsweise in Elsass-Lothringen. Seit den späten 1950er Jahren, nach der Unabhängigkeit Marokkos, Tunesiens und Algeriens, strömten ungefähr 300.000 Juden ins koloniale Mutterland – nicht nach Israel. Es begann eine allmähliche Verschmelzung der aschkenasischen und sefardischen Kerne. In Frankreich und natürlich in Israel.

Eine historisch ganz neue Situation, eine historische „Geburt", und keine Geburt ist schmerzfrei. Ebenfalls alles andere als schmerzfrei ist seit Beginn des 21. Jahrhunderts der Exodus französischer Juden. Nun aber nach Israel. In

Frankreich sind und fühlen sich immer mehr Juden bedroht. Sie sind nahezu ständig massiven Drohungen und Gewalttaten von muslimischen Migranten, vorwiegend aus Nordafrika, ausgesetzt. Aus Nordafrika waren sie oder zumindest ihre Eltern und Großeltern nach Frankreich geflohen, und nun holt sie das in Westeuropa lebende islamische Nordafrika in Frankreich ein und „heim". Ihre Auswanderung nach Israel bestätigt das traditionelle zionistische Axiom: Nur im Jüdischen Staat sind Juden als Juden sicher. Das Problem am zionistischen Axiom: Es „übersah" die innen- und außenpolitische Gefahr durch Palästinenser und andere Araber in und um Israel.

Zurück zum Anfang des französischen Judentums. Am Anfang war, zumindest indirekt, Cäsar. Kurz nach dem brutalen Keltenbesieger Gaius Julius Cäsar dürften die ersten Juden mit römischen Administratoren ins (so Cäsar am Ende seines „Gallischen Krieges") „befriedete" Gallien (wie so oft) als Händler gekommen sein. Die erste schriftliche Quelle jüdischen Seins auf französischem Boden führt, wie in Deutschland, ins Jahr 321 u. Z. und sie gewährt, wie zeitgleich in Köln, den Juden das Recht (sprich: die Last) kommunaler Mitgestaltung – in Form der unbeliebten und nicht ungefährlichen Steuereintreibung. Keine Überraschung, denn „Frankreich" und „Deutschland" gehörten seinerzeit zum Römischen Reich. Anders als in Deutschland verzichtete man in Frankreich im Jahre 2021 auf Feiern zum 1700-Jahres-Jubel. Das sagt einiges über die jeweiligen nationalen Befindlichkeiten in der Gegenwart aus. Angesichts der in Frankreich noch heftigeren Militanz der noch größeren muslimischen Gruppen wurde das Jubiläum nicht zelebriert.

Jüdische Gemeinden entwickelten sich vor allem in Paris, Orléans und Marseille. Ihrer überregionalen Kontakte wegen betätigten sich viele Juden weiter als Händler und, „dank" Konstantin dem Großen als Steuereintreiber. Nie und nirgends sind Steuereintreiber beliebt. Die Unbeliebtheit der Juden war demnach obrigkeitlich programmiert, wenngleich man in einem wahrhaft christlichen Gemeinwesen theologisch-historisch eigentlich das Gegenteil erwarten müsste. Warum? Weil gerade Jesus seine Anhänger zu überzeugen versuchte, auch Steuereintreibern (im Neuen Testament „Zöllner" genannt) freundlich zu begegnen. Im Namen Christi wurde also gegen seinen ausdrücklichen Willen gehandelt. Kein Einzelfall in der sich „christlich" nennenden Welt.

Als „guter Christ" und Initiator der Basilika von Saint Denis sorgte der in der Historiografie eher gut beleumundete Merowingerkönig Dagobert I.

IV. Geografie: Das Land Israel und die mehrfache Diaspora

für Zwangstaufen von Juden. Er wollte die Juden aus „Frankreich" vertreiben. Bevor es dazu kam, starb er (629). Glück für iberische Juden, denn der judenaggressiv-katholische Westgotenkönig Sisebut hatte 613 seinen „jüdischen Mitbürgern" (also schutzlosen Untertanen) die Alternative „Taufe oder Auswanderung" vorgelegt. Natürlich Auswanderung. So wuchs die noch sehr kleine jüdische Gemeinschaft in Frankreich. Zur Erinnerung: Erst 587 wechselte das iberisch-westgotische Königshaus vom arianischen zum römisch-katholischen Christentum. Die Bevölkerungsmehrheit war schon zuvor katholisch. Für Juden besser wurde es in Frankreich unter den Karolingern (751–987), allen voran unter Karl dem Großen. Es war, wie in „Deutschland", ein goldenes Zeitalter. Bemerkenswert – nicht zuletzt für das ewige Problem von Selbstbestimmung für Minderheiten – war die Autonomie der jüdischen Gemeinschaft in zivilrechtlichen, kultischen und kulturellen Fragen.

Im Jahre 1010, unter der Kapetingerdynastie (987–1328) und etwas früher als im rheinischen „Deutschland", begann die regionale jüdische Leidensgeschichte. Zwangstaufen und andere Schikanen. Seit dem Ersten Kreuzzug, ab 1096, Eskalation der Gewalt. Dem westeuropäischen Muster entsprechend. Die Ähnlichkeit des Musters besagt allerdings nichts über die jeweilige Heftigkeit der Judenverfolgungen. Sie waren, besonders während des Ersten Kreuzzuges, am „deutschen Rhein" noch brutaler.

Wieder früher als woanders: 1182 ließ König Philipp II. die Juden vertreiben. 1198 drohte der Staatsbankrott. Was tun? Juden durften zurückkommen. Funktionalistische, fiskalische, keine ethische Toleranz. Menschen als Funktionserbringer. Wie Geräte schaltet man sie, je nach Bedarf, ein oder aus.

Und trotzdem – oder vielleicht gerade deswegen – blühte gerade in Frankreich die jüdische Kultur und Theologie in dieser Periode fast ständiger Verfolgungen. In Troyes und zeitweilig in Worms wirkte Raschi (1040–1106), bis heute einer der wirkmächtigsten Kommentatoren der Hebräischen Bibel sowie des Talmuds. Seine Nachfahren und Schüler begründeten so etwas wie Gelehrtendynastien.

Einerseits fast ständige Todesängste, andererseits geistige und vor allem religiöse Höhenflüge. Wie das? Ist es wirklich so überraschend, zumal in einer religiös geprägten Welt, dass Menschen, die seit Jahrhunderten von ihren Vorfahren im Lernen, Lehren und Denken geschult wurden – nicht zuletzt über das Woher, Wohin und Warum des Menschen –, sich genau damit besonders in Zeiten der Not beschäftigen? Materieller Überfluss und Sicherheit regen eher selten den Denkfluss an. Das Leit- und Leidmotiv der jüdischen Geschichte: "Existenz auf Widerruf". So schrecklich sie ist, sie wirkt als Denkanstoß, weil ohne neues Denken das ständig gefährdete Überleben sowie das Ertragen dieser Schrecklichkeiten kaum möglich sind. Das war und ist der tragisch hohe Preis jüdischen Seins und Daseins. Bis heute.

Raschi interpretierte und reflektierte nicht nur über Gott, die Tora und die Welt. In der Welt stand er mit beiden Beinen. Anders als die heutige Orthodoxie und der Tradition der Talmudisten entsprechend, übte dieser herausragende geistliche Gelehrte nämlich im Alltag einen ganz normalen Broterwerbsberuf aus. In der Champagne war Raschi erfolgreicher Winzer und Weinhändler.

Das Vierte Laterankonzil verfügte, wie schon mehrfach erwähnt, 1215 scharfe judenfeindliche Beschlüsse. König Ludwig „der Heilige" von Frankreich (1226–1270), in der Historiografie noch heute als „moralische Instanz" und als „Idealtypus des christlichen Herrschers" gepriesen, handelte gemäß diesem „heiligen", „christlichen" Geist. Geldgeschäfte wurden den Juden verboten, und nebst dem Materiellen kam auch das Ideelle nicht zu kurz: Auf dem Platz vor Notre-Dame de Paris wurden 1242 etwa 12.000 Talmudbände ins Feuer geworfen. Der Pöbel jubelte. Vergleichbar der deutschen Bücherverbrennung am 10. Mai 1933. Schulden gegenüber Juden mussten ab 1223 nur teilweise beglichen werden. 1268 ließ Ludwig jüdisches Eigentum konfiszieren, ab 1269 gehörte der „Gelbe Judenkreis" auf der Kleidung zur Judenpflicht. Gelb war bekanntlich die Farbe der Prostituiertenzunft.

Juden diskriminieren und ihr Eigentum konfiszieren – ja. Juden liquidieren – nein. So etwa dachte und handelte der heilige Ludwig. In Anjou gingen Judenfeinde weiter als ihr christlicher König. Sie veranstalteten ein, heute würde man sagen: Judenpogrom. Das ging dem frommen König zu weit. Er ließ die Täter hinrichten. *Erinnert das nicht an den ungarischen Radikalantisemiten Admiral Horthy? Als Hitler ihm im April 1943 vorwarf, sich nicht aktiv am Judenmorden zu beteiligen, antwortete ihm der damals noch starke Mann Ungarns: Er habe alles getan, was man „anständigerweise" als Antisemit tun könne. Aber ermorden dürfe man auch als Antisemit die Juden nicht.*

Des heiligen Ludwig Nach-Nachfolger, Philipp IV. (1268–1314), „der Schöne", musste sich Anfang des 14. Jahrhunderts mit einer unschönen, wenngleich selbstgemachten Bescherung befassen: einer leeren Staatskasse. Er wusste sich zu helfen: 1306 – also nach dem Ende der Kreuzzüge (1291)

IV. Geografie: Das Land Israel und die mehrfache Diaspora

– mussten die Juden binnen eines Monats Frankreich verlassen; ihr Vermögen allerdings im Land belassen. Etwas mehr als 600 Jahre danach konnten sich Hitler & Co an diesem Modell orientieren. Ob sie es kannten, mag dahingestellt bleiben. Um es zu (er)finden, bedurfte es nur wenig Wissens und viel Unmenschlichkeit. Diese war beim schönen Philipp durchaus „pluralistisch" und keineswegs nur antijüdisch, denn auch vermeintliche christliche Ketzer, wie die Templer, ließ er verfolgen und enteignen.

Sein Sohn Ludwig X. (1314–1316), „der Zänker", mag zänkisch gewesen sein, wirtschaftlich war er schlauer als sein Vater, denn er erkannte, dass eine darniederliegende Wirtschaft nicht durch die Bekämpfung oder Vertreibung produktiver Kräfte wiederbelebt werden könne. Folglich durften die 1306 vertriebenen Juden 1315 zurückkehren.

Nicht dauerhaft, sondern nur zeitweilig sicheren Schutz bot der französische Staat bzw. die Obrigkeit den Juden. Könige kamen und gingen. Ebenso ihre Garantien. All das im europäischen Pest-Jahrhundert sowie im Hundertjährigen Französisch-Englischen Krieg von 1337 bis 1453. Dabei musste das Land alle Ressourcen an Menschen und Material mobilisieren. Trotzdem: 1394 verfügte Karl VI. wieder einmal eine Juden-Ausweisung. Diese sollte lange wirken. Der angeblich „geistesgestörte" König Karl VI. hatte vor der Judenvertreibung seinen Untertanen einen Schuldenerlass gegenüber den Juden beschert. Wahrscheinlich dachten er und seine wenig klugen Berater, dass der Judenraub ihre wirtschaftliche und damit militärische Lage verbessern würde. Langfristig, zumal in einem schier endlos langen Krieg, war es eine Dummheit. Ihr verfielen vorher und nachher auch andere Judenräuber. Nicht nur in Frankreich. Dort folgte im 14. Jahrhundert eine gewaltsame Judenverfolgung und -vertreibung der anderen. Von der (auch) antijüdischen „Geistesstörung" des französischen Königs profitierte die polnische Monarchie. Kasimir III. „der Große" aus der Piastendynastie hatte sein Reich von 1333–1370 grundlegend modernisiert und dafür – wir kennen dieses Muster – aus den westlichen Nachbarstaaten vertriebene Juden als Modernisierer „importiert". Die Provence, die erst 1481 – durch Annexion – Teil Frankreichs wurde, mussten die Juden erst 1498/1501 nach vorangegangenen Pogromen verlassen. In der dem Papst unterstehenden Region Avignon durften die Juden bleiben. Ansonsten waren Judenvertreibungen um 1500 in ganz Westeuropa regelrecht „Mode". Erinnert sei an Spanien 1492 und Portugal 1497. Hitler und seine Mitverbrecher hatten „Vorbilder". Deutscher „Sonderweg"? Nicht nur Juden gegenüber wurden im „Westen" Schutzversprechen gebrochen. Und nicht nur im Mittelalter. Siehe: Appeasement München 1938, Ukraine (Budapester Memorandum als „Garantie" 1994 und 2022 die Wirklichkeit). „Westliche Werte"?

Die Haltung des Avignon-Papstes scheint auf den ersten Blick überraschend. „Ausgerechnet" der Papst? Nein, die Päpste, Plural. Thomas Brechenmacher (Brechenmacher, Der Vatikan und die Juden) erklärt und belegt die Judentheologie und -politik des Vatikans im Laufe der Zeit anhand der „doppelten Schutzherrschaft". Einerseits schützten die Päpste die Juden (meistens) aus pragmatisch-kirchenstaatlichem Interesse. Mehr Ratio als Religion. Anderseits gebot die christliche Theologie seit dem Apostel Paulus die Notwendigkeit der „Zeugenschaft": Die Juden sollten – als Strafe! – durch ihr Überleben den Triumph des Christentums bezeugen. Logischerweise lässt man Zeugen leben, denn wenn tot, können sie nichts bezeugen. Das Muster – bekannt.

Nach rund 200 chaotischen Jahren mit Krieg und Bürgerkrieg gelang König Heinrich IV. von 1589 bis zu seiner Ermordung im Jahre 1610 eine relative Stabilisierung und Quasi-Modernisierung Frankreichs. Günstige(re) Umstände für Juden. Ohne formale Erlaubnis oder Aufforderung „tröpfelten" im 17. Jahrhundert jüdische Migranten nach Frankreich. Umarmt und umgarnt wurden sie nicht, aber auch anderen, nichtkatholischen Minderheiten erging es nicht besser. Eher schlechter. Zum Beispiel den Protestanten. Im Edikt von Nantes hatte ihnen Heinrich IV. – bis zu seiner Thronbesteigung selbst Protestant – das volle Bürgerrecht gewährt. Ludwig XIV. hob es 1685 im Edikt von Fontainebleau auf. Die Protestanten – ähnlich den Juden eher Modernisierer – wurden vertrieben. Wie Judenvertreibungen jenseits der Unmoral eine ökonomisch geradezu klassische Dummheit. Wie viele vor und nach ihm war der Sonnenkönig nicht gegen sie immun. Von ihr profitierte Brandenburgs Großer Kurfürst Friedrich Wilhelm. Er erließ das Edikt von Potsdam und hieß die Hugenotten willkommen – wie zuvor, 1671, die aus Wien vertriebenen Juden. Beides ist seinem Land bestens bekommen, und *wir sehen einmal mehr: Intoleranz bezog und bezieht sich nicht allein auf Juden. Wer auf den Antisemitismus schaut, beachte ebenfalls andere Ismen. Auch Intoleranz kann „pluralistisch" sein, indem sie einer Mehrzahl von Menschen Toleranz und erst recht Akzeptanz verweigert.*

Judenpolitisch war der große Ludwig klüger. 1683, zwei Jahre vor dem erzwungenen Hugenotten-Exodus, ließ er zwar die Juden aus dem fernen Martinique – seit 1664 französische Kolonie – vertreiben. Ähnliches plante er zunächst im Elsass – es gehörte, gewaltsam annektiert, mit Straßburg seit 1681 vollständig zu Frankreich – und im damals nur teilfranzösischen Lothringen. Hier allerdings erkannte er (oder seine Berater) die wirtschaftlichen Nachteile. Die Juden durften bleiben, das Muster blieb gültig: „Existenz auf Widerruf". Jederzeit.

„Es wurde Licht". Aufhellung durch Aufklärung. Doch Vorsicht, mattes Licht, nicht alle Aufklärer waren frei von Antisemitismen. Zum Beweis lese man Voltaires „Candide", wo der trotzdem zweifellos große Denker den wenigen jüdischen Akteuren fast jedes traditionelle antisemitische Klischee verpasste. Auch unter den Aufklärern gab es „solche und solche". Zum Beispiel den Grafen Mirabeau, ein Freund des deutschjüdischen Philosophen Moses Mendelssohn. Angeregt von diesem hochgeachteten, hochgebildeten und offenbar auch menschlich vorbildlichen jüdischen Denker, der aus dem sozioökonomischen Nichts zum bildungsbürgerlichen Ideal aufgestiegen war, veröffentlichte der französische Aristokrat 1787 eine Schrift „Über Moses Mendelssohn, über die politische Reform der Juden". Hierin überlegte Mirabeau, wie man aus den Juden „nützliche" Bürger machen könne. Die königliche Akademie von Metz schrieb ebenfalls 1787 einen Dissertationswettbewerb aus. Thema: „Gibt es Wege, die Juden Frankreichs glücklicher und effizienter zu machen?" Das Thema lag international „in der Luft".

Ähnliche Gedanken und Vorschläge hatte kurz zuvor, 1781 und 1783, der preußische Kriegsrat Christian Konrad Wilhelm von Dohm, ebenfalls von Moses Mendelssohn angeregt, in seiner zweiteiligen Schrift „Über die bürgerliche Verbesserung der Juden" veröffentlicht. Sein Ziel war es, zum wechselseitigen Nutzen, aus den Juden „glücklichere und bessere Glieder der bürgerlichen Gesellschaft" zu machen. *Beiden Aufklärern, und nicht nur diesen beiden, ist, ebenso wie lange nach ihnen den bürgerlichen Liberalen Europas, eine Mischung aus ethischer, funktionalistischer, ökonomischer und vor allem paternalistisch-dünkelhafter Toleranz gemein. Aber immerhin Toleranz. Besser als Intoleranz oder gar Verfolgung und Schlimmeres. Und wieder: Deutschland entsprach eher dem europäischen Muster, einige der deutschen Aufklärer waren judenpolitisch ihrer Zeit sogar voraus. Kein negativ-deutscher „Sonderweg". Eher positiv-deutsche Vorreiter. Erst recht, wenn man bedenkt, dass der deutsche Dichter Gotthold Ephraim Lessing demselben Ideal, Moses Mendelssohn, 1779 in „Nathan der Weise" (Uraufführung in Berlin 1783) ein zeitloses Denkmal aufgeklärt-idealistischer und angewandter, also ethischer Toleranz gesetzt hatte.*

Der Denkdruck von unten bewirkte oben judenpolitische Verbesserungen: 1784 hob noch das Ancien Régime Frankreichs die Kopfsteuer für Juden auf und führte die Niederlassungsfreiheit ein. Nicht nur mit und in der Revolution ging es zügiger voran mit der rechtlichen Gleichstellung. In Frankreich 1791, in Preußen erst 1812 im Rahmen der Stein-Hardenbergschen Reformen. Man denke jedoch nicht, dass für die Juden Frankreichs mit der Revolution ein paradiesisches Zeitalter begann. Im allgemeinen Blutrausch der Revolution blieben auch Juden nicht verschont. Juden als Juden und nicht als Freunde oder Feinde der Revolution.

Die rechtliche Gleichstellung der Juden in Frankreich und Preußen sowie dann auch in anderen deutschen Teilstaaten im 19. Jahrhundert hatte einen ethischen Pferdefuß: Sie war eher funktionalistisch. Wie üblich im Frühliberalismus des ausgehenden 18. und später im 19. Jahrhundert, sollten alle Bürger eines Gemeinwesens, also auch „die" Juden, „nützlich" werden, sein oder bleiben. Dafür bedurfte es als Voraussetzung gleicher Rechte. Hierzu der klassische Satz des Abgeordneten Graf Clermont-Tonnerre am 23. Dezember 1789 in der Nationalversammlung: „Den Juden als Nation ist alles zu verweigern, dem Juden als Individuum ist alles zu gewähren." Dementsprechend bedeutete die rechtliche Gleichstellung 1791 zugleich das Ende innerjüdischer Gemeinde-Autonomie. *Vor- und Rückschritt zugleich.* Die „Verstaatlichung" der jüdischen Gemeinschaft baute Napoleon 1808 aus, indem er mit dem „Konsistorium" eine zentrale jüdische Vertretung, einen durchaus modernen Verband, schuf. Dieser bestand bis 1905. Dass es in der heutigen Verbandsdemokratie ebenfalls einen solchen gibt, überrascht nicht.

Der den Juden obrigkeitlich, nützlichkeitsorientiert bewilligte Wirtschafts- und Rechtsliberalismus war alles andere als populär. Er wurde im 19. Jahrhundert von der breiten Bevölkerung hingenommen – solange er erfolgreich war. Lange war er erfolgreich, und darum fühlten sich die Juden wohl.

Wie die deutschen Juden im 19. und frühen 20. Jahrhundert, die sich zuerst, vor allem und eigentlich nur als Deutsche fühlten, empfanden sich die Juden Galliens als „Franzosen wie alle Franzosen". Eine prominente Personifizierung dieser Assimilierung ist Adolphe Crémieux (1796–1880), Rechtsanwalt, Repräsentant der Juden, Justizminister 1848 sowie 1870/71. Sozusagen „der" Jude Frankreichs in seiner Zeit. Wie einst Moses Mendelssohn in Deutschland. Wie Mendelssohns Kinder zuvor konvertierten auch alle drei Söhne Crémieux' zum Christentum.

IV. Geografie: Das Land Israel und die mehrfache Diaspora

Wie die deutschen waren auch Frankreichs Juden mehrheitlich assimiliert und teils sogar hyperassimiliert. Repräsentative Umfragen hierzu gibt es freilich nicht, wohl aber hilft ein anderes empirisches Instrument: die sozialwissenschaftliche Auswertung von Vornamen auf repräsentativer Basis. Für Frankreich sei beispielhaft auf die Studie von Cyril Grange aus dem Jahre 2016 hingewiesen, für Deutschland auf Wolffsohn und Brechenmacher („Deutschland, jüdisch Heimatland", 2008). Rechtliche Gleichheit, so der Wille Napoleons, solle auch zur mentalen, identifikatorischen Gleichheit führen. Sein Instrument: das 1808 erlassene Dekret von Bayonne. Es sah vor, dass die Juden Frankreichs auf jeden Fall einen französischen (nichtjüdischen) Vor- und Nachnamen tragen müssten. Wenn Eltern ihre jüdische Identität und Identifizierung von innen nach außen demonstrieren wollten, mussten sie zusätzlich jüdische Namen auswählen. In Deutschland waren die Behörden diesbezüglich vor und seit der Reichseinigung liberaler. Von ca. 1815 bis 1930 wählten aber zwischen 80 und 90 Prozent der deutschen Juden nichtjüdische Vornamen.

Traditionalistische Historiker werten lieber individuelle Zeugnisse auf der persönlichen Mikroebene aus. Jene Überlieferungen sind gewiss aufschlussreich und lesenswert. Sie geben subjektiv-emotionale Erfahrungen wieder, erlauben jedoch methodisch keine objektivierbaren, repräsentativen Rückschlüsse auf die Makroebene des Kollektivs.

Unsere repräsentativen Daten kennzeichnen präzise die doppelte Tragödie der verfolgten und ermordeten westeuropäischen Juden. Tragödie eins: Sie wurden ermordet. Tragödie zwei: Sie wurden wegen ihres Judentums ermordet – das ihnen immer weniger bedeutet hatte.

Die „Zeichen an der Wand" waren sowohl in Frankreich als auch in Deutschland schon lange vor dem 30. Januar 1933 (Deutschland) oder dem 22. Juni 1940 (Frankreich, Waffenstillstand nach der Niederlage gegen Hitler-Deutschland) sichtbar. Die meisten Juden wollten sie aber übersehen oder danach schnell vergessen. Konkret: Nach dem Deutsch-Französischen Krieg von 1870/71 mehrten sich für jedermann erkennbar sowohl in Frankreich als auch in Deutschland offene Antisemitismen, nicht zuletzt in den „feinen Kreisen" und bei Bildungsbürgern. *Einmal mehr und immer wieder: Herzensbildung schützt vor Antisemitismus weit mehr als formale Bildung.*

Das waren die Zeichen: Nach Siegesrausch und Reichsgründung folgte in Deutschland (ähnlich wie nach der Wiedervereinigung 1990) der nüchterne Alltag. Selten oder nie entspricht er den Erwartungen. Enttäuschte Erwartungen lösen Frustration aus und diese Aggression. Hinzu kamen national und international von 1873 bis ca. 1896 handfeste Wirtschaftsprobleme. Bezogen auf Deutschland spricht man von der „Gründerkrise". Teil derselben war 1878/79 der „Berliner Antisemitismusstreit". Er zog seine Kreise bis in den Kaiserhof. Monarchie, Aristokratie und Bourgeoisie, kaum die Arbeiterschaft, ließen die Maske fallen, und auch die wenigen projüdisch-liberalen Stimmen verkörperten nicht unbedingt Toleranz oder gar Akzeptanz. Der Historiker Theodor Mommsen, damals „die" liberalbürgerliche Stimme schlechthin, verteidigte „die" Juden, empfahl ihnen aber doch, sozusagen wie jeder anständige Mensch, das Judentum zugunsten des Christentums aufzugeben. *Toleranz buchstabiert man anders.*

Dieser deutsche Antisemitismusstreit ging dem französischen zeitlich voraus. Doch „die" Franzosen holten schnell auf. Von 1894 bis 1906 brachte die „Affäre Dreyfus" die französische Gesellschaft an den Rand einer Implosion. Das liberale Bürgertum Frankreichs und allen voran der Schriftsteller Émile Zola schlugen sich wackerer als ihre deutschen oder gar ab 1881 ihre liberalen Gesinnungsgenossen in Russland. Zola klagte die Antisemiten in einem offenen Brief an Frankreichs Präsidenten an. Mit der Überschrift „J'accuse" erschien er am 13. Januar 1898 auf Seite eins der Tageszeitung *L'Aurore.*

Die, wie sich später herausstellte, völlig haltlosen Verratsvorwürfe gegenüber dem jüdischen Franzosen Hauptmann Alfred Dreyfus, die Attacken gegen ihn und „die" Juden, waren die unprogrammierte Geburtsstunde des Zionismus und damit der Beginn der staatlich-jüdischen Wiedergeburt. Der Wiener Journalist Theodor Herzl, assimilierter Jude aus Budapest, beobachtete den Prozess gegen Dreyfus und berichtete über ihn. Seine Schlussfolgerung: Sicherheit für Juden gebe es nur in einem neuen Staat der Juden. 1896 veröffentlichte er seine Programmschrift „Der Judenstaat", 1902 seinen zionistisch-scheinutopischen Roman „Altneuland". Dieser endete so: „Und wenn ihr wollt, ist es kein Märchen." 1948 wurde das Märchen Wirklichkeit.

Erster Weltkrieg: Frankreichs und Deutschlands Juden zogen mit „Hurra!" ins Feld. Das jeweilige Vaterland dankte es ihnen, jeweils auf nationale Art und doch ähnlich. Gewiss, beidseits des Rheins gab es prominente, höchst erfolgreiche, einflussreiche jüdische Wissenschaftler, darunter Nobelpreisträger, Intellektuelle, Ärzte, Rechtsanwälte, Freiberufliche, auch Politiker. In Deutschland zum Beispiel Hugo Preuß, einer der Väter der von

IV. Geografie: Das Land Israel und die mehrfache Diaspora

den Nazis „undeutsch" genannten Weimarer Verfassung, dann der erste und bislang einzige deutschjüdische Innenminister. Der erste und bislang einzige deutschjüdische Außenminister war Walther Rathenau, 1922 von Rechtsextremisten ermordet, nicht zuletzt, weil er Jude war. Herkunfts- und Schicksalsjude, weniger aus Überzeugung.

Der eher linksliberale Hugo Preuß und der eher rechtsliberale Walther Rathenau repräsentierten in ihrer Person durchaus die große Mehrheit der deutschjüdischen Basis. Diese wählte – anders als Legenden aufgrund deutschjüdischer Aktivisten bei SPD, USPD und KPD besagen – weniger Sozialdemokraten oder gar Kommunisten als vielmehr Liberale und von denen eher die linken.

Gleiches gilt für Frankreichs Juden als Wähler. Auch ihnen gegenüber galt und gilt trotzdem das Klischee, sie ständen und standen eher links. Wie in Deutschland und woanders entstand dieses scheinempirische Klischee durch die häufigere Sichtbarkeit prominenter Linkspolitiker jüdischer Herkunft. Für Frankreich wäre der erste sozialistische und zugleich erste jüdische Ministerpräsident Léon Blum zu nennen. Noch „schlimmer": 1936/37 formte und führte er die erste Quasi-Volksfront-Regierung des Landes, also eine Koalition von Sozialisten und Kommunisten. Oft wird übersehen, dass die KP die Regierung Blum tolerierte, ohne ihr anzugehören. 1946/47 war Blum für vier Wochen noch einmal Premier. Etwas länger amtierte 1954/55 ein anderer Jude, der „Radikalsozialist" Pierre Mendes-France (PMF). Auch sein Wirken war kurz, aber in der Wirkung geradezu dauerhaft. Er beendete den Indochinakrieg, bereitete die Unabhängigkeit Marokkos und Tunesiens vor und war mit Konrad Adenauer (und der US-Eisenhower-Administration) Vater der Pariser Verträge vom Oktober 1954. Diese ermöglichten den NATO-Beitritt der Bundesrepublik Deutschland am 5. Mai 1955. In den späten 1950er Jahren erwarb sich PMF bei so manchem Franzosen den Ruf eines „unfranzösischen" Politikers. Er empfahl nämlich seinen Landsleuten, Milch statt Wein und Anis-Sprit zu trinken. In Israel gehörte es bis Mitte der 1970er eher zum guten, damals antibürgerlich-sozialistischen Ton, statt Wein „Mitz Tapusim", Orangensaft, zu trinken. Das mag auch daran gelegen haben, dass israelische Weine damals noch eher suboptimal schmeckten. Mit der Entmachtung der Sozialdemokraten und Sozialisten seit 1977 lernten auch israelische Winzer die Herstellung von Spitzenweinen. Ob ein direkter Zusammenhang zwischen diesen beiden Entwicklungen besteht, darf getrost bezweifelt werden, nicht jedoch die dramatische Verbürgerlichung der israelischen Gesellschaft.

Existenz auf Widerruf Nr. 2: Die mehrfache Diaspora

Außer diesen beiden jüdischen Premiers wären auch andere jüdische Spitzenpolitiker in Frankreich zu nennen: der Enkel des ehemaligen Oberrabbiners von Colmar, der Gaullist Michel Debré, unter dem seit 1967 demonstrativ antiisraelischen und ab November 1967 sich geradezu „klassisch" antisemitisch äußernden Präsidenten Charles de Gaulle nacheinander Premier-, Wirtschafts- und Finanz-, Außen- und Verteidigungsminister. *Debrés Person ist nicht gerade der beste Beweis für die antisemitische Legende von der „Jüdischen Weltverschwörung",* deren Geist de Gaulle auf seiner geradezu judenhistorischen Pressekonferenz vom 27. November 1967 wiederbelebte: Die Juden seien ein „elitäres, selbstbewusstes und herrschsüchtiges Volk", das über „gewaltigen Einfluss an Geld, Einfluss und Propaganda" verfüge.

Der jüdische Franzose Robert Badinter amtierte unter dem zweiten Charismatiker der Fünften Republik, Präsident François Mitterand, von 1981 bis 1986 als Justizminister. Er setzte 1981 die Abschaffung der Todesstrafe durch. Erinnert sei an Jacques Attali, die Graue Eminenz von Präsident Mitterand, an die liberale Auschwitzüberlebende Simone Weil, Gesundheitsministerin unter dem durch und durch antiisraelischen Präsidenten Valéry Giscard d'Estaing. Noch ein Schlag in die Magengrube von Anhängern der Jüdische-Weltverschwörung-Fantasie. Erwähnt sei der bei den Mai-Unruhen bzw. der studentischen Möchtegernrevolution von 1968 an vorderster Front aktive „Rote Dany" Cohn-Bendit, der dann grün und sowohl in Frankreich als auch in Deutschland politisch aktiv und berühmt wurde. (Als Lektüre über Juden in der Politik Frankreichs sei auf Szafran, Les juifs dans la politique française, verwiesen.) Eines wird an allen französisch- ebenso wie deutschjüdischen Spitzenpolitikern deutlich: Die Behauptung, dass sie mehr „den" Juden oder, ab 1948, mehr Israel als ihrem Staat verbunden waren, gehört zu den Antisemitenmärchen.

Noch ein antisemitisches Märchen aus Frankreich: Das Bankhaus Rothschild ziehe hinter den Kulissen die Fäden französischer Politik. Eine Behauptung, die einmal mehr 2020 von „Gelbwesten"-Protestlern Präsident Macron entgegengeschleudert wurde, weil er zuvor bei „Rothschild" gearbeitet hatte. Zu dumm nur, dass Tausende Juden sich, wie zuvor seit der Jahrhundertwende, auch während Macrons Präsidentschaft in Frankreich so wenig vom Staat gegen (meist muslimische) Gewalt geschützt fühlten, dass sie nach Israel auswanderten oder dort sicherheitshalber eine Zweitwohnung mieteten oder kauften. De Gaulles Nachfolger, Präsident

IV. Geografie: Das Land Israel und die mehrfache Diaspora

Georges Pompidou (1969–1974), war als ehemaliger Rothschild-Manager ebenfalls als Marionette jener „Judenbank" verunglimpft worden. Den Juden „geliefert" hat er, ganz wörtlich, nicht. 50 von Israel in Frankreich bestellte und bezahlte Mirage-Kampfflugzeuge sowie fünf Marine-Schnellboote ließ er nicht ausliefern. Die Boote entführte ein israelisches Kommando in der Stillen, Heiligen Nacht 1969 aus dem Hafen von Cherbourg. Statt der 50 Mirages für Israel bekam 1970 Libyens Gaddafi, damals aktiver Förderer des internationalen Terrorismus, 110 Mirages.

Ein anderes Märchen, freundlicher: dass „die" Franzosen während der deutschen Besatzung von 1940 bis 1944 ein Volk von Widerstandskämpfern gewesen wären. Nur die wenigsten Franzosen stießen zur Résistance, und die Kollaboration (auch und erst recht beim Judenmorden) wurde in Frankreich (wie in den meisten von Hitlers Wehrmacht besetzen Staaten Europas) bis weit in die 1980er Jahre tabuisiert. Auch in Politik, Medien und Geschichtswissenschaft. Noch 1994 erklärte der „sozialistische" Präsident François Mitterand, die Republik Frankreich habe mit der Schuld Vichys nichts zu tun. Ganz anders und erstmals aus dem Mund des Staatsoberhaupts sein „konservativer", gaullistischer Nachfolger Jacques Chirac, 1995: „Ja, der kriminelle Wahnsinn der Besatzungsmacht wurde unterstützt von Franzosen ... vom französischen Staat". Derselbe Chirac hatte sich seit 1974 als Ministerpräsident von Präsident Valéry Giscard d'Estaing aktiv an der nuklearen Aufrüstung des Irak in der Zeit Saddam Husseins beteiligt. Dass der irakische Diktator zu den Todfeinden Israels zählte, war auch Chirac bekannt. Im Juni 1981 bereitete Israels Premier Begin dem irakisch-französischen Atom-Wunschtraum – für die Juden Israels sowie der Diaspora ein Holocaust-Albtraum – mit Hilfe der israelischen Luftwaffe ein Ende. War Chirac also ein Freund oder Feind „der" Juden? Wir erinnern uns: Waren „die" Niederländer von 1940 bis 1945 Verräter oder Retter von Juden? Zur geschichtlichen Wahrheit gehören, ebenso wie zu jedem Tag, Licht und Dunkel. Multiperspektivität bitte.

Geschichte ist Zukunft. Anders formuliert: Wer weiß, was war, weiß, was wird. So gesehen sind Historiker nicht nur Vergangenheitsexperten, sondern auch Vorhersager – aber wahrlich keine Propheten. Aus der Geschichte und Zeitgeschichte abgeleitet gilt für Frankreichs und Deutschlands Juden:
    1.) In beiden Gemeinschaften fand ein fundamentaler demografisch-geografischer und damit auch kultureller und religiöser Bruch statt.

Es gibt kaum noch die traditionell „französischen Juden". Die 300.000 Sefarden, die in den späten 1950er und frühen 1960er Jahren aus Nordafrika kamen, genauer: flohen, stellen die Mehrheit im einst klassisch aschkenasisch-jüdischen Frankreich. Das bewirkte eine stärkere Hinwendung zum Judentum als Religion. Nicht zum Fanatismus, doch zu mehr Traditionalismus.

Das traditionelle deutsche Judentum ist tot. Ermordet oder geflohen. Die wenigen, die in Deutschland überlebten oder nach 1945 zurückkehrten, sind (wie der Autor dieses Buches) die letzten „Dinosaurier". Bis 1990 bestand die Mehrheit der neudeutschen Juden nach 1945/49 aus polnischen Holocaust-Überlebenden und ihren Nachfahren. Für sie war Deutschland sozusagen der östliche Punkt im Westen. Ab 1990 kamen ca. 200.000 Juden aus der Ex-Sowjetunion. Nur die Hälfte schloss sich den Gemeinden an. Innerhalb und erst recht außerhalb der jüdischen Gemeinden sind „die" Russen die heutigen Mehrheitsjuden. Anders als die Mehrheitsjuden in Frankreich sind sie eher areligiös, antireligiös oder religiös ahnungslos. Areligiös, wenngleich nicht ahnungslos sind die ca. 20.000 (meist jungen) Israelis, die in Berlin leben und sich dem jüdischen Gemeindeleben weitgehend verweigern.

2.) Die Mehrheit der Juden Frankreichs, Deutschlands und überhaupt Europas nimmt aufgrund erlebter körperlicher oder verbaler Gewalt drei Hauptgefahren für Leib und Leben in dieser Reihenfolge wahr: zuerst und vor allem antijüdische Aktionen von Muslimen, dann von Links- und schließlich von Rechtsextremisten. Nachzulesen in den Umfragen und Berichten der European Union Agency for Fundamental Rights (FRAU) mit Sitz in Wien, besonders die am 8. März 2019 veröffentlichte Studie. Ebenfalls zu empfehlen ist der Index of Antisemitism der Anti Diffamation League, zuletzt 2014 bis 2019. Ideologisch und operativ ist, wie in anderen westlichen Staaten, eine Quasi-Allianz aus radikalen Muslimen, Linken und Linksliberalen entstanden, die „Islamogauchistes", also „Islamolinke".

3.) Der quantitativ-demografische Anteil der muslimischen Minderheit wird in Frankreich, Deutschland und Westeuropa weiter steigen. Durch Migration und natürliche Vermehrung. Das wird zwangsläufig ihr qualitativ-politisches Gewicht erhöhen. Angesichts der bisherigen Radikalisierung der jeweils jüngeren Muslime Europas

IV. Geografie: Das Land Israel und die mehrfache Diaspora

werden sich die Juden noch mehr als bisher bedroht und stärker als Juden fühlen. Auch die nichtreligiösen. Mehr und mehr Juden werden auswandern. Wohin? Wohl nicht in die USA, denn dort bahnt sich eine juden- und israelpolitische Europäisierung auch der linksliberalen Weißen an. Bei Afroamerikanern und anderen Minderheiten hat sie längst begonnen. Vorreiter sind Frankreichs Juden. Von 2000 bis 2020 sind circa zehn Prozent nach Israel ausgewandert. Die Zahlenangaben schwanken, was nicht verwunderlich ist. Manche haben nur „einen Koffer" in Israel, andere eine Zweitwohnung oder -haus, manche (wie viele?) wurden als Einwanderer Neuisraelis. Die häufigsten Zahlenangaben zu diesem Teilthema: Im Jahre 2000 lebten rund 500.000 Juden in Frankreich. Für 1965 werden offiziell 520.000 angegeben, 2021 etwa 450.000. Zwischen 2000 und 2018 seien circa 40.000 nach Israel ausgewandert. Zunehmen dürfte die Zahl der Juden weder in Frankreich noch Deutschland oder einer anderen Diasporagemeinschaft. Wird Israel langfristig tatsächlich der einzig sichere Hafen für Juden?

4.) Andere Juden klammern sich nicht an Israel, sondern – bittere Ironie der Geschichte – an die politische Rechte. Bei den Präsidentschaftswahlen in Frankreich haben 2012 etwa 13 Prozent der Juden Le Pen gewählt und 2017 rund 30 Prozent. Mindestens so rechtsaußen wie Marine Le Pen ist der jüdische Präsidentschaftskandidat 2022 Éric Zemmour. Ein Diaspora-Novum: jüdische Rechtsextremisten. Für Deutschland gibt es keine (mir bekannten) Daten. Dass ein recht (wie?) großer Teil der sowjetrussisch sozialisierten Juden, die nun in Deutschland leben, der AfD zuneigt, fällt nicht nur oberflächlichen Beobachtern auf.

Wenn die europäischen Demokratien nicht wehrhaft auch gegen Links- sowie muslimische Extremisten vorgehen, ist langfristig einerseits mit einem Exodus der Juden nach Israel und andererseits mit einem scharfen Rechtsruck der verbleibenden Juden zu rechnen.

5.) Zu beachten ist eine dritte Gruppe westlicher, also auch französischer und deutscher Juden. Sie haben sich emotional und rational vom Judentum gelöst, gehören keiner jüdischen Gemeinschaft an und betrachten sich als „ehemalige" Juden oder Menschen „jüdischer Herkunft", wobei in der Moderne die Herkunft unbedeutend sei. Diese Gruppe wird immer größer, worauf, neben der sinkenden Geburtenrate, die rückläufigen Zahlen der in Gemeinden organisierten Juden hinweisen. Einstellung und Selbstwahrnehmung dieser Juden oder Ex-Juden mag einem gefallen oder nicht, hilachisch bzw. jüdisch-religionsgesetzlich ist sie irrelevant, denn jeder Nachkomme einer Jüdin ist und bleibt lebenslang jüdisch. Faktisch, im Alltag ist jene Lebensführung sehr wohl entscheidend – *solange die Betreffenden nicht von außen in die „jüdische Situation" zurückgeschleudert werden, weil sie von Dritten als Juden betrachtet werden und die, teils durchaus gewaltsamen, Folgen zu spüren bekommen.*

Habsburg/Österreich

„Glanz und Untergang, Wien – 1866 – 1938" betitelte die Grande Dame der jüdisch-österreichischen Kultur, Hilde Spiel, ihr Buch über die „goldenen Jahrzehnte" der habsburgischen Kultur. Begonnen hatte dieser Kulturtriumph 1866 mit der militärischen Niederlage Habsburgs gegen Bismarcks Preußen bei Königgrätz, er endete 1938 mit dem „Anschluss" an die hitlerdeutsche Barbarei. Kulturell vergoldet hatten jene Jahrzehnte freilich nicht nur Juden, aber eben doch sehr viele. Einige konvertierten ohne rechte Überzeugung aus Opportunismus zum Katholizismus. Juden, die jeder kennt: Sigmund Freud, Alfred Adler, Franz Kafka, Karl Kraus, Arthur Schnitzler, Arnold Schönberg, Gustav Mahler, Otto Bauer, Ludwig Wittgenstein und viele mehr. Weder in der Wahrnehmung der Außenwelt noch im jüdischen Religionsgesetz verloren Konvertiten wie Karl Kraus oder Alfred Adler den jüdischen – damals – „Makel" – heute „Adel". So wenig wie Heinrich Heine, Rahel Varnhagen, Dorothea Schlegel oder Henriette Herz.

Nach Hitler und Holocaust gibt es in Österreich wieder Juden, vornehmlich Einwanderer aus Osteuropa, aber weniger als einst und Namen, die kaum jemand kennt. Die untergegangene Welt des habsburgischen Judentums sei skizziert. Auch ihre Geschichte weicht kaum vom diasporajüdischen Muster ab.

Ankunft, wie zu erwarten, mit „den" Römern, deren Legionen in den Donauraum folgend. Archäologische Beweise reichen ins 3. Jahrhundert, also etwas weiter zurück als in Deutschland. Das kann aber auch auf größeres Fundglück der Archäologen in Österreich zurückzuführen sein.

Es folgt, wie in Deutschland und anderen Regionen Europas, ein schriftdokumentarisches und archäologisches Vakuum. Gab es keine Juden

IV. Geografie: Das Land Israel und die mehrfache Diaspora

mehr? Warum? Dokumente über Verfolgungen fehlen. Gab es sie nicht? Verlief der jüdische Alltag positiv wie negativ so unspektakulär, dass nichts über sie oder von ihnen überliefert wurde? Wie ist das möglich?

906 wird in einem Zolldokument der Babenberger Dynastie erwähnt, dass jüdische Händler für Waren und Sklaven den gleichen Zoll wie Nichtjuden zu zahlen hätten. Unerwähnt bleibt, ob damit einheimische Juden oder jüdische Transithändler gemeint waren.

Wie überall ging die „jüdische Sonne" im Zeitalter der Kreuzzüge unter. In „Österreich" etwa 100 Jahre später als in Deutschland. 1196 wurde der Jude Schlom (Salomon), Münzmeister des Babenberger Herzogs von Österreich und der Steiermark, Leopold V. (er ließ 1192 Richard Löwenherz auf dem Rückweg vom Heiligen Land in Wien gefangen nehmen), ebenso wie 15 andere Juden von Kreuzrittern ermordet. Der Mord blieb nicht ungestraft: Leopolds Sohn, Friedrich I., verhängte über zwei der Mörder die Todesstrafe. Der Herzog starb 1198, sein Bruder und Nachfolger, Leopold VI., setzte die judenfreundliche Politik seiner Vorgänger fort, denn seit 1204 ist eine Synagoge in Wien dokumentarisch belegt. Die Toleranz gegenüber Juden ist überraschend, denn Leopold VI. beteiligte sich an den Verfolgungen christlicher „Ketzer" wie die Albigenser. Ganz überraschend doch nicht, denn er wurde im Kampf zwischen dem Verfolger der „Ketzer" Papst Gregor IX. und Kaiser Friedrich II. als Vermittler akzeptiert. Noch weniger überraschend, wenn man bedenkt, dass auch Leopold VI. Wert auf die Finanzhilfe „seiner" Juden legte – wie der vom Papst bekämpfte Kaiser Friedrich II. Sehr wohl überraschend, wenn man bedenkt, dass auf dem Vierten Laterankonzil 1215 scharf antijüdische Maßnahmen beschlossen wurden – und jener Vermittler Leopold VI. trotzdem judenfreundlich handelte. Wir begegnen einmal mehr dem bekannten Muster: Christliche Obrigkeiten stellten sich gegen ihre unterschichtigen Bürger und vor „ihre" Juden – wenn sie die Juden vor allem finanziell brauchten.

Selbst einander bekämpfende Obrigkeiten wählten den gleichen judenpolitischen Kurs, wenn es geboten schien. So der Babenberger Herzog Friedrich II. (1230–1246), Sohn Leopolds VI., der zeitweilig Krieg gegen Kaiser Friedrich II. führte. Der Kaiser hatte den deutschen Juden 1236 und den Wiener Juden 1238 Schutzprivilegien erteilt, die, nach ihm, der Babenberger Friedrich II. 1244 sogar ergänzte. Warum und wie das? Im 13. Jahrhundert erlahmte der Kreuzzugselan. Gleichzeitig wurde in Europa, auch in Österreich, eine neue Stadt nach der anderen gegründet. Ohne viel Geld war das unmöglich. Die Diskriminierung oder gar Liquidierung von Juden wäre wirtschaftspolitischem Selbstmord gleichgekommen.

Man übersehe nicht den doppelten Boden: Im 13. Jahrhundert hatte das Vierte Laterankonzil zur diskriminierenden (aber nicht liquidierenden) Judenjagd geblasen. War dieser Antijudaismus vielleicht auch ein Mittel, um den jüdischen Geldverleihern zu signalisieren, dass „brave Christen" den „Judenzins" jederzeit „politisch" beliebig drücken konnten? Es fällt nämlich auf, dass die Judenprivilegien der beiden Friedrichs (Kaiser und Herzog Friedrich II.) 1254 in Böhmen übernommen wurden, 1264 in Polen, 1295 in Schlesien. Erinnert sei daran, dass der judenfeindliche Kirchenkurs als Druckmittel des Klerus im Kampf gegen die weltlichen Mächte benutzt werden konnte. Denn: Je weniger die weltlichen Fürsten an den Juden verdienten, desto leerer ihre Kassen. Je leerer ihre Kassen, desto schwächer die Fürsten und umso mächtiger der Klerus, allen voran der Papst. Mit dieser ökonomischen Brille ausgestattet, versteht man, weshalb die habsburgischen Herzöge, die weltliche Obrigkeit eben, sogar in der Pestära des 14. Jahrhunderts mit „ihren" Juden vorsichtiger umzugehen versuchten als das mit den Juden konkurrierende Stadtbürgertum oder der von der Kirche aufgehetzte Landpöbel. Albrecht II. wurde als „fautor iudaeorum" verflucht, als Gönner der Juden.

Kehrtwende im frühen 15. Jahrhundert: Das Eigentum der Juden rauben, zugleich die Schulden bei ihnen streichen und dafür einen „guten Grund" suchen: Schnell gefunden und religiös „abgesichert" war er um 1420/21 im Zuge der „Wiener Gsera" bzw. des Wiener Pogroms. Die Juden wurden – außer der allbekannten Hostienschändung – beschuldigt, mit den „ketzerischen" Hussiten gemeinsame Sache zu machen. Die armen Juden wurden vertrieben, die reichen durften bleiben – wenn sie konvertierten. Wer sich weigerte, wurde dann doch vertrieben oder, wie 210 Opfer, am 12. März 1421 auf Geheiß Herzog Albrechts V. in Wien öffentlich verbrannt.

Friedrich III. (1440–1493) holte die Juden wieder zurück. Schon unmittelbar vor der Entdeckung Amerikas war der Weltwirtschaftsraum gewachsen und Südosteuropa durch das Osmanische Reich blockiert. Seit 1453 war Konstantinopel osmanisch. Fernhändler, die auch bei diesen Muslimen wohlgelitten waren (und als Spanien- und Portugalvertriebene ab 1492/1497 offene Tore, Köpfe und Herzen finden sollten), wurden gebraucht. Der Sohn Friedrichs III., Maximilian (1493–1519), betrieb eine gemischte Politik gegenüber den Juden: etwas Vertreibung – 1496 aus

IV. Geografie: Das Land Israel und die mehrfache Diaspora

Kärnten und der Steiermark, als Entgegenkommen an die Basis –, aber Niederlassungsrecht an anderen Orten, meist an der Peripherie, doch auch – gegen den Widerstand des Stadtbürgertums – in Wien. Die Juden seien sein Eigentum, beharrte Kaiser Maximilian, Großvater Kaiser Karls V., der es dann als König von Spanien weniger gut mit „seinen" Juden meinte.

Selbst der erzkatholische Kaiser Ferdinand II. (1619–1637) hatte im Dreißigjährigen Krieg dem antijüdischen Einfluss der Jesuiten widerstanden. Toleranz? Ökonomie! Er brauchte sie für den Handel besonders mit dem Osmanischen Reich, Polen, Italien. Sogar eine neue Synagoge wurde eingeweiht. Das Judenglück währte nicht lange. Im Aufstand ukrainischer Kosaken gegen Polen-Litauen unter Bohdan Chmelnyzkyj (1648–1657) wurden etwa 10.000 der rund 50.000 ukrainischen Juden niedergemetzelt. Juden, die konnten, flohen – auch nach Österreich. Den Einheimischen und dem Kaiser war der jüdische Flüchtlingsstrom unwillkommen. Vor allem dem klerikalen und stadtbürgerlichen Druck nachgebend, ließ Kaiser Leopold I. (1657–1705) 1669 etwa 1600 Juden aus Wien vertreiben. Zuerst – richtig vermutet – die armen und am 28. Februar 1670 die wohlhabenden – sehr zur Freude des Großen Kurfürsten von Brandenburg, der sie als „Aufbauhelfer" seines vom Dreißigjährigen Krieg verwüsteten Landes mit offenen Armen empfing.

Auch die judenfeindlichen Wiener Ratsherren freuten sich. Dem Kaiser dankend nannten sie das einstige Judenviertel „Leopoldstadt". Ihre Freude währte nicht lang. Schlagartig schrumpfte in den habsburgischen Landen der Handel, und die Preise stiegen. Der Judenkonkurrenz entledigt, erledigten sie vermeintlich Jüdisches: Unchristliche und von den Juden eben nicht erhobene Wucherpreise verlangten die Kaufleute nun von ihren christlichen Brüdern und Schwestern. Betriebswirtschaftlich gut für die einzelnen Kaufleute, volkswirtschaftlich ein Alarmzeichen. Folglich Kehrtwende: Schon 1673 durften Juden wiederkommen. Der Kreislauf...

Diese Dynamik kennen wir: Früher oder später wurden immer Juden gebraucht, nicht nur als Finanziers, auch als Ärzte – bis sie ihren Konkurrenten „zu viel wurden". *Immer wieder.*

Kein exklusiv österreichisches Kennzeichen der Judenpolitik: Geld, Geldgier der christlichen Untertanen und Obrigkeit – angeblich „typisch jüdisch" – war und blieb Motiv sowie Motor. Das beweist auch eine direkte Folge des 1718 zwischen dem Habsburg-Kaiser Karl VI. (Vater Maria-Theresias), Sultan Ahmed III. sowie der Republik Venedig geschlossenen Friedens von Passarowitz. Prinz Eugen hatte im vorangegangenen sechsten

Österreichischen Türkenkrieg für die größte Ausdehnung der Dynastie gesorgt. Der militärische Sieg erfreute, aber auf den lukrativen Handel mit den unterlegenen Osmanen wollte Habsburg nicht verzichten. Deshalb: Juden mit osmanischer Staatsbürgerschaft erhielten die Erlaubnis, sich in Wien niederzulassen.

Kaiserin Maria-Theresia (1740–1780) brauchte und hatte ihre Geld- bzw. Hofjuden. Doch verfügte diese als „aufgeklärt" (!) geltende absolutistische Monarchin am 18. Dezember 1744, quasi als Weihnachtsgeschenk, die Juden aus Böhmen zu vertreiben: Aus „mehrerley Uns bewegenden höchst triftigen Ursachen", dass „künftighin kein Jud mehr in Unserem Erbkönigreich Böheim geduldet" werden solle. Am 31. März 1745 vegetierten in Prag nur noch 98 der zuvor rund 40.000 Juden (Ploggenburg, Maria-Theresia und die Böhmischen Juden, S. 1). Schon am 15. Mai 1745 musste sie einsehen, dass die Verwirklichung ihres Befehls undurchführbar war. Die Juden durften in Böhmen bleiben, doch (vorläufig) nicht zurück nach Prag. 1748 wurde das „Unternehmen" beendet und die Juden noch mehr als zuvor zur Kasse gebeten. Die Stände (also der Adel) wollten (und konnten) auf das Judengeld nicht verzichten. Die böhmischen Kaufleute und Handwerker drängten auf die Vertreibung der jüdischen Konkurrenz. Kaiserin und Hof mussten schließlich einsehen, dass der selbst zugefügte Schaden größer als der „Gewinn" der „Judenreinheit" gewesen wäre.

1772: Österreich, Preußen und Russland teilten sich die polnische Beute. Österreich bekommt bzw. nimmt sich Galizien. Dialektik der Beute: Die sehr traditionell-katholische Maria-Theresia bekam dadurch rund 170.000 zusätzliche Juden, insgesamt im Reich nun etwa 1,5 Millionen. Was tun? Strategisch beantwortete ihr Sohn, Joseph II., diese Frage 1782 mit den Toleranzpatenten, je eines für die Juden Wiens sowie Böhmens und Mährens. Nicht anders als woanders in Europa: Wo und wenn der Weg zur allmählichen Rechtsgleichstellung erfolgte – auch diese Patente waren nur der erste Schritt –, zielte er darauf, die Juden zu „nützlichen" Staatsbürgern umzuwandeln. Funktionale Toleranz, keine wirklich ethische. Wieder sehen wir, dass, zumindest judenpolitisch, Aufklärung bei manchen Aufklärern mehr Fiktion als Fakt ist.

Und dann begann, zumindest auf der Obrigkeitsebene, ein goldenes Zeitalter für die Juden im Habsburgerreich. Nur wenige Wochen nach der Märzrevolution von 1848 erlangten die Juden durch die Verfassung vom 25. April 1848 die rechtliche Gleichstellung als Staatsbürger. Am 2. Dezember 1848 begann die Ära von Kaiser Franz Joseph I. Nun wurde es noch strahlender. Dieser Kaiser schützte „seine" Juden wirklich, jedenfalls mehr als andere. Österreichs militärische Niederlagen gegen Italien und Frankreich 1859 sowie 1866 gegen Preußen wurden durch Konzentration auf die Binnenentwicklung des Vielvölkerstaates reichspolitisch und kulturell dessen Segen. Nicht zuletzt judenpolitisch. Bis zu Franz Josephs Tod am 21. November 1916 hielt er an. Hilde Spiel hat, wie erwähnt, jene Hochkulturzeit beschrieben. In dieser Ära wurden nicht zuletzt auch wegweisende *Föderationsmodelle für das Zusammenleben diverser Minderheiten in einem Vielvölkerstaat* mit einer jeweils tonangebenden Mehrheit entwickelt, im Habsburgerreich der deutschen und ungarischen Mehrheit (Osterkamp, Vielfalt ordnen; allgemein Wolffsohn, Zum Weltfrieden). Stichwort „Personale Autonomie" als Ergänzung zur „Territorialen Autonomie". Der jüdische Austromarxist Otto Bauer (1881–1938) zählte zu den Pionieren dieses Denkansatzes, dessen Verwirklichung durch die Zerschlagung der Habsburgermonarchie nach dem Ersten Weltkrieg vereitelt wurde (Saage, Otto Bauer). *Für die Zukunft Europas und vor allem der künstlich geformten postkolonialen Staatenwelt liefern die föderalen Varianten inspirierende, Blutvergießen verhindernde Anregungen.*

Wien wirkte wie ein Magnet auf Juden. Sie strömten aus Böhmen, Mähren und Galizien in die Hauptstadt. Vielen Alteinheimischen wurde es zu viel. Wie im seit 1871 neuen Deutschland und dort besonders ab 1878 unter der Regie des kaiserlichen Hofpredigers Adolf Stoecker (1835–1909) oder wie im Frankreich der Dreyfus-Jahre ab 1894 oder in Russland noch mehr als ohnehin traditionell ab 1881 (nach der Ermordung von Zar Alexander II.) wurde durch den demagogischen Antisemiten, Wiens Oberbürgermeister Karl Lueger (1844–1910), der offene Judenhass sowohl der „feinen" Gesellschaft als auch der kleinen Leute als Massenbewegung salonfähig. Trotz der Gegensteuerung durch Kaiser Franz Joseph. Zweimal hatte er seit 1895 nach Luegers Wahl seine formal zwingend gebotene Bestätigung verweigert. Beim dritten Mal gab er im April 1897 nach. Papst Leo XIII. hatte zugunsten des bekennenden Antisemiten interveniert. Derselbe Pontifex beschuldigte die Freimaurer, das Reich Satans zu führen. Er konnte sich sicher fühlen, denn seit dem Ersten Vatikanischen Konzil von 1870 konnte sich der Papst im metaphysischen Licht der Unfehlbarkeit sonnen.

Ironie der Geschichte – oder nicht? Es war 1894 die antisemitische Anti-Dreyfus-Hysterie in Frankreich, die den aus Budapest stammenden, hyperassimilierten jüdisch-wienerischen Journalisten Theodor Herzl in den vom objektiv-gesetzlichen zum subjektiv-empfundenen Juden verwandelte. So sehr verwandelte, dass er der Vater des organisierten Zionismus und damit rund 50 Jahre später der Stammvater Neu-Israels wurde. Drei Jahre nach dem für jedermann sichtbaren, massenweisen, aggressiven französischen Antisemitismus rollte die Antisemiten-Walze, wie fast überall in Europa, nun auch durch Wien und Österreich. Herzls Alternative eines Judenstaates verlachten, verwarfen oder verachteten die meisten Juden. Nicht nur im Habsburgerreich. Der Antisemitismus war nun ein gesamteuropäisches, schichten- und ideologieübergreifendes Millionenphänomen. Nicht nur die ermordeten sechs Millionen Juden haben es unterschätzt. Herzl hätte es früher erkennen und benennen können, denn spätestens seit den 1870er Jahren tobte diese Epidemie in ganz Europa. Obwohl spät, erkannte Herzl früher als die meisten anderen Juden die Tödlichkeit jener Pandemie.

Die Fortsetzung jüdischer Geschichte im Habsburgerreich und erst recht der Republik Österreich glich im Kern dem deutschen Muster. Typisch jüdisch, traditionell jüdisch, blieb immer weniger an Austrias Juden. Mit Ausnahme der „Ostjuden", die besonders während des Ersten Weltkrieges und kurz danach – zum Verdruss der Westjuden und vieler Nichtjuden, nicht nur eingefleischter Antisemiten – in den Rumpfstaat flohen. Ansonsten wurde das Österreich-Muster immer deutscher, ab März 1938 durch den Anschluss an Hitler-Deutschland „großdeutsch" und schließlich katastrophal im Sinne der Schoa, also der sechsmillionenfachen Judenvernichtung. Dank der Moskauer Erklärung vom November 1943, ab 1945 durch selbstgestrickte Legenden intensiviert und scheinbar dauerhaft zementiert durch den jüdischen Bundeskanzler Bruno Kreisky (1911–1990; Sozialistische, ab 1991 Sozialdemokratische Partei Österreichs, SPÖ), präsentierte sich das amtliche Österreich als Hitler-Deutschlands erstes „Opfer". Seit den Kontroversen um die NS-Vergangenheit von Präsident Kurt Waldheim (1918–2007, Präsident 1986–1992) ab 1986 löste sich diese Legende in Luft auf. Plötzlich waren „die" Juden wieder auf der politischen Tagesordnung Österreichs. Wie in Deutschland kann man nach der Schoa nur noch von einer Rumpfgemeinde sprechen. Für 2021 wird von der Jüdischen Repräsentanz die Zahl von rund 15.000 in der Republik lebenden Juden genannt. 1938 waren es ca. 210.000.

Aufschlussreich, weil wohl erheblich vielfältiger als von den meisten erwartet, die beruflichen Schwerpunkte der Juden Österreichs gemäß der Volkszählung vom März 1934: 97 Prozent der Werbeagenturen, 86 Prozent der Rechtsanwälte, 82 Prozent aller Kreditoren und 75 Prozent der Bankiers des Landes waren Juden, 73 Prozent der Textilhersteller und -händler, 70 Prozent des Öl- und Benzinhandels sowie der Schuster und des Süßwaren-Einzelhandels, 68 Prozent der Kürschner, 63 Prozent der Filmbranche, je 60 Prozent der Back- und Geflügelwirtschaft, 52 Prozent der Ärzte, je 40 Prozent der Juweliere und Kaffeehausbetreiber, 32 Prozent der Apotheker.

Vorbei. Heute sind Österreichs Juden gesamtgesellschaftlich eine *quantité négligeable*, aber qualitativ, bezogen auf die Leistungen für Gesellschaft und Kultur wieder beachtlich. Der kreative, die jeweilige Gemeinschaft vor allem ideell bereichernde und materiell nicht belastende jüdische Geist lebt.

Ungarn

Die ungarisch-jüdische Geschichte lässt sich, im Rahmen einer jüdischen *Welt*geschichte und des bisher Dargestellten, leicht ein- und ergänzend zuordnen. Zuordnen zur osmanischen Geschichte sowie der habsburgisch-österreichischen, denn: Von 1541 bis 1686 waren weite Teile des heutigen und früheren (bis zum Trianon-Vertrag von 1920 bestehenden) Ungarn osmanisch und teils habsburgisch. Ganz habsburgisch und dennoch teileigenständig handelnd war Ungarn von 1686 bis 1918.

Das bedeutet: Im Rahmen einer *Welt*geschichte können nicht die vielen, sondern nur einige der ungarisch-jüdischen Besonderheiten erwähnt werden. Die jeweiligen osmanisch- und habsburgisch-jüdischen Rahmenbedingungen galten auch für Ungarns Juden in den Zeiten der Fremdherrschaft. Skizziert seien deshalb die jüdische Frühzeit, das Mittelalter und die nachhabsburgische Zeit der Juden in Ungarn.

Keine Überraschung: Mit den Römern kamen die Juden nach Pannonien und Dakien. Eindeutige archäologische Befunde gibt es für das 2. und 3. Jahrhundert. Doch Vorsicht, einmal mehr, denn die diversen Einzelfunde erlauben keine sicheren Rückschlüsse auf jüdische Gemeinschaft. Für diese gibt es, wie überall in Zentral- und Westeuropa, erst spätere Belege, hier: seit dem 11. Jahrhundert. Der Rückschluss ist eindeutig: Zuvor gab es auch hier kaum Urbanität. Ohne diese kaum Nachfrage, daher wenig Angebote, wenig Handel, wenige Juden. Unterentwickelte Gesellschaften brauchten keine Juden. Umgekehrt fühlte sich kaum ein urbaner, gebildeter Jude motiviert und interessiert, in unterentwickelten Gesellschaften zu leben.

Existenz auf Widerruf Nr. 2: Die mehrfache Diaspora

Die ersten Einschränkungen für Juden in Ungarn verfügte 1092 die Kirche. Christen durften keine Juden heiraten, Juden an christlichen Feiertagen nicht arbeiten und – was für eine „Strafe" – keine Sklaven halten. Christen durften also und haben offensichtlich. Für die „Christlichkeit" von Christen gibt es auch viele andere Belege, wobei zu erwähnen wäre, dass Muslime die Hauptakteure des internationalen Sklavenhandels waren (vgl. Flaig, Weltgeschichte der Sklaverei, besonders Kapitel 3).

Siedlungsschwerpunkt, teils auch Ergebnis politischer Zwänge, waren Städte und hier besonders Budapest und Pressburg.

Wieder begegnen wir dem bekannten Muster: Die Könige schützten „ihre" Juden und schlossen dabei durchaus den einen oder anderen Kompromiss mit Kirche, Adel, Bürgertum und fanatisierten Unterschichten – auf Kosten der Juden. 1251 verfügte König Bela das „Judenprivileg", also einen Judenschutz. Wenig später, ab 1259, mussten sie das „Judenzeichen" tragen und das Pachten, gar Kaufen ungarischen Bodens wurde ihnen verboten. Wieder ein Aber: Der jeweilige König widersetzte sich diesen wirtschaftlich schädlichen Vorgaben. Sie wurden daher nur teilweise umgesetzt. In der Pestära war dieser „Widerstand", wie woanders, nicht durchzuhalten. 1349 wurden die Juden teilweise, 1360 ganz vertrieben – und bereits 1364/65 wieder zugelassen. Sie wurden gebraucht, kamen gerne – und mussten schwere Auflagen erfüllen, zum Beispiel hohe Steuern entrichten. Das Motto: Schutz für Geld. Kein originell ungarischer Gedanke.

Gut ging es den Juden unter dem nichthabsburgischen König Matthias Corvinus (1458–1490), der sie, wie viele Monarchen in und außerhalb Ungarns vor ihm und nach ihm, auf üblich königliche Weise schützte. Das stieß besonders bei den vornehmlich deutschstämmigen städtischen Oberschichten auf Widerstand. Sie wollten sich der jüdischen Konkurrenz lieber vorgestern als übermorgen entledigen. Lange warten mussten sie nicht, und viel Fantasie entfalteten die Antisemiten wieder nicht. 1494, vier Jahre nach dem Tod ihres Schutzherren Corvinus, wurde die alte Ritualmordlegende erneuert. 141 Juden wurden in der slowakischen Stadt Trnava öffentlich verbrannt. Das war das Fanal weiterer Aktionen gegen Juden. Sie folgten bald, zum Beispiel in Buda, Pressburg und anderen Städten. Dann noch ein alter Gedanke, der sich weder vorher noch nachher für dessen Vater langfristig auszahlte: Der Jagiellonenkönig Vladislav II. (1490–1516) strich alle bei Juden aufgestauten Schulden.

1526 eroberten die Osmanen weite Teile Ungarns, zogen nach Wien, belagerten die Stadt, zogen sich aber 1529 zurück. Den Türken folgten viele Juden in die benachbarten Regionen. 1492, nach der Vertreibung der Juden aus Spanien, hatten sie zumindest gehört, dass der Sultan Juden willkommen heiße. Die Osmanen kamen 1541 wieder nach Ungarn – und blieben lange. Gerne folgten Juden. Die muslimische Obrigkeit meinte es gut mit ihnen. Lange.

Weniger gut meinte es die habsburgisch-katholische Obrigkeit (auch) in ihrem ungarischen Herrschaftsgebiet mit den Juden. In Bazin wurden 1529 30 Juden verbrannt. Pogrome in anderen Ortschaften ließen nicht auf sich warten. Aufschlussreich aber dies: Westungarische Magnaten wie Graf (später Fürst) Paul I. Esterhazy nahmen die vertriebenen und geflüchteten Juden auf. Er allein bot 3000 Juden eine neue Heimat. Was das bedeutete? Dass diese Adeligen jenseits des rein Menschlichen auf diese Weise den Habsburgern politisch signalisierten, wer in ihrem Haus, auf ihrem Territorium das eigentliche Sagen hatte.

Der „Edle Ritter" Prinz Eugen vertrieb 1697 die Osmanen endgültig aus Ungarn. Weniger edel war das Los der Juden. Aus Sicht „der" ohnehin wenig judenfreundlichen österreichischen Katholiken war das sogar in gewisser Weise verständlich. Sie wussten, dass die meisten Juden den Osmanen dankbar und verbunden waren. Aus gutem Grund, doch der blieb den altneuen Herren gleichgültig. Viele Juden hatten das ehemals osmanische Gebiet Ungarns verlassen. Doch andere Juden kamen nach den Pogromen von 1648 bis 1657 in Polen/Ukraine, teils auch aus Mähren. Für 1735 wurde amtlich die Zahl von 11.600 Juden gemeldet. Wegen der Judenfeindschaft der Städter lebten die meisten (zunächst) auf dem Land – als Hausierer und Kleinhändler. Einerlei. Für Antisemiten galt und gilt: „Alle Juden sind reich."

Trotz aller ungarisch-nationalen Besonderheiten war seit der Rückeroberung Ungarns die Geschichte der Juden engstens mit der österreichischen verbunden. Wichtig aber dies: Auch der ungarische Reichsteil war ein Vielvölkerstaat, doch dominant waren die Magyaren. Zu denen neigten die Juden weit mehr als etwa zu den Slawen. In der Slowakei wurde es ihnen während der deutschen Besatzung, im Holocaust, „heimgezahlt".

Ähnlich die Situation der böhmischen, besonders der Prager Juden. Sie zogen Deutsch-Österreich den Tschechen vor. Weshalb? Weil sie sich am jeweils formal kultivierteren, formal gebildeteren und auch ökonomisch erfolgreicheren Bevölkerungsteil orientierten. Nicht aus Überheblichkeit, doch weil selbst ehrgeizig und aufstiegsorientiert, sich an den Aufgestiegenen orientierend. *Wie oft vorher und nachher hofften sie, dass Aufstieg und die damit gerade bei Juden verbundene Wohltätigkeit, auch das Mäzenatentum, Sicherheit bedeutete. Das Gegenteil traf zu: Mit Neid und Hass wurde ihnen „gedankt". Nicht nur in Ungarn und der späteren Tschechoslowakei.*

Stichwort Aufstieg. Am Vorabend des Ersten Weltkrieges: 60 Prozent aller ungarischen Einzelhändler waren jüdisch, 49 Prozent aller Ärzte, 45 Prozent der Rechtsanwälte, 42 Prozent der Journalisten. „Typisch jüdische Berufe". Warum? Weil dieses Wissen, zumindest methodisch, notfalls jederzeit von A nach B getragen werden konnte, weil diese Berufe innerjüdisch stets hohes Ansehen genossen und außerdem – durch Höchstleistungen – hohe Einkommen ermöglichten.

Letzteres wurde „den" Juden freilich oft zum Verhängnis. So nach der auch in Ungarn 1848/49 gescheiterten bürgerlichen Revolution. Viele Juden – eben entweder Bourgeois oder Citoyen, meist beides – hatten sich an ihr beteiligt. „Den" Juden wurde eine kollektive Geldstrafe von 2,3 Millionen Gulden auferlegt. Sie wurde auf eine Million herabgesetzt. „Endlich" aber hatten Antisemiten seit 1848/49 – wieder keinesfalls nur in Ungarn – ein neues Etikett, das den Juden aufgeklebt werden konnte: „Revoluzzer" oder „Ruhestörer".

Nach dem Ausgleich von 1867 (Österreich und Ungarn als Doppelmonarchie zweier Staaten) die große bürgerliche Aufholjagd der Juden. Auch das keine auf Ungarn begrenzte Entwicklung. So wenig wie die bald einsetzenden Antisemitenattacken seit den 1870er Jahren. Wir kennen sie aus allen anderen Staaten Europas.

Und wieder, wie im zunehmend bürgerlichen Europa: Die meisten Juden assimilierten sich, wandten sich vom Judentum ab, ohne es formal aufzugeben, waren brave Soldaten „wie eben die anderen Magyaren", als Magyaren. Eine jüdische Minderheit strebte nach ganz Neuem: dem Aufgehen des Nationalen, auch und gerade des Jüdischen, im Internationalen. Die vermeintliche Antwort auf die „Judenfrage": Sozialismus und als dessen Vollendung Kommunismus. Also Revolution. In den Augen der Antisemiten: „der" Jude als „Revoluzzer", hier: der Jude Béla Kun. Österreich-Ungarn hatte den Großen Krieg verloren, eine große Gelegenheit, die kommunistische Revolution zu versuchen, wie in Russland, wo es 1917 gelang. Béla Kun und seine Roten behielten nur kurz die Oberhand, der Weiße Terror der Konterrevolutionäre obsiegte. Nicht nur eingefleischte Antisemiten und diese nicht nur in Ungarn fühlten sich bestätigt: „Der Jude an sich" wolle den Umsturz. Ironie der Geschichte: Religionsgesetzlich war Béla Kuns Judentum eher „hybrid" bzw. verwässert, denn seine Mutter war zum Protestantismus übergetreten, und er war reformiert-calvinistisch ausgebildet worden. Schon 1919 war Kuns Rote Armee besiegt, und 1920 hatte die konservative Gegenrevolution gewonnen. Ex-KuK-Admiral Horthy wurde bis 1944 „Reichsverweser", sprich: lenkendes Staatsoberhaupt. Seine Abneigung Juden gegenüber verhehlte dieser Erzkonservative nie. Die Nähe des starken Dritten Reiches suchte er, um für Ungarn die im Trianon-„Friedens"-Diktat von 1920 zwangsweise abgetretenen Gebiete – immerhin zwei Drittel des früheren Territoriums – zurückzubekommen. Bereits 1920 sorgte er für antijüdische Maßnahmen. Zum Beispiel einen Numerus clausus für Juden. Dem deutschen „Führer" folgend, wurden 1938 und 1939 harte „Judengesetze" erlassen. Bis 1940 wurde Horthy mit Gebietsrückgaben belohnt, die deutscher Druck bewirkt hatte. Die Belohnung hatte ihren Preis: Fünf Tage nach dem deutschen Überfall auf die Sowjetunion schloss sich Horthys Ungarn der Wehrmacht an. Hitler wollte mehr: die aktive Beteiligung Ungarns an der Endlösung. Horthy und seine Regierung mauerten. Hitler tobte. Zum 17. April 1943 hatte er Horthy ins Schloss Klessheim bei Salzburg zitiert. Hitlers Dolmetscher Paul Schmidt überlieferte Horthys Antwort. Sie umschreibt ebenso treffend wie makaber, zynisch und klassisch den Unterschied zwischen dem traditionell diskriminatorischen und dem liquidatorischen Antisemitismus. Horthy legte dar, dass Ungarn in dieser Frage erhebliche Schwierigkeiten habe, da es als kleines Land 200.000 Juden mehr auf seinem Gebiet habe als Deutschland vor 1933. Aus historischen Gründen sei die Rolle der Juden in Ungarn groß. Wirtschaftlich könne Ungarn die Juden nicht ersetzen. Außerdem gebe es in Ungarn eine ganze Anzahl von getauften Juden, „unter denen viele wertvolle Menschen seien. Er habe alles getan, was man anständigerweise gegen die Juden unternehmen könne, aber ermorden oder sonstwie umbringen könne man sie ja wohl nicht". Pest oder Cholera? Hie, wie man resignativ unter Juden sagt, der „gute alte Risches" (Rischess = Antisemitismus von hebräisch „rescha" = das Böse) von Horthy und seinesgleichen, dort alle Grausamkeiten von den alten Römern bis zum sechsmillionenfachen Judenmorden. Im März 1944 marschierte die Wehrmacht in Ungarn ein. Auch, um das Judenmorden zu entfachen und Horthys Widersetzen zu beenden. Vom Mai bis Juli 1944 wurden ungefähr 400.000 ungarische Juden in die deutschen Vernichtungshöllen verschleppt und dort ermordet.

Zur Last gelegt wird Horthy das Massaker von Novi Sad. Vom 21. bis 23. Januar 1942 wurden hier bei einer Vergeltungsaktion der ungarischen Armee gegen jugoslawische Partisanen 1246 Zivilisten erschossen, darunter 809 Juden. Hunderte wurden ins eisige Donauwasser geworfen und ertränkt. Keine Frage, ein Pogrom. Morde. Liquidatorischer Antisemitismus der staatlich-ungarischen Armee in der Ära von Staatsoberhaupt Horthy. Aber: Noch in seiner Ära wurden die Täter angeklagt und verurteilt.

Im Rahmen einer jüdischen *Welt*geschichte wäre noch zweierlei zu erwähnen. Erstens die kommunistischen Judenverfolgungen im Ostblock, die nach dem Zweiten Weltkrieg in Ungarn begannen, und die herausragenden Beiträge ungarischer Juden zur Weltkultur.

Um die kommunistische Sowjetmacht in den neuen Ostblock-Satellitenstaaten zu festigen, ließ Diktator Stalin die kommunistischen Veteranen entweder lebendig kaltstellen oder ermorden. Einheimische Früh- und Altkommunisten, egal ob in Ungarn, Polen, Bulgarien oder DDR, verfügten verständlicherweise über eine innerparteiliche Hausmacht. Dass sie jedes Diktat von Diktator Stalin und anderen Moskauer Granden willen- und widerstandslos ausführen würden, war nicht zu erwarten. Grund genug für Stalin, die mächtigsten Veteranen auszuschalten, gar zu liquidieren. Béla Kun, der sozialistische Revolutionär von 1918/19, floh nach seiner Niederlage und gelangte schließlich in die UdSSR. Im Zuge der Großen Säuberung wurde er 1938 ermordet. Einer von vielen und von besonders vielen Juden, die, wie er, gehofft hatten, der kommunistische Internationalismus würde die jeweiligen Nationalismen, zu denen der Antisemitismus geradezu zwangsläufig gehörte, überwinden. Kun war einer der Ersten, die für diese Illusion mit ihrem Leben bezahlten. Der ungarische Altkommunist Rajk sowie der Bulgare Kostov und der Tschechoslowake Slansky waren von 1949 bis 1952 die prominentesten jüdischen Veteranen, die hingerichtet wurden.

Dennoch: Nicht nur in der ungarischen Wahrnehmung verfestigte sich das seit Mitte des 19. und besonders seit dem frühen 20. Jahrhundert entstandene Bild: Juden – Ruhestörer – Revoluzzer – Sozialisten – Kommunisten. Dass, wie fast überall, faktisch die große Mehrheit der Juden entweder bürgerlich war, werden wollte und meist links- oder rechtsliberal wählte, änderte nichts. Und weil viele der überlebenden Juden Ungarns über Besitz verfügten, wurden sie nach der kommunistischen Machtergreifung enteignet. Wer konnte, floh. Erst recht nach dem 1956er-Aufstand. Sowjetpanzer rollten ihn nieder, danach aber bot der ungarische Kommunismus mehr Gulasch als stramm verwirklichten Sozialismus. Nun blieben auch Juden. Doch auch das ungarische Judentum ist nur noch ein Schatten des einstigen. Vor dem Holocaust lebten dort rund 725.000 Juden. 1948 waren es noch knapp 145.000, Laut Volkszählung von 2001 nur noch 12.871, die sich zum Judentum bekannten. Ihre tatsächliche Zahl wurde 2021 allgemein höher geschätzt – zwischen 50.000 und 150.000.

In der postkommunistischen Ära sind zwei Ebenen ungarischer Judenpolitik erkennbar: Einerseits wurden, besonders in den 1990er Jahren, also unmittelbar nach dem Zusammenbruch des Ostblocks, nationale sowie jüdische Organisationen und auch der Jüdische Staat, Israel, umworben. Allmählich erstarkte die altneue antisemitische Rechte, die Viktor Orbán seinerseits zumindest teilweise umwarb. Gleichzeitig aber bemühte er sich um die Vertiefung der Beziehungen zu Israel. Das gelang. Er bemühte sich ebenfalls um einheimisch-jüdische Unterstützung. Die mehr weltlich orientierten jüdischen Repräsentanten verweigern sie, nicht zuletzt wegen seiner autoritären Regierungsweise, die ihrem allgemein liberalen Weltbild diametral entgegengesetzt ist. Die jüdische Orthodoxie Ungarns schätzt dagegen die Tatsache, dass zum Beispiel die noch von den Osmanen entheiligte Synagoge auf dem Budapester Schlossberg wiederhergestellt und geweiht wurde. Noch mehr würdigt nicht nur die Orthodoxie die Tatsache, dass, anders als in Westeuropa, jüdische Einrichtungen in Ungarn so sicher sind, dass nicht einmal Polizeischutz notwendig ist.

Für ungarische oder aus Ungarn stammende Juden, die für Weltkultur stehen, sei stellvertretend Imre Kertész genannt, der Literatur-Nobelpreisträger, vor allem sein „Roman eines Schicksallosen".

Polen

Fast-Paradies, Vorhölle, deutschdominierte Hölle, Museum. Dieser polnisch-jüdische Weg sei in der gebotenen Kürze beschrieben.

Der Anfang war spät, und am Anfang waren die Händler, nicht Siedler. Erst allmählich zivilisierten und kultivierten sich die osteuropäischen, slawischen Stammesgesellschaften zu monarchisch-aristokratisch organisierten politischen Einheiten. Im 9. Jahrhundert wandelten sich die Stämme zu („heidnischen") Fürstentümern. Das katholische Königreich Polen begründete die Piastendynastie um die Jahrtausendwende. Im Vergleich zu den Nachbarn im Westen und Süden war die lokale Infrastruktur „unterentwickelt". Nach- und Aufholbedarf bestand, um die eigene Staatlichkeit zu sichern, zumal die deutsche Ostkolonisation, die Osterweiterung des Deutschtums, begonnen hatte. Schnelle und erfolgreiche „Entwicklungspolitik" entschied über Sein oder Nichtsein des neuen, polnischen Königreiches.

Zäsur 1: Wie gerufen kamen daher seit 1098 Juden, die aus „Deutschland", Frankreich und Böhmen von den unritterlichen Kreuzrittern vertrieben und im „Neu-und-Start-up"-Polen wohlwollend aufgenommen worden waren. So begann die Osterweiterung des ursprünglich rein westlichen, aschkenasischen Judentums. Die „Willkommenskultur" der Piasten und der übrigen polnischen Fürsten wirkte auch auf Juden aus dem Süden, aus dem nicht gerade judenbejubelnden Byzanz, anziehend. Die jüdische Gemeinschaft und ihr Wohlstand wuchsen. Ebenso, mit ihr und durch ihr wirtschaftliches sowie administratives Wissen, das neue Königreich. Nun konnte es sich besser behaupten, blieb aber gefährdet. Wie so oft in der jüdischen Geschichte profitierte Akteur B – hier Polen – von der vorangegangenen antijüdischen Dummheit des Akteurs A – hier der deutschen, französischen und böhmischen Kreuzritter.

Das Muster wiederholte sich: 1391 Judenverfolgungen in Spanien. Von dort flohen Juden auch nach Polen, wo der welt- und judenoffene Geist des 1370 verstorbenen großen Kasimir noch lebendig war. Die nächste Wiederholung: Aus Spanien 1492 und aus Portugal 1497 vertriebene Juden, die nicht nach Italien, Frankreich oder ins Osmanische Reich flohen, ließen sich in Polen nieder. Nach den großen, alten „Königsstädten" wurden zwischen 1560 und 1620 in Polen, vor allem von Magnaten, meistens an der Peripherie – heute: Ukraine, Galizien, Belarus, Litauen, Rumänien, Moldavien – neue, kleinere Marktstädte gegründet, wo der Handel zunächst blühte. Das war der Anfang des legendären „Schtetl". Das Ende bahnte sich nach den drei Polnischen Teilungen an und setzte mit Wucht Mitte des 19. Jahrhunderts ein. Sowohl im habsburgischen Teil (Galizien) als auch im russischen.

Faktoren des Niedergangs waren
- Industrialisierung und mit ihr die Krise des Handwerks.
- Das Eisenbahnnetz, welches die kleinen Städte umfuhr und neue, große Märkte miteinander verband.
- In Russland, zu dem seit der Polnischen Teilung von 1772 zahlreiche Schtetl im „Ansiedlungsrayon" gehörten, die allgemeine politische,

gesellschaftliche und wirtschaftliche Strukturkrise. Dieser Rayon war der den Juden staatlich genehmigte „Lebensraum". Er erstreckte sich von der litauischen Ostsee bis zur russischen Schwarzmeerküste im Westen des Riesenreiches.

- Von den Zaren verfügte antisemitische Gesetze sowie antijüdische Gewalt, genauer: von der Polizei teils geduldete und teils geförderte Pogrome des antijüdischen Pöbels.
- Im habsburg-österreichischen Schtetlraum, Galizien, sorgte die Armee des Zaren im Ersten Weltkrieg, bereits 1914/15, für verbrannte Menschen, Gebäude und Erde. Wer konnte, floh. Besonders viele erreichten Wien, wo ihnen nun die schon vorher erfolgreichen Antisemiten das Leben zur Hölle machten. Empfehlenswert hierzu, jenseits der Fachliteratur, die eindrucksvollen Erinnerungen von Manès Sperber („Die Wasserträger Gottes").
- Der Zweite Weltkrieg zeigte: Das war „nur" die Vorhölle. Für die Vernichtungshölle zeichneten von 1939 bis 1944/45 Hitler-Himmlers SS und Deutsche Wehrmacht verantwortlich. Das zusammen zerstörte allmählich die Lebensgrundlage im Schtetl, riss die Schtetl-Juden in noch bitterere Armut und dann in den Massentod (Bauer, Der Tod des Schtetls).

Vergleicht man das Schicksal der Schtetl-Juden unter deutscher, österreichischer oder russischer Herrschaft seit dem späten 18. Jahrhundert, kann man leicht nachvollziehen, dass „die" Juden am Anfang der deutschen Besatzung im Zweiten Weltkrieg nicht erwarten konnten, zu welchem ungeheuerlichen Millionenverbrechen „die" Deutschen fähig sein würden. „Ausgerechnet" die „Kulturnation Deutschland", deren Nimbus um 1900 unübertroffen war? Man lese dazu „Der Pojaz" von Karl Emil Franzos (1905). „Ausgerechnet" das „Volk der Dichter und Denker" ein Volk der Henker? Es schien unvorstellbar. Es war Wirklichkeit. Doch zunächst, in der Frühphase, hatten die Schtetl auf die innere und äußere Nachbarschaft wie Magneten gewirkt (Petrovsky-Shtern, The Golden Age Shtetl; Zborowski/Herzog, Das Schtetl; eindrucksvollste Fotos mit Texten in: Vishniac, Versunkene Welt; ebenso Salamander, Die jüdische Welt von gestern).

Beim südlichen Nachbarn, im Osmanischen Reich lebende jüdische Händler fühlten sich angezogen, denn diese Geografie ermöglichte der Ökonomie neue Aussichten: unkomplizierter Handel von der Ostsee im Norden bis zum Schwarzen Meer im Süden und noch weiter bis zum Mittelmeer. Dazu trug als Entwicklungsschub und -beschleuniger die Union zwischen dem Königreich Polen und dem Großherzogtum Litauen bei. Zunächst, seit 1386, als Personalunion und seit 1569 als Realunion. In dieser wurde der jüdischen Gemeinschaft („Kahal") weitgehende Autonomie gewährt, in deren Rahmen regionale Räte und ein oberster, „nationaler" „Rat der vier Länder" gebildet wurden. Hier prägten Gelehrte und Wohlhabende den gesamtjüdischen Alltag.

Zäsur 2: 1241 Mongolensturm. Zerstörungen und Verwüstungen. Not. Notwendigkeit des Wiederaufbaus. 1264 daher das Statut von Kalisch, welches Fürst Boleslaw V., „der Fromme" (1221–1279), von Großpolen mit Zustimmung des Adels erließ. Es gewährte den Juden Glaubens-, Handels- und Bewegungsfreiheit. Ebenso Rechtsfreiheit bei innerjüdischen Streitfällen und ein adeliges Schiedsgericht bei christlich-jüdischen. Der polnische Klerus protestierte auf drei Synoden: 1267, 1279 und 1285. König(e) und Adelige ließen sich jedoch nicht von ihrem Kurs abbringen. Über die Ökonomie und „Theologie" hinaus bietet die beschriebene Gemengelage Einblicke in die Soziologie damaliger Judenpolitik in Polen: hier Monarchie plus Aristokratie, dort Kirche plus ländliche und städtische Unterschichten sowie, nach einsetzender Wirtschaftserholung, auch städtische Mittelschichten. Die Juden bildeten zwischen Adel und Bauern sozusagen den „Mittelstand".

Wieder profitierte Polen unter König Kasimir dem Großen (1333–1370), dem Enkel jenes frommen Boleslaw, von der Dummheit und Unmoral deutscher sowie anderer Judenvertreiber Westeuropas. Im Jahre 1334 erweiterte er das Statut von Kalisch durch das Statut von Wislica auf den polnischen Gesamtstaat. Die königliche Schutzfunktion galt fortan nicht nur für Juden, sondern auch für Bauern. In diesem Zusammenhang fehlt in kaum einer Darstellung der Hinweis, Kasimir sei von seinen Zeitgenossen „König der Bauern und Juden" genannt worden. Man gebe dieser Bezeichnung das ihr gebührende historische Gewicht. Wo und wann gab es in Europa, ja weltweit, einen Herrscher oder, ganz allgemein, eine Obrigkeit, der dieses Lob zugedacht wurde?

Unmittelbarer Anlass der westeuropäischen Judenvertreibungen war, besonders in den Jahren 1348 bis 1357, die Pestepidemie. Sie griff auch auf Polen über, wo die Bevölkerung, wie im Westen Europas, gerne der Legende „die Juden sind schuld" glaubte. Doch anders als seine Obrig-

IV. Geografie: Das Land Israel und die mehrfache Diaspora

keitskollegen im Westen boten König Kasimir ebenso wie seine polnisch-litauischen, jagiellonischen Nachfolger (1386 bis 1572) und die meisten polnischen Fürsten oder Adeligen den Juden bis ins späte 16. und frühe 17. Jahrhundert weiterhin ihren Schutz. Außer Kasimir dem Großen gelten die beiden letzten Jagiellonenkönige Sigismund I. (1506–1548) sowie sein Sohn Sigismund II. Augustus (1548–1572) als die judenfreundlichsten Könige Polens und, nicht nur zu ihrer Zeit, Europas. Sie gestatteten den Ausbau jüdischer Binnen-Selbstverwaltung bzw. Autonomie. In ihrer beider Ära war Polen Mittel- und Wohlfühlpunkt der jüdischen Welt. Gar vom „Himmel für Juden" bzw. „Judenhimmel" war die Rede. Psychologen oder andere Historiker mögen darüber streiten, ob aus ökonomischer Vernunft, moralischer Überzeugung oder beidem. Jedenfalls profitierte Polen von dieser Judenpolitik, ebenso wie später der Große Kurfürst von Brandenburg oder der osmanische Sultan.

Durch Aufstände, Invasionen und interne Rivalitäten wurde seit Mitte des 17. Jahrhunderts die Polnisch-Litauische Adelsrepublik, das „Königreich" Polen (dessen Monarch seit 1572 vom Adel gewählt wurde) als eigenständiger Akteur innen-, außen- und nicht zuletzt wirtschaftspolitisch nahezu unfähig. Die drei Teilungen des Landes waren die Folge. Russland, Habsburg und Preußen teilten sich die Beute der royalen Adelsrepublik. Dass in solch wilden, auch wirtschaftlich chaotischen Krisen- und Kriegszeiten Sündenböcke gesucht werden, legt die weltgeschichtliche und besonders die judengeschichtliche Erfahrung nahe.

Noch war „Polen nicht verloren", aber als politischer Akteur lebte es sozusagen im Untergrund. Im russisch annektierten Teil wirkten Juden bei nationalpolnischen Befreiungsversuchen mit, besonders 1830 und 1863. Gut „bekommen" ist ihnen das nicht. Die antijüdischen Repressalien des Zarenreiches nahmen zu. Im und mit dem von Österreich annektierten Teil arrangierten sich die Juden allerdings recht gut. Vor allem in der Regierungszeit Kaiser Franz-Josephs II. Ähnlich im preußisch annektierten Teil, auch während des Kaiserreichs. Deutschland, die deutsche Kultur, war für Teile der „Ostjuden" ganz allgemein so etwas wie das erträumte Paradies auf Erden. Siehe „Der Pojaz". Nach-Holocaust-Lesern ist diese, Deutsches verklärende, ostjüdische Wunschtraumwelt nur nachvollziehbar, wenn man sich den Sechs-Millionen-Judenmord wegdenkt. Wer könnte das?

Staatlich wiederbelebt wurde Polen als Republik im Ersten Weltkrieg. 1939 raubten und teilten sie die einstigen Teilungsmächte erneut: (Hitler-)Deutschland mit dem 1938 annektierten Mini-Habsburg bzw. Österreich und Stalins zur kommunistischen Sowjetunion umgeformtes Russland. Den vom Judenfeind und Räuber Hitler 1941 begonnenen Krieg gegen seinen Räuberkompagnon und Ko-Judenfeind Stalin gewann der Letztere. Das hatte durch massive Materiallieferungen vor allem der vermeintlich „verjudete" US-Präsident Roosevelt ermöglicht. „Uncle Joe" – so nannte Roosevelt seinen Alliierten Stalin – verwandelte das befreite Polen in einen Satellitenstaat der Sowjetunion. 1989 erkämpften sich „die" Polen ihre Freiheit. Mittelweile war und ist Polen quasi „judenrein", polnische Juden sozusagen Museum, und, ja, seit 2013 gibt es in Warschau ein beeindruckendes Jüdisches Museum – neben dem Denkmal zur Erinnerung an den Ghetto-Aufstand von 1943, also auf dem Boden des von der SS dem Boden gleichgemachten Judenviertels.

Hitlerdeutsche und ihre einheimischen Gehilfen hatten 90 Prozent der polnischen Judenheit ermordet. In den ersten Nachholocaustjahren fanden sich im geografisch von der Sowjetunion neugeformten Polen etwa 200.000 Juden. Rund 130.000 waren aus der Sowjetunion, in die sie sich ab 1939 retten konnten, zurückgekehrt. Den polnischen Kommunisten und Nichtkommunisten gelang es, den Großteil in den Jahren 1946 bis 1949 sowie den Rest 1968 fast ganz zu vertreiben. Die meisten zogen nach Israel.

Die im Überblick beschriebenen Etappen seien ergänzt:

Wieder erkennen wir die (meistens) *schützende Hand der Obrigkeit*. Dieser Schutz war ethisch lobenswert und zugleich wirtschaftlich lohnend. 70 Prozent der Steuern, welche die polnische Judenheit seit dem frühen 16. Jahrhundert unter den zweifellos judenfreundlichen letzten beiden Jagiellonenkönigen Sigismund I. und Sigismund II. August bis 1764 kollektiv einzutreiben und zu erbringen hatte, flossen in die königliche Staatskasse als „Schutzgebühr". Doch selbst Kasimir der Große konnte Gewalttaten gegen Juden nicht verhindern. Die Pestpandemie des 14. Jahrhunderts erschwerte zu seiner Zeit den Schutz, doch auch ohne Pest ließen Bauern und städtische Unterschichten von antijüdischer Gewalt nicht ab. Der Klerus hetzte sie auf und nahm dabei das – wegen der Zeugenschaft des kirchlichen Triumphs über die „Synagoga" – theologische Gebot des „nur" diskriminierenden und nicht auch liquidierenden Judenschutzes nicht immer ganz ernst. Und wenn es für eine nicht immer starke Obrigkeit kritisch wurde, spielte sie das antijüdische „Spiel" mit. So geschehen 1495, in der Hochzeit der europäischen Judenvertreibungen, in Krakau. Die Juden mussten ihr Viertel räumen, durften sich aber gleich nebenan, in Kazimierz, niederlassen. Bereits 1407 war in Krakau die (wenig neue) „klassisch" antijüdische Ritualmordlegende verbreitet worden.

Willkommen waren die Juden als erfolgreiche Handwerker, Händler, Geldverleiher und weil sie häufiger als (nicht nur in Polen) die allgemeine Bevölkerung lesen und schreiben konnten. Seit dem 14. Jahrhundert erhielten sie zwei neue Betätigungsmöglichkeiten. Sie waren erst Segen, dann Fluch. Erstens: Die Pacht von Gütern ortsabwesender Adeliger, besonders auf dem Gebiet der heutigen Ukraine. Zweitens als „Entwicklungshelfer" neu gegründeter, meistens kleinerer Städte an der Reichsperipherie, im Südosten Polens. Diese entwickelten sich wirtschaftlich vortrefflich, was die konkurrierenden christlichen Händler und Handwerker, das ältere „Bürgertum", in den großen, traditionellen „Königsstädten" nicht erfreute. 1764 stellten Juden rund 70 Prozent der kleinstädtischen Einwohner. Diese Entwicklung führte zu Spannungen zwischen der christlichen und jüdischen „Bourgeoisie". Auch zu innerjüdischen, denn nicht alle Juden zogen in die neuen Städte und nicht alle waren erfolgreich, weder in den alten noch neuen Städten.

Ortsabwesende Aristokraten verpachteten ihre Ländereien besonders gerne an Juden. Da diese Schutz benötigten, waren sie von den Aristokraten abhängig, also zuverlässige Erfüllungsgehilfen bei der Arbeitsplanung und -durchführung, der Disziplinierung der bäuerlichen Fronarbeiter, dem (wo überhaupt möglich) Eintreiben ihrer Abgaben oder der Festsetzung des Brotpreises durch das Betreiben der örtlichen Mühlen. Ebenfalls lukrativ war für Pächter und Verpächter das Schankwesen auf den Gütern. Hier vertranken die Bauern ihr Geld und gerieten dadurch in noch größere Abhängigkeit von Pächter und Verpächter. Auch innerjüdisch war der neue Beruf der Gutspacht höchst umstritten. Das oberste jüdische Selbstverwaltungsgremium argumentierte ethisch-religiös: Es stehe gerade Juden, die sich an die biblische Fron ihrer Vorfahren in Ägypten erinnerten, nicht an, andere Menschen zu „versklaven" (EH, Band 28, Spalte 433 f.).

Es war vorhersehbar. Besonders in der Ukraine musste es geradezu explodieren, zumal die bäuerlichen Fronarbeiter, jenseits des materiellen Jochs, meist orthodoxe Christen waren und als solche ihre meistens katholischen Herren und erst recht deren, so das Klischee, jüdischen „Gottesmörder"-Gehilfen hassten. 1648/49 war es so weit, es kam zu den Blutbädern durch die Horden von Bohdan Chmelnyzkyj. Der von ihm geführte Kosakenaufstand richtete sich eigentlich gegen den polnischen Landadel – der jedoch, wie erwähnt, meistens ortsabwesend war.

Als „Handlanger" bzw. ausführendes Organ der Aristokraten „begnügten" sich die Mörder mit den, im wahrsten Sinne des Wortes, greifbaren Juden. Für die Zahl der jüdischen Opfer findet man unterschiedliche Angaben. Meistens heißt es, ein Drittel, „mehr als 100.000", der polnischen Juden seien ermordet worden. Bis zu einer halben Million ermordeter Juden werden genannt. Von den (wie vielen?) Überlebenden zogen viele (wie viele?) westwärts, innerhalb und außerhalb Polens, auch ins Heilige Römische Reich. 1654 verbündete sich Chmelnyzkyj mit Russlands Zar Alexei I. Krieg, Verwüstung, Leid. Es ging weiter: 1648 bis 1658 Schwedeninvasion. Es hörte nicht auf, denn auch 1734, 1750 und 1768 massakrierten rebellische Kosaken erneut Juden als Ersatz für die Gutsherren des Landadels. Dieser reagierte 1768, also kurz vor der ersten Teilung Polens (1772), postwendend und verabschiedete im Sejm, dem mächtigen Parlament der polnisch-litauischen Adelsrepublik, ein Gesetz, das Juden verbot, auf dem Land künftig Schänken, Handwerk und Handel zu betreiben. Wieder einmal hatte „der" Jude seine Arbeit getan – und konnte bzw. sollte gehen. Statt jüdischer Pächter sorgten nunmehr christliche für die gleiche Unterdrückung der bäuerlichen Fronarbeiter. Die entlassenen Juden zogen in große und meist kleine Städte. Arbeit? Mangelware, denn die ständigen Krisen, Konflikte und Kriege wirkten nicht gerade als Nachfragekatalysatoren. Die Verarmung zahlreicher Juden war nicht mehr aufzuhalten, denn nicht nur auf dem Land wurden Juden verdrängt. Ihre christlichen „Mitbürger" wollten sich der Konkurrenz entledigen. Jenseits der schnöden Ökonomie lieferte die kirchliche Theologie die Legitimation, also ein ruhiges Gewissen, für dieses Verhalten den Juden gegenüber. Es war ja „nur Diskriminierung" und keine Liquidierung und passte daher in den „Heilsplan".

Kein Wunder: Die Autorität der traditionellen jüdischen Führung durch Gelehrte, Rabbis und Reiche im „Rat der vier Länder" zerbrach ebenfalls. Im 18. Jahrhundert noch mehr als vorher, denn ganz Polen kam innen- und außenpolitisch nicht zur Ruhe. Handwerker, Händler, nichtgeistliche Gelehrte und Gebildete, also das jüdische Vor- und Frühbürgertum verlangte Mitbeteiligung („Partizipation"). Dass der Rat der vier Länder 1764 obrigkeitlich, nicht durch die Juden selbst, aufgelöst wurde, fand, so gesehen, durchaus innere Entsprechungen. Diese Institution hatte sich überlebt.

Trotz all dieser Bedrückungen wuchs die Zahl der Juden: 1648 bereits ca. 300.000, 1764, als die Judenautonomie beendet und die erste Volkszählung durchgeführt wurde, 749.968.

IV. Geografie: Das Land Israel und die mehrfache Diaspora

Ihr Seelenheil suchten immer mehr der leidgeplagten, verarmten und bildungsfernen Juden, besonders im Osten und Südosten der monarchischen polnisch-litauischen Adelsrepublik im Chassidismus, einer lebensfrohen, eher antirationalistischen und zugleich hochsensiblen, sozial ausgerichteten Mischung aus Folklore und Mystik. Gründer dieser bis heute in Israel und besonders der US-New Yorker Diaspora höchst gewichtigen Orthodoxengruppierung (die sich intern, orientiert an charismatischen Rabbis, „Zadikim", weiter verzweigte) war Rabbi Israel ben Elieser (1698/1700–1760), genannt Baal Schem tow („Bescht", Abkürzung für „Herr des guten Namens"). Es überrascht nicht, dass Beschts Chassidismus zuerst im Südosten des Königreichs, besonders in Podolien sowie der Ukraine, Fuß fasste, wo weit mehr als woanders die Judenmassaker stattgefunden hatten. Zu den Chassiden strömten jüdische Massen. Auch zu den Pseudomessiassen Schabtai Zwi (1626–1676) und Jakob Joseph Frank (1726–1791). Allerdings nicht lange, denn Zwi konvertierte 1666 im osmanischen Adrianopel zwangsweise zum Islam und starb im albanischen Exil, wo er eine Mischung aus Judentum und Islam praktizierte. Frank konvertierte ebenfalls – zuerst 1757 zum Islam im walachischen Giurgiu, das zum Osmanischen Reich gehörte. Ab 1759 kokettierte er mit dem Katholizismus und verbrachte seinen Lebensabend als „Katholik" im deutschen Offenbach. Alles so wirr wie die Zeiten. Gefühlsaufwallungen jedweder Art, individuell und kollektiv, sind nachvollziehbar. Antirationalismus überhaupt. Ebenfalls nachvollziehbar, erst recht angesichts einer dominant rationalistisch-jüdischen Tradition, war die rationalistische Gegenoffensive zum Chassidismus. Geistig angeführt wurde diese Gegenoffensive von Rabbi Elijah Ben Salomon Salman (1720–1797), dem „Gaon" von Wilna. „Gaon" bedeutet wörtlich „Genie", hier allerdings „nur" im Sinne von „weise" und vor allem „rational".

Politische, gesellschaftliche, religiöse Wirren und Konflikte. Jenseits der wirtschaftlichen Konkurrenz zwischen Christen und Juden, einschließlich ihrer politischen und sozialen Folgen, mehrten sich ebenfalls innerjüdisch ökonomische Spannungen. Seit dem Mittelalter galt innerjüdischer Konkurrenzschutz, die „Marufia", als Gewohnheitsrecht. Gemäß der Marufia (der Begriff soll aus dem arabischen Orient stammen) durfte ein Jude dem anderen seine Stammkunden nicht abwerben. Seit dem 17. Jahrhundert wurde dieses Gewohnheitsrecht immer wieder gebrochen.

Belebt hatte sich ein zunehmend weltlich-jüdisches Bürgertum, besonders in den Städten. Und weil es der nichtjüdischen bürgerlichen Mitte zeitlich vorauseilte, war das polnische Frühbürgertum jüdisch dominiert. Die Rolle des verweltlichten, überwiegend städtischen, jüdischen Bürgertums missfiel nicht nur christlichen Konkurrenten. Die jüdische Orthodoxie, die rationalistische ebenso wie die antirationalistisch-chassidische, war ebenfalls alles andere als begeistert. Noch ein innerjüdischer Konflikt.

Ein weiterer, aus der allgemeinen Geschichte bekannter, kam im 19. und frühen 20. Jahrhundert dort hinzu, wo in der Ära der Polnischen Teilungen durch die jeweiligen (völkerrechtlich abgesegneten!) Besatzungsmächte industrialisiert wurde: „Klassenkampf" oder, vorsichtiger, zumindest ideologische Proletariat-Bourgeoisie-Spannungen innerhalb desselben Herkunftskollektivs, hier des jüdischen. Diese Links-rechts-Polarisierung blieb weder den weltlichen noch den gemäßigt religiösen oder den orthodoxen Juden erspart. Den Zionisten bzw. Nationaljuden so wenig wie den assimilierten.

Wir überspringen hier die Epoche des geteilten Polen, weil das Judenschicksal zu den Abschnitten über die jeweiligen Teilungsmächte gehört. Ergänzt sei ein strukturell aufschlussreiches, in die neustaatlich-polnische Zeit nach dem Ersten Weltkrieg weisendes Faktum: 1830 – dem nationalpolnisch, bürgerlichen Aufstand gegen die russischen Besatzer wollten sich bürgerlich-weltliche Juden anschließen. Das lehnte die Führung der Aufständischen ab, denn spätestens seit der Französischen Revolution war klar: Wer (ohne Sold) fürs „Vaterland" mitkämpft, muss politisch zumindest mehr als vorher mitbestimmen können. Anders gesagt: Wenn alle Bürger gleichberechtigt sterben „dürfen", kann man ihnen langfristig gleiche Bürgerrechte nicht verwehren. Genau das aber wollte das revoltierende polnische Bürgertum nicht. Ein „Kompromiss" wurde gefunden: Juden als Teil der Aufstandsarmee? Nein. Stattdessen eine Jüdische Miliz. Diese Aussicht stieß beim nationalpolnisch-jüdischen Bürgertum allerdings auf wenig Gegenliebe. Nur 850 Juden schlossen sich dieser Miliz freiwillig an. Der antirussische Aufstand von 1830 wurde, ebenso wie der 1863 folgende, niedergeschlagen. Mit preußisch-deutscher Hilfe.

Nach dem Ersten Weltkrieg fügte es das weltpolitische Gefüge, dass Polen als Staat wiedererstand(en wurde). Diese nationalstaatliche Wiedergeburt bot den Juden wenig Freude. Sowohl im Polnisch-Ukrainischen Krieg 1918/19 als auch im Polnisch-Russischen Krieg 1918 bis 1920 gerieten sie zwischen alle Fronten und wurden von jeweils beiden Seiten drangsaliert und teils auch als „unsichere Kantonisten", als „Agenten" des Feindes oder "einfach" als empfundener Fremdkörper liquidiert. Trotzdem: Nach dem Frieden von Riga, der 1921 den Krieg Polens mit dem nunmehr kommunistischen Russland (Sowjetunion seit dem 30. Dezember 1922) beendete, kamen zahlreiche, nicht genau bezifferte Juden aus Russland nach Polen, wo ihnen die neue Verfassung Gleichberechtigung garantiert hatte. Die war ihnen auf dem Papier auch in Russland zugesagt worden, aber ... Hinzu kam, dass auch Russlands Juden – abgesehen von höchst aktiven und nicht wenigen jüdischen Kommunisten – mehrheitlich eher bürgerlichen Idealen anhingen. Die Verbreitung des Antisemitismus in Polen dürfte ihnen bekannt gewesen sein. Verglichen mit dem neuen Russland, betrachteten sie dennoch das neue Polen offensichtlich als das kleinere Übel.

Drei jüdische Großgruppen wurden bei den Wahlen zum Sejm 1919 erkennbar. 454.841 Juden hatten sich an ihnen beteiligt. Die Zionisten erhielten 232.895 Stimmen und fünf Sitze, die chassidisch dominierte orthodoxe kam auf zwei Mandate, ebenso die Partei derer, die sich zuerst als Polen und dann als Juden verstanden. Die zionistisch-jüdischen Sozialisten der Poale Zion (Arbeiter Zions) erhielten ein Mandat. Man beachte: Während die Juden circa zehn Prozent aller Polen ausmachten, bekamen alle jüdischen Gruppierungen lediglich drei Prozent der Sejm-Mandate (EH, Band 28, Spalte 446). 1922 verbanden sie sich mit anderen Minderheiten zu einer Liste, bekamen 35 Mandate und bildeten das Zünglein an der Waage zwischen Linken und Rechten. Aber die antijüdischen Gesetze des Ministerpräsidenten Wladyslaw Grabski konnten sie offenbar nicht verhindern.

Dass „die" polnischen Juden von „den" Polen als Fremdkörper empfunden wurden, ist die eine Seite. Die andere: Auch „die" Juden hatten sich selbst isoliert. Beidseitig war man sich fremd. Wie gezeigt, wählten knapp 50 Prozent der polnischen Juden 1919 bürgerliche Zionisten in den Sejm, circa zwölf Prozent linkssozialistische Zionisten und etwa 25 Prozent Orthodoxe. Nicht nur kulturell identifikatorische, auch funktionale Assimilation sieht anders aus. Bei der Volkzählung 1921 nannten 80 Prozent der Juden Jiddisch und acht Prozent Hebräisch als ihre Muttersprache (Friedländer, Das Dritte Reich und die Juden, S. 238).

Vom Fühlen zum Handeln ist es ein kleiner Schritt. 1924/25 sorgte Ministerpräsident Grabski für scharf gegen Juden gerichtete Gesetze, die besonders den wohlhabenden jüdischen Händlern materiell zusetzten. Selbst an den Universitäten wehte ein scharfer antijüdischer Wind. Mit einem Numerus clausus – maximal zehn Prozent aller Studenten durften Juden sein – und getrennten Sitzbänken wurden sie schikaniert.

Wieder wirkte die Dialektik jüdischer Geschichte: Ungefähr 30.000 eher bürgerliche Juden packten daraufhin ihre Koffer und zogen gen Zion. Es war die vierte „Alija" (zionistische Einwanderungswelle) und zugleich die erste nichtsozialistische, bürgerliche, von der Revisionistischen Bewegung Wladimir Jabotinskys geprägte. Sie war die Wähler- und Mitgliederbasis der späteren Herut-Partei Menachem Begins, der 1973 die Herut mit zusätzlichen Partnern zum Likud erweiterte und von 1977 bis 1983 der erste Likud-Ministerpräsident Israels wurde. Ihm folgten bis 2021 viele andere, zuletzt Benjamin Netanjahu. Er amtierte von 1996 bis 1999 und von 2009 bis 2021 und schien „Ewiger Ministerpräsident" zu werden.

Polens Marschall Josef Pilsudski bereitete dem demokratisch-antisemitischen Spuk durch einen anderen Spuk ein Ende, indem er sich im Mai 1926 an die Macht putschte und eine Diktatur, andere sagen: ein autoritäres Regime, errichtete. Die Pilsudski-Ära währte bis zu seinem Tod im Mai 1936. So oder so, Antisemitismus gehörte nicht zur Klaviatur dieser Diktatur. Das bekannte Muster der jüdischen Geschichte insgesamt, wie so oft: Der Antisemitismus kam nicht von oben, unten bestand er fort. Die Weltwirtschaftskrise, die auch Polen heftig erfasst hatte, trug ebenfalls zum Judenhass bei. Krisenzeiten gaben Antisemiten seit jeher Auftrieb. Hunderte von Juden seien 1935/36 bei Pogromen in „nicht weniger als 150 polnischen Städten" umgekommen (Friedländer, Das Dritte Reich und die Juden, S. 238 f.). Wenn man die kommenden Dinge ab 1939 und dabei deutsch-polnische Partnerschaften beim Judenmorden kennt, ist man fast versucht, „glimpflich" zu sagen, denn die Mehrheit der 3,1 Millionen Juden (1931) – 10 Prozent der Gesamtbevölkerung, 30 Prozent der Stadtbewohner – war noch nicht betroffen.

Mit dem Tod des Marschalls endete das polnisch-jüdische Auskommen in der Zweiten Republik. Seine Nachfolger überlegten, wie sie ihre Juden „loswerden" konnten. Erinnerten sie sich dabei an die Transferpläne von „bewährten" Antisemiten aus dem 19. Jahrhundert, wie den Deutschen Paul de Lagarde? Der hatte 1885 vorgeschlagen, die Juden Osteuropas nach Madagaskar zu transferieren. Im Mai 1937 entsandte die neue polnische Regierung – mit dem französisch-jüdischen (!) Sozialisten Léon Blum als Premier zusammenarbeitend – eine Kommission in die französische Kolonie Madagaskar. Sie sollte prüfen, ob dieser Plan realisierbar sei. Drei Experten wurden entsandt. Zwei davon Juden. Ein gutes Alibi. Es half nichts, denn diese beiden rieten am Ende von einer Verwirklichung ab. „Dennoch erregte der Plan anscheinend Heydrichs Aufmerksamkeit, und am 5. März

IV. Geografie: Das Land Israel und die mehrfache Diaspora

1938 schickte ein Mitglied seines Stabes an Adolf Eichmann" eine „Anordnung", um eine „außenpolitische Lösung zu finden, wie sie bereits zwischen Polen und Frankreich verhandelt wurde" (Friedländer, Das Dritte Reich und die Juden, S. 240 mit Beleg).

1939 schnappten die drei einstigen Teilungsmächte abermals zu und teilten Polen erneut auf. Preußen um Deutschland und Österreich als „Großdeutschland" hitlerisch erweitert und Russland als Sowjetunion mit Stalin statt Zarin Katharina („die Große"). Von 1941 bis 1944 wütete Hitler-Deutschland allein, was zur jüdischen Katastrophe (Schoa) schlechthin führte. Der Tod war „ein Meister aus Deutschland", doch er hatte sehr wohl und sehr viele freiwillige polnische Gesellen. Die Kollaboration polnischer Opfer mit deutschen Tätern wird zwar noch heute (wieder) regierungsamtlich in Polen bestritten, doch die Fakten sprechen eine klare Sprache (vgl. Kellmann, Dimensionen europäischer Mittäterschaft, S. 319–347; wenngleich auf Russland fokussiert von allgemeiner Bedeutung: Friedrich, Das Gesetz des Krieges, bes. S. 164 ff., 224 ff.). Auf Fakten basiert, beschreiben fiktional, eindringlich, doch eben nicht lediglich schwarz oder weiß die Romane „Lügen in den Zeiten des Krieges" von Louis Begley und „Die schöne Frau Seidenmann" von Andrzej Szczypiorski diesen traurigen Sachverhalt. „Natürlich haben Polen Juden geholfen, aber sie waren eher die Ausnahme als die Regel, und sie hatten es nicht leicht. Für jede Familie, die Juden versteckt hielt, waren die Nachbarn eine Bedrohung" (Kellmann, Dimensionen europäischer Mittäterschaft, S. 331). Der aus Polen stammende, deutsche „Literaturpapst" Marcel Reich-Ranicki hat anhand seiner diesbezüglichen Erfahrungen allgemeingültig in seiner Autobiografie (1999) beschrieben, wie der Alltag von und in Polen versteckter Juden aussah.

Stalin und die Sowjetunion lösten nach Holocaust und Weltkrieg Hitler-Deutschland als Dominator Polens ab, und als Marionetten Moskaus nutzten Polens Kommunisten 1944 bis 1947 den weitverbreiteten traditionellen Antisemitismus der Einheimischen dazu, um die „Endlösung der Judenfrage" in Polen fast herbeizuführen. Negativer Höhepunkt war das Pogrom von Kielce am 4. Juli 1946. Das war die eine Seite.

Die andere: Aus dem nun kommunistischen Polen durften die jüdischen Holocaustüberlebenden nach Britisch-Palästina legal ausreisen. Ungefähr 100.000 nutzten diese Möglichkeit – was aber die demokratisch legitimierte, kolonialistische und teils auch antisemitische, auf jeden Fall antizionistisch programmierte Londoner Labour-Regierung zu verhindern suchte. Sie wollte die arabischen Palästinenser nicht verärgern und auf diese

Weise ihre Mandatsherrschaft, faktisch Kolonialherrschaft, über das Land sichern. 1948 war dieser britische Wunschtraum ausgeträumt. So „landeten" jene Juden als „Displaced Persons" zunächst in Westdeutschland, in der US-Zone, denn Briten und Franzosen wollten sie auch nicht in ihrer jeweiligen Zone.

Polens andere Seite hat wiederum eine zusätzliche Seite: Die antijüdischen Aktionen und Pogrome der Jahre 1944 bis 1947 in Polen gehörten zum antikommunistischen Protest diverser Polen, die sonst machtlos waren. Ihre „Legitimation" fanden sie darin, dass (auch) die Kommunistische Partei Polens „verjudet" wäre. Sie gaben vor, sich gegen den „Judäo-Kommunismus" zu wehren. Tatsächlich gehörten auch in Polen einige Juden zu den KP-Veteranen, und auch in Polen zählten sie zur jüdischen Minderheit, denn in Polen, wie woanders in der Diaspora, war die Mehrheit der Juden eindeutig liberal orientiert. Das antisemitische Klischee vom „jüdischen Kommunismus/Sozialismus" übersprang auch die Grenzen Polens – wider alle Empirie. Am Ende wurden – in Polen wie im gesamten Ostblock – die kommunistischen Juden von den nichtjüdischen Genossen besonders in den spätstalinistischen Jahren 1948 bis 1953 ausgebootet, weil Juden und weil als Veteranen gefährliche parteiinterne Konkurrenten. Recht besehen waren fast alle jüdischen Kommunisten tragische Figuren. Sie hatten gehofft, ihr „nationales" Judenproblem durch den vermeintlich kommunistischen Internationalismus überwinden und auflösen zu können. Eine mehrfache Illusion.

In der poststalinistischen Ära nach dem 20. Parteitag der sowjetischen KP sorgte der relativ reformistische Chef der polnischen Kommunisten, Wladyslaw Gomulka, auch in der Judenpolitik für eine gewisse Entspannung. Länger im Land bleiben wollten rund 35.000 Juden trotzdem nicht. Gomulka tat das aus seiner Sicht einzig Richtige. Er wollte „Ruhestörer" loswerden: Die Juden durften auswandern. Unter einer Bedingung: nur nach Israel. Kein Wunder, dass Premier Ben Gurion und „die" Israelis nicht unzufrieden reagierten. Wären diese Juden auch ohne jene Bedingung nach Israel gezogen? Die Antwort erfolgte, wie gleich zu zeigen, 1968.

Im Sechstagekrieg zwischen Israel und seinen arabischen Nachbarn hatte die Sowjetunion – und damit der gesamte Ostblock – die arabische Seite materiell oder politisch unterstützt und seit dem Kriegsausbruch im Juni 1967 ihre antijüdisch unterlegte antizionistische Propaganda und Vorgehensweise intensiviert. Im März 1968 kam es zu einer regelrechten antisemitischen Kampagne, die als „antizionistisch" vermarktet wurde.

IV. Geografie: Das Land Israel und die mehrfache Diaspora

Diese Hetzjagd auf Juden war jedoch nicht nur außen- und blockpolitisch, sondern auch innenpolitisch motiviert. Polnische Studenten hatten im März 1968 heftig gegen das kommunistische Regime protestiert und demonstriert. Unter den Anführern waren (damals noch linke) Juden wie z. B. der Vor- und Mitkämpfer auf dem Weg zu Polens Demokratie ab 1989 Adam Michnik. Sie opponierten als engagierte Polen, nicht als Juden und nicht einmal als Antikommunisten, wurden aber nicht zuletzt von der Staats- und Parteiführung als „Zionisten" und Juden attackiert. Sie wurden „motiviert", das Land zu verlassen. Von den damals in Polen etwa 30.000 Juden machten knapp 13.000 zwischen 1968 und 1971 von jener Erlaubnis Gebrauch. Nur 28 Prozent der Auswanderer zogen ins „Land der Väter" (Hurle, The Polish-Jewish emigration of 1968, S. 2). Die Mehrheit zog nach Westeuropa sowie in die USA. Das überrascht nicht, denn inzwischen hatten sich die meisten polnischen Juden vom Judentum ihrer Vorfahren entfernt. Manche wussten gar nicht mehr, dass sie formal jüdisch waren. Die Behörden halfen unsanft nach (vgl. Gerrits, The Myth of Jewish Communism, S. 182 ff.; allgemein Kowalski, Polens letzte Juden). Nun war Polen fast „judenrein". Seitdem ist es eigentlich ein jüdisches Museum. Nach Nazismus und Kommunismus lebten in Polen 1989 zwischen 5000 und 10.000 Juden. Ähnlich unpräzise sind die jetzigen Angaben von „10.000 bis 20.000". Eine so große natürliche Vermehrung in so kurzer Zeit ist ebenso ausgeschlossen wie wachsende jüdische Migration nach Polen.

Gomulkas mit Moskau und seiner Partei abgestimmte Ausreisegenehmigung für Juden bedeutete keine Judensympathie, denn die Belege für allgemein- und kommunistisch-polnischen Antijudaismus, auch seitens Gomulkas, sind Legion (vgl. Gerrits, The Myth of Jewish Communism). Angesichts dieser Tatsachen wird das besonders in Deutschland verbreitete Missverständnis über den legendären Kniefall des deutschen Bundeskanzlers Willy Brandt vom 7. Dezember 1970 am Denkmal für den Warschauer Ghettoaufstand erkennbar: Aus mehrheitlich polnischer, auch kommunistisch-polnischer Sicht bezeugte Willy Brandt den „falschen Opfern" Respekt: nicht „den" Polen, sondern den ungeliebten oder unbeliebten Juden. In Brandts Gesprächen mit Gomulka und den anderen kommunistisch-polnischen Gesprächspartnern herrschte über jenen Kniefall eisiges Schweigen. In der osteuropäisch-kommunistischen Presse wurde er nicht einmal erwähnt (vgl. Wolffsohn/Brechenmacher, Denkmalsturz?, Kapitel I, und Wolffsohn, Friedenskanzler?, S. 35 ff.).

Seit Ende des kommunistischen Regimes haben sich die polnisch-jüdisch-israelischen Beziehungen verbessert. Streitpunkt blieb die Rückgabe des von Hitler-Deutschland geraubten und von KP-Polen verstaatlichten jüdischen (KP-Jargon: „kapitalistischen") Eigentums. Anders als die anderen einst kommunistischen Staaten Osteuropas gelangten beide Seiten (bis 2021) noch zu keiner einvernehmlichen Lösung.

Russland – Sowjetunion – Russland

Obwohl sie Juden hassten, bekamen sie immer mehr. Von Russland und Hitler-Deutschland ist die Rede. Die Zaren und ihr russisch-orthodoxes Umfeld wollten ihr Territorium „judenfrei" bewahren, Hitler & Konsorten erst Deutschland, dann Europa und wahrscheinlich die Welt von den Juden „befreien". Das misslang auch deshalb, weil beide immer mehr Land an sich rissen. Ausgerechnet Land, wo nicht nur wenige, sondern (noch!) enorm viele Juden lebten.

An ihrem Anfang „hatten" und drangsalierten Hitler & Konsorten nur die Juden Deutschlands. Durch den Anschluss kamen 1938 die Juden Österreichs hinzu. Ab März 1939 überrollte die Wehrmacht Europa. Immer mehr Juden kamen unter das deutsche Joch: im März 1939 die Juden Böhmens und Mährens sowie der Slowakei, die ein hitlerdeutscher Marionettenstaat wurde. Nicht wirklich ins Gewicht fielen ab 1940 die Juden Dänemarks und Norwegens, mehr jedoch die Juden Frankreichs, der Niederlande und Belgiens. Ab September 1939 die rund drei Millionen Juden Polens und schließlich noch ab Juni 1941 die knapp 2,2 Millionen Juden der Sowjetunion.

Die Zahl der russischen Juden war anfänglich sehr begrenzt. Wo, wenn und wann Russland mit der Kaukasusregion politisch oder militärisch und damit demografisch in Berührung kam, „musste" es ansässige oder fliehende Juden (hin)nehmen, doch nicht im Kernland aufnehmen. Ethnische „Säuberungen" bzw. kollektive Judenvertreibungen, wie man sie aus Antike (Assyrien, Babylon, Rom), Mittelalter (Kreuzzüge, Pestära) und Früher Neuzeit (Spanien, Portugal) kennt, gehörten nicht mehr und noch nicht zum politischen Instrumentarium.

Die Schulweisheit besagt: Persien wurde im 7. Jahrhundert von arabischen Muslimen erobert und dann islamisiert. Richtig oder falsch, nicht alle Juden im Perserreich hielten ihr Überleben unter muslimischer Herrschaft für sicher. Sie zogen zu den christlichen Nachbarn in Georgien und Armenien sowie bald auch ins Kiewer Reich, wo ihre Nachfahren viel später Russland einverleibt wurden. Im 13. Jahrhundert verwüsteten die Tataren außer Zentral- und Vorderasien sowie Osteuropa (bis ins niederschlesische Liegnitz) auch Russland. Wo Juden lebten, litten sie wie die anderen Einwohner. Das zunächst winzige, unbedeutende (und daher „judenfreie") Fürstentum Moskau stieg im 14. Jahrhundert auf Kosten anderer russischer Fürsten zum Großfürstentum und ernsten Herausforderer der Tataren auf. Unter Iwan III. (1462–1505) wurde viel „russische Erde eingesammelt". Sein Enkel Iwan IV., „der Schreckliche" (1533–1584), seit 1547 der erste Zar, eroberte die Tatarenkhanate Kasan, Astrachan und Sibirien. Fortan war das russische Kontinentalreich eine wachsende Großmacht, in der galt: „Juden unerwünscht". Wenn, dann nur an der Peripherie vorhanden. Und wenn woanders, dann nur als Händler auf der Durchreise geduldet. Nach dem Geschäft „nix wie weg". Und weil einige nicht weggingen, wurden diese wenigen 1742 von Zarin Elisabeth (1741–1762) vertrieben. Pragmatischer handelte ihre Nachnachfolgerin Katharina II., „die Große" (1762–1796). Nach „ihrem" militärischen Sieg über das Osmanische Reich (1768–1774) und den sich daraus ergebenden Annexionen der südlichen Ukraine, des nördlichen Kaukasus sowie der Krim wurden „Siedler", besser noch: siedelnde „Fachkräfte" gebraucht – und „importiert". Zum Beispiel auch aus Deutschland. Weshalb sollte sie ausgerechnet jüdisches „Fachpersonal" vertreiben, das bereits lange dem osmanischen Staat wirtschaftliche Vorteile gebracht hatte? Vernünftigerweise duldete Zarin Katharina die ansässigen Juden. Mehr noch: Heimlich ließ sie weitere Juden anwerben. Aber nur für den Reichsrand, die südliche Peripherie.

Die Erste Polnische Teilung, 1772, war ein indirektes Ergebnis jenes Russisch-Osmanischen Krieges. Auf einen „Schlag" bekam Russland nun auch jüdische Massen in Belarus, auch Livland. Anwerben musste man hier niemanden.

Der Pragmatismus der Zarin war erstens notwendig und zweitens zu jener Zeit in Europa nicht unüblich. Erinnert sei an den „aufgeklärt" absolutistisch herrschenden Habsburger Kaiser Joseph II. Bald folgte die Serie rechtlicher Gleichstellungen europäischer Juden. Dass diese funktionale Toleranz der „aufgeklärten" Antisemiten eher zu Gegenoffensiven als zu echter Toleranz motivierte, ist kein Geheimnis. Hätte man deshalb auf sie verzichten sollen?

Ihrer ökonomischen Ethik entsprechend, vertrieb die Zarin die neuen Juden am westlichen Rand ihres Reiches nicht. Sie fällte eine weitreichende Entscheidung: Die Juden behalten, aber so weit weg wie möglich vom Zentrum halten. Fast so etwas wie ein Staat im Staate, kein Lager, aber eben doch ein Judenrevier. Nicht nur aus Juden bestehend, doch massiv jüdisch „durchsetzt". Erweitert wurde das Großghetto 1812 um Bessarabien, das Russland annektierte, sowie 1815 um das in Personalunion mit dem Zarenreich verbundene, eher weniger als mehr autonome „Königreich Polen", das von den großen Mächten auf dem Wiener Kongress zusammengebastelt wurde und deshalb auch als „Kongresspolen" firmiert.

Wie vor der Polnischen Teilung bildeten die Juden, auch die Gutspächter und -verwalter oder Schankwirte, die in Russland noch weitgehend fehlende Mittelschicht zwischen dem meist ortsabwesenden Adel und den unterjochten, bis 1861 formal und danach lange noch faktisch leibeigenen Bauern. Angesichts jener jüdischen Berufe als verlängerter, disziplinierender Arm ihrer sie ausbeutenden Unterdrücker war von den Bauern wenig Juden-„Liebe" zu erwarten. Auch gebildetere Menschen neigen dazu, ihre persönliche Erfahrung zu verallgemeinern. In diesem Falle standen die einzelnen jüdischen Gutsverwalter aus Sicht der bildungsfern belassenen Bauern für „die" Juden. Und „die" Juden hatten, so war es ihnen von der Kirche eingetrichtert worden, „Unseren Herren Jesus Christus ermordet".

Wann es zu antijüdischen Explosionen kommen würde, war deshalb, wie in der Ukraine während der Chmelnyzkyj-Massaker ab 1648, nur eine Frage der Zeit. Nicht ob, sondern wann, das war hier die Frage. Beide Seiten „schuldlos schuldig" im Sinne der antiken griechischen Tragödie? Ja und nein. Ja, denn die Gutspächter-Juden hatten keine Alternative. Ebenso wenig die Bauern. Nein, weil die Bauern eine fundamentale Alternative hatten. Mord ist weder eine Lösung noch akzeptabel oder gar gläubigen Christen erlaubt. Auch für sie gilt das biblische Gebot „Du sollst nicht morden". So viel dürfte auch analphabetischen Bauern bekannt gewesen sein.

Hier die Daten zur Berufsstruktur der russischen Juden zu Beginn des 19. Jahrhunderts (Enzyclopedia Hebraica, Band 30, Spalte 897): 30 Prozent Pächter und Schankwirte (meist eine Person für beides), 30 Prozent (Klein-)Händler, 15 Prozent Handwerker, 21 Prozent ohne festen Beruf, drei Prozent religiöse Dienste, ein Prozent Bauern.

Die jeweilige Gemeinde war berechtigt, Steuern einzutreiben. Mit diesen wurde vor allem von chassidischen Gemeinden ein zwar ärmliches, aber trotzdem breites und wirksames Sozial- und Bildungsnetzwerk finanziert.

IV. Geografie: Das Land Israel und die mehrfache Diaspora

Erbittert blieb die Gegnerschaft zwischen Chassidim und den Rationalisten. Diese Rivalität schwächte die interne jüdische Autonomie insgesamt. Als Gemeinschaft zerbröselte die russische und darüber hinaus osteuropäische Judenheit, wobei sich besonders die Jugend mehr und mehr dem allgemeinen, „modernen", liberalen und auch linken Milieu gegenüber öffnete. Modernisierung = zunehmende Differenzierung. Dieses Entwicklungsmuster gilt auch für die jüdische Gemeinschaft (nicht nur in Russland).

Aus Sicht des Zaren Alexander I. mussten das religiöse Haarspaltereien sein, für seinen Staat wenig „nützlich". Deshalb das „Jüdische Statut" von 1804. Fortan war es Juden verboten, Pächter von Landgütern zu sein und den Bauern Alkohol auszuschenken. Als Ausgleich bekamen sie vom Staat Grund und Boden, den sie als Bauern bearbeiten durften. Auch der Besuch allgemeiner Schulen waren ihnen erlaubt. Ebenso eigene, jüdische Schulen unter einer Bedingung: Unterrichtssprache musste Russisch, Polnisch oder Deutsch sein.

Nicht philanthropisch, doch weitsichtig und „nützlich" war des Zaren Entscheidung, denn auf diese (Schul-)Weise war den Juden das Tor zur allgemeinen Bildung geöffnet und damit indirekt der Zugang zur nichtjüdischen Allgemeinheit. Die Rahmenbedingungen für ein jüdisches Bildungsbürgertum und als Folge für innerjüdische Säkularisierung, also auch für Konflikte, waren geschaffen. Das allmählich entstehende jüdische Bildungsbürgertum entfernte sich sowohl von der emotional-chassidischen als auch von der rationalistischen Orthodoxie. „Haskala" (Aufklärung) versus Orthodoxie – das war innerjüdisch nun die Frage. Nicht Orthodoxie, die allgemeine, nichtjüdische Ideologie wurde wichtiger: Liberalismus und Sozialismus in allen ihren Haupt- und Nebenströmungen gewannen an Boden. Einen Teil des neuen jüdischen Bürgertums zog es weniger zur Bildungs- als zur Wirtschaftswelt oder zum Zwischenbereich Medizin und Recht. Wie woanders waren „die" Juden als Ärzte und Anwälte, gemessen an der Gesamtbevölkerung, überrepräsentiert.

Alles für den Staat „nützlich". Das war zu Beginn des 19. Jahrhunderts auch bitter nötig, denn bereits 1804 war für strategisch Denkende eine Konfrontation Russland versus Frankreich, Zar Alexander versus Neukaiser Napoleon, mehr als nur denkbar. Was lag demnach näher, als alle verfügbaren Produktivkräfte der Gesellschaft zu mobilisieren?

Nach dem endgültigen Sieg über Napoleon erließ Zar Alexander I. 1817 ein bemerkenswertes Verbot: Die Blutlegende durfte nicht mehr verbreitet werden. Diese rund 700 Jahre alte Mordsgeschichte wollte er mit einem

Federstrich durchstreichen. Sehr sympathisch, leider erfolglos. Nikolaus I., Nachfolger Alexanders I., führte 1827 auch für junge Juden in der Ukraine und in Litauen (ab 1843 ebenso in Kongresspolen) zwischen zwölf und 25 Jahren die allgemeine Wehrpflicht ein. Ihre Dauer: heute unglaubliche 25 (fünfundzwanzig) Jahre. Kein Wunder: Wer konnte, „drückte" sich. Nicht nur Juden. Weil „die" Juden sich vor dem Dienst am nicht wirklich väterlich (für)sorgenden Vaterland drückten, setzte Zar Nikolaus Militärpresser ein, jiddisch: „Chapper". Die nahmen es mit dem Einberufungsalter nicht so ernst und griffen („chappten") nicht selten auch achtjährige Juden. In der kollektiv-jüdischen Erinnerung eine der vielen vom Zarenreich zugefügten Wunden. Allgemein wurde dieses sogenannte Kantonistensystem seit 1758 angewandt. Nach der Niederlage im Krimkrieg, 1856, wurde es abgeschafft, denn es wuchs die Erkenntnis, dass motivierte Soldaten besser kämpfen als gepresste, die für den Staat letztlich doch eher „unsichere Kantonisten" waren. Nun dienten Juden so lange wie Nichtjuden. Nach Ende der Dienstpflicht war den „Gedienten" erlaubt, auch außerhalb des Ansiedlungsrayons zu leben.

Einmal mehr wird die „Dialektik", besser: Doppelbödigkeit der Aufklärung sichtbar, zumindest eines nicht wirklich humanen Ansatzes von etatistischen Teilaspekten der Aufklärung. Eine aufklärungsbezogene, wohlwollende Interpretation des erpressten Militärdienstes als „Schule der Nation" wäre überzeugender, wüsste man nicht, dass auch (!) dieser Zar ein hingebungsvoller Antisemit war. (Zur Romanowdynastie siehe Montefiori, Die Romanows.)

Aus partikularistisch-traditionell jüdischer Sicht sah alles ganz anders aus: Die jungen Männer würden nicht „nur" ihren Familien, sondern der jüdischen Welt entzogen. Koscheres Essen gab es im Militär natürlich nicht. Viele konvertierten „freiwillig" zur russischen Orthodoxie. Innerjüdische Spannungen nahmen zu, denn erstens kauften betuchtere Juden ihre Söhne frei und zweitens bestimmten, wenn nicht die Chapper, die jeweiligen Führungen der Gemeinden, wer die „Judenquote" zu erfüllen hatte. Dass strafweise „ketzerische" (aufgeklärte) oder einfach so missliebige Familien bestraft wurden, gehörte zu den innerjüdischen Konflikten.

Der Not – nach der Niederlage im Krimkrieg – gehorchend leitete Zar Alexander II. (1855–1881) zahlreiche Reformen ein. Auch das Los der Juden besserte sich. Das bei Juden und Nichtjuden verhasste Kantonistensystem wurde abgeschafft und 1874 die Allgemeine Wehrpflicht von nunmehr „nur" vier Jahren eingeführt. Dafür dankbar dienten fortan auch

IV. Geografie: Das Land Israel und die mehrfache Diaspora

jüdische Russen als loyale, engagierte Bürger in den Streitkräften. „Nützliche", also wohlhabende Juden durften sich nun auch in St. Petersburg und Moskau niederlassen. Die weniger „nützlichen" mussten im Ansiedlungsrayon bleiben. Der Anstieg jüdischer Städter im Süden Russlands seit der zweiten Hälfte des 19. Jahrhunderts, etwa Odessa und Krim, hatte andere Gründe, vor allem diesen: Nach der „Bauernbefreiung" von 1861 hatten die jüdischen Gutspächter weitgehend ausgedient. Sie suchten neue Arbeit an neuen Orten.

Die größte „jüdische" Stadt im Zarenreich war 1897 Warschau mit 219.128 Juden bzw. 32,5 Prozent aller Einwohner dieser polnischen Stadt. (Diese und die folgenden Daten aus EH, Band 30, Spalte 902.) Es folgte das ukrainische Odessa mit 138.935 bzw. 34 Prozent aller Einwohner. In Berditschew (ebenfalls Ukraine) stellten die 41.617 Juden 80 Prozent der dort Lebenden, in Bialystok (Polen) 63,4 Prozent bzw. 41.905 Juden. Unter den zehn größten „Judenstädten" findet man weder St. Petersburg noch Moskau.

Zar Alexander II. – kein strahlender Sonnenschein, doch Licht am Ende des Tunnels. Nun nahm auch die Anziehungskraft nichtjüdischer, allgemeiner Bildungseinrichtungen zu – und damit die innerjüdische Kluft zwischen Modernisierern und Traditionalisten, Säkularen und Orthodoxen. Formelhaft zugespitzt: Die innerjüdische Kluft zwischen Ideologie plus Ökonomie versus Theologie löste eine neue, meistens, doch keineswegs immer, gewaltfreie Variante innerjüdischer Konflikte aus.

Eine andere Variante kam im späten 19. Jahrhundert als Folge der allgemeinen Industrialisierung sowie auch des demografischen Wachstums hinzu: „Klassenkampf". Mit der Industrialisierung und Modernisierung der Wirtschaft gerieten das Handwerk und die anderen, kleinen Wirtschaftszweige, in denen traditionell auch Juden tätig waren, in eine Existenzkrise. Verarmung – Wechsel zur Industriearbeiterschaft – Proletariat. In absoluten Zahlen: 1897 zählten rund 600.000 von 5.189.400 Juden im Gesamtstaat zu den Arbeitern (EH, Band 30, Spalte 902). In ebendiesem Jahr wurde der sozialistisch-nationaljüdische „Bund" gegründet. Andererseits, wie bei Nichtjuden: Aufstieg und Entstehung einer „Kapitalistenklasse". Ergo: innerjüdischer Klassenkampf und Gründung linksjüdischer, auch linksorthodoxer Parteien, zionistisch ebenso wie antizionistisch, jedenfalls links. Auf der anderen Seite: bürgerlich-jüdische Gruppierungen.

Wie überall, wo man sie ließ, wurden „die" modernen Juden patriotische, natürlich loyale, hochengagierte, auch mäzenatische, am Gemeinwohl orientierte Staatsbürger. Kometenhaft ihr Aufstieg in den freien Berufen – in bester jüdischer Tradition Mediziner, Gelehrte, außerdem Juristen (als weltliche Variante des Talmudismus?) sowie Journalismus (als weltlich-moderne Form rabbinischen Fabulierens oder Hin- und Herwendens?).

Nichts ist bei Erfolg so sicher wie der Neid. Selbst bei sonst großen Geistern ist dieses „Gesetz" zu beobachten, und selbst ein dichterisches Genie wie Dostojewski war sich nicht zu schade, im Chor der Antisemiten mitzusingen. In Umbruchzeiten hatten (und haben) Antisemiten Hochkonjunktur. Die 1870er und 1880er Jahre waren auch in Russland Umbruch- und Krisenjahre und als solche eine „Blütezeit" des Antisemitismus und Nationalismus. Wie andere moderne Juden waren die russischen ebenfalls Nationalisten oder besser: Patrioten, doch bei ihnen zählte das nicht. Zumindest nicht in den Hirnen und Herzen der Antisemiten. „Ein Jude kann kein Russe sein, kein Deutscher" und so weiter.

Für die russischen Antisemiten kam es noch „schlimmer": Gemäß dem biblischen Gebot „Seid fruchtbar und mehret euch" sowie ihrer (im Vergleich zu Nichtjuden) stabilen Familienstrukturen bekamen „die" Juden mehr Kinder. 1850 gab es in Russland 2,35 Millionen Juden und um 1900 rund fünf Millionen. Da „musste" gegengesteuert werden. Leichtes Spiel für diejenigen, die Pogrome anzetteln wollten. Viele wollten es, und so kam es dazu. Man „brauchte" nur den Anlass oder die Anlässe. Ein Funke reichte ...

1881 brannte es lichterloh. Reformzar Alexander II. wurde ermordet. Chaos, Gewalt, massenweise Plünderungen. Der neue Zar, Alexander III., war ein eingefleischter und bekennender Antisemit (Montefiore, Die Romanows, S. 648 ff.). Die relative Liberalität seines Vaters war nicht vererbt worden. Es passt daher ins Bild, dass am entstandenen Chaos der Jahre 1881 bis 1884 die Juden „schuld" waren. Nicht nur das, sie wurden als revolutionäres Kollektiv gebrandmarkt. Weg mit ihnen, so schnell wie möglich weg, weit weg. Das war quasi amtliche Politik. 1887 wurde die Zahl jüdischer Gymnasiasten begrenzt, 1891 Juden aus Moskau vertrieben, eine Diskriminierung oder Gängelung folgte der anderen. Konstantin Petrowitsch Pobedonoszew (1827–1907), Lehrmeister und dann geistiger sowie politischer Weichensteller Alexanders III. und seit 1880 faktisch Oberhaupt der Russisch-Orthodoxen Kirche, fasste das Ziel der neuen Judenpolitik kurz, knapp und brutal zusammen: ein Drittel der Juden vertreiben, ein Drittel töten, ein Drittel konvertieren.

Das Ende des 19. Jahrhunderts durchaus vorhandene nichtjüdische Wirtschafts- sowie Bildungsbürgertum sah zu, genauer: weg – und schwieg.

IV. Geografie: Das Land Israel und die mehrfache Diaspora

Die jüdisch-bürgerlich-liberale Avantgarde war schockiert. Die liberale, aufgeklärte Intelligenzia würde, hatten sie erwartet, sich mit ihnen solidarisieren. Nichts davon, eher Verständnis für die antijüdische Welle. Warum konnten denn die Juden nicht endlich auf ihr vorgestriges Judentum verzichten und, sozusagen „wie jeder anständige Mensch", Christ sein oder werden. So dachten und sprachen keineswegs nur russische Liberale. Der große liberale deutsche Geschichtsgelehrte Theodor Mommsen, der kurz zuvor, 1878/79, im Berliner Antisemitismusstreit die Juden verteidigt hatte, hielt das Festhalten der Juden an ihrer Religion ebenfalls für unverständlich.

Auch die nichtjüdisch-linke Speerspitze unternahm nichts gegen die antijüdische Gewalt und Politik. Sie dachte strategisch und zugleich zynisch. Als Ouvertüre zur sozialistischen Revolution war der aktivistischsten Linken dieses judenmörderische, allgemeinplündernde Tohuwabohu sogar willkommen, denn ein Chaosregime gerät früher oder später ins Schleudern. Ergo: tiefe Enttäuschung auch bei linken Juden. Die Enttäuschung der modernen Juden über ihre liberalen Mitstreiter, die eben nicht mitstritten, sowie über ihre linken Genossen war breit, aber nicht allgemein. Nicht wenige Juden hielten auch weiter zur Linken. Insgesamt nur eine Minderheit der Juden, aber in der frühen sozialistischen Bewegung stark vertreten. Trotzki ist ein Name, den jeder kennt. Es gab viele „kleine Trotzkis". (Glänzend dazu Margolina, Das Ende der Lügen.)

Jüdische Selbstbesinnung, der Wunsch nach jüdischer Selbstbestimmung ohne Abhängigkeit von nichtjüdischer „Gastfreundschaft" und Gnade, gleich welcher ideologischen Färbung, letztlich *Zionismus*, lag nun in der Luft. Noch mehr als in Frankreich, wo etwa ein Jahrzehnt später, ab 1894, die Dreyfus-Affäre dem zionistischen Gedanken den westjüdischen organisatorischen Vater bescherte: Theodor Herzl. Seine diplomatische Vorsicht geriet innerhalb der 1897 gegründeten Zionistischen Bewegung durch die notbedingte Ungeduld der im Zarenreich verfolgten „Ostjuden" immer mehr in die Defensive.

Wer als russischer oder polnischer im Zarenreich lebender Jude kein Zionist war und in der feindlichen Heimat keine Zukunft für sich und die Seinen sah, brach gen Westen auf. Es wurden bis zum Ausbruch des Ersten Weltkrieges rund zwei Millionen. Die meisten zog es in die USA, ein kleinerer Teil blieb im östlichsten Westen, sprich: Deutschland, und dort Berlin, ein noch kleinerer Teil gelangte nach Frankreich und etwa 60.000 ins „Land der Väter", Zion, das seit 1521 und bis 1917 zum Osmanischen Reich gehörte. Die erste, in Charkow (Ukraine) im Januar 1882 gegründete Gruppe zionistisch motivierter Juden, „Bilu" genannt (hebräisches Akronym von: „Haus Jakob, geht, lasst uns aufbrechen", Jesaja 2,5), allesamt junge, linksbürgerliche, idealistische, aufgeklärt-religiöse Akademiker, traf im Juli 1882 im osmanischen Palästina ein und errichtete dort die erste zionistische Siedlung namens Rischon LeZion bereits vor Gründung der Zionistischen Organisation. Rischon LeZion aus Jesaja 41,28 muss hier, um das politische Signal zu verstehen, frei als „der Erste nach Zion" übersetzt werden. Der männliche Singular, als Plural zu denken, war genderpolitisch inkorrekt, was von den beteiligten und durchaus selbstbewusst emanzipierten, bürgerlich-sozialistischen Frauen damals nicht moniert wurde. Obwohl nicht religiös, deutete die Gruppe durch den Ortsnamen ihren Bezug zur jüdischen Tradition an.

Gemäßigte Sozialisten, die sie waren, schufen sie natürlich kein herkömmliches Dorf, auch keine Kollektivsiedlung, sondern eine Genossenschaft – über die bald der Pleitegeier schwebte und die nur mit Hilfe des „Megakapitalisten" Edmond James de Rothschild überlebte. Der Boden, auf dem Rischon LeZion errichtet wurde, war von einem wohlhabenden einheimischen palästinensischen Araber gekauft worden. Er verkaufte übrigens freiwillig und gern. Er war nicht der letzte palästinensische Araber, der den Zionisten Land verkaufte. Es war bis heute auch nicht das letzte Mal, dass jüdische Mega-„Kapitalisten" finanziell und ideell zionistische, dann israelische Linke (und was von diesen bis 2021 übrig blieb) unterstützten.

Der Zionismus war, anders als die germanozentrische Legende besagt, nicht die Folge des Holocaust, sondern zuerst und vor allem des ost- und in geringerem Maße des westeuropäischen Antisemitismus sowie nicht zuletzt des Versagens der europäischen Liberalen und Linken, von den Konservativen ganz zu schweigen. Diese Enttäuschungen über „Freunde" und „Genossen" – und eben nicht „nur" die Traumata von Pogromen und danach sechsmillionenfachem Judenmorden durch antijüdische Verbrecher – haben sich tief in die kollektivjüdische Erinnerung eingegraben. Viele der heutigen Liberalen und Linken, keinesfalls antijüdische, verstehen Israels Politik oft nicht. Sie sollten die hier skizzierten Wurzeln bedenken. Dann werden sie verstehen. Ob sie das Verstandene gutheißen, ist eine andere Frage.

Noch schlechter erging es in Russland den Juden unter Zar Nikolaus II. (1894–1917). Gesellschaft und Wirtschaft des Landes waren im Umbruch. Wandel, Krisen und Konflikte waren seit jeher „schlecht für die Juden". Von 1903 bis 1905 folgte ein Pogrom dem nächsten, also „Ausschreitungen gegen nationale, religiöse oder ethnische Minderheiten". Im neudeutschen

Vokabular meint man damit in erster Linie Gewalt gegen Juden. Die 1905 im Krieg gegen Japan erlittene Niederlage goss noch mehr Öl ins Feuer. Politik und Polizei ließen den antijüdischen Mob gewähren. Der Zar und seine Entourage setzten auf das mehrfach, auch in Russland, in Krisen und nach Kriegen eingesetzte Instrument: mehr Liberalismus wagen. Es blieb ein Strohfeuer. Die Reaktion fasste Fuß und trieb die judenpolitisch wenig standhaften Liberalen nicht nur in der Duma (Parlament) mit antisemitischer Propaganda in die Defensive.

Vier jüdische Großgruppen gab es am Vorabend des Ersten Weltkrieges:
1.) Nationalrussische Juden. Nicht alle 400.000 Juden, die dann als Soldaten – 80.000 – an der Front (EH, Band 30, Spalte 904) „für Zar und Vaterland" kämpften, kann man zu ihnen rechnen.
2.) Zionisten, wie später lange Zeit in Israel in drei trotz der Gegensätze kooperierende Lager gespalten:
a.) Linke diverser Schattierungen,
b.) Bürgerliche,
c.) Religiöse.
Eine große Gruppe, doch nicht die Mehrheit.
3.) Orthodoxe. Traditionell die größte und nur langsam schrumpfende Gemeinschaft, deren Nachfahren bis heute in Israel stark sind und aufgrund ihrer natürlichen Vermehrung immer stärker werden.
4.) Sozialrevolutionäre diverser Richtungen. Die bei weitem kleinste, aber wohl aktivste, radikalste und besonders von Judenfeinden am meisten wahrgenommene und mit „den" Juden oft gleichsetzte Gruppe.

Wie den meisten Russen brachte der Erste Weltkrieg den Juden viel Leid. Besonders in Galizien. Bereits bis Ende September 1914, also bald nach Kriegsausbruch, drang die Zarenarmee tief in dieses k.u.k.-Gebiet ein und wütete, plünderte, tötete, vergewaltigte. „Aber wir wollten selbst für einen einzigen Tag die russische Besatzung vermeiden", erinnert sich der in Galizien geborene und bis zu seinem elften Lebensjahr dort aufgewachsene jüdische Schriftsteller Manès Sperber (Sperber, Die Wasserträger Gottes, S. 88) und fügt hinzu, dass man im Schtetl „an (den) Feind, den Zaren" nur mit Abscheu und Angst dachte und „seit Jahrzehnten" von seinem Sturz träumte. Familie Sperber floh 1916 nach Wien, wo sie, wie Zigtausend andere jüdische Flüchtlinge aus Galizien, „totale Verarmung und unverschuldete Verelendung" (Sperber, Die Wasserträger Gottes, S. 125) erwartete. Nicht nur Manès Sperber zog sich selbst am eigenen Haarschopf erfolgreich aus dem Elendssumpf – über den Umweg des Kommunismus in den Jahren 1927 bis 1937 – in die Welt der Menschlichkeit und Bildung. Seine hochdifferenzierte intellektuelle und literarische Darstellung dieses Um- und, aus seiner späteren Sicht, Irrweges bietet die Trilogie „Wie eine Träne im Ozean", die 1961 erschien. Ein Jahrhundertroman.

Anders als Galizien war Litauen bereits seit den Teilungen Polens „russisch", genauer: von Russland besetzt. Aus dem Norden Litauens wurden die Juden im Juni 1915 vertrieben. Sehr weitsichtig war diese Entscheidung selbst im Sinne des antijüdischen Zarenregimes nicht, denn die Flüchtlinge musste irgendwohin. Einfach weg ging des Krieges wegen nicht leicht. Also woanders in Russland. Das wiederum bedeutete: Dem Zwang des Faktischen folgend, wurde der Ansiedlungsrayon aufgehoben. Freiheit in der Unfreiheit.

Freiheit – die Februarrevolution 1917 schien sie endlich auch den russischen Juden zu bringen. Scharenweise schlossen sich Juden den verschiedensten antizaristischen Strömungen an. Ein russisch-jüdischer Frühling schien sich anzubahnen. Wie nach 2011 der Arabische Frühling erkaltete nach der kommunistischen Oktoberrevolution 1917 auch der russisch-jüdische schnell. Zu den prominenten Bolschewiken zählten zahlreiche Juden, denen ihr Kommunismus wichtig, ihr Judentum bedeutungslos war. *Vorsicht bei voreiligen Schlussfolgerungen bezüglich des revolutionären Geistes „der" russischen Juden. Was sollte oder konnte „die" Juden mit dem von Konservativen und Reaktionären herbeigesehnten Zarenreich innerlich verbinden? Nichts.*

Jene linken „Scharen" waren jedoch, gemessen an den rund fünf Millionen mehr leidenden als handelnden Juden Russlands, ein winziges Häuflein. Sonja Margolina hat 1992 ein vorzügliches Buch über Juden in der kommunistischen Bewegung veröffentlicht, das diese Problematik vielschichtig, fachkundig und ohne Mainstream-Scheuklappen erörtert. Zur Differenzierung gehört auch die Erwähnung dieser Tatsache: Mehr als bei den Bolschewiken waren Juden bei den gemäßigteren Menschewiken zu finden, allen voran Julius Martow, geborener Zederbaum (1873–1923). 1907 floh er ins Exil, kehrte 1917 zurück, um sich der Revolution anzuschließen, und verließ 1920 die Sowjetunion Richtung Deutschland, weil er die bolschewistische „Diktatur einer Minderheit" nicht mittragen wollte. Stattdessen strebte er eine repräsentative Demokratie an. (Vgl. Getzler, Martov; über Martow, Trotzki und bolschewistische Kabale ohne Liebe sei Service, Trotzki empfohlen.)

IV. Geografie: Das Land Israel und die mehrfache Diaspora

Nicht aktiv revolutionär, sondern passives Opfer der Roten Revolution und ihrer Weißen Gegenrevolutionäre war die große Mehrheit der russischen Juden im rot-weißen Bürgerkrieg von 1917 bis 1920. Jenseits der schier unübersehbaren Fachveröffentlichungen sind literarisch eindrucksvoll und freilich nicht nur Juden betreffend die Entsetzlichkeiten von Revolution und Krieg nachzulesen in Isaak Babels „Reiterarmee" und – natürlich – in Boris Pasternaks „Doktor Schiwago", in dem eben mehr als nur die Liebesgeschichte des gleichnamigen Films steckt. Denjenigen, die eher Filme anschauen als Bücher lesen, sei der herausragende, auf einer Erzählung von Wassili Grossman basierende, 1967 fertiggestellte und in der Sowjetunion sofort verbotene, 1988 erstmals in Berlin vorgeführte Film „Die Kommissarin" von Alexander Alskoldow empfohlen.

Den Weißen unter Anton Denikin waren „die" Juden als Juden ohnehin suspekt und außerdem nicht nur viel zu links, sondern fundamental antizaristisch. Letzteres traf – nachvollziehbar – zu. Den Roten waren „die" Juden als „nationale" und zudem religiös definierte Sondergemeinschaft anders, aber eben auch suspekt. Den konterrevolutionären ukrainischen Nationalisten unter Symon Petljura waren „die" Juden ebenfalls als Juden verdächtig, weshalb er und seine Mitkämpfer an die Tradition Chmelnyzkyjs der Jahre 1648 bis 1657 massenmörderisch anknüpften. Die Zahl jüdischer Bürgerkriegsopfer schwankt zwischen 30.000 und 250.000. 300.000 Juden, die überlebten und nicht zwischen Pest oder Cholera wählen wollten, flohen. Viele auch nach Deutschland, besonders nach Berlin. Niemand breitete dort „den Ostjuden" den roten Teppich zum Empfang aus. Auch nicht die meist assimilierten deutschen Juden. Sie fürchteten, mit „diesen Juden" gleichgesetzt zu werden.

Lenin war gewiss kein großer Menschenfreund, aber kein Antisemit (Service, Lenin). Solange er gesund war und die alles andere als unblutige Politik der Kommunistischen Partei lenkte, blieben die jüdischen Veteranen weitgehend unantastbar, auch Trotzki. Das änderte sich unter Stalin schlagartig (vgl. Montefiore, Stalin sowie ders., Der junge Stalin). Um nach Lenin seine eigene Hausmacht zu festigen, „mussten" so viele mächtige Veteranen wie möglich und „nötig" kaltgestellt werden. Tot oder lebendig, jüdisch oder nicht. Da viele Veteranen Juden waren und Stalin wohl auch (gemäß dem Stalin-Experten Montefiore) ein echter Antisemit war, zögerte er nicht bei der „Ausschaltung" seiner jüdischen Rivalen, Kritiker oder Freidenker. Trotzki zuerst und dann vor allem auch andere frühkommunistische Juden in der Ära der „Säuberungen", 1936 bis 1938.

Im „Großen Vaterländischen Krieg", also nach dem NS-deutschen Überfall vom Juni 1941, wurden alle Kräfte mobilisiert, um die massenmörderische Wehrmacht und SS zu vertreiben. Selbstverständlich wurden auch Juden zu den Waffen gerufen. Sie ließen sich rufen, und sie kämpften, um nicht wehrlos als Sowjetbürger und/oder Juden dem megaantijüdischen Wahn Hitlers und seiner Exekutoren ausgeliefert zu sein. Dennoch war diese Entscheidung für die Sowjetjuden eine Wahl zwischen Pest und Cholera, denn: Das kommunistische Stalin-Regime sowie traditionell auch die Sowjetgesellschaft waren stark vom antisemitischen Virus befallen. Nachhaltiger als in jedem Fachbuch ist dieses Dilemma in Wassili Grossmans Jahrhundertroman „Leben und Schicksal" nachzulesen, nachzuvollziehen und nachzufühlen. Hinzu kam die weit verbreitete Kollaboration der Besetzten – keineswegs nur im Süden, wo Nationales und Religiöses unterdrückt wurde. In der Ukraine sowie in den 1939/40 von Stalin (mit Hitlers Zustimmung) annektierten baltischen Staaten war die freiwillige Zusammenarbeit der einheimischen Mordgesellen mit den deutschen Mordmeistern besonders ausgeprägt (Kellmann, Dimensionen europäischer Mittäterschaft, S. 349–376 für die Sowjetunion insgesamt, S. 377–407 für die Ukraine). Dass die Beteiligung der Einheimischen – nicht nur in der Sowjetunion – Teil der Wehrmachtsstrategie war, hat Jörg Friedrich („Das Gesetz des Krieges") nachdrücklich empirisch belegt. Jene Kollaborationsbereitschaft beruhte nicht nur auf dem schon lange vor der deutschen Besatzung grassierenden, aber meist „nur" ausgrenzenden und noch nicht mörderischen Antisemitismus, der nun umschlug. Die systematischen „Judenjagden" und -morde der deutschen Besatzer signalisierten als Teil der Wehrmachtsstrategie den Einheimischen außerdem: Wenn ihr nicht mitmacht oder gar gegen uns kämpft, blüht euch das gleiche Schicksal wie den Juden.

Aufatmen und Entspannung bei den Sowjetjuden nach dem Sieg über Hitler-Deutschland? Kurzfristig ja, denn die NS-Pest war beendet, die kommunistisch-stalinsche Cholera schien abzuklingen. Dafür sprach der Schulterschluss mit der zionistischen „Sache". Am 29. November 1947 stimmte auch die UdSSR in der UNO-Vollversammlung für die Teilung von Britisch-Palästina und damit für einen jüdischen Staat. Mehr noch: Über die Tschechoslowakei lieferte Stalins Sowjetunion dem jungen Staat Israel im Überlebenskrieg gegen die arabischen Angreiferstaaten bis zum September 1948 dringend benötigte Waffen. Ohne diese Hilfe wäre Israel wahrscheinlich untergegangen. Am Neujahrsfest 1948 wurde Israels erste Botschafterin (die spätere Außenministerin und von 1969 bis 1974 Premierministerin Golda Meir) in der großen Moskauer Synagoge be- und umjubelt. Bei einem Empfang zum Jahrestag der „Großen Oktoberrevolution", am 7. November 1948, trat Polina, die Ehefrau des sowjetischen Außenministers Molotow (der am 23. August 1939 mit NS-Außenminister Ribbentrop den Hitler-Stalin-Pakt unterzeichnet hatte ...), an „Golda" heran: Auch sie sei Jüdin, weitere Synagogenbesuche der Botschafterin würden die russischen Juden begrüßen. Im Januar 1949 wurde Polina Molotowa verhaftet und im Dezember 1949 „wegen Kontakten zu jüdischen Nationalisten" zu fünf Jahren Verbannung in Zentralasien verurteilt. Ihr nichtjüdischer Ehemann und lange, lange Stalins engster Vertrauter und Mittäter verlor im März 1950 seinen Posten als Außenminister. Zehn Jahre hatte er ihn inne. Unmittelbar nach Stalins Tod im März 1953 wurde Polina Molotowa vorzeitig entlassen.

Der November 1948 war Stalins judenpolitischer Wendepunkt. Bis zu seinem Tod inszenierte er sowohl in der UdSSR als auch im gesamten Ostblock und freilich in der DDR eine konzertierte antisemitische Kampagne. (Zur DDR siehe Meining, Kommunistische Judenpolitik, Kapitel 2, auch im gesamten osteuropäischen Zusammenhang; Wolffsohn, Deutschland-Akte, Kapitel II).

Die Kampagne war zugleich, weit über das „Judenthema" hinaus, strategisch konzipiert. Drei Gründe gaben für Stalin und seine Ostblockkumpanen den Ausschlag:

Erstens: Mehr jüdische Selbstbestimmung, das Ausspielen der jüdischen „nationalen" Karte würde, so die Befürchtung Stalins, eine Lawine lostreten: den Anspruch auf nationale Selbstbestimmung der verschiedenen Nationalitäten, Religionen und Ethnien im sowjetischen Vielvölkerstaat. Zentrifugale Entwicklungen wären nicht mehr aufzuhalten, der sowjetische Staat würde zerbröseln oder zusammenbrechen. Wie sich ab 1991 zeigen sollte, war diese Befürchtung alles andere als unrealistisch. Vornehmlich an der Nationalitätenfrage zerbrach die Sowjetunion.

Menschenleben waren Stalin nichts, Macht alles. Folglich „mussten" die Juden verfolgt werden. Sogar Judenlisten wurden als teils potenzielle, teils realisierte Todeslisten angelegt. Sowohl in der UdSSR als auch in den kommunistischen Satellitenstaaten, einschließlich DDR (vgl. Wolffsohn, Deutschland-Akte).

Nicht „nur" innenpolitisch, auch außenpolitisch bedeutete der herbstliche Umschwung 1948 der Stalin'schen Judenpolitik große Gefahren für das Überleben des gerade gegründeten Jüdischen Staates. Womit wir bei Grund

Nummer zwei für Stalins Schwenk wären. Bis dahin hatte er, aus regionalpolitischen Erwägungen, anders als der Westen einschließlich USA, Israel (vor allem über die Tschechoslowakei) Waffen für den Überlebenskampf im Unabhängigkeitskrieg liefern lassen. Zu Stalins Politikwechsel dürfte auch die Einsicht beigetragen haben, dass eine Kooperation mit „den" Arabern langfristig sowohl wirtschaftlich als auch politisch lohnender sei als mit „den" Juden, denn gerade die US-Juden hatten dem frühen, sozialistischen, sozialdemokratischen Israel die Liebeleien mit der Sowjetunion verübelt. Über, durch und mit Israel hatte Stalin außerdem gehofft, die US-Juden im Kalten Krieg als Einflussfaktor zugunsten des Ostblocks in Amerika zu gewinnen. Dabei hatte er die Rechnung ohne den israelischen Wirt gemacht: Ministerpräsident David Ben Gurion. Der war überzeugter Sozialdemokrat und zugleich ein Gegner der kommunistischen Diktatur.

Diese Tatsache führt zum dritten Grund für Stalins Politikwandel. Von Anfang an hatten jüdische Sozialisten – nur bis 1977 in Israel, nie in der Diaspora eine Mehrheit – in die Sowjetunion große, ja größte Hoffnungen auch im Kampf gegen Antisemitismus gesetzt. Das führte dazu, dass diese jüdische Minderheit in der kommunistischen Bewegung aller europäischen Staaten unter den Veteranen zwar nicht die Mehrheit, doch eine große, durchaus überproportionale Minderheit darstellte. Viele Veteranen, jüdische ebenso wie nichtjüdische, waren Idealisten. An der Realität des Stalin'schen Sozialismus zerschellten ihre Hoffnungen. Trotzdem blieben nicht wenige „bei der Stange". Als Veteranen verfügten sie über eine Hausmacht. Genau darin sah Stalin eine Gefahr für seine Machtstellung, und Gefahren für seine eigene, absolutistische Macht schaltete der Diktator lieber präventiv als reaktiv aus.

Das nach Stalins Tod einsetzende „Tauwetter" kam allen von Stalin Unterdrückten zugute, auch seinen einstigen Mordgesellen. Einer von ihnen, Nikita Chruschtschow, rechnete am 25. Februar 1956 auf dem 20. Parteitag der KPdSU mit Stalin und dem Stalinismus in seiner Geheimrede ab. Sie war so geheim, dass sie Israels Geheimdienst Mossad bald besaß und weltweit kursieren ließ. Was für ein „Zufall". Manchmal können sich Opfer nachträglich rächen, jüdische und nichtjüdische, besonders kaltgestellte Veteranen.

Die Situation der sowjetischen Juden blieb heikel, denn spätestens seit 1955 war die Sowjetunion im Kalten und in Nahost teils heißen Krieg politischer Patron Ägyptens, Syriens und ab 1958 des Irak. Diese drei militärisch stärksten arabischen Staaten stellten für Israel die Hauptbedrohung dar. Die UdSSR avancierte zu ihrem Hautwaffenlieferanten und Ausbilderstaat. Ein Großteil der Sowjetjuden wollte auch nach Stalins Tod in den Westen auswandern. Das war ihnen verboten. Eine Genehmigung für die Juden hätte im Vielvölkerstaat Sowjetunion eine Freiheitslawine losgetreten. Es blieb daher beim Njet Moskaus. Dieses wiederum, obwohl schmerzlich, bot den Juden zugleich einen politischen Hebel: „Lass mein Volk ziehen", „Let my people go", war nun ein ideales Propagandainstrument Israels gegen die araberfreundliche UdSSR sowie zugleich die Auswanderungshoffnung der sowjetischen Juden.

Juni 1967, Sechstagekrieg: Israel besiegte die arabischen Staaten militärisch – und sofort begann Moskau, den arabischen Freunden neue Waffen für die zuvor von Israel zerstörten zu liefern. Moskau und alle Staaten des Ostblocks brachen die diplomatischen Beziehungen zu Israel ab. Israel intensivierte die „Let my people go"-Kampagne für die rund 2,3 Millionen Juden der UdSSR. Es schien, dass hierbei eine Maus (Israel) gegen einen Löwen (UdSSR) brüllte. Absurd? Nein, denn sowjetjüdische und andere Bürgerrechtler forderten nun heftiger und sichtbarer ihre Auswanderung. Sowjetische Schauprozesse gegen die Bürgerrechtler erreichten das Gegenteil dessen, was die Sowjetführung wollte: Immer mehr Publizität für das nichtjüdische und jüdische Anliegen: Freiheit.

Es kam immer schlimmer für Moskau. Im Oktober 1973 verloren die arabischen Staaten den nächsten von ihnen angezettelten Waffengang, den Jom-Kippur-Krieg. Wieder ersetzte die UdSSR die unbrauchbar gewordenen Waffen der arabischen Staaten. Das kostete Geld. Das hatte die Sowjetführung aufgrund ihrer Misswirtschaft immer weniger. Der Westen, vor allem die USA sollten helfen. Die Sowjetunion wollte im bilateralen Handel die Meistbegünstigungsklausel. Washington war bereit. Unter einer von Israel initiierten und von Senator Henry Jackson sowie dem Repräsentanten Charles Vanik (beide Demokratische Partei) durchgesetzten Bedingung: Auswanderungserleichterungen für die Sowjetjuden nach Israel. Damit war zunächst die jüdische, dann die nationalitätenpolitische Lawine losgetreten.

Der erste Anstoß war zweifellos seit 1967 von Israel gekommen, das an jüdischen Einwanderern interessiert war, aus demografischen Motiven sein musste. Israel wurde in die Ausführung eingebunden. Erste Station der Auswanderer wurde Wien. Bei Direktflügen Moskau–Tel Aviv wäre der sowjetische Gesichtsverlust zu groß gewesen. In den 1970er Jahren wanderten 163.000 Sowjetjuden über Wien nach Israel aus, die meisten zwischen 1969 und 1973.

Insgesamt jedoch kam es anders als von Israel erhofft und erwartet. Die Juden, denen die Auswanderung genehmigt worden war, hatten ein Visum für Israel bekommen. Doch immer mehr Sowjetjuden wollten aus Wien lieber in die USA und die Bundesrepublik Deutschland. Vor dem Fall der Mauer und dem Ende der UdSSR waren das circa 80 Prozent der Ausgereisten. Von den frühen 1980er Jahren bis 1990 zogen rund 200.000 Sowjetjuden in die USA. Menschlich verständlich, weil das in Amerika und Deutschland zu erwartende Leben weniger hart sein würde als im nicht nur klimatisch heißen Israel. Ethisch war die Haltung dieser Mehrheit zumindest doppelbödig. In Israel war man empört und entsetzt.

Dann fiel die Mauer, und KP-Chef Gorbatschow war bei Ausreisegenehmigungen für Juden noch großzügiger als vorher. Ironie der Geschichte: Ausgerechnet ins – freilich gewandelte und geläuterte – „Land der Mörder" strömten Juden, wenn es mit den USA „nicht klappte". Und es klappte seltener, denn Israel war in Washington vorstellig geworden. Das Ergebnis: Juden aus der Ex-UdSSR wurde die Einwanderung in die USA zwar nicht verweigert, doch durch administrative Hürden erschwert (Rosenberg, Refugee Status for Soviet Jewish Immigrants). Also auf nach Deutschland. Hier wurde Israel ebenfalls vorstellig – und hatte aus zwei Gründen das Nachsehen. Erstens hatte Kanzler Kohl verkündet: Wenn Juden nach Deutschland wollten, könne und werde Deutschland keinen Juden vor die Tür setzen. Zweitens hatte der damalige Vorsitzende des Zentralrates der Juden in Deutschland, Heinz Galinski, dem Bundeskanzler mehr als nur den Rücken gestärkt. Er hatte sich mit der israelischen Regierung angelegt. Weitsichtig hatte er angesichts der demografischen Situation der seinerzeit 28.000 Juden in Deutschland erkannt, dass diese Minigemeinschaft, weil überaltert, ohne Zuzügler in absehbarer Zeit aussterben würde. Israel wollte mehr Juden nach Israel, Galinski wollte mehr Juden nach Deutschland. Er gewann. Jüdische „Kontingentflüchtlinge" aus der ehemaligen Sowjetunion durften seit 1991 nach Deutschland.

Die geschilderten Kräfte und Gegenkräfte ergaben schließlich folgendes Ergebnis: Von 1990 bis 2000 wanderte etwa eine Million ex-sowjetischer Juden nach Israel ein. Seitdem tröpfelt ihre Zahl. In den USA siedelten sich bis 2005 rund 500.000 an. Nach Deutschland kamen bis 2004 knapp 220.000. Nur ungefähr die Hälfte schloss sich deutschjüdischen Gemeinden an, die ihnen nicht nur bei der Integration ganz allgemein, sondern nicht zuletzt bei der Arbeitssuche behilflich waren. Nicht wenige traten dann aus den Gemeinden aus. „Der Mohr hat seine Arbeit getan ..." *Ty-*

IV. Geografie: Das Land Israel und die mehrfache Diaspora

pisch jüdisch? Mitnichten. Menschen sind Menschen, und überall menschelt es, nicht immer den Regeln des Anstands gemäß. Außer diesen Unerfreulichkeiten bleibt festzuhalten: Die meist vorzüglich (aus)gebildeten jüdischen Einwanderer aus der Ex-UdSSR sowie ihre Nachfahren sind eine Bereicherung für das jeweilige Aufnahmeland. Sie sind weit mehr als nur loyale Staatsbürger und Steuerzahler, selten, und wenn überhaupt, nur in der ersten Generation Sozialhilfeempfänger und oft höchst kreativ. Insofern typisch jüdisch, weil staatstreu und durch Bildung kreativ.

Der russisch-sowjetisch-jüdischen Geschichte nachzutragen wäre das kurze Kapitel des Jüdisch Autonomen Gebiets der Sowjetunion, *Birobidschan*. Im fernsten Osten Sibiriens, mit der Außenwelt verbunden durch die Transsibirische Eisenbahn, wollte Stalin seit 1928 Juden ansiedeln, nachdem sich der erste Plan, eine jüdische Sowjetrepublik auf der Krim, zerschlagen hatte. Selbst unter diesem Gewaltherrscher gab es hierzu relativ offene Opposition: Sollten „ausgerechnet" die Juden so wertvolles, weil fruchtbares Land erhalten? Natürlich nicht ... Also eine Mischung aus Zuckerbrot (kulturelle Autonomie sowie mangels Einheimischer keine antisemitische Umgebung) und Peitsche (Entwicklung einer Region, die seit 1858 zum Zarenreich gehörte, in die jedoch kaum jemand freiwillig zog).

Ganz so abstrus und zynisch wie auf den ersten Blick zu vermuten war dieser Gedanke nicht. Gerade unter demokratischen, jüdischen, intellektuellen Sozialisten, auch sozialistischen Zionisten, war die Rückkehr der Juden zur „Normalität", die „Gesundung" des jüdischen Volkes durch die Verbindung Mensch–Boden samt Abkehr von der Kopf- zur Körperarbeit, also zurück zur Landwirtschaft, außerordentlich populär. Vater dieses Gedankens war Aharon David Gordon (1856 in der Ukraine–1922 im Pionier-Kibbutz Degania, Britisch-Palästina/Israel). Geschickt griff die Sowjetführung diesen in der „jüdischen Luft" liegenden Gedanken auf.

Die Idee jüdischer Sonderterritorialität knüpfte an das zaristische Faktum des Ansiedlungsrayons an der westlichen Reichsperipherie an. Diese war allerdings stark besiedelt. Eine Verlagerung vom nahen Westen in den Fernen (auch fernen) Osten hätte den jüdischen „Unruhefaktor" zudem geografisch und damit auch politisch entschärft.

Verschärft hatte sich seit 1931 im Fernen Osten die politische und militärische Situation: Seit der japanischen Invasion und faktischen Annexion der China zugehörigen Mandschurei war das aggressive Kaiserreich unmittelbarer Nachbar der UdSSR. Ein strategischer „Puffer" in Menschenform war Moskau willkommen. Im Fall der Fälle – er trat 1938/39 im Grenzkonflikt beider Staaten ein, und die UdSSR gewann unerwartet – waren die Juden willkommenes Kanonenfutter.

Trotz oder wegen Gordon – die Mehrheit der Juden war auch in Russland/UdSSR nicht sozialistisch. Stalins zynische Rechnung ging nicht auf. Von 1928 bis 1933 hatten sich in Birobidschan knapp 20.000 Juden niedergelassen und zwischen 1935 und 1938 weitere 20.000. 1948 wurde mit 48.000 Juden der Höchststand erreicht. Aber – insgesamt betrug die amtliche (!) Abwanderungsquote 60 Prozent (EJGK, Band 1, S. 350 ff.). Ein Fehlschlag. Der Kahlschlag folgte sogleich, denn im Herbst 1948 begann Stalin seine antijüdischen „Säuberungen". Die Förderung jüdischer Selbständigkeit stand nicht mehr auf der Tagesordnung. Mit dem Tod des Diktators am 5. März 1953 war auch das Projekt Birobidschan faktisch gestorben. „In den 1990er Jahren erlebte die Region eine kleine jüdische Renaissance" (EJGK, Band 1, S. 354). Wer aber weder in die USA noch nach Deutschland konnte oder durfte, wollte dann doch lieber nach Israel.

AMERIKA

War Christoph Columbus, der Wiederentdecker Amerikas, Jude? Entdeckt wurde Amerika bekanntlich nicht durch Columbus, sondern um das Jahr 1000 durch den Isländer Leif Eriksson. Dieser war garantiert nicht jüdisch ... Aber Columbus? War er zumindest heimlich Jude? Diese „weltbewegende" Frage muss uns nicht unbedingt beschäftigen. Erwähnt sei sie trotzdem, weil man hierzu durchaus ernstzunehmende Vermutungen findet. Er könnte der Nachfahre heimlicher Juden sein, die nach dem Pogrom von 1391 im spanisch-christlichen Sevilla nach Italien flohen. Eine Vermutung. Fakt sind seine engen Kontakte zu diversen heimlichen Juden in Spanien. Nicht wenige sollen es gewesen sein (EH, Band 29, Spalte 267). Vermutungen sind keine Beweise. Sehr wohl bewiesen ist jedoch, dass einer von Columbus' Begleitern bei seiner ersten Amerikafahrt der Jude Luis de Torres (?–1493) gewesen ist, ein sprachkundiger Jude, der sowohl Hebräisch als auch Aramäisch und Arabisch beherrschte. Um für die „christliche Seefahrt" „koscher" zu werden, ließ sich de Torres am 1. August 1492 taufen, einen Tag bevor Columbus & Co in See stachen. Weshalb heuerte Columbus ausgerechnet diesen Mann an? Columbus wollte bekanntlich nach Indien und erwartete dort, geografisch durchaus einleuchtend, sowohl arabische Händler als auch Nachfahren von aus Mesopotamien im Laufe der Jahrhunderte eingewanderten Juden. Juden aus dieser Region, so die Erwartung, sprächen Hebräisch, Aramäisch oder ebenfalls Arabisch, und diese Sprachen beherrschte Luis de Torres (vgl. Wikipedia; j-grit.com, The Internet Index of Tough Jews).

Wenn von „Juden in Amerika" die Rede ist, denkt man unverzüglich an den Norden, USA und zum Teil Kanada. Doch am jüdischen Anfang Amerikas war der Süden. Nicht nur, weil Luis de Torres erstmals am 2. November 1492 das Landesinnere Kubas betrat. Nicht die Mehrheit, doch einige der im selben Jahr aus Spanien vertriebenen Juden sowie zum Schein konvertierte Juden (Marranos) hofften, im amerikanischen Neu-Spanien ohne die Gefahren der alten Heimat leben und überleben zu können. Spanien und doch nicht Spanien. Gleiches trieb Juden und Marranen ab 1497 aus Portugal nach Brasilien. Die Rechnung ging nicht auf, denn die spanische Inquisition erweiterte ihren Zugriff bis Amerika. Für Brasiliens „Ketzer" wurde keine „Zweigstelle" eingerichtet. Man verfrachtete sie nach Lissabon, wo sie abgeurteilt und ihrer „gerechten Strafe" zugeführt wurden.

Die erste öffentliche Verbrennung von „Ketzern" in der Neuen Welt fand 1528 unter spanischer Regie in Mexiko statt. Die beiden Marranen Ernando Alonso und Gonzales de Morales mussten auf den Scheiterhaufen steigen. Sie hatten 1519 Hernán Cortés bei seinem Eroberungszug „begleitet". Die nächsten Verfolgungswellen in Mexiko gab es 1592 bis 1596 und 1646 bis 1649. Peru stand nicht nach: In Lima wütete die Inquisition besonders von 1634 bis 1639. Immer mehr mittel- und südamerikanische Juden sowie Marranen, die wieder offen als Juden leben wollten, zogen weiter nordwärts, Richtung nordamerikanisches Festland – über die „West Indies", wo einige, nicht erfreulich, aber wahr, im Sklavenhandel aktiv waren. In den 1650er Jahren aus Brasilien nach Curacao („holländisch"), 1654 nach Neu Amsterdam (ab 1664 „britisch" und dann „New York") oder ab 1667 ins „holländische" Surinam. Ins „britische" Barbados kamen sie 1655. Bis ins französisch-kanadische Montreal tröpfelten jüdische Einwanderer.

Vereinigte Staaten

Die ersten nordamerikanischen Juden waren, ihrer „spanisch-portugiesischen" Prägung wegen, Sefarden. Sie brachten das religiöse *sefardische* Brauchtum mit. *Aschkenasisch* wurde das nordamerikanische Judentum erst durch die zweite Welle jüdischer Einwanderung aus Deutschland, Zentral- und Westeuropa sowie durch die dritte Welle von 1881 bis 1914 aus Osteuropa.

Als die Amerikanische Revolution 1763/1776 begann, lebten in den USA allerdings nicht mehr als rund 2000 Juden. Dass die Juden sich – bis auf wenige Ausnahmen – den US-Revolutionären anschlossen, versteht sich eigentlich von selbst. „All men are created equal." Nie zuvor gab es ein solches Bekenntnis in der christlichen Welt. Angesichts dieser Toleranzqualität war es nur eine Frage der Zeit, wann die USA zu einem neujüdisch-quantitativen Schwerpunkt, das zweite Babylon-Exil bzw. der neue Goldene Staat (jiddisch „Goldene Medine") für Juden, würden.

Die Erinnerung an die in der Bibel beschriebene Sklaverei der Juden im antiken Ägypten und den Auszug, „Exodus", in die Freiheit ist ein Grundpfeiler der jüdischen Religion und somit Sozialisation. Bezogen auf die USA bedeutete dieses Vermächtnis: Der Großteil der US-Juden schloss sich seit jeher der Bürgerrechtsbewegung an: im Bürgerkrieg der Union und seit den frühen 1960er Jahren dem Civil Rights Movement. Während der Dominanz des weltoffenen Martin Luther King waren geistige und gefühlte Nähe sowie Kooperation von Juden und (damals eher selten „Afroamerikaner" genannten) schwarzen Bürgerrechtlern nahezu eine Selbstverständlichkeit. Seit den späten 1960ern radikalisierten sich größere Teile der schwarzen Bürgerrechtler. Sie orientierten sich an den „Nationalen Befreiungskämpfern" der „Dritten Welt", an den „Verdammten dieser Welt", die sich von der weißen Vorherrschaft befreien wollten. Aufgrund ihrer Herkunft verständlich. Einerseits. Andererseits gehörten die Palästinenser für die Afroamerikaner ebenfalls zu ihnen. Wie sie würden die Palästinenser von Weißen, hier: „den" Juden, genauer: den Juden Israels, unterdrückt. Diese Wahrnehmung führte zu einer wachsenden Entfremdung zwischen Afroamerikanern und US-Juden. Diese waren bis zum Sechstagekrieg vom Juni 1967 nicht sonderlich israelorientiert, sondern loyale „Amerikaner wie alle Amerikaner". Doppelbindung, Doppelloyalität? Keine Spur. Kurz vor jenem Krieg schien jedoch eine erneute Auslöschung von Juden bevorzustehen, ein neuer Holocaust, diesmal in Nahost, wo ja „für den Fall der Fälle" der Jüdische Staat als Rettungsanker aller Juden bestand und nun unterzugehen drohte. Das durfte, sollte nicht sein und führte zu einer massiven politischen (nicht demografischen, migrantischen) Israel-Orientierung der US-Juden. Dadurch wurde die jüdisch-schwarze Kluft tiefer.

IV. Geografie: Das Land Israel und die mehrfache Diaspora

Die innerjüdisch-israelische Polarisierung von „Tauben" und „Falken" in der Palästinenserpolitik schwappte seit den späten 1970ern bis zu den Juden Amerikas über, so dass es bei ihnen deutliche Überlappungen zwischen den innen- und nahostpolitischen Orientierungen gibt. Ausgang offen, denn das amerikanisch-jüdische Hemd ist auch den weniger „progressiven" Juden des Landes näher als das israelisch-jüdische. Hatten sie bis in die 1980er Jahre rund 70 Prozent ihrer Spenden nach Israel überwiesen und nur 30 Prozent für den Erhalt und Ausbau ihrer Infrastruktur behalten, hat sich das Verhältnis seitdem genau umgekehrt.

Auf der Makroebene lässt sich die Liberalität der US-Juden, anfänglich auch ihre linkspolitischen Neigungen, nicht zuletzt an ihren Entscheidungen bei den Präsidentschaftswahlen im 20. Jahrhundert ablesen. 1912 und 1916 klare Mehrheit für Woodrow Wilson. 1920 errang der Demokrat Cox nur 19 Prozent der jüdischen Wählerstimmen, der konservative Gewinner Harding 43 Prozent – und der Sozialist Debs satte 38 Prozent. Dieses politische Bewusstsein und Handeln verweist auf das damals noch ziemlich desolate wirtschaftliche Sein vieler jüdischer Neuamerikaner. Ähnlich 1924, als sich 22 Prozent der Juden für den progressiven, quasi sozialdemokratischen La Follette entschieden, 51 Prozent für den demokratischen Verlierer Davis und nur 27 Prozent für den Gewinner Coolidge. Von 1928 bis einschließlich 2020 wählten die US-Juden mit meist ca. 70 Prozent (eher plus als minus) die Kandidaten der Demokraten. Eine wichtige, relativ neue Differenzierung: Je orthodoxer die US-jüdischen Wähler, desto eher entscheiden sie sich für die Republikaner. 75 Prozent der US-jüdischen Wähler stimmten 2020 für Biden, aber – bei ebendieser Präsidentenwahl – stimmte die Mehrheit der orthodoxen Juden für Trump. Bei einer Umfrage im Oktober 2020 gaben 83 Prozent (!) der befragten Orthodoxen an, sie würden Trump wählen (*Times of Israel*, 15.10.2020, https://www.timesofisrael.com/orthodox-jews-back-trump-by-massive-margin-poll-finds/; ausführlich Nishma Research 2022; siehe auch Wolffsohn/Grill, Israel – Geschichte, Politik, S. 151, ergänzt in Wolffsohn/Stetter, Israel – Geschichte, Politik).

Wir schlagen den Bogen bis zur Gegenwart. Zurück in die Vergangenheit. Wir ergänzen die historische Skizze:

Die nachnapoleonische Restauration bremste in Europa Tempo und Umfang der Judenemanzipation, Wirtschaftskrisen kamen hinzu, auch die Niederschlagung der Revolutionen von 1830 und 1848/49. Folglich emigrierten Juden, fortschrittliche Idealisten und Verarmte in die USA. Einer der zuletzt genannten Kategorie war Löb Strauß, geboren 1829 im winzigen Buttenheim bei Bamberg, der „Erfinder" der Blue Jeans. Der wirtschaftlichen Not gehorchend zog seine verwitwete Mutter mit ihm und seinen beiden Schwestern 1847 nach New York, wo ihre beiden älteren Söhne im Textilhandel arbeiteten. Ihnen schloss sich Löb an. Westwärts zogen damals viele im „Land der unbegrenzten Möglichkeiten", erst recht als 1848 der Goldrausch in Kalifornien begann. Einer, der westwärts zog, war Löb, nun „Levi" Strauss. Mit geschultem „Textilblick" hatte er erkannt: Für ihre Arbeit brauchten die Goldgräber besonders strapazierfähige Hosen. Statt Gold zu schürfen, verwandelte er auf diese Weise Stoff zu Gold.

Durch den Bürgerkrieg der Jahre 1861 bis 1865 kam die Einwanderung generell fast zum Erliegen, setzte danach aber wieder voll ein. 1880 lebten in den USA 250.000 Juden. Die Mehrheit stammte, wie Familie Strauss, aus Deutschland. Anders als die sefardischen Juden, die ihr weltliches und religiöses Sonderbrauchtum zu erhalten versuchten, wollten die deutschen Juden Amerikaner werden. Punkt. Wie damals und bis 1933 die deutschen Juden in Deutschland. Auch das religiöse Brauchtum wurde, dem deutschjüdischen Mehrheitsmodell entsprechend, liberalisiert, modernisiert, „reformiert" und, so die orthodox-jüdische Polemik, „entjudaisiert", ja quasi-evangelisch „christianisiert". Im Reformjudentum wurde und wird das Religionsgesetz (Halacha) entrümpelt, in der Landessprache gebetet (inzwischen mit vielen hebräischen Passagen), Männer und Frauen sitzen nebeneinander und nicht getrennt, Frauen wurden (später) Rabbinerinnen, Orgelmusik begleitet den Gottesdienst. Lange (heute selten) trugen Rabbiner, wie evangelische Pfarrer, einen schwarzen Talar mit Beffchen. Beffchen wie Äffchen, lästerten giftige orthodoxe Zungen. Teil der „Christianisierung" war, wie seit dem späten 19. Jahrhundert in Deutschland, die steigende Zahl von „Mischehen" und freiwilligen (!) Taufen.

Die ab 1881 einsetzende Pogromwelle führte, wie erwähnt, zwei Millionen Juden aus dem russischen Zarenreich, also auch aus Polen, in die USA. Wie zu erwarten, ließen sie sich nicht als Hühner- oder Viehzüchter nieder, sie zogen in die großen Städte, besonders nach New York und dort wie woanders, weil bettelarm, in die Elendsviertel, zum Beispiel in die Lower East Side, teils auch nach Harlem als gute Nachbarn von Afroamerikanern. Als Kleinhändler, Handwerker oder auch als Industriearbeiter, aufopferungsvolle, aufstiegsbesessene „Proletarier", fristeten sie ihren Alltag. Ihre Opferbereitschaft, besonders für die Bildung der Kinder (ohne so etwas Ähnliches wie Bafög) war nicht vergeblich, und so wurde der Aufstieg „der"

IV. Geografie: Das Land Israel und die mehrfache Diaspora

Juden möglich. Nicht nur außerhalb der Universitäten, auch innerhalb. Noch zu Beginn der 20. Jahrhunderts waren vor allem die Eliteuniversitäten Juden gegenüber geschlossene Gesellschaften. Heute sind Juden – und zunehmend Asienamerikaner – in der Studenten- und Professorenschaft, gemessen an ihrem Bevölkerungsanteil, überproportional vertreten. Eine für Deutschland aufschlussreiche Lektion: Mindestens so wichtig wie finanzielle Staatshilfen sind bei der Aufholjagd im Bildungsbereich die Bildungsmentalitäten der Bürger. Staatliches Geld für Bildung ohne den entsprechenden Bildungswillen der Eltern und (!) Kinder verpufft.

Die *Berufsstruktur* der US-Juden wurde – und ist – wieder auch und gerade im historischen Sinne sozusagen „typisch jüdisch": Kopf- statt Körperarbeit. Viele Akademiker – sowohl an den Akademien bzw. Universitäten als auch in freien Berufen wie Mediziner, Juristen und Journalisten, Schriftsteller, Geschäftsleute natürlich, doch anders als das Klischee weniger Banker. Die „jüdische" Bank Lehman Brothers segnete im Jahre 2008 das Zeitliche. Ihr Gründer Henry (geborener Hayum) Lehman (1822–1855), Sohn eines jüdischen Viehhändlers, stammte aus Rimpar bei Würzburg. 1844 wanderte er ein, drei Jahre vor Jeans-Erfinder Levi Strauss, ebenfalls bitterarm und ebenfalls aus Franken stammend. In Montgomery, Alabama, eröffnete er ein Kurzwarengeschäft. Mit seinen etwas später eingewanderten Brüdern Emanuel und Mayer stieg die Firma Lehman Brothers als Makler ins Baumwollgeschäft ein. Jeder weiß, dass daraus eine Investmentbank wurde, deren Zusammenbruch 2008 fast die Weltwirtschaft zusammenstürzen ließ. Da war sie nicht mehr „jüdisch".

Nach der zweiten und ganz am Anfang der dritten jüdischen Einwanderungswelle sah die Struktur von Freiberuflern im jüdischen „Eldorado" New York so aus: 66 Prozent aller Anwälte und Richter waren Juden, 64 Prozent der Zahn- und 56 Prozent der übrigen Ärzte, 59 Prozent der Musiker, überraschende 51 Prozent bildende Künstler, 43 Prozent Schauspieler, 38 Prozent Journalisten und Schriftsteller, eher weniger als zu erwarten, sowie, aufgrund des damals modischen Akademiker-Antisemitismus der „Feinen Gesellschaft" nicht verwunderlich, nur elf Prozent der Professoren. Fast gleichzeitig (1937) dominierten Juden den New Yorker Klein- und Großhandel mit, je nach Branche, meistens weit mehr als 50 Prozent (EH, Band 8, Spalten 272 ff.).

Trotz des auch in der US-Gesellschaft bei „weiß und schwarz" vorhandenen „Risches" (diskriminatorischer, nicht liquidatorischer Antisemitismus) gelang nicht nur den „Westjuden", sondern auch den Kindern und

Kindeskindern der „Ostjuden" ein geradezu kometenhafter Aufstieg. Allerdings waren diesen die „Deutschen" eine oder zwei Generationen voraus. Das wiederum bedeutete, dass es in der US-jüdischen Gemeinschaft zunächst sowohl einen Ost-West- bzw. West-Ost-*„Kulturkampf"* als auch einen innerjüdischen *Klassengegensatz* gab. Die mehrheitlich ostjüdischen Neuamerikaner organisierten sich früh und leidenschaftlich in Gewerkschaften, die dadurch insgesamt schlagkräftiger, erfolgreicher und, wie ihre Mitglieder, etablierter wurden. Längst sind auch die meisten Nachfahren dieser US-Juden dem Arbeitermilieu entwachsen. Wie in Deutschland und Westeuropa schauten „die Deutschen" dünkelhaft auf die „Ostjuden" hinab. Menschen sind Menschen, und daher menschelt es auch bei Juden. Was für eine „Überraschung". Diese Trennwand besteht inzwischen kaum noch. Zeit und wirtschaftlicher Aufstieg machten es möglich.

Die ursprünglich demografischen und ökonomischen West-Ost-Gegensätze betrafen auch das religiöse Brauchtum. Das deutsch-westeuropäische Judentum entwickelte das aus Deutschland stammende, liberale *Reformjudentum* weiter, ließ es erblühen und erstarken. Inzwischen stellt es die Mehrheit der gemeindlich registrierten US-Juden, gefolgt von den ebenfalls meist westeuropäisch-deutsch geprägten *Konservativen* und den fast ausschließlich osteuropäisch geformten *Orthodoxen*.

Bis zum Ende des Ersten Weltkriegs zogen die Konservativen etwa 40 Prozent, die Reformjuden ca. 30 Prozent und die Orthodoxen 15 Prozent der neuamerikanischen Juden zu sich. Knapp 70 Prozent waren also lange direkt oder indirekt deutschjüdisch programmiert. Dieser „deutschen" Prägung sind die *Neo-Orthodoxen* zuzurechnen. Ihr geistiger Vater, Rabbiner Samson Raphael Hirsch, hatte seine Tradition und Alltagsmodernität verbindende Lehre („torah im derech eretz") in Deutschland entwickelt.

Im Juni 2021 dieses Bild: 88 Prozent der erwachsenen Juden, die als Juden in ihrer Kindheit erzogen wurden, fühlen sich nach wie vor als Juden und waren Mitglieder einer Gemeinde. In der Grundgesamtheit jener 88 Prozent (als 100 betrachtet) waren 70 Prozent noch immer „der Religion wegen" Juden, 18 Prozent fühlten sich ohne religiösen Bezug als Juden (Pew Umfrage, Ausubel u. a., Denominational switching among U.S. Jews).

Die bedeutenden jüdisch-religiösen sowie jüdisch-wissenschaftlichen Einrichtungen der USA strahlen seit den 1940er Jahren auf die gesamte jüdische Welt aus. Viele waren in ihrer Gründung von deutschen Juden inspiriert, wurden zunächst regelrecht kopiert und dann weiterentwickelt. Längst hat sich der amerikanisch-jüdische Schüler vom deutschjüdischen Lehrer emanzipiert. Das gilt für das 1886 in New York gegründete Jewish Theological Seminary of America der konservativen Strömung. Dessen Vorbild war das 1854 in Breslau eingerichtete Jüdisch-Theologische Seminar. Das Konservative Judentum nimmt eine Mittel- und Mittlerposition zwischen der Orthodoxie und der Reform wahr, indem es die Halacha wahrt, aber „entstaubt". Die orthodoxe Yeshiva University, New York, 1886 gegründet, zählt gegenwärtig zu den Top 100 der US-Hochschulen und bietet nicht nur Jüdische Studien, sondern z. B. auch Jura. Ihre „ostjüdischen" Gründer wollten es den deutschen „Westjuden" gleichtun. Sie schafften es und übernahmen dabei so manches vom Orthodoxen Rabbinerseminar Berlins, das 1873 Rabbiner Esriel Hildesheimer (1820–1899), Orthodoxie mit moderner Wissenschaft verknüpfend, prägte. Innerjüdisch kämpften Hildesheimer und Gleichgesinnte gegen die Reformjuden. Gemeinsam traten sie dem Antisemitismus entgegen. Wenig erfolgreich. Siehe 1933 bis 1945.

Das reformjüdische Hebrew Union College begann 1875 in Cincinnati, Ohio, und hat Zweigstellen in New York (seit 1922), Los Angeles (seit 1954) sowie in Jerusalem (seit 1963/70). Vor- und Leitbild war nicht zuletzt Rabbiner Abraham Geigers (1810–1874) Hochschule für die Wissenschaft des Judentums in Berlin. Das Reformjudentum ignoriert die Halacha keineswegs, wie dessen Gegner behaupten, wohl aber wird sie den Gegebenheiten der Gegenwart in ihrem Geist angepasst.

Gründer des Hebrew Union College war Rabbiner Isaac Mayer Wise (1819–1900). Geboren in Böhmen, am damaligen deutschjüdischen Scheinparadies orientiert, wanderte er 1846 in die USA aus. Das neue, liberale, deutsche Judentum à la Abraham Geiger wollte er in den USA heimisch machen. Er hat es geschafft und geschaffen. Cincinnati war dafür ein geeigneter Ausgangsort. Dort war die jüdische Gemeinde „fest in deutscher Hand". Religiös war Wise ein Liberaler, bezogen auf Afroamerikaner ein Erzreaktionär. Er rechtfertigte die Sklaverei. Übrigens war Rabbi Wise Schwiegervater des *New-York-Times*-Gründers Adolph Ochs. Wie der nichtjüdische Liberalismus in Amerika wurde auch der diasporajüdische weniger rechts- und mehr linksliberal.

Längst hat das Reformjudentum die inakzeptablen gesellschaftlichen und politischen Positionen eines Wise aufgegeben. Ebenso seine Distanz zum Zionismus und Israel. Inzwischen zählt es zu den fortschrittlichsten

Gruppen in Amerika, zur Avantgarde der Bürger- und Menschenrechte. Reformrabbiner Max Nussbaum, der bis 1940 bei seiner Berliner Gemeinde ausgeharrt hatte und erst danach in die USA eingewandert war, hat 1961 den bekannten Unterhaltungskünstler Sammy Davis jr. („I'm a one-eyed Negro who's Jewish") ins Judentum aufgenommen. Reformrabbiner Joachim Prinz sprach am 28. August 1963 vor einer Viertelmillion Teilnehmern beim Marsch der Bürgerrechtler auf Washington. Es war die Kultkundgebung, auf der Martin Luther King seinen Traum von einer nicht-rassistischen Gesellschaft verkündete („I have a dream").

An den Daten zu Bildung und Religion lassen sich die inner- und außerjüdischen Modernisierungsschübe der US-Gesellschaft erkennen. Weit über das jüdische Milieu hinaus wirkten die oft hochgebildeten jüdischen Flüchtlinge aus dem Herrschaftsbereich des deutschen NS-Terrors. Es hätten noch viel mehr Flüchtlinge sein können – und müssen. Doch selbst die angeblich so „verjudete Roosevelt-Regierung" (NS-O-Ton) hielt die Tore in die USA ziemlich fest verschlossen. Das Paradebeispiel für die restriktive Politik des amerikanischen Präsidenten Franklin D. Roosevelt gegenüber jüdischen Flüchtlingen aus der Hitlerhölle ist die Tragödie der St. Louis im Frühjahr 1939. An Bord dieses Schiffes waren 937 deutsche Juden. Einreisepapiere in die USA? Ja. Auch für Kuba. 29 dürfen an Land. Der Rest nicht. Keine Landeerlaubnis. Kanada? Dito. Rückfahrt nach Europa. Antwerpen. Die Flüchtlinge wurden verteilt: Belgien, Niederlande, Frankreich, Großbritannien. Überlebende? Fast nur in Großbritannien, wo sie aber als „Feindliche Ausländer" in Lager kamen.

Zwischen 1933 und 1941 erhielten nur 27.370 Juden aus Deutschland und Österreich ein US-Visum. Viel mehr hätten gerettet werden können, doch der über der St. Louis wehende Ungeist wirkte weiter (Website des US Holocaust Memorial Museums, Stichwort „Americans and the Holocaust", Abruf 19.9.2021). Dass die US-Luftwaffe 1944 durchaus in der Lage war, die Vernichtungshölle Auschwitz-Birkenau oder wenigstens die Zufahrtswege zu bombardieren, ist längst wissenschaftlicher Konsens (vgl. Laqueur, Was niemand wissen wollte). Präsident Franklin D. Roosevelt wollte nicht.

Dieser selbst bei Freunden wie Roosevelt nicht vorhandene Wille, größere Anstrengungen zur Rettung jüdischen Lebens zu übernehmen, führte dazu, dass die amerikanischen Juden nach 1945 wesentlich stärker als zuvor politische Lobbyarbeit betrieben. Begonnen hatten sie bereits früher, indem sie Freizeit-, Interessen- und Schutzorganisationen bildeten. 1843, quasi als

IV. Geografie: Das Land Israel und die mehrfache Diaspora

Spiegelbild der bürgerlich-liberalen Freimaurer, die (Männer-)Loge Bnei Brith (= „Söhne des Bundes"). Ebenfalls von den damals noch dominanten deutschstämmigen jüdischen Honoratioren, so gut wie alle Reformjuden, wurde 1906 das American Jewish Committee (AJC) gegründet, auch als Reaktion auf die Pogrome in Russland. Trotz aller Dünkel den „Ostjuden" gegenüber wurde die allgemeine Gefahr des Antisemitismus für alle Juden erkannt. Gebannt werden sollte (und wurde) mit Hilfe des AJC auch wirtschaftliches Elend von Juden. Ansatz und Selbstverständnis waren zeitgebunden eher väterlich, fürsorglich – aber es wurde engagiert geholfen. Vom Zionismus wollte man im AJC bis zum Holocaust nichts wissen. Er hätte ja, so die Selbstsicht, die Loyalität der US-Juden als Amerikaner infrage stellen können. Auch hier eine Parallele zu den damals mehrheitlich nicht- und sogar antizionistischen Juden Deutschlands und Westeuropas. Keine Spur von „jüdischer Doppelloyalität", wie von Antisemiten bis heute unterstellt.

Mitbestimmungsfreudiger und dem Zionismus gegenüber offen organisierten „ostjüdische" Mittel- und Unterschichten im November 1918, also unmittelbar nach dem Sieg im Ersten Weltkrieg, den American Jewish Congress als eher basisdemokratisches Gegenstück zum AJC. Die landsmannschaftlichen Grenzen verwischten sich bald, weniger die ideologisch-jüdischen. Folgerichtig wurde der aus Deutschland stammende Reformrabbiner Joachim Prinz, ein (siehe seine Autobiografie „Rebellious Rabbi") bekennender Don Juan, von 1958 bis 1966 Präsident des American Jewish Congress. Deutlich linksliberaler als das AJC schloss sich der Jewish Congress sehr früh der Bürgerrechtsbewegung an. Rabbi Prinz gehörte zu den Mitorganisatoren des Marsches auf Washington, wo er, wie erwähnt, neben Martin Luther King sprach – freilich weniger unvergesslich als dieser.

Legendär, von manchen bejubelt, von anderen verteufelt, ist die, versteht sich, zionistisch bzw. israelorientierte Lobbyorganisation AIPAC, das American Israel Public Affairs Committee mit seinen (heute) geschätzten etwa 100.000 Mitgliedern. Bei seiner Gründung 1953 hieß es noch American Zionist Committee for Public Affairs. Dem Untergang war der neue Jüdische Staat 1948/49 knapp entronnen. Er hatte militärisch gesiegt, sprich: überlebt. Ohne amerikanische Waffen. Wer in der Diaspora das „Nie-Wieder" bezüglich einer weiteren Katastrophe (Schoa) an Juden ernst meinte, musste handeln. Die Israel-Lobby war das dem A folgerichtige B.

Die intensivere jüdische Lobbyarbeit führt zurück zu den Enttäuschungen der Vergangenheit. Der ersten großen Enttäuschung im Kampf gegen die NS-Völkermörder von 1933 bis 1944/45 folgte die zweite über die Behandlung jüdischer Überlebender in westdeutschen Lagern für „Displaced Persons" (heimatlos Gewordene) in den Jahren 1945 bis 1948. Die dritte: Roosevelts Nachfolger, der Demokrat Harry S. Truman, ließ zwar am 29. November 1947 in der UNO-Vollversammlung den US-Gesandten für die Gründung des Jüdischen Staates stimmen, verhängte aber bereits in der ersten Dezemberwoche 1947 ein Embargo über Waffenlieferungen, die Israel dringend zum Überleben benötigte. Enttäuschung vier: 1967. Ägyptens Präsident Nasser sperrte im Mai die Seezufahrt in den südisraelischen Hafen Eilat. US-Präsident Lyndon B. Johnson, Demokratische Partei, also auch „Präsident der Juden", wählte starke Worte des Protestes gegen Israels Strangulierung, aus der es sich im Juni 1967 selbst befreite; weitgehend ohne US- und mit französischen Waffen. Spätestens seit 1967 entwickelte sich die US-jüdische Lobby als eine der stärksten und erfolgreichsten Interessengruppen der USA. Ihr Einsatz gilt sowohl inneramerikanischen Themen generell als auch amerikanisch-jüdischen und israelpolitischen. Ihr Hebel ist das ausgeprägte politische Bewusstsein ihrer Basis und, daraus abgeleitet, ihre zuverlässig hohe Wahlbeteiligung sowie auch die Bereitschaft, für die eigenen Interessen notfalls viel vom erarbeiteten Geld einzusetzen.

Trotzdem: Das mal mehr, mal weniger und mal gar nicht mehr Goldene Diaspora-Dreieck Babylon-al Andalus-Deutschland wurde durch die Goldene Medine USA ein Viereck.

Süd- und Mittelamerika

Für das mittel- und südamerikanische Judentum – es begann, wie erwähnt, mit den Conquistadores im 16. Jahrhundert – gab und gibt es keine „Goldene Medine". Dafür Alltäglichkeit und weitgehende Sicherheit ohne Pogrome – nach dem Zeitalter der spanischen und portugiesischen Inquisition. Im Rahmen jüdischer Weltgeschichte ist diese Tatsache sehr wohl „Gold" wert. Wenn es Sicherheitsdefizite gab, waren sie nahostpolitisch oder ideologisch bedingt, weil „man" einmal mehr „die" Juden für Kommunisten hielt. Weit gefährlicher waren zum Beispiel der von der Islamischen Republik Iran im April 1992 organisierte Anschlag auf Israels Botschaft in Buenos Aires sowie das Bombenattentat auf das dortige Jüdische Gemeindezentrum im Juli 1994. Bei diesem Terrorakt verloren 85 Menschen ihr Leben, bei jenem 32. Beide fanden während der Amtszeit des peronistischen Präsidenten Carlos Menem (1930–2021) statt. Seine muslimischen Eltern waren Anfang des 20. Jahrhunderts auf der Suche nach einem besseren Leben und Wohlstand aus Syrien nach Argentinien eingewandert. Ihren Sohn ließen sie katholisch taufen. Wie viele Einwanderer fast jedweder Herkunft wurden in der Familie die inneren und äußeren (Ver-)Bindungen zur alten Heimat nicht gekappt. Carlos Menem pflegte sie als Präsident auch politisch. Nicht nur mit Syrien, sondern auch mit dessen Patron Iran. Inzwischen ist die „Iran-Connection" beider Mordaktionen erwiesen, jedoch juristisch nicht aufgearbeitet. Das hatte nicht zuletzt die ebenfalls peronistische Christina Kirchner, von 2007 bis 2015 Präsidentin Argentiniens, mit aller Macht verhindert. Einen Tag bevor der Generalstaatsanwalt sie deswegen verhaften lassen wollte, fand man ihn tot in seiner Wohnung. Ermordet. Auch dieser Mord blieb bisher ungeklärt und ungestraft.

Die Einwanderungsschübe nach Argentinien Ende des 19. sowie im frühen 20. Jahrhundert prägen das Land. Aus zahlreichen europäischen Staaten, aus dem Vorderen Orient und Nordafrika strömten Menschenmassen, die entweder wirtschaftlicher Not, Verfolgungen oder beidem entkommen wollten. Nichtjuden vor allem und Juden, versteht sich. Juden besonders aus dem Zarenreich, wo seit 1881 ein Pogrom das andere jagte.

Argentiniens Tore standen seit den 1880er Jahren sperrangelweit offen. Der relativ junge Staat brauchte und suchte tüchtige, einsatzfreudige, am besten junge Menschen, die anpacken und das Land voranbringen konnten. Wer nicht ins „Land der (scheinbar) unbegrenzten Möglichkeiten", also in die USA, durfte, konnte oder wollte, fand in Argentinien eine gute Alternative. Bis 1930, als, von der Weltwirtschaftskrise getroffen, die gerade an die Macht geputschten Militärs die Tore dicht(er) schlossen. Genau das wurde ab 1933 und mit der Expansion NS-Deutschlands für Rettung suchende Juden zu einem Problem. Die Juden, die trotzdem einwanderten, kamen eher zufällig, weil sie woanders noch weniger willkommen waren und gar nicht erst kommen durften.

Allerdings fanden die Juden seit der Wende vom 19. zum 20. Jahrhundert eine gewisse jüdische Infrastruktur vor. Um das Überleben europäischer, vor allem russischer Juden langfristig zu retten, hatte der in München geborene Baron Maurice de Hirsch (1831–1896), ein enger Geschäftspartner von Bismarcks „jüdischem Banker" Gerson Bleichröder (ab 1872 mit „von"), in den 1890er Jahren u. a in Argentinien die Errichtung von sechs Bauerndörfern finanziert. Ideologisch hatte er als Unternehmer und Mäzen mit dem zionistischen Agrarromantiker Aron D. Gordon kaum etwas gemein, aber eben doch etwas: den Glauben daran, das Landleben würde „den" Juden ein besseres Leben bescheren. Gut gemeint war auch hier nicht gut gemacht, denn die meisten jüdischen Einwanderer zogen auch in Argentinien lieber in Städte als in Dörfer. Die allgemeine Hauptstadt, Buenos Aires, wurde auch die „jüdische Hauptstadt" des Landes. Bis heute.

Von 1880 bis 1950 waren 224.900 Juden eingewandert. In der ersten Welle von 1880 bis 1900 waren es 25.000 weitgehend aus Russland, ebenso von den 87.000 in der zweiten Welle von 1901 bis 1914. Von 1915 bis 1920 nur 3500 – Kriegs- und Nachkriegszeit. 73.400 von 1921 bis 1930 aus dem von Revolutionen, Wirtschaftskrise und Weltwirtschaftskrise gebeutelten Europa. 1931 bis 1940 kamen der argentinischen Restriktionen wegen nur noch 29.400, und in der Kriegs- plus Nachkriegszeit von 1941 bis 1950 schafften es nur 6000 (EH, Band 5, Spalte 689). Jede „Judenzahl" spiegelt die allgemeine, nichtjüdische Geschichte wider.

Von der Zahl jüdischer Einwanderer zur Gesamtzahl argentinischer Juden (EH, Band 5, Spalte 690 u. a.):

1900	30.000
1920	160.000
1940	320.000
1950	360.000
1983	300.000
2021	180.000

Der dramatische Rückgang seit 1950 lässt sich leicht erklären. Eine Wirtschaftskrise jagte die nächste, auch eine politische Krise die andere. Die Militärdiktatur der Jahre 1976 bis 1983 entsprach in keiner Weise den mehrheitlich traditionell liberalen Vorstellungen von Diasporajuden. Circa 1000 der ungefähr 30.000 Opfer der Junta waren Juden, weit mehr als ihr Bevölkerungsanteil. Zugleich wird ein fundamentaler Unterschied diaspora- und israeljüdischer Weltsicht erkennbar: Die israelische Regierung arbeitete mit der Militärjunta im Sicherheitsbereich zusammen. Nicht anders als mit der südafrikanischen Apartheidregierung. Die unterschiedliche Weltsicht hat realpolitische Gründe. In jenen Jahren war Israel international fast vollkommen isoliert und konnte sich die Partner selten aussuchen, brauchte solche aber gerade im Sicherheitsbereich.

In der neuen Demokratie Argentiniens blieb eine dauerhafte Stabilisierung der Wirtschaft aus, und die Präsidenten Menem, Kirchner (Mann und Frau) waren, wie intensiv auch immer und ihrerseits realpolitisch motiviert, mit iranisch-antiisraelischen-antijüdischen Kreisen verbandelt. Im Februar

IV. Geografie: Das Land Israel und die mehrfache Diaspora

2019 wurde der Oberrabbiner des Landes in seinem Haus überfallen. Keine Ermutigung, im Land zu bleiben. Israel wurde für viele die neue Heimat.

Nichtjüdische Wirtschaftsflüchtlinge aus Deutschland hatten sich bereits seit den 1880er Jahren angesiedelt, nach 1933 auch politische Flüchtlinge. Sie waren natürlich NS-Gegner. Unter den Alteingesessenen gab es solche und andere. Die deutsche Gemeinschaft war fortan gespalten (Saint Sauveur-Henn, Die deutsche Migration nach Argentinien). Europäische Juden und nichtjüdische Flüchtlinge fanden gesellschaftlich zusammen, und doch gab es auch NS-nahe „U-Boote". Erst recht nach 1945, als Argentinien eines der Eldorados für Alte NS-Kämpfer wie Adolf Eichmann wurde. Ihm gelang 1950 die Flucht und Einwanderung nach Argentinien, von wo ihn der israelische Geheimdienst Mossad 1960 in den Jüdischen Staat entführte, vor Gericht stellte und zum Tode verurteilte. Auschwitz-„Arzt" Josef Mengele schloss sich von 1949 bis 1959 den NS-Kameraden in Argentinien an, bevor er sich 1959 in Paraguay und von 1960 bis zu seinem Tod 1979 in Brasilien versteckte. Olivier Guez hat sich in seinem Buch „Das Verschwinden des Josef Mengele" in den Fliehenden gekonnt hineinversetzt.

Dem Vater des deutschjüdischen Regisseurs, Schauspielers und Schriftstellers Imo Moskowicz (1925–2011) gelang vor dem Krieg die Flucht nach Argentinien. Die Familie konnte nicht nachkommen. Zu hoch waren die Hindernisse. Sohn Imo kam in die Hölle von Auschwitz und überlebte. Seine Mutter sowie alle sechs Geschwister wurden ermordet. Bei einem seiner Vaterbesuche traf Imo in der „bunten Gesellschaft" der Einwandererkinder in Buenos Aires die Tochter des „großdeutsch"-österreichischen NS-Gauhauptmanns Armin Dadieu, der 1948 nach Argentinien floh und dort bald die Regierung beriet. Sein Fachgebiet: Raketentreibstoffe. Sein Fachwissen stellte er ab 1958 der Bundesrepublik Deutschland zur Verfügung … Vorher aber hatte Ruth, die Tochter dieses „verdienten" Nazis, den Auschwitzüberlebenden Imo am Rio de la Plata kennen und lieben gelernt. Die beiden wurden 1956 ein Paar und lebten in Westdeutschland – bis dass der Tod sie schied. Jüdische Weltgeschichte hat viele „wilde Geschichten" zu bieten.

Die Tatsache, dass beim iranischen Terrorakt von 1994 im Jüdischen Gemeindezentrum so viele Menschen getötet wurden, zeigt: Hier pulsierte reges Leben. Ja, wie eigentlich überall waren und sind die Gemeindeaktivitäten intensiv und extensiv. Neben den religiösen Voraussetzungen der religiösen Gemeinschaft entstanden Einrichtungen für Bildung, Freizeit oder Soziales, und auch in Argentinien sind Juden in der Regel besser ausgebildet als Nichtjuden. In diesem Umfeld wuchs zum Beispiel der Pianist und

Dirigent Daniel Barenboim in den ersten zehn Jahren seines Lebens auf, bevor seine russischstämmigen Eltern 1952 mit ihm nach Israel auswanderten. Ähnlich und doch anders der frühe Lebensweg der Pianistin Martha Argerich. Geboren wurde sie 1941 in Buenos Aires. Vor dem Umzug in die Hauptstadt verbrachte sie die ersten elf Jahre ihres Lebens in einer vom Baron Hirsch gegründeten Siedlung, denn die Familie ihrer Mutter war dem russischen Antisemitismus entflohen.

Anders als woanders in diasporajüdischen Gemeinschaften war in der Jugendzeit von Martha Argerich und Daniel Barenboim das freiberufliche jüdische Bildungsbürgertum des Landes quantitativ weitaus schwächer als das Wirtschaftsbürgertum. Die Zahlen für 1950: Nur sieben Prozent der argentinischen Juden waren Freiberufler, 55 Prozent im Handel tätig und der Anteil von Schriftstellern und Journalisten so niedrig, dass er in der Tabelle der Hebräischen Enzyklopädie (EH, Band 5, Spalten 692 f.) unerwähnt bleibt. Trotz einer guten, ausgebauten Infrastruktur blieb die geistig-geistliche Ausstrahlung des argentinischen Judentums auf die jüdische Welt in Diaspora und Israel eher gering – obwohl (oder gerade weil?) die argentinisch-jüdische Gemeinschaft, wie kaum eine andere außer in Israel, eine aschkenasisch-sefardische Mischung, besser: Synthese entwickelte.

Ähnliches muss über die jüdische Gemeinschaft Brasiliens gesagt werden. Ihre Anfänge führen ebenfalls in die Zeit der iberischen Eroberer zurück. Der Inquisition wichen die ersten Juden Brasiliens durch Auswanderung in die Karibik und dann in die USA aus – oder durch Assimilierung und faktische Selbstauflösung als Juden.

Der Neuanfang liegt im frühen 19. Jahrhundert. Als das Osmanische Reich schwächelte, um schließlich nach dem Ersten Weltkrieg zerschlagen zu werden, wanderten Juden von dort erstmals wieder nach Brasilien. Seit den 1890er Jahren öffnete die Regierung nicht nur die Landestore, sie warb mit Lockangeboten. Kurz vor dem Ersten Weltkrieg hatten sich 5000 bis 7000 Juden angesiedelt. Wie man sich aufgrund der Pogrome in Russland denken kann, stammten die meisten aus dem Zarenreich. Ab 1919 schaltete die Regierung um: Sie umwarb nur noch Menschen, die bereit waren, Landwirte zu werden. Nicht unbedingt der Traumberuf der nichtzionistischen, städtischen Juden. Dennoch wagten circa 30.000 Juden diesen Schritt. Während der NS-Herrschaft schloss Brasilien die Pforten für Juden, öffnete sie der Not gehorchend ab 1945, und von denjenigen, die weder in die USA noch nach Britisch-Palästina durften, wanderten so manche ein. 1948 lebten 108.000 Juden im Land, überwiegend – bis heute – in Sao Paulo und Rio de Janeiro. 2021 waren es – trotz meist antijüdischer Militärdiktaturen und instabiler Demokratien – etwa 120.000. Der kulturhistorische Fußabdruck der Juden Brasiliens ist ähnlich konturschwach wie der der argentinischen, venezolanischen und auch mexikanischen Juden. Mexiko war allerdings judenhistorisch zeitweilig ein „heißes Pflaster". Hier hatte sich Leo Trotzki (1879–1940) vor Stalins Schergen im wahrsten Sinne des Wortes verbarrikadiert. Vergeblich. Im August 1940 wurde er im Auftrag Stalins ermordet. Überlebt haben in Mexiko jüdische Kommunisten wie Anna Seghers und andere, die sich dort heftige ideologische Schlachten lieferten, die im Nachgang, ab 1948 in Osteuropa, tödlich endeten. Auch dafür hatte Stalin gesorgt. Denn, daran sei erinnert, er fühlte sich von kommunistischen Veteranen, die als Veteranen über eine je eigene Hausmacht verfügten, bedroht (vgl. dazu mein Buch „Deutschland-Akte" sowie den faktenbasierten Roman „Brennendes Licht" von Volker Weidermann). Auch Mexiko war als Lebensort nicht „erste Wahl" und entstand meistens umständehalber – wenn man woanders nicht unterkam. 2021 lebten dort etwa 40.000 bis 50.000 Juden. Es gibt sie. Man lässt sie in Ruhe, aber … kein historischer Fußabdruck.

Südafrika – Australien (Indien – China)

Geografisch gehören die jüdischen Gemeinschaften im „weißen Südafrika" sowie in Australien (und Indien) wahrlich nicht zum „Okzident", doch sehr wohl historisch und kulturell. Im bis 1994 nur von Weißen beherrschten Südafrika wurden, auch in den jüdischen Gemeinden, die Schattenseiten der „weiß"-europäischen Geschichte sichtbar: Apartheid, also Rassismus. Nicht wirklich anders das Verhältnis der jüdischen Gemeinden Australiens zu den Aborigines. Ihnen wird bestenfalls freundliche Gleichgültigkeit entgegengebracht.

Die jüdischen Gemeinden Südafrikas und Australiens haben im Laufe der Zeit gut funktionierende jüdische Infrastrukturen geschaffen, doch bislang keinen wirklich allgemeinjüdisch bemerkenswerten kulturellen oder religiösen Beitrag geschafft. Das dürfte sich nicht ändern. Dass sie „funktionieren", wird niemand bestreiten. Mehr nicht.

Das einzig weltjüdisch-historisch Beachtliche ist die Tatsache, dass es Juden in jene zwei (mit Indien drei) Weltgegenden eher zufällig verschlagen hat. Erste Wahl eines Daueraufenthaltes waren sie nicht. Man blieb, weil es zumindest anfänglich Anreize und dann auch kaum, wenn überhaupt, Verfolgungen gab, und das wiederum entsprach eher der Ausnahme als der Regel jüdischer Geschichte.

Nach Südafrika kamen Juden zunächst mit niederländischen, dann britischen Kaufleuten und schließlich, seit 1933, „wegen der Nazis". In Großbritannien selbst oder im Mandatsgebiet Palästina wollte die Londoner Regierung lieber keine „neuen Juden" zulassen. Auch nicht im Vorderen Orient, um „trotz Hitler" nicht „die" Araber vor den Kopf zu stoßen, in der britischen Heimat nicht der Unwilligkeit der eigenen Bürger wegen. In Großbritannien gab es keinen militanten Antisemitismus, aber angesichts der NS-deutschen Bedrohung wollte man die eigenen Landsleute „bei Laune halten". Am anderen Ende der Welt, in Südafrika und Australien, störten sie nicht. Im Gegenteil, aus Dankbarkeit, ihnen eine Zuflucht vor dem Antisemitismus und Rassismus des Hitlerismus gewährt zu haben, würden die (weißen) Juden das Niederhalten der Schwarzen und „Farbigen" (damals „Coloured" genannt) sowie der Eingeborenen in Australien wenn schon nicht begrüßen und aktiv fördern, so doch wenigstens schweigend hinnehmen. Dieses zynische Kalkül ging auf, obwohl in den (nicht sehr starken) Reihen weißer Antirassisten und dann Apartheidgegner überproportional viele Juden zu finden waren. Dennoch: Schönfärberei ist unangebracht. Die meisten Juden blieben, wie gesagt, freundlich-gleichgültig.

Die „weißen Juden", die „Bagdadis", schauten auch in Indien zu, als und wenn aktives Eingreifen zugunsten nichtweißer Einheimischer angebracht gewesen wäre. Von den – jeweils recht kleinen – Judengruppen Indiens waren nur die „Bagdadis", die Anfang des 19. Jahrhunderts vor Judenverfolgungen in Mesopotamien flohen, zuvor in der alten Heimat als Gruppe verfolgt worden.

Im internationalen Handel besonders erfolgreiche Juden erweiterten ihre Aktivitäten bis nach China, genauer: Shanghai. Die ganz besonders erfolgreichen, wie Elias David Sasoon (1820–1880) nahmen es dabei, wie nichtjüdische Kollegen, mit der Ethik nicht ganz so genau und handelten außer mit Wolle unter anderem mit Opium (EJGK, Band 5, S. 344). Schon um 1900 hatten sich in der chinesischen Hafenstadt Juden aus Persien, Afghanistan und Russland niedergelassen. Die bagdadischen und russischen Juden gründeten je eigene Einrichtungen. Erst die Not von außen schmiedete sie in den 1930/40er Jahren zusammen. „Sogar" zu Heiraten zwischen den Gruppen kam es. 1937 wurde die Stadt von Japanern erobert. Die Juden durften bleiben. Mehr noch: Das kaiserlich-faschistische Japan wurde Flucht- und Rettungsort für Juden aus Mitteleuropa. Zwischen 1933 und 1941 waren es circa 18.000, 60 Prozent von ihnen aus Deutschland, 30 Prozent aus Österreich, die übrigen aus Polen und der Tschechoslowakei (EJGK, Band 5, S. 347). Nach 1945 verließen die Juden Shanghai wieder. Die Gründe: 1945–1949 chinesischer Bürgerkrieg, seit 1948 Israel als Alternative, seit 1949 Kommunisten an der Macht.

„Weiß" waren auch die zum Christentum zwangskonvertierten Handelsjuden, die im 16. Jahrhundert mit den Portugiesen ins westindische Goa sowie im frühen 17. Jahrhundert ins südöstliche Madras kamen, doch schon bald von dort flohen, um (wie in Südamerika) der nachrückenden Inquisition zu entkommen.

Anders die Bene Israel („Söhne Israels") sowie die Cochinjuden im Südosten Indiens. Sie ähneln auch äußerlich eher ihren nichtjüdischen Landsleuten, woraus zu schließen ist, dass sie schon „sehr lange" auf dem Subkontinent leben. Darüber wie lange genau gibt es die verschiedensten Vermutungen ohne handfeste Belege. Die Cochinjuden im Südwesten, die Bene Israel in der Großregion Mumbai. Wegen des eher „indischen" Aussehens der Bene Israel grenzten die Bagdadijuden sich von ihnen ab und ihre „störenden" Glaubensgenossen aus. Nicht anders als die West- gegenüber den Ostjuden in Europa. Nicht erfreulich, aber wahr: Everybody dislikes someone sometimes. Fast alle sind, obwohl nicht verfolgt, nach der Staatsgründung nach Israel gezogen, auch wenn es nur den Legenden nach das „Land ihrer Väter" war.

Der australisch-jüdische Anfang weicht vom allgemeinen Muster ab: Vorher keine Vertreibung, keine Ankunft risikofreudiger Händler, sondern Häftlinge. Wie eben überhaupt am Anfang des weißen Australiens die Verbannung von Häftlingen stand. Dort entstand seit 1788 eine britische Sträflingskolonie. Darunter waren – man lese und staune nicht, denn Juden sind „Menschen wie du und ich" – auch Juden. 1901 wurde Australien als „Dominion" praktisch unabhängig im britischen Imperium. Um einwandernde (weiße) Massen bemühte sich Australien erst nach dem Zweiten Weltkrieg, und dabei gelangten auch viele Juden, besonders aus Ungarn, an dieses Ende der Welt. Fast alle waren Holocaustüberlebende. So entstand dort die bis heute größte diasporajüdische Gemeinschaft von Holocaustüberlebenden und ihren Nachfahren. Sie ist „einfach dankbar", unbehelligt leben zu können. Leben, einfach leben, ohne große Probleme wälzen oder gar lösen zu wollen. Das materielle Nachholbedürfnis ist größer als das ideelle Aufholbedürfnis. Einstweilen.

V. Theologie und Religion in der jüdischen Geschichte

Tora und Talmud: Fundamente des Glaubens

Auch nach Gründung des dritten jüdischen Gemeinwesens bzw. Staates (Tempel-1-Periode, Tempel-2-Periode, Staat Israel seit 1948) ist das Judentum eine Religion ohne einheitliche Dimension und Institution. Sicher hat diese oft gegensätzliche und manchmal sogar intern feindliche Vielfalt des jüdischen Religionsbegriffs und damit der Juden die Notwendigkeit breiter Ausbildung und weiten Wissens und durch das breite Wissen, also eine rund zweitausendjährige Volksbildung, die immensen Erfolge so vieler Juden bewirkt. Das alles gilt für Vergangenheit und Gegenwart. Die Zukunft der Juden wird in der Diaspora weniger, in Israel mehr religiös. Wozu führt diese Entwicklung? Sie ist ab- und vorhersehbar, soll aber nicht hier beschrieben werden.

Erinnert sei in aller Kürze an die Fundamente jüdischer Religionsgesetzgebung und „Theologie".

„Im Anfang war das Wort, / und das Wort war bei Gott, / und das Wort war Gott.
Im Anfang war es bei Gott.
Alles ist durch das Wort geworden /
Und ohne das Wort wurde nichts, was geworden ist."

Der Anfang des (natürlich urchristlichen und durchaus antijüdischen) Johannesevangeliums (1,1–4) trifft, man staune der jüdischen Ursprünge des Christentums wegen nicht, die Entstehung und Entwicklung des Judentums sowie des jüdischen Volkes. Pauschalaussagen sind selten hilfreich. Das gilt auch für die Etikette „Juden = Volk des Buches". Dennoch ist das Wort im Judentum zweifellos DAS Fundament, und für die Orthodoxe gilt das Tora-Wort als Gotteswort. Selbst „entgottet", sprich: säkularisiert oder abgelehnt, bleiben die biblischen Geschichten zumindest der jüdische Kulturkanon, verstanden als positiver oder negativer Bezugspunkt.

Ohne Schrift kein Wort, keine Worte. In der Wissenschaft wird darüber gestritten, ob die älteste Schrift der Menschheit aus dem sumerischen Uruk in Mesopotamien stammt oder aus China, vielleicht aus Südosteuropa. So oder so lag Sumer für die Erst- und Altjuden sozusagen „um die Ecke", und ohne Kultureinflüsse aus Mesopotamien ist das Judentum undenkbar. Ausführlich wurde diese Tatsache in diesem Buch beschrieben. Die alphabetische Schrift wurde in Phönizien erfunden, und zwischen Phöniziern und Alt-Israel bestanden in jeder Hinsicht enge Verbindungen. Ohne diese und vor allem ohne diese Schriftverwandtschaft gäbe es nicht DAS Wort bzw. die Tora, also DAS Fundament des Judentums. Das war der erste Schritt.

Der zweite Schriftschritt war entscheidend: Schriftkenntnis und damit welthistorisch frühe *Volksbildung* als Allgemeingut der Gesellschaft und eben nicht als Monopol der Positionseliten. Nach diversen Vorversuchen wurde dieser Schritt spätestens um 60 u. Z. gewagt und zur Gewohnheit. Als Vater der im 1. Jahrhundert u. Z. institutionalisierten jüdischen Volksbildung im Elementarbereich gilt der Hohepriester Jehoschua ben Gamla. Eine Personenskizze über ihn ist im Personenanhang zu finden. Mehr als Hohepriester und Priester, also die Aristokratie, waren Pharisäer und ihre Nachfolger – die Talmudisten, also die jüdische „Bourgeoisie" – Vorreiter jüdischer Volksbildung für Fortgeschrittene und Fachmänner (sorry, ja, Männer). Rabbi Hillel und Rabbi Schamai gründeten ihre Akademien. Weitere 200 Jahre setzten die ihnen nachfolgenden Schülergenerationen deren Wirken fort. Eine Folge der Dezentralisierung in Judäa nach der zweiten Tempelzerstörung führte dazu, dass auch andere, weniger bekannte Gelehrte Lehrhäuser eröffneten. Bildung explodierte förmlich.

Zuerst waren die „Sofrim", wie der biblische Esra, die Schreiberelite. Bildung und besonders Gebildete aus der ganzen Gesellschaft genießen spätestens seit der Talmud-Epoche ein außerordentlich hohes Sozialprestige. Zunächst die religiöse Bildung, also das Tora-Studium. Man lese die „Sprüche der Väter" und erkenne: Dieses Lernen verstanden die Talmudisten als *den* Lebensinhalt schlechthin. So etwas entwickelt Eigendynamik. Wer die Tora liest, kann auch andere Texte lesen. Insofern wirkt die traditionelle jüdische Bildungsethik auch im säkularen bzw. weltlichen Bereich.

Diese traditionelle Bildungsethik, von Pharisäern und deren Rabbinernachfolgern geprägt, sprengte zudem das Bildungsmonopol von Monarchie und Aristokratie zugunsten der pharisäisch-rabbinischen „Bourgeoisie".

Tora und Talmud: Fundamente des Glaubens

Der Beweis: Die Tempelaristokratie der Sadduzäer lehnte die mündliche Lehre kategorisch ab und erkannte nur die schriftliche an, also den Pentateuch (Tora = 5 Bücher Moses). Und ebenjene mündliche Lehre präsentierten und kommentierten die Rabbinen im Talmud. Wie die schriftliche Lehre (= Tora) legitimierten sie die mündliche mit der metahistorischen Offenbarung am Sinai. Auf diese Weise schnitten sie, taktisch geschickt (und überzeugt?), jegliche weltlich-historische Legitimitätsdiskussion aus und ab.

Aber anders als die heutige Ultraorthodoxie verbanden die Talmudisten das Tora(studium) mit den Wegen bzw. Dingen dieser Welt („derech eretz"), sprich: einem normalen Geldverdienberuf, damals meist einem Handwerk. Dazu Rabban Gamliel, der Sohn von „Fürst-Rabbi Jehuda": „das Torastudium ohne Lebenserwerb wird endlich zunichte und zieht Sünde nach sich" (Pirkei Avot, II, II, Talmud Band IX, S. 667). Wer erinnert die heutigen Ultraorthodoxen an diese Maxime?

Im Folgenden das Wichtigste zur Entstehung der wichtigsten jüdisch-theologischen Schriften:

- Zwischen 500 und 300 v. u. Z., also während der Persischen Herrschaft (539–332 v. u. Z.) und der von ihr gewährten Autonomie, welche die jüdische Theokratie des Zweiten Jerusalemer Tempels ermöglichte, entstand in der Zeit der Großen Versammlung („knesset gdola") teils aus viel älteren regionalen sowie „nationalen" Wort- und Schrift-Überlieferungen der Großteil der Hebräischen Bibel („Altes Testament"). Die grundlegenden 613 jüdischen Religionsgesetze findet man in den Fünf Büchern Mose, der Tora („Pentateuch"). Kodifiziert bzw. kanonisiert wurde die Hebräische Bibel um 100 u. Z., manche sagen: nach dem Bar-Kochba-Aufstand gegen die Römer (132–135).

- In der ebenfalls jüdisch-autonomen Hellenistischen Ära (332–140 v. u. Z.) sowie der ihr folgenden (jüdisch) hasmonäischen Periode (140–37 v. u. Z.) rangen Assimilationisten und (so nannten sie sich selbst) „die Frommen" bzw. „die Treuen" miteinander. Aus diesen entstanden, vereinfacht dargestellt, die „bürgerlichen" Pharisäer, aus jenen, wiederum vereinfacht skizziert, die Sadduzäer als Gruppierung der Tempelaristokratie und Wohlhabenden. Um Fraternisierungen zwischen Juden und Nichtjuden zu verhindern (und den Druck auf die Assimilationisten zu erhöhen), hat dann der allmählich nur aus Pharisäern bestehende Sanhedrin, das Nachfolgegremium der Großen Versammlung, die religionsgesetzlichen Bestimmungen im Sinne des jüdischen Partikularismus verschärft (vgl. Steinsaltz, The Essential Talmud, S. 45 ff.). Speisegesetze und Beschneidung dürften nicht dazu gehören, denn diese findet man – wenngleich nicht so detailliert – bereits in den priesterschriftlichen Teilen der Tora.

- Unmittelbar nach der Zerstörung des Zweiten Tempels im Jahre 70 u. Z. begannen die als „Tannaiten" (= die Lernenden und Wissen Weitergebenden) bezeichneten rabbinischen Weisen mit der Sammlung und Niederschrift der mündlich überlieferten und wohl auch von den Rabbinen ergänzten Gesetze, Vorschriften und Gebote. Diese Sammlung heißt „Mischna" bzw. „Die Zweite Tora". Die meisten Tannaiten lebten im Heiligen Land. Kodifiziert wurde die Mischna um 200 u. Z.

- Jedes Gesetz und jede Gesetzessammlung, auch die Mischna, braucht Gesetzeskommentare. Diese – sowie darüber hinaus meist tiefsinnige, erklärende Erzählungen und Anekdoten – lieferten die rabbinischen Weisen namens „Amoräer" (= die Interpretierenden) in der Gemara („Abschluss" der Gesetze und Kommentare). Die bedeutenderen Amoräer wirkten in Mesopotamien, das damals von religiös toleranten Persern beherrscht wurde. Der andere Teil der Amoräer lebte im Heiligen Land. Sie kodifizierten den Jerusalemer Talmud um 400 u. Z. – in Tiberias und teils in Caesarea. „Jerusalem" steht hier für römisch „Palästina", das im 4. Jahrhundert christlich wurde, was jüdisches Lernen und Lehren im Heiligen Land erschwerte. Die Kodifizierung erfolgte hier unter wirtschaftlichem, intellektuellem, zeitlichem und politischem Druck und war palästinazentrisch, enthält aber besonders viele Kommentare in Erzählform, also „agadot" (vgl. Steinsaltz, The Essential Talmud, S. 76 f.). Angesichts der damaligen und späteren Geografie und Demografie der Juden war das von vornherein weniger bedeutsam, weil weniger anwendbar. Der einflussreichere Babylonische Talmud wurde ungefähr 100 Jahre später von Rav Aschi abgeschlossen – im entspannten persischen Ambiente, was der Qualität des Werkes guttat.

- Mischna und Gemara zusammen bilden den Talmud, ein Monument, ein Welterbe brillanter Intellektualität, eindrucksvoller Humanität, des Pragmatismus, des Humors, des Glaubens und, jawohl, geradezu quälender Zweifel an Gott und Gottesglauben.

- Die „Savoräer" (wörtlich die Erläuternden, Erklärenden, weil Wissende, also Experten) setzten in Mesopotamien das Werk der Amoräer eher abrundend als prägend oder weiterentwickelnd fort. Manche sehen in den Savoräern die Kodifizierer des Babylonischen Talmuds. „Schlussredakteure" wäre treffend.
- Ebenfalls in Mesopotamien wirkten die Geonim („Genies"), Oberhäupter der Akademien, vom 6. bis 11. Jahrhundert im Geist und Gesetz des Talmuds. Sie beschäftigten sich vornehmlich mit der Anwendung des Talmuds.
- Der Überfülle an Gesetzen, Kommentaren und Erklärungen des Talmuds überdrüssig, schlossen sich im 8. Jahrhundert vornehmlich in islamischen Ländern Juden zusammen, die ihr Judentum allein an der Hebräischen Bibel orientierten: Karäer. Für das talmudische Judentum waren sie „Ketzer". Zu „Karäern" bietet Goodman (Geschichte der Jüdischen Religion, S. 404 ff.) einen knappen Überblick. Ihren stärksten Einfluss erreichten die Karäer im Orient des 10. und 11. Jahrhunderts. Nicht zuletzt in Jerusalem. Ganz unritterlich wurden sie dort 1099 von den Kreuzrittern, ebenso wie talmudische Juden und Muslime, niedergemetzelt. In Byzanz erging es ihnen besser, auch im Osmanischen Reich. Inzwischen gibt es kaum noch Karäer. Im Nachhinein wichtig: Die Opposition der Karäer hat ihren Ursprung am Übermaß und der Kompliziertheit der Gesetze. Ähnliche Oppositionsbewegungen kamen und gingen seitdem immer wieder im Judentum. Pendelschläge. Kein jüdisches Monopol.
- Rabbi Salomo Jitzchaki, „Raschi" (1040–1105), der vor allem in Troyes und Worms wirkte, ist „der" Kommentator der Hebräischen Bibel und des Talmuds. Ebenso gelehrt wie gläubig, also nicht wissenschaftlich. Er gehört zu den „Rischonim" (den Ersten), die Bibel, Talmud und Gesetze erklärten, teils um Mystik und Philosophie ergänzten. Das 11. bis 15. Jahrhundert war ihre Epoche. Geografische Zentren der Rischonim war eben nicht mehr der Orient. Der „jüdische Geist" wurde europäisch: aschkenasisch (französisch und deutsch), spanisch und (politisch verbunden) nordafrikanisch.
- Maimonides (1138–1204) verband wie kein anderer vor ihm (außer Philo von Alexandria), auch nicht unumstritten, Theologie und Philosophie.
- Die „Letzten" („Acharonim") ergänzten seit dem 16. Jahrhundert ihrerseits Kommentare zu Bibel und Talmud und fixierten die Re-

ligionsgesetze, die Halacha, allen voran, kurz und knapp, „das" Jüdische Religionsgesetzbuch „Schulchan Aruch" (der gedeckte Tisch) von Rabbi Josef Karo (1488–1575) aus Safed in Galiläa. Er verband strikte Rationalität (des Gesetzes) mit Mystik, der Kabbala. Es kam, wie es kommen musste: Einmal – durch den Schulchan Aruch – fixiert und reguliert, wurde es petrifiziert, also versteint, dogmatisiert und unflexibel. Nichts mehr vom geradezu geistiggeistlich Umstürzlerischen der Talmudisten, welche die Botschaften biblischer Geschichten teilweise wohltuend dreist, selbstherrlich, unkonventionell radikal veränderten und dabei doch die Fassade der Kontinuität wahrten. Der Chassidismus variierte die Mystik, dessen rationalistische Gegner setzten die Tradition früherer Rationalisten fort – polemisierten gegen ihre Gegner und polarisierten.

- Neben Ratio, Ratio, Ratio also auch Mystik. Eine Religion ohne Mystik? Natürlich nicht. Die im 12. Jahrhundert entstandene „Kabbala" ist „die" jüdische Mystik. Ihre Ursprünge führen freilich weit zurück – bis zur biblischen Vision Ezechiels. Empfohlen seien die bahnbrechenden Studien von Gershom Scholem und Peter Schäfer. Von großer Bedeutung: Seit Ende des ersten Jahrtausends verlagerte sich der geistig-geistliche Schwerpunkt jüdischer Theologie nach Europa.
- Ich wage diese vereinfachende These: Die gesamte spätere jüdische Theologie schwankt zyklisch zwischen Rationalität und Mystik. Und wenn nicht zyklisch, dann simultan, also gleichzeitig.
- Man kann die jüdisch-religiösen Zyklen ganz unjüdisch auch mit Zyklen der deutschen Literaturgeschichte vergleichen. Gefühle – Sturm und Drang. Dann Klassik als Gleich- und Richtmaß. Genug des Gleichgewichts, mehr Gefühle – Romantik. Nicht nur Gefühle und Seele, sondern Wirklichkeiten, also Realismus und, noch krasser, Naturalismus.
- Die jüdisch-religiöse Versteinerung lockerte seit der Wende vom 18. zum 19. Jahrhundert das Reformjudentum. Dessen geistiger Vater, der deutsche Jude Moses Mendelssohn, brach die Mauer der dogmatisierten Orthodoxie. Seine Lehre strahlte aus – bis nach Amerika, wo das Judentum inhaltlich eigentlich ein weiterentwickeltes deutsches Judentum ist. Das gilt ebenso für das konservative US-Judentum.
- Auch Teile der Orthodoxie bewegten sich seit dem späten 19. Jahrhundert. Wieder kam die Avantgarde aus Deutschland. Ein

Name ragt heraus: Rabbiner Samson Raphael Hirsch: „Tora mit den Dingen dieser Welt" („tora im derech eretz"), Leitbild und Motto der Neo-Orthodoxie.
- Im Staat Israel bildet die geografisch verpflanzte aschkenasisch-osteuropäische mit der orientalisch-nordafrikanischen Orthodoxie und mit dem nationalreligiösen Judentum eine Art Neo-Orthodoxie. Theologische Impulse? Nahezu null. Das Oberrabbinat Israels ist mehr politisch als geistlich fixiert. Das verhöhnt geradezu die Rabbinertradition, in der die vermeintlich besten und gelehrtesten Rabbiner kooptiert wurden – und nicht von Parteien und Staat bestimmt. Wenig überraschend daher die Verweltlichung auch im allzu menschlichen Alltag: sexueller Missbrauch, zweifelhafte Geldgeschäfte und andere Betrügereien. Es sind „Menschen wie du und ich". Sind „wir" so?
- Nach wie vor kooptiert wird das rabbinische Entscheidungsgremium der beiden orthodoxen Parteien Israels (das aschkenasische Tora-Judentum sowie die nordafrikanisch-jüdische Schass), aber letztlich handelt es sich um Parteien, die sich an Wahlen beteiligen, an Regierungen und im Parlament stark vertreten sind. Dennoch hat bei den Orthodoxen ein fundamentaler Wandel stattgefunden: Zur Parteienunion Tora-Judentum haben sich die einst bitter verfeindeten Chassidim-Mystiker und ihre Rationalisten-Gegner zusammengefunden. Eine Notgemeinschaft bzw. „Antagonistische Kooperation" (Mao Tse-tung). Sie kann jederzeit zerbrechen. Neues auch bei den sefardischen Orthodoxen von Schass: Das Establishment kooptiert äußerlich und inhaltlich das aschkenasische immer mehr.

Gottes Volk und Gottes Land – nicht „Blut und Boden"

Rund 2000 Jahre: die Juden, ein Volk ohne Land. Und trotzdem ein Volk. Nicht nur im biologischen Sinne, wie im Kapitel „Biologie" beschrieben, wobei der Übergang von „Volk" zu Nation fließend ist, denn: „Nation" kommt vom lateinischen „natus", also „geboren". Ohne eigenes Zutun in diese Gemeinschaft hineingeboren. In eine Gemeinschaft, die sich durch ein nicht- und überstaatliches Wir, durch gemeinsame Schicksale (meist

Schicksalsschläge) verbunden fühlt, also „Kommunikationsgemeinschaft" war bzw. ist. Der Politikwissenschaftler Karl W. Deutsch verstand „Nation" als Kommunikationsgemeinschaft. Folglich sind die Juden sowohl gemäß der modernen Biologie als auch der Deutsch-Politologie zugleich Volk und Nation.

Jenseits von Geografie, Biologie oder Politologie bietet die Theologie Franz Rosenzweigs (1886–1929) in seinem Werk „Stern der Erlösung" (1921/1988) eine bedenkens- und bemerkenswerte, keineswegs leicht verständliche Erklärung für die erklärungsbedürftige Tatsache, dass „die" Juden ohne eigenes Territorium so lange eine Gemeinschaft blieben. Der Philosoph, Historiker und (mit Martin Buber) geniale Übersetzer der Hebräischen Bibel ins Deutsche sei aus seinem Opus Magnum zitiert und wo (wie mir scheint) nötig kommentiert (Rosenzweig, Der Stern der Erlösung, Erstes Buch: „Das Feuer oder Das Ewige Leben"):

„Das Bezeugen geschieht im Erzeugen … Der Sohn wird gezeugt, damit er vom hingegangenen Vater seines Erzeugers zeuge" (S. 331), der Enkel zeugt also vom Großvater. Was nun kommt, klingt für nach-nazistisch geschulte Ohren schrill bis unerträglich wie „Blut und Boden". Ist es aber nicht, denn Franz Rosenzweig war Humanist und Pazifist. Also keine Sorge. Sein Vokabular mag veraltet sein und braun scheinen, ist es aber nicht. Versprochen: „Eine Gemeinschaft des Bluts muss es sein, denn nur das Blut gibt der Hoffnung auf die Zukunft eine Gewähr in der Gegenwart. Jede andere, jede nicht blutmäßig sich fortpflanzende Gemeinschaft kann, wenn sie ihr Wir für die Ewigkeit festsetzen will, es nur so tun, dass sie ihm einen Platz in der Zukunft sichert; alle blutlose Ewigkeit gründet sich auf den Willen und die Hoffnung … (Die) Blutsgemeinschaft braucht den Geist nicht zu bemühen; in der natürlichen Fortpflanzung des Leibes hat sie die Gewähr ihrer Ewigkeit" (S. 331 f.). Im Klartext: Eine durch die Blutsbande bestimmte Gemeinschaft ist, ob sie will oder nicht, Gemeinschaft, und sie bedarf auch keiner nationalen Ideologie oder Theologie. Natürlich auch keiner Geografie. Sie ist vom geografischen, territorialen Bezug unabhängig. Noch eindeutiger formuliert: Um Volk bzw. Nation zu sein, brauchen „die" Juden keinen Nationalstaat auf „ihrem" Boden, in „ihrem" Land. Das wiederum dokumentiert Rosenzweigs geradezu pazifistische Gesinnung. Unausgesprochen distanziert sich Rosenzweig hier vom Zionismus, der seit 1897 als Organisation eine „Heimstätte" für das Jüdische Volk in der „Alten Heimat" anstrebte. Man versteht nun auch, weswegen Rosenzweigs Freund und Kollege Martin Buber später in Zion

Gottes Volk und Gottes Land – nicht „Blut und Boden"

(= Jerusalem) zu den Mitbegründern des Brit Schalom (Friedensbund) gehörte, der (leider vergeblich) Brücken zu den Arabern zu bauen versuchte. Womit bewiesen wäre, dass Rosenzweig mit „Blut und Boden" weniger als nichts im Sinn hatte.

Jener zuletzt zitierte Satz erklärt nicht nur die *Kontinuität* jüdischer Diasporaexistenz, er verleiht ihr auch *Legitimität*. Das Judentum, so ist zu folgern, kann Judentum auch ohne Zion, ohne das „Land der Väter" sein und bleiben – selbst wenn dieses Kernraum der jüdischen Heils- und Frühgeschichte war. Anders als das jüdische Volk, so Rosenzweig weiter, klammern sich „die Völker der Welt" am „Boden und an seiner Herrschaft, dem Gebiet, klammert sich ihr Wille zur Ewigkeit fest. Um die Erde der Heimat fließt das Blut ihrer Söhne; denn sie trauen nicht der lebendigen Gemeinschaft des Bluts, die nicht verankert wäre in dem festen Grund der Erde."

Der entscheidende Unterschied zwischen dem jüdischen und nichtjüdischen Wir: „Wir allein vertrauten dem Blut und ließen das Land; also sparten wir den kostbaren Lebenssaft, der uns Gewähr der eigenen Ewigkeit bot, und lösten allein unter allen Völkern der Erde unser Lebendiges aus jeder Gemeinschaft mit den Toten. Denn die Erde nährt, aber sie bindet auch, und wo ein Volk den Boden der Heimat mehr liebt als das eigene Leben, da hängt stets die Gefahr über ihm – und sie hängt über allen Völkern der Welt ... So verrät die Erde das Volk, das ihrer Dauer die seine anvertraut; sie selbst dauert wohl, aber das Volk auf ihr vergeht" (S. 332 f.). Man lese diese im unzeitgemäßen Deutsch formulierten Sätze immer und immer wieder – und finde immer und immer mehr darin. Hat Franz Rosenzweig hier nicht die strukturelle Gefahr prophezeit, in die sich der im Staat Israel verwirklichte Zionismus selbst manövrierte und damit neue staatlich-jüdische Endlichkeit statt jüdischer Ewigkeit schuf? Das kann man so sehen. Das jedoch ist nur die eine Seite. Die andere: Fehlende jüdische Staatlichkeit hat immer wieder fast zur Endlichkeit der Juden, zur „Endlösung", geführt.

Es gilt: Rosenzweig hatte Recht. Es gilt auch: Rosenzweig hatte nicht Recht. Recht hatte er auf jeden Fall theologisch, denn das von Gott den Juden in der Bibel versprochene Land war theologisch an eine entscheidende Bedingung geknüpft: jüdisches Wohlverhalten Gott gegenüber. „Sündigt" das Volk Israel an seinem Gott, verwirkt es sein Recht auf dieses Land. Bis zur Erlösung. Diese wiederum könne, jüdisch-außerbiblisch erklärt, nur durch den Messias, letztlich also durch Gott, erfolgen. Durch Gott – nicht den Menschen. Wenn, so die extreme jüdische Orthodoxie, der (jüdische) Mensch die Erlösung (zum Beispiel durch den Zionismus und neue jüdische Staatlichkeit) selbst herbeischafft oder auch nur herbeischaffen möchte, also mangels Gottvertrauen Gott sozusagen Nachhilfe erteilt, versündige er sich. Diesen zugegeben rational und emotional schwer nachvollziehbaren Gedanken verkürzt, polemisch pointiert, die orthodoxe Betonreligiösität so: „Zionismus ist Gotteslästerung".

Sprache gehört zu den üblichen Merkmalen eines Volkes, einer Nation als „Kommunikationsgemeinschaft". Sie verbindet jedoch nicht „die" Juden, stellt Rosenzweig fest. Die wenigsten Juden können (auch heute noch außerhalb Israels) Hebräisch. Sie sprechen die Sprache des jeweiligen Landes, in dem sie leben – und fühlen sich (obwohl loyale Staatsbürger) als Juden jüdisch verbunden. Das jüdische Volk wächst „mit den Sprachen, die es spricht, nie mehr ganz zusammen" (S. 335). „Mit Gott" spreche der Jude als Gebetssprache Hebräisch, also eine andere Sprache „als mit seinem Bruder. Mit seinem Bruder kann er deshalb überhaupt nicht sprechen" S. 335), weil eben viele eine je andere Sprache sprechen.

Starker Tobak. Zugegeben. Doch allemal des Nachdenkens wert. Jenseits ausgetrampelter Pfade.

Gestalt, Bild, Name: Gottesvorstellungen

Die Schulweisheit sagt: Das Judentum sei eine Religion ohne Theologie, aber mit Anthropologie. Sie fokussiere die Praxis statt Theologie und Philosophie. Das ist eine fromme Legende. Tatsache ist: Die Existenz Gottes wird vorausgesetzt: Es gibt IHN, den einen Gott. *„Höre, Israel*, der Ewige, unser Gott, der Ewige ist einzig" (Deuteronomium 6,4–9). Das ist das Credo (*der* Glaubenssatz) der Juden. Dieser Glaube wird theologisch als Wissen verstanden.

Historisch ist dieser Satz kniffliger und seine Interpretation realistischer. Historisch muss jenes Credo eher als Imperativ (Befehlsform) verstanden werden. Selbst die Hebräische Bibel macht kein Geheimnis aus der Tatsache, dass die „Kinder Israels" immer wieder gegen ihren einzigen Gott durch Vielgötterei (Polytheismus) sündigten. Man denke an die Geschichte vom Goldenen Kalb. Der Weg der Juden zum Monotheismus war lang und windungsreich. Wer darüber bestens belehrt werden möchte, lese Jan Assmann und Thomas Römer. Das „Höre, Israel" war historisch eher resignativer, vielleicht sogar verzweifelter, angesichts der Vielgötterei der Kinder

Gestalt, Bild, Name: Gottesvorstellungen

Israels mal trotziger Aufschrei oder Wunsch und versuchter Befehl derer, die „wussten" (also glaubten), dass „unser Gott" der Einzige sei. Dazu gleich mehr.

Klassisch in den diversen religiösen Texten ist das (Gedanken-)Bild vom Einzigen Gott als Schöpfer und Baumeister. Als Schöpfer des Seins, von All und Allem und natürlich als Schöpfer der Erde, als Baumeister des Seienden. In den erzählenden Bibelkommentaren der rabbinischen Weisen (Midraschim) begegnen wir diesem Wortbild oft. Dabei ist dieser Einzige Gott zugleich Ur- und Übermensch – aber eben Mensch und, wie jeder Mensch, sowohl gütig als auch zornig, liebend und hassend. Das Gottesbild ist *personalistisch*.

Vor diesem personalistischen Gottesbild hatte bereits im 2. Jahrhundert v. u. Z. der im ägyptischen Alexandria lebende jüdische Philosoph Aristobulos (man beachte seinen griechischen Namen!) gewarnt. Die biblischen Beschreibungen Gottes solle man nicht wörtlich verstehen, sondern als Metaphern übermenschlicher und damit göttlicher Macht – letztlich aber auch Ohnmacht oder seines Rückzugs, aus welchen Gründen auch immer. Auch für Philo von Alexandria (ca. 20 v. u. Z.–ca. 45 u. Z.) war Gott nicht der liebe alte Mann mit dem langen weißen Bart, sondern eine metaphysische Größe, „die nur durch Vermittlungsfiguren wie den Logos mit der materiellen Welt in Berührung kommt" (EJGK, Band 1, S. 30). Nicht nur der Logos erinnert an den Heiligen Geist im Christentum, sondern auch der Begriff der Vermittlungsfigur schlägt eine Brücke zu christlichem Gedankengut: Jesus als Gott und Mensch, als „Vermittlungsfigur" und zugleich mehr, nämlich Gott.

Personalistisch und doch *nicht personalistisch* formuliert Maimonides (Rambam, 1135/38–1204) seine 13 Glaubenssätze. Der dritte variiert, genauer: revidiert den personalistischen Ansatz. „Ich glaube mit ganzer Kraft, dass der Schöpfer, gesegnet sei sein Name, kein Körper ist." Körperlos, doch Schöpfer und als Schöpfer Träger eines auch von ihm nicht genannten und ihm ebenfalls nicht bekannten Namens und somit, weil Namensträger, menschenähnlich oder – gleich. Maimonides verband Theologie mit Philosophie, was den Zorn der philosophiefernen und wort-und-bild-fixierten Orthodoxie erregte. Buchstabengetreu hat sie Recht, denn in der Hebräischen Bibel sowie im Talmud ist Gott ein Übermensch. In den wenigen in diesem Buch wiedergegebenen Talmuderzählungen sind wir Gott als dialogischem Akteur begegnet, zum Beispiel mit Moses. Dem Geist der Bibel und des Talmuds kommt Maimonides näher, denn die biblischen Erzählungen sind eben meistens in Geschichten ver- oder gepackte Botschaften, Wort- und Gedankenbilder, keine Faktenübermittlung. Gott als Urkraft der Schöpfung, „ohne Anfang und Ende", so der Text des Liedgebetes „Adon Olam" (Herr der Welt). Das wiederum ist fast wörtlich Maimonides. Glaubenssatz vier: „Ich glaube in ganzem Glauben, dass der Schöpfer, gelobt sei sein Name, Anfang und Ende ist." Fast wörtlich, denn der Text von Adon Olam geht weiter: Gott sei „ohne Anfang und ohne Ende". Heißt: *Vor* dem Anfang und kein Ende. Das göttliche Sein gleicht bei Maimonides dem Bild einer links und rechts (am Anfang und Ende) begrenzten Strecke. Das Seinsbild Gottes in Adon Olam gleicht einer Geraden, ist also beidseits unbegrenzt. Ein scheinbar minimaler, tatsächlich aber weitreichender Unterschied, der mehr oder weniger zur gleichen Zeit formuliert wurde. Maimonides starb im Jahre 1204, Adon Olam findet man erstmals im 13. Jahrhundert in einem „Sidur", also der Sammlung (wörtlich „Ordnung") jüdischer Alltags- und Sabbatgebete.

Wie bei Maimonides ist Gott bei Baruch Spinoza (1632–1677) ebenfalls keine Person, also weder männlich noch weiblich, weiß oder schwarz, alt oder jung. Von einer Wenn-dann-Beziehung – „Wenn du brav bist und betest, dann geht es dir gut" – ist bei Spinoza keine Rede. Anders als die orthodoxe Theologie versteht Spinoza Gott nicht (!) als obersten Dienstleister, der einzelne Menschen oder die Menschheit für gute Taten belohnt oder für schlechte bestraft. Das wiederum ist im „Höre, Israel" ganz anders. Wohlfahrt und Wohltaten, so lesen wir hier, seien Gottes Belohnung für gesetzestreues Handeln. Daraus folgt unausgesprochen: Wenn du die Gebote und Gesetze nicht befolgst, wirst du bestraft. Kein Regen etwa, wie in diesem Ausschnitt aus dem „Höre, Israel": „Es wird sein, wenn ihr auf meine Gebote immer hören werdet, die ich euch heute gebiete, den Ewigen, euren Gott, zu lieben und Ihm zu dienen mit eurem ganzen Herzen und mit eurer ganzen Seele, so werde ich den Regen eures Landes zur richtigen Zeit geben, Frühregen und Spätregen, du wirst dein Getreide einsammeln, deinen Most und dein Öl."

Höchststrafe für die „Sünden Israels", so die Propheten, sei das Exil, denn – siehe Kapitel „Gott, Herzl oder Hitler? – das den Juden gelobte Land sei nur ihr Besitz und bleibe Gottes Eigentum. Es bleibe der Juden Besitz nur so lange, wie sie dessen Eigentümer, Gott, dienen, lieben und loben. Dieses gesetzestreue Handeln ist „Awoda", Arbeit bzw. Dienst, „Awodat Hakodesch", sprich: Heilige Arbeit bzw. Arbeit für den Heiligen, im wörtlichen Sinne

„Gottesdienst". Durch diese Awoda wird der Mensch daran erinnert, dass nicht er Mittelpunkt von Welt und Kosmos ist, sondern ER.

Eine andere als Schulweisheit verkaufte Legende besagt, im Judentum gebe es ein striktes Bilderverbot. Das ist ein doppelter Irrtum: textlich und historisch. Richtig ist dagegen dies: Das Judentum ist eine Wortreligion. „Juden und Worte" gehören zusammen. Der gleichlautende Buchtitel von Amos Oz und seiner Tochter Fania Oz-Salzberger (2013) ist treffend gewählt. Es bietet vorzügliche Beispiele und Einordnungen.

Textgrundlage ist das zweite Gebot nach Exodus 20,4–6 (auch Deuteronomium 5,6–21). Der Veranschaulichung diene dieser Exkurs:

Die Einheitsbibel übersetzt das Gebot des einzigen Gottes so: „Du sollst dir kein Gottesbild machen und keine Darstellung von irgendetwas am Himmel droben, auf der Erde unten oder im Wasser unter der Erde. Du sollst dich nicht vor anderen Göttern niederwerfen und dich nicht verpflichten, ihnen zu dienen." Tatsächlich werden im zweiten Gebot nur Bild und Statue verboten. Wortwörtlich, ohne Anspruch auf Poesie, dafür aber mit Präzision muss der Gebotsanfang vom Hebräischen ins Deutsche anders übersetzt werden.

Zunächst zur Verbotsform bzw. Verbotsschärfe. „Du darfst nicht" wäre dem hebräischen „lo" (scharfes Nein) angemessener als „du sollst nicht", was eher dem „al" entspräche. Das ist für meine These allerdings eher ein Nebenschauplatz, weil damit allein die Verbotsintensität ausgedrückt wird, nicht das grundsätzliche Verbot.

Was darf der Mensch nicht? Er darf sich keine Statue („Pessel") bzw. Plastik bzw. Skulptur und kein Bild („Temuna") „machen", und zwar von allem, was – richtig übersetzt – „im Himmel oben und auf der Erde unten und im Wasser unter der Erde" ist. Luther wählte statt „Gottesbild" das Wort „Bildnis" und kam somit dem hebräischen Original (nur „Bild") deutlich näher als die Einheitsbibel. „Pessel", also Statue, wie die Einheitsbibel, als „Darstellung" zu übersetzen, ist falsch, ebenso wie Luthers Übersetzung „Gleichnis", was auf Hebräisch „Maschal" heißt und mit „Pessel" weniger als nichts verbindet – so wenig wie das für den Text absurde Wort „Darstellung" in der Einheitsbibel.

Warum darf der Mensch weder Bild noch Statue machen? Das ergibt der Wortlaut des im Gebot folgenden Satzes: „Du darfst dich nicht vor ihnen niederwerfen und darfst ihnen nicht dienen." „Vor ihnen" bezieht sich auf die im vorigen Satz erwähnte Skulptur sowie das dort genannte Bild. Der Zusatz der Einheitsbibel, dass sich der Mensch nicht „vor anderen Göttern" niederwerfe, findet sich nicht im Text. „Bete sie nicht an und diene ihnen nicht", schreibt Luther. Wieder ist er genauer.

Nun dürfte der Inhalt des zweiten Gebots verständlich sein. Der Mensch darf Statuen und Bilder nicht anbeten, sich nicht vor ihnen niederwerfen, ihnen nicht dienen, also keinen Götzendienst treiben und somit freveln. Jedoch – und darauf kommt es an: Wenn der Mensch Statue und Bild nicht als Götze(nbild) gebraucht, sprich: missbraucht, kann er so viel Statuen und Bilder „machen", wie er nur will. So gesehen, führt die wörtlich falsche Übersetzung der Einheitsbibel zum richtigen Inhalt, vom Wort zum Geist des Gesetzes, denn das Gebot verbietet nur das „Machen" von Gottesbildern. Das bedeutet: Es ist jedem unbenommen, Bilder und Statuen anzufertigen, sofern es keine Gott als alten Mann mit langem, weißen Bart darstellenden (wie in Kinderbüchern und selbst in großer Kunst: verstellenden) Bilder oder Statuen sind.

Zur Geschichte jüdischer Bilder: Was wäre gesetzgemäßer als die biblische Bundeslade? Zwei Cherubim zierten sie (Exodus 25,17–20; 1 Könige 6–8; 2 Chronik 3–5). Sollten schon Moses und Aron Frevler gewesen sein? Auch in der Epoche des Ersten bzw. Salomonischen Tempels wurde fröhlich gesündigt und gegen das vermeintliche Bilderverbot verstoßen. Ein Blick in 1 Könige 6 und 7 genügt. Ein Beispiel: „In der Gotteswohnung ließ" Salomon „zwei Cherubim aus Olivenholz anbringen" (1 Könige 6,23). Das „Meer", eine Art Waschbecken am Tempel, „stand auf zwölf Rindern" (1 Könige 7,25).

Die nachsalomonischen Juden der Bibel frevelten munter und oft und heftiger, und sie machten sich nicht nur Bilder, sondern offen und öffentlich Götzenbilder. Dagegen wetterten die Propheten. Meistens vergeblich. Der Erste Tempel wurde 586 v. u. Z. von Nebukadnezars Kriegern („Nabucco") zerstört, der Zweite Tempel, deutlich kleiner, nach der Teilrückkehr von Juden aus dem Babylonischen Exil unter Serubabel um 515 v. u. Z. vollendet. Im Buch Ezra (Kapitel 5 und 6) wird der „Wiederaufbau" des Tempels erzählt, doch bezeichnenderweise fehlen Beschreibungen bildlicher Elemente. „Alles soll wieder an seinen alten Platz in den Tempel," steht in Ezra 6,5, doch hier ist von den „goldenen und silbernen Geräten" des Ersten Tempels die Rede.

Der Bau des Zweiten Tempels war der Beginn einer jüdischen Theokratie, die auf strikte Abgrenzung von anderen Völkern mit teils extremen Maßnahmen beharrte. Man denke an die Vertreibung nichtjüdischer Familienmitglieder. Diese „fundamentalistische" Tempel-und-Priester-Aristokratie nahm Satz eins des zweiten Gebots, unter Missachtung des entscheidenden Folgesatzes, wortwörtlich und scheint es weitgehend und langfristig durchgesetzt zu haben: Noch etwa 600 Jahre später schreibt Flavius Josephus ohne Wenn und Aber in den „Jüdischen Altertümern" (Buch 18, Kapitel 3), dass „unser Gesetz alle Bilder verbietet". Ähnliche Informationen verdanken wir Philo von Alexandria (gest. 45 u. Z.).

Teile der jüdischen „Bourgeoisie" haben sich in hellenistischer Zeit (ab 332 u. Z.) der puristisch-partikularistischen Kultur-, Religions- und Bilderpolitik der Tempel-und-Priester-Aristokratie offensichtlich widersetzt. Die Makkabäerbücher bieten Belege in Menge.

Das alles bedeutet: Zwischen ca. 300 v. u. Z. und der Zerstörung des Zweiten Tempels durch die Römer (70 u. Z.) rivalisierten zwei jüdische Strömungen. Die eine partikularistisch, fundamentalistisch, bildfeindlich, adelig, die andere universalistisch, weltoffen, bilderfreundlich, bürgerlich. Ohne diese historische Soziologie ist die jüdische „Theologie" und Bilderpolitik schwer verständlich.

Die Zerstörung des Zweiten Tempels bedeutete mangels Tempels das Ende der Tempel-Priester-Aristokratie. Innerjüdisch hatte nun nur noch die Bourgeoisie zu bestimmen. Ihre „theologischen" Wegweiser waren die bürgerlichen Rabbiner, deren Wirkungsstätte, die Synagoge(n), die Folge des einstigen Exils waren und im Heiligen Land nach der Rückkehr im Schatten des Tempels gestanden hatten.

Diese – *von Max Weber nur einseitig betrachteten* (Weber, Das antike Judentum, Position 7957, S. 570) – durchaus weltoffenen Rabbiner schufen nach der Tempelzerstörung den Talmud. Er besteht wie schon erwähnt aus zwei Teilen: der Mischna und der Gemara. Die Mischna-Rabbiner heißen Tanaim (die Lernenden und Weitergebenden), die Gemara-Rabbis Amoraim. Ein „Amora" war in den Lehrhäusern jemand (damals „natürlich" ein Mann), der die Worte eines Weisen den Zuhörern erklärte. Amoraim ist der Plural. Offenbar sprachen die damaligen Weisen so (un)verständlich wie heute manche Professoren.

Wer die Grabstätte der Tanaim im nordisraelischen Beit Schearim besucht, wird nicht nur deren Sarkophage, sondern auf diesen auch zahlreiche Bilder von Tieren sehen. Neben anderen großen Talmud-Rabbis ist in Beit Schearim auch Rabbi Jehuda Hanassi begraben. Diese höchst bedeutende und einflussreiche religiöse Autorität, das Oberhaupt des palästinensischen Judentums seiner Zeit, kodifizierte um 200 u. Z. die Mischna.

Orthodoxe Rabbiner der Gegenwart würden sowohl diese Bestattungsform als auch jene Bilder als drastischen Verstoß gegen das jüdische Gesetz verdammen. Haben sie den biblischen Text verstanden? Kennen sie die jüdische Geschichte? Oder diese Anekdote? Rabban Gamliel (der Lehrer des Apostes Paulus) lebte im 1. Jahrhundert u. Z. Das Bad von Akkon dürfe man benutzen, befand er, denn die davorstehende Statue der Aphrodite diente dort nur dem Schmuck und nicht der Anbetung.

Im späten 2. Jahrhundert wurde im heute syrischen, damals römischen Dura eine Synagoge gebaut. Bis ca. 250 entstanden dort atemberaubende Wandmalereien, auf denen – man ist zu sagen geneigt – natürlich Menschen lebensnah gemalt sind. Von Tieren ganz zu schweigen.

In Galiläa kann man auch die herrlichen Mosaike der Synagoge von Beit Alpha bewundern und sich (falsch programmiert) nicht nur über Tier-, sondern besonders über Menschendarstellungen wundern, zum Beispiel ein Bild der Opferung Isaaks.

Christliche mittelalterliche Buchillustrationen mit und ohne Menschenbilder kennt jedermann. Die jüdischen hochmittelalterlichen unterscheiden sich nicht wesentlich. Allgemein bekannt ist die Pessacherzählung („Haggada") von Sarajewo als Buch mit ihren zahlreichen Abbildungen. Um 1350 entstand sie wahrscheinlich in Barcelona, ist also sefardischer Herkunft.

Mit dem ersten Kreuzzug beginnen Ende des 11. Jahrhunderts die „christlich" motivierten blutigen Judenverfolgungen in Zentraleuropa. Sie erreichen im Zeitalter der Pest, seit Mitte des 14. Jahrhunderts, einen traurigen Höhepunkt. Ziemlich genau zu dieser Zeit, in der die Juden Westeuropas massenweise vertrieben, verdrängt oder vernichtet wurden, endet die jüdische Bildgeschichte. Es beginnt die historische Epoche des vermeintlichen jüdischen Bilderverbots. Das zeitweise Ende jüdischer Bilddarstellungen ist den geschichtlichen Umständen geschuldet. Wer ständig vertrieben wird oder damit rechnen muss, baut keine großen weltlichen oder religiösen Gebäude, malt keine Bilder und formt keine Skulpturen für den Ewigen oder die Ewigkeit.

Erst seit ihrer rechtlichen Gleichstellung im 19. Jahrhundert haben sich Juden allmählich und zunächst zaghaft wieder der vergessenen Bilderwelt geöffnet. Doch die Geschichte der bildlosen Zeit war so wirkungsmächtig, dass sie von der Orthodoxie, ja „den" Juden bis heute als Gesetz missverstanden wird.

Nebenbei: Das frühe Christentum hielt sich weitgehend an das vermeintliche Bilderverbot. Kreuz und Fisch waren erlaubte und gebrauchte Bildsymbole. Der Damm brach erst, als das heidnische Rom, eingeleitet von Konstantin „dem Großen", christlich wurde und alte Götzenbilder in Bilder des „christlichen" Gottes umwandelte; natürlich auch Bilder von Jesus, Maria, Heiligen und wen und was man (sofern noch Kirchen besuchend) noch aus der Kirchenkunst kennt.

Ohne Geschichte wird man religiöse Gesetze nur lückenhaft verstehen. Das gilt auch für das angebliche Verbot von Musikinstrumenten im jüdischen Gottesdienst. Wer Orgelmusik in der Synagoge für „unjüdisch" hält, kennt nicht die Musikgeschichte des im Alten Testament erwähnten Tempeldienstes. Belassen wir es beim angeblichen Bilderverbot.

Hat dieser Eine, Einzige *Gott* der Juden einen Namen oder nicht? Moses fragt Gott in Exodus 3,14. Die Antwort in der Übersetzung der Einheitsbibel: „Ich bin der ‚ich-bin-da.'" Klingt schön, ist falsch. Schon das Tempus ist falsch. Die Antwort ist nicht im Präsens formuliert, sondern im Futur. Wie bei Buber und Rosenzweig: „Ich werde da sein, als der ich da sein werde." Also erstens Futur und zweitens zugleich Futur als Präsenzankündigung für die Zukunft. Nicht zu vergessen ist die Ortsangabe: „da" als Ort ohne Ortsangabe, was bedeutet: Gott ist überall.

Gott ist überall, und er ist *vieldimensional*. Gott ist z. B. als Schöpfer der Welt und als ihr Zerstörer (Sintflut) *allmächtig*. Er ist Herr über Leben und Tod. Gott ist ebenfalls *ohnmächtig*. Immer wieder leidet sein Volk. Es verliert ständig, bleibt klein, winzig. Gott ist *höchst moralisch* (Zehn Gebote). Gott ist aber auch *zynisch* und *unmoralisch*. Den (ge)treuen Hiob missbraucht er mit Satan (!) als Spielball. Daraus folgt (nicht nur hier) die Frage nach dem WARUM. Warum das? Warum der? Warum so? Die Antwort(en) hierauf sind meistens Erzählungen (Narrative), und diese Erzählungen sind neben den reinen Gesetzen, Ge- und Verboten Inhalt, Zweck und Sinn des Alten Testaments. Hier wird nicht unterstellt, dass es „so gewesen" sei. Vielmehr werden um das Gewordene Geschichten erstellt. Geschichten, die – ganz entscheidend – keine Geschichte sind, auch nicht Geschichte sein wollen. Diese alttestamentliche Erzählweise entspricht ganz allgemein der antiken Erzählform. Man denke an die „Aeneis", in der erzählt wird, wie und warum Rom wurde, was und wie es wurde – ohne dass die Leser auf den Gedanken kamen und kommen sollten, diese Geschichte sei wörtlich zu verstehen. Gleiches gilt für die „Metamorphosen" Ovids.

Fazit: Anders als von der versteinten und dogmatisierten Orthodoxie behauptet, ist das jüdische Narrativ keinesfalls wortwörtlich zu interpretieren. Wortwörtlichkeit ist Geist der (nicht nur jüdischen) Orthodoxie, nicht aber der Geist der Bibel.

Der Mensch ist Ebenbild Gottes („Zelem Elohim") – und als Ebenbild Gottes ist der Mensch ebenfalls vielschichtig: Gut und böse, rein und unrein, moralisch und unmoralisch. Selbst die Großen der Großen, zum Beispiel die Stammväter und Stammmütter. Selbst König David, aus dessen „Haus" bzw. Familie bzw. Stamm gemäß jüdischer und christlicher Tradition der Messias stammen soll, war oft ein schwerer Sünder, man könnte sogar meinen: ein regelrechter Schuft („Der Messias-Ahne als Räuberhauptmann", in: Wolffsohn, Tacheles, S. 187 ff.).

Es gibt Gott, Gott lebt. Das ist Axiom nicht nur der jüdischen Religion. Ihre Gebote und Vorschriften müssen vornehmlich als ein Weg zu Gott verstanden werden. Genauer: Das praktizierte Judentum versteht sich als der Weg zu Gott und damit – abgeleitet aus der Ebenbildlichkeit von Mensch und Gott – zur Göttlichkeit. Die Seligkeit des Einzelnen ist dabei eher ein Nebeneffekt. Im Mittelpunkt steht dieser Gedanke als Ziel: Sei wie Gott, damit du im ethischen Sinne ein wahrer Mensch wirst. Wirst, weil noch nicht bist. Wie werden? Durch das Einhalten der „Halacha", wörtlich zu verstehen als „Der Weg". Weniger der Weg zu Gott als zur Göttlichkeit des Menschen (vgl. Fromm, Ihr werdet sein wie Gott). Wegweiser ist dabei keine der Kirche vergleichbare Institution, die (gar allein) den Weg zu Gott ermöglichte. Alleiniger Wegweiser ist die Halacha, nur sie und keine Institution oder Person.

Die Wortwurzel von Halacha führt zum Begriff des Gehens. Mit Hilfe der Halacha geht man also zu Gott. Die Halacha ist der Weg zu Gott. Ihr Fundament ist, im Sinne der rabbinischen Interpretation, die schriftliche Tora (der Pentateuch, die Fünf Bücher Mose), erweitert um die mündliche Lehre der Rabbiner, also den Talmud.

Zur Zeit des Ersten und Zweiten Tempels hatten Priester und Leviten das Interpretationsmonopol. Es war ebenfalls Ergebnis interner Interpretations- und Machtkämpfe. Nach der Zerstörung des Zweiten Tempels durch Rom (70 u. Z.) lag das Interpretationsmonopol bis zur Kodifizierung des Talmuds (ca. 500 u. Z.) bei den Rabbinern. Auch sie fochten interne Debatten aus. Nach ca. 500 entwickelten sich Mensch und Umwelt weiter. Wie interpretiert wer seitdem die neuen Entwicklungen anhand der alten Halacha? Weder eine einzige Person noch Institution. Kennzeichen des jüdischen Weges zu Gott ist deshalb nicht mehr die Singularität, sondern Pluralität der halachischen Wegführung. Wer oder was jüdisch ist, bestimmt demnach das jeweilige Rabbinerkollegium oder der jeweilige Rabbiner, in dessen Geltungs(be)reich sich die jeweiligen Juden befinden.

Was sagt das Gesetz, was schreibt es vor? Die Antwort hängt von der Interpretation ab, eben von dem oder den jeweiligen Rabbinern. Und wie bei jeder Gesetzesinterpretation innerhalb und außerhalb jeder Religion gibt es die enge oder weite Auslegung.

Die enge Interpretation lässt sich vom Buchstaben des Gesetzes leiten, die weite vom Geist des Gesetzes. Klassisch personifiziert wird im talmudischen, also „modernen" Judentum dieser Gegensatz vom harten, engen (engstirnigen?) Rabbi Schammai auf der einen und seinem milden Zeitgenossen Rabbi Hillel (gestorben 10 u. Z.) auf der anderen Seite. Von Hillel zu Jesus ist der Weg messbar kurz, bezogen auf Geist und daher Interpretation und Anwendung des Gesetzes. Dominant, nicht exklusiv war und blieb das Hillel'sche Verständnis. Einerlei, ob und wem es gefällt oder missfällt, es gilt: Der Kern des modernen jüdischen Religionsbegriffes ähnelt, nein gleicht dem jesuanischen.

Eine andere Schulweisheit besagt: Axiom des jüdischen Religionsbegriffs sei wasserdichter Monotheismus. Die Wirklichkeit ist auch hier komplizierter, mehrschichtiger. Sie führt zur Trinität und Pluralität jüdischer Gottesvorstellungen – an die Grenze zum Polytheismus und damit in die Religionsgeschichte.

Eindeutig ist das „Glaubensbekenntnis" Schema Israel, „Höre, Israel, der Ewige, unser Gott, der Ewige ist einzig." Vorsicht! Das Glaubensbekenntnis ist kein Glaubensbekenntnis, sondern ein Appell, eine starke Aufforderung: „Höre!" Unausgesprochen heißt das doch: Volk Israel musste und muss darauf erst aufmerksam gemacht werden. Unterschwellig schwingt mit: Verdammt, jetzt hört und versteht endlich mal diese Botschaft. Schon in biblischen Zeiten erhörten die Kinder Israels diesen Ruf nicht. Das Bekenntnis ist also eher eine Aufforderung.

Eindeutig monotheistisch ist der chiffrierte Gottesname, also der Nichtname, *JHWH*. Man kann ihn als Aneinanderreihung von Buchstaben verstehen oder ihm (versuchsweise), wie Martin Buber und Franz Rosenzweig, einen Sinn verleihen: „Ich werde da sein, als der ich da sein werde". Das ist auf Deutsch den Möglichkeiten der hebräischen Grammatik am nächsten, aber ebenfalls nicht eindeutig. So wenig oder so viel wie: „Ich bin, der ich sein werde." Diese und andere Übersetzungen, so gut oder schlecht, sind keine Namen, sondern der Versuch, vier aufeinanderfolgenden Buchstaben einen Sinn zu geben, hier: einen theologischen.

Ganz anders der andere Gottesname, dem wir im Alten Testament begegnen: „Elohim". Das ist eindeutig eine Pluralform. Singular „el" = Gott, „elohim" = Götter. *Der* Gott wird also Götter genannt, wenngleich auch „el" vorkommt. Beides finden wir.

Noch eine Benennung Gottes gibt es im Alten Testament: „Adonai". Das ist der Plural von „Adoni", mein Herr. Mein Herr, der Eine Gott, wird aber erstaunlicherweise nicht als „Adoni" bezeichnet, sondern als „Adonai", also „Meine Herren". Der Eine, Einzige Gott ist gemeint als Singular, weil singulär, also *ein*zigartig, aber die Form ist Plural. Man darf getrost annehmen, dass der oder die Verfasser der biblischen Texte zwischen Singular und Plural im Hebräischen unterscheiden konnten. Weshalb also dann für den Einen die Form der vielen? Die Antwort: Es sollte damit gesagt werden: Gott ist eins und zugleich vieles. Der eine Gott ist alles und alle, und er besitzt alle Eigenschaften, auch die gegensätzlichen. Er ist, siehe oben, allmächtig und ohnmächtig, höchst moralisch und unmoralisch und so weiter. So verstanden ist der Monotheismus nichts anderes als die Kondensierung des Polytheismus: Der Gott ist alle Götter in einem, und dieser Gott zeigt und verbirgt sich auf vielfache Weise. Folglich wird dieser sowohl Einzige als auch Vielfache sowohl mit dem Singular als auch mit dem Plural bezeichnet. Der Singular allein wäre ebenso falsch wie nur der Plural. Oder war die Pluralform die Brücke der jüdischen Monotheisten für die jüdischen Polytheisten? Es gäbe eine ganze Menge Brücken. Was ist im Kern die himmlische Versammlung oder auch das himmlische Gericht („assefa" oder auch „pamalija", „jeschiwa", „beit din schel maala" oder „malachei hascharet" = die dienenden Engel, die mit Gott beraten; siehe das Buch Hiob 1,6, „bnei haelohim" = „Söhne des Gottes", „Gottessöhne") von Gott und den Engeln (samt Satan) anderes als Zeus' Hofstaat auf dem Olymp? Vergessen wir nicht, dass die altgriechische Mythologie in etwa derselben Zeit entstand wie die biblischen Texte und Überlieferungen. Über jene Polytheismen hinaus hat Thomas Römer interdisziplinär und überzeugend viele weitere erkannt und benannt (Römer, Die Erfindung Gottes).

Womit wir auf einer anderen, ebenfalls leicht begehbaren Brücke vom Judentum zum Christentum und zurück schreiten, denn der gleiche Gedanke von dem Einen im Vielen liegt dem Begriff der „Trinität" zugrunde. Gott ist nicht nur einer oder zwei, sondern drei. Das will unausgesprochen sagen: Er könnte auch vier oder mehr sein, denn er ist unendlich.

Weiter gedacht bedeutet dies: Gott ist Mann, und Gott ist Frau. Er bedarf deshalb sowohl männlicher als auch weiblicher Benennungen (die keine Namen sind). Diese weibliche Gott-Bezeichnung lautet „Schechina". Peter Schäfer, der bedeutende Judaist, hat hierüber 2008 ein höchst lesenswertes Buch veröffentlicht: „Weibliche Gottesbilder im Judentum und Christentum". Die Einheit der Vielheit des „jüdischen Gottes" war demnach männlich und (!) weiblich.

Wie im nichtarianischen Christentum ist Gott im Judentum auch Vater. Siehe das von Rabbi Akiva (geboren um 55 u. Z., Märtyrertod 135) formulierte Gebet „Awinu Malkenu" = Unser Vater, Unser König. Gott ist unser aller Vater, Jesu Vater und zugleich Gott und Sohn Jesus.

Und ist der Heilige Geist nur christlich? So sagt es die jüdische und christliche Schulweisheit. Sie irrt wieder. Der zweite Satz in Genesis 1,1 lautet: „Ruach elohim rochefet al pnei haaretz". Ruach elohim = Geist Gottes = Heiliger Geist. An anderen Stellen des Alten Testaments ist von „ruach hakodesch" die Rede, wörtlich vom Geist des Heiligen, also dem Heiligen Geist. Lesenswert im interkonfessionellen Zusammenhang des heiligen (kleingeschrieben!) Geistes ist Jörg Lausters „Biografie" des heiligen Geistes (2021).

Partikularismus versus Universalismus im Judentum

„Wie alle Völker"?

Religions- und Volksbegriff, Theologie und Ethnologie, Individuum und Kollektiv sind im jüdischen Religionsbegriff nicht wirklich voneinander zu trennen. Das Judentum ist nicht nur eine Religion. Es ist die Religion des jüdischen Volkes. Jedenfalls wurde sie so konzipiert und realisiert. Man ist entweder Jude durch Geburt (als Kind einer jüdischen Mutter) oder man konvertiert. Das gleicht den Regelungen von Staatsbürgerschaften und den Gepflogenheiten anderer Religionen. Üblicherweise hat ein Volk ein Land, lebt jedenfalls auf einem Territorium. Das war bei den Juden in den Jahren 70 bis 1948 anders. Ihre geistig-geistliche Führung wollte dieses Volk ohne Land als Volk erhalten. Mangels eines jüdischen Territoriums machten die talmudischen Weisen Blut zum besonderen Saft, zum jüdischen Bindemittel. Siehe oben Franz Rosenzweig.

Man lese das „Höre, Israel" (Schema). Es wendet sich ans Volk Israel, ans jüdische *Kollektiv* in seiner Gesamtheit, nicht an den einzelnen Sohn oder die Tochter Israels. Der dem Appell „Höre" folgende Text verspricht auch dem Kollektiv bei Wohlverhalten Wohltaten, nicht dem Individuum. Allerdings richten sich die von Gott versprochenen Wohltaten an die einzelnen Leser bzw. an den das Gebet/den Appell Sprechenden. Jeder einzelne Beter aber bittet Gott in der Regel um Wohltaten fürs Kollektiv, nicht für sich selbst. Dabei suggeriert der Wortlaut auch, dass die gemeinschaftliche Fürbitte auch als individuelle zu verstehen sei. Wir statt ich, das Ich als Teil und nicht Mittelpunkt des Wir. Dieser Ich-Wir-Weltsicht begegnen wir im Judentum immer wieder, in verschiedenen Zusammenhängen – und das seit ungefähr dem frühen 5. Jahrhundert v. u. Z., also dem Beginn der Ära des Zweiten Tempels. Aus dieser Zeit stammt das bis heute im Gottesdienst zentrale Achtzehn-Gebet. In zwölf Gebetsabschnitten wird für das Volk Israel als Kollektiv gebetet, sechs betreffen individuelle Bitten.

Das alles ist weder Zufall noch sprachlicher Irrtum. Gesagt werden soll damit: Es gehe bei religiösem Wohlverhalten des Einzelnen und aller sowohl dem Individuum als auch dem Kollektiv wohl. Fürs Wohlverhalten gibt es einen Wegweiser, der zugleich Weg, der Weg ist: die Halacha.

Der Staat Israel als Gottesstaat (Theokratie) – wie während der autonomen (nicht souveränen) Staatlichkeit Israels in der Epoche des Zweiten Tempels –, davon träumt die jüdische Orthodoxie immer noch oder schon wieder, und die religiöse sowie politische Theokratisierung des Jüdischen Staates wird demografisch immer wahrscheinlicher. Wenn die Halacha zugleich religiöses und politisch-gesellschaftliches sowie wirtschaftliches Gesetz ist, wäre rein (theo)logisch ein übergeordnetes weltliches Rechtssystem in Israel so etwas wie „Gotteslästerung". Juden haben sich ohne Wenn und Aber dem Landesrecht unterzuordnen – nur nicht in religiösen Gebräuchen. Das bedeutet außerhalb des Jüdischen Staates bei Aufrechterhaltung der eigenen Religion Integration in die allgemeine Gesellschaft. Eine moderne Vorstellung: Staatsbürger wie andere auch mit Freiheit der Religion.

Im Jüdischen Staat habe aber die Halacha zu gelten. Religiös und weltlich-politisch. So die Orthodoxie. Der Kulturkampf in Israel ist demnach religiös programmiert. Im biblischen Narrativ wird die Distanz zur weltlich-politischen Macht unzweideutig, massiv illustriert. Kaum ein König fand, lesen wir im Alten Testament, „Wohlgefallen in den Augen des Herrn". Im Klartext: Fast alle weltlichen Herrscher (auch) Israels waren (lies: sind) Sünder.

„Wie alle Völker" („kechol hagojim") sein? Nein. Doch die Kinder Israels wollten es oft. Nicht nur seit dem Zeitalter der europäischen Judenemanzipation. Wie ein roter Faden zieht sich dieses innerjüdische Streitthema durch die gesamte jüdische Geschichte. Unter religiösen ebenso wie weltlichen Vorzeichen.

Speisegesetze

Instrumentarien zur Abgrenzung von anderen Völkern wurden früh und systematisch entwickelt. Zum Beispiel die Speisegesetze. Das Märchen vom ungesunden Schweinefleisch in heißen Regionen wie Nahost wird gern von Juden und Nichtjuden erzählt, aber mit der Wirklichkeit hat das nichts zu tun. Knochenfunde in Israel belegen, dass Menschen in nichtjüdischen Siedlungen Schweinefleisch aßen, während ihre unmittelbaren jüdischen Nachbarn es mieden. Jüngst kam es für Buchstabengläubige noch schlimmer: In der Ära des Ersten Tempels, also bis 586 v. u. Z. haben auch Juden offensichtlich Schweinefleisch verzehrt. Nicht viel, aber doch (Adler/Lernau, The Pentateuchial Dietary ...). Im ohnehin weltoffeneren Nordreich „Israel" mal mehr, mal weniger, aber stets mehr als im Königreich Judäa. Diesen Schluss legen Funde israelischer Archäologen nahe. Maximal zwei Prozent der in Jerusalem ausgegrabenen Knochenfunde stammten von anscheinend gezüchteten und dann verspeisten Schweinen (Sapir-Hen u. a., Everything But the Oink). Konkret: Das Verspeisen von Schweinefleisch war in Jerusalem und Judäa deutlich weniger beliebt als im nördlichen Königreich Israel, doch tabu war es offenkundig – noch – nicht. Die „typisch jüdischen", strikten Speisevorschriften galten demnach wohl erst seit der Rückkehr aus dem Babylonischen Exil, ab 518 v. u. Z., also in der Epoche des Zweiten Tempels. Auch seit jener Zeit unkoschere Fischreste habe man oft und durchaus gefunden – ebenfalls aus der Ära der Theokratie des Zweiten Tempels. Das bedeutet: Selbst während der Theokratie wurden in Bezug auf Fische keineswegs alle Koscher-Regeln eingehalten.

Bekanntlich dürfen auch Muslime kein Schweinefleisch essen. Eines von vielen Beispielen, die Gemeinsamkeiten von Judentum und Islam zeigen und damit ihres normativen und faktischen Alltags.

Die Trennung milchiger und fleischlicher Gerichte gehört zum Basiswissen über Kaschrut, also Koscher- bzw. Reinheitsvorschriften. „Du sollst das Böcklein nicht kochen in der Milch seiner Mutter" (Leviticus 11,21).

Die Speisegesetze haben und sollen eine Funktion erfüllen: Abgrenzung. Weder gemeinsamer Tisch noch gar gemeinsames Bett. Und wenn

Bett, dann gibt es eine Notbremse, ein optisches Alarmzeichen: die (fehlende) Vorhaut des Mannes. Partikularismus pur. Die antike Anwendung? Keineswegs umfassend.

Vorsicht! Auch hier ist die Tradition nicht in sich geschlossen. Einerseits Leviticus „Du sollst das Böcklein nicht kochen in der Milch seiner Mutter". Andererseits Genesis 18,8: „Dann nahm Abraham Butter, Milch und das Kalb, das er hatte zubereiten lassen, und setzte es ihnen vor." Wem? Den drei Männern, die ihm und seiner Sara verkündeten, sie würden, obwohl Greise, noch einen Sohn bekommen. Aus 3 mach 1. Das kommt einem doch bekannt vor ... Natürlich ... Trinität, die Heilige Dreieinigkeit aus Vater, Sohn und Heiligem Geist. Was das bedeutet? Dass sich Judentum und Christentum eher häufig als selten ähnlich oder gleicher „Bilder" bedienen. Allerdings bestreiten, wie erwähnt und soweit ich sehe, die meisten jüdischen und christlichen Theologen jedweden Trinitätsgedanken im Judentum. Man kann auch das Offensichtliche übersehen. Biblisch ausgedrückt: „Sie haben Augen und sehen nichts ..."

Zurück zur Speisung der 3 = 1: Kalb in Milch? Das ist nicht koscher – aber in der Tora. Woraus wir, Max Webers Analyse des antiken Judentums zustimmend, schließen können, dass die Koschervorschriften jüngeren Datums sind und wahrscheinlich aus der Zeit der Zionsrückkehr (538 v. u. Z.) stammen. Waren sich die Bibelredaktoren dieses und anderer Widersprüche nicht bewusst? Man denke an die zwei Schöpfungsgeschichten am Anfang des Anfangs, also Genesis 1 und 2. Die Bibelautoren und -Kodifikatoren wären mit Blindheit geschlagen gewesen. Die meisten Bibelforscher meinen, dass aus Respekt der jeweils älteren Tradition gegenüber Textwidersprüche bewusst hingenommen wurden. So oder so – wer behauptet, die Halacha sei eindeutig und widerspruchsfrei, irrt. Der Kern des Judentums ist weicher und breiter, als Halacha und die versteinte Orthodoxie suggerieren.

Beschneidung

Das Stichwort Beschneidung ist weiter oben schon gefallen. Nicht von der Vorhaut hängt das Judentum ab. Die Halacha ist eindeutig: Ein unbeschnittener Jude ist Jude, sofern Sohn einer jüdischen Mutter.

Symbole und Rituale sind Brücken bzw. Krücken auf dem Weg zu Gott oder, nicht religiös formuliert, auf dem Weg zur Erfüllung höchst ethischer

Prinzipien. Die Beschneidung ist ein Ritual. Wie viel Krücken braucht der Mensch, um zu Gott oder zur Hochethik zu gelangen?

Die Bibel kleidet Glauben und Gedanken an Gott und die Welt in Geschichten, Gebote und Gesetze. Liberale Leser, durchaus auch gläubige, fragen nach dem Grundgedanken und dessen Botschaft. Sie klammern sich nicht an Buchstaben und Wort, sie fragen nach dem Geist der Gesetze. Die Personifizierung dieses liberaljüdischen Geistes war, jawohl, der Jude Jesus. In seiner Bergpredigt (Matthäus 5,18) betonte er, nicht einmal ein Komma am jüdischen Gesetz ändern zu wollen. Jesus wollte jedoch Gesetz und Gesetzesanwendungen zu ihrem ursprünglichen Geist zurückführen.

Orthodoxe Juden (und Christen) verstehen die Bibel wörtlich, weil für sie die Bibel „Gottes Wort" ist. Ohne Glaubensgrundlagen zu zerstören, kann man es auch so sehen: Gott habe bestimmte Menschen zu diesem Wort inspiriert, jene haben es dann fixiert, später kanonisiert. Man kann es auch so sehen: Die Bibel sei Menschenwerk. Wie auch immer. Tatsache ist, dass die biblische Erzählung über die Beschneidung nicht so eindeutig und ungebrochen ist wie behauptet.

Die alttestamentlich biblische Erzählung von der Beschneidung finden wir in der Abraham-Geschichte. In Genesis 17 gebietet, ja befiehlt Gott dem Stammvater, die Vorhaut seiner Nachfahren als Zeichen des Bundes mit dem Ewigen zu beschneiden. Scheinbar fehlt jegliche Begründung. Tatsächlich findet man sie in der Darstellung der (nicht erfolgten) Opferung Isaaks in Genesis 22. Diese Geschichte von der Opferung Isaaks ist die meisterhafte literarische Übertragung eines menschheitsgeschichtlichen Vorgangs: des Übergangs vom Menschen- zum Tieropfer. Das war Grundgedanke des Menschenopfers: Man opfert Gott sein Liebstes. Da Entwicklung meistens auch Verfeinerung durch Symbolisierung bedeutet, begnügte sich der Großteil der Menschheit mit einer menschenschonenden und zugleich ebenfalls wertvollen Alternative. Man opferte – typisch für eine landwirtschaftliche Viehzüchtergesellschaft – Haustiere, die dem Menschen manchmal „lieb und meistens teuer" waren.

Der Urgedanke des Menschenopfers liegt der Beschneidung zugrunde: Sie ist der Ersatz für das „Ganzkörperopfer". Ein Stück des dem Manne liebsten und zur Menschheitsvermehrung notwendigen Körperteiles wird geopfert.

Nach der nicht erfolgten Opferung Isaaks erzählt die Bibel nicht von weiteren Begegnungen oder Wortwechseln zwischen Vater und Sohn oder von Abraham und seiner Frau Sara. Angesichts der intellektuellen und literarischen Genialität der Bibeldichter dürfte das kein Zufall und die Bot-

V. Theologie und Religion in der jüdischen Geschichte

schaft leicht erkennbar sein: Opferungen der einen oder anderen Art sind dem inneren Frieden der Familie nicht unbedingt förderlich. Der Grundgedanke lautet: Dieses Brauchtum war umstritten. Sogar in der Familie Abrahams.

Und selbst Moses, der „größte jüdische Prophet", hatte seinen ältesten Sohn nicht beschnitten. Die Bibel verrät es unumwunden. Die Beschneidung holte seine nichtjüdische (!) Frau, Zippora, nach (Exodus 4,24–26). Womit wir, die Bibel wörtlich interpretierend, unversehens in ein anderes hilachisches (jüdisch-religionsgesetzliches), absurdes Problem geglitten sind: Moses' direkte Nachkommen waren keine Juden, denn, wie erwähnt, Jude ist nur, wer als Kind einer jüdischen Mutter geboren wird oder zum Judentum übertritt.

In Josua 5,2–9 verrät uns die Bibel, dass die während der 40-jährigen Wüstenwanderung geborenen Männer nicht beschnitten waren. Der Grund wird nicht genannt, kann und soll aber leicht abgeleitet werden: Dieses Brauchtum blieb umstritten, und zwar nicht nur während der sogenannten und so nicht historischen Landnahme Josuas (um 1200 v. u. Z.), sondern bis zur Zeit der Bibeldichter in der Epoche des Zweiten Tempels. Die Bibelschreiber erzählten nämlich nicht nur die biblischen Mythen nach, sie flochten auch die religiös-gesellschaftlichen Spannungen ihrer Gegenwart in den Text ein. Im Hochhellenismus Judäas, während des frühen 2. Jahrhunderts v. u. Z., ließen sich jüdische Hyper-Assimilationisten die Vorhaut wieder (wie?) anbringen (1 Makkabäer 1,2 f. und 1,15). Der Bar-Kochba-Aufstand (132–135 u. Z.) brach später unter anderem auch deshalb aus, weil die römische Besatzungsmacht Juden die Beschneidung verbot. Ein fundamentaler mentaler Wandel der Juden in historisch relativ kurzer Zeit.

„Ihr sollt die Vorhaut eures Herzens beschneiden und nicht länger halsstarrig sein", heißt es in Deuteronomium 10,16 (und ähnlich 30,6). Die Botschaft ist eindeutig: Die Beschneidung – als Gebot, nicht als Ritual und Brauchtum – ist rein symbolisch, nicht körperlich zu verstehen. Die Bestätigung folgt bei Jeremias 4,4: „Beschneidet euch für den Herrn und entfernt die Vorhaut eures Herzens." Womit wir zu der für die meisten wohl unerwarteten Brücke vom jüdischen zum christlichen Testament gelangen, zu Paulus (Römer 2,25): „Die Beschneidung ist nützlich, wenn du das Gesetz befolgst; übertrittst du jedoch das Gesetz, so bist du trotz deiner Beschneidung zum Unbeschnittenen geworden." Sollte nicht auch diese paulinische Variante (Römer 2,29) von Juden bedacht werden? Beschneidung sei „was am Herzen durch den Geist, nicht durch den Buchstaben geschieht".

Nicht die Beschneidung macht den Juden, auch nicht das Fastengesetz, an das sich viele Juden hielten – an dessen Geist hielten sich die wenigsten. Das beklagten die großen jüdischen Propheten Jesaja und Jeremias oft, und der jüdische Pharisäer Paulus steht in ihrer unmittelbaren Tradition (1 Korinther 7,19): „Es kommt nicht darauf an, beschnitten oder unbeschnitten zu sein, sondern darauf, die Gebote Gottes zu halten."

Das war nicht nur paulinische Mission, sondern im 1. Jahrhundert u. Z. rabbinisch-talmudische Diskussion um die Circumcision. Ihren Ausgang kennen wir. Beschneidung? Ja! Doch die Rabbinen waren gespalten. In einer ihrer kommentierenden Erzählungen lassen sie Gott und Abraham über das Pro und Contra diskutieren. Sie spiegelte natürlich ihren internen Austausch wider (vgl. Midrasch Tanchuma, Abschnitt „lech lecha" = „Brich auf", 24).

Historisch einwandfrei belegt ist zudem, dass Juden außerhalb Judäas bis ins 2. Jahrhundert von Konvertiten keine Beschneidung verlangten. Sie wurden – getauft. Die Wissenschaft streitet darüber, ob die Taufe die Beschneidung ersetzte – was anzunehmen ist. Nein, die Taufe ist kein urchristlicher, sondern ein älterer, auch (und keineswegs nur) jüdischer Brauch. Man bedenke, dass Johannes der Täufer Jude war und als Jude in Judäa den Juden Jesus im Jordan taufte. Erst das von Kaiser Hadrian um 130 u. Z. verhängte (und gar nicht so drastisch von ihm gemeinte) Beschneidungsverbot verwandelte das innerjüdisch nicht unumstrittene Beschneidungsbrauchtum in ein scheinbar unumstößliches Gesetz, für das die in Judäa nach der zweiten Tempelzerstörung verbliebenen Juden zum antirömischen Aufstand mobilisiert werden konnten. Im Babylonischen Talmud (Kiduschin, Folie 29a) wird die Beschneidungspflicht zementiert.

Vorhaut beschneiden – ja oder nein? Das Ja war auch innerjüdisch historisch alles andere als unumstritten – weil das Judentum inhaltlich und ethisch eben mehr zu bieten hat als jüdische Männer ohne oder mit Vorhaut. *Wenn das Symbol zur Hauptsache wird, stimmt die Hauptsache nicht (mehr). Als Notbremse wirkte es.*

Kippa

Viele verwechseln Brauchtum mit Gebot oder Gesetz und übersehen oder kennen nicht die historische Dimension des Brauchtums. Dass Juden beim Gebet, nicht nur in der Synagoge, oder sogar ganztägig die Kippa als Kopfbedeckung tragen, gehört zum *Brauchtum*, ist also historisch gewachsen (wie das Kopftuch bei muslimischen Frauen).

Gewiss spielt das Anti eine Rolle. Den Sabbat wandelte das Christentum, als Anti, zum Sonntag um, und der Islam zum Freitag. Christen nehmen in der Kirche die Kopfbedeckung ab. Was liegt näher als ein risikoloses jüdisches Anti, also das Aufsetzen einer Kopfbedeckung zumindest in der Synagoge?

Eine Kopfbedeckung beim Beten? Nirgendwo in der Hebräischen Bibel oder im Talmud wird dies gefordert. Zu den Zeiten der Jerusalemer Tempel mussten nur Priester sowie der Hohepriester je eine unterschiedliche Kopfbedeckung tragen. In mehr als 2000 Jahren schwankte das Brauchtum mal in die eine, mal in die andere Richtung, mit oder ohne Kopfbedeckung, immer mit gutem Grund. Den (er)findet man immer, wenn man will. Aufschlussreich sind auch hier die äußeren Einflüsse. In der griechisch-römischen Welt galt das Abnehmen der Kopfbedeckung als Zeichen der Höflichkeit. Genau umgekehrt in der frühislamischen Welt, so dass sich dort bei Juden seit dem 7. Jahrhundert das Tragen einer Kopfbedeckung, besonders bei religiösen oder anderen Feierlichkeiten, durchsetzte.

Dass die Frage nach der Kopfbedeckung überhaupt nach der Tempelzerstörung aufkam, ist sowohl theologisch als auch soziologisch aufschlussreich und ergänzt bereits Beschriebenes: die religiöse, soziologische und theologische „Machtübernahme" der rabbinischen, zuvor pharisäischen jüdischen Bourgeoisie. Die Aristokratie hatte im Jahre 70 u. Z. nicht nur ihre Machtbasis verloren, sondern auch jegliche funktionale Vorherrschaft.

Im „Christlichen Abendland" bestanden seit dem Mittelalter beide Brauchtümer, mit und ohne Kopfbedeckung. Mehrheitlich mit Kopfbedeckung – siehe oben – als risikoloses Gegensignal zum Christentum (vgl. EH, Band 20, Spalte 624 f.), aber keineswegs verbindlich oder gar als Gesetz. Ein solches konnte (und kann) es gar nicht mehr geben, denn Talmud und Halacha sind schon lange kanonisiert, also fixiert. Jede Regel danach ist daher im strengen Sinne nur Brauchtum und nicht Gesetz.

Im Übergang vom 18. zum 19. Jahrhundert entstand im christlichen Europa die jüdische Reformbewegung, in der – als Antithese zur jüdischen orthodoxen Mehrheit – auf die Kippa verzichtet wurde. Seitdem pocht die orthodox-jüdische „Gegenreformation" auf die Kippa oder eine andere Kopfbedeckung – als Gesetz, was längst auch Nichtorthodoxe, inzwischen auch die meisten Reformgemeinden artig übernommen haben.

Unterschiede gibt es bezüglich der Tragedauer: Nur beim Beten? Den ganzen Tag? Auch nachts? Nur Kippa? Auch Hut? Welche Hutart? Das alles hängt vom jeweiligen Brauchtum der Gemeinden in den verschiedenen Staaten, Regionen oder Gemeinden ab. Kenner können anhand der Hut- oder Kippa-Art den religiösen Standort des Trägers erkennen und benennen. Orthodoxe tragen zum Beispiel meist eine schwarze Stoffkippa, Nationalreligiöse in Israel sowie in der Diaspora eine gehäkelte.

Warum, zumindest seit dem europäischen Mittelalter, eine Kippa und kein Hut? Weil Juden im päpstlich bestimmten Einflussbereich spätestens seit dem Vierten Laterankonzil von 1215 den berüchtigten „Judenhut" tragen mussten.

Enge und Weite

Die Betonung des Partikularismus ist wieder nur die eine Seite des jüdischen Religions- und damit auch Volksbegriffes. Die andere ist der Universalismus. *Dieses innerjüdische Streit- und Leitmotiv finden wir ebenfalls seit den biblischen Zeiten und Texten bis zur Gegenwart. In der Zukunft wird es nicht anders sein. Sowohl Partikularismus als auch Universalismus, kein Entweder-oder, obwohl der historisch-soziologische Geistesgigant Max Weber in seinem Klassiker „Das antike Judentum" den Juden bis in seine Gegenwart selbstgewählten Partikularismus unterstellte und vom selbstgewählten Ghetto sprach (vgl. Weber, Das antike Judentum, E-Book. Position 7834, S. 559). Im letzten Absatz seines Meisterwerkes lässt er sich zu einer Aussage hinreißen, die nicht nur seiner unwürdig war, sondern nur als „antisemitisch" bezeichnet werden kann:* „dies alles lässt die jüdische Gemeinschaft in ihrer selbstgewählten Lage als Pariavolk verharren, solange und soweit der Geist des jüdischen Gesetzes, und das heißt: der Geist der Pharisäer und spätantiken Rabbinen ungebrochen weiterbestand und weiterbesteht" (Weber, Das antike Judentum, Position 7957, S. 570).

Das deutsche und westeuropäische sowie das moderne osteuropäische Judentum, die Mehrheit der Juden, verharrte zur Zeit Max Webers längst nicht mehr im „selbstgewählten Ghetto" und gab „keinen Pfifferling" auf den „Geist der Pharisäer und spätantiken Rabbinen". Es war modern und bis auf die Knochen akkulturiert, assimiliert, teils hyperassimiliert. Im Abschnitt über jüdische Identität wird diese Aussage empirisch belegt.

Ja, unbestreitbar ist die jüdische Tradition des Partikularismus. Das ist die eine Dimension. Die universalistische ist genauso unbestreitbar. Das Basisdokument des Judentums, die Hebräische Bibel, beginnt universalistisch. Gott schuf Himmel und Erde. Hätte die Bibel „eigentlich" anders „beginnen sollen"?, fragte Rabbiner Raschi aus Troyes und Worms, also die hochmittelalterliche Ikone der Bibel- und Talmudkommentatoren. Nein, seine Antwort. Allen Völkern sei die Erde „nach Verdienst" zugeteilt. „Die ganze Erde ist Gottes Eigentum, er hat sie erschaffen und gab sie dem, der ihm gefiel" (Raschi-Kommentar, Band 1, Genesis, S. 1).

Historisch ebenfalls unbestreitbar ist die seit jeher kosmopolitisch, also global ausgerichtete Weltsicht von Fernhändlern. Viele Juden sind (Fern-)Händler gewesen. Richtig oder falsch, Kosmopolitismus galt nicht zuletzt in Deutschland (nicht so lange her ...) als „typisch jüdisch" und war negativ gemeint.

Ein Beispiel für das Sowohl-als-auch in der Bibel: Die Schöpfungsgeschichte schildert die Erschaffung *des* Menschen. „Adam", das ist auf Hebräisch der Mensch, nicht der jüdische Mensch.

Der tugendhafte Noah ist ein, ja *der* Tugendmensch. Er ist Nichtjude, und mit ihm schließt Gott einen Bund, bevor er seinen zweiten (!) Bund mit dem ersten Juden, Abraham, schließt. Der Bund Gottes mit Noah ist Gottes Bund mit der Menschheit. Gottes Bund mit Abraham der Bund mit seinem Volk. Das ist jüdische Geschichte ebenso wie Religion, zumal keine Religion aus dem Nichts kommt. Sie entwickelt sich aus Gesellschaft im Wandel der Zeit – Geschichte also.

Die biblisch-jüdischen Stammmütter sind Sara, Rebekka, Rachel, Lea. Sie alle waren zunächst keinen Jüdinnen, und sie stammten aus dem nichtjüdischen Mesopotamien. Moses' Frau Zippora war Tochter des midjanitischen, also nichtjüdischen Priesters Jithro. Die zweite Frau des größten jüdischen Propheten war eine „Kuschit", was entweder auf ihre Herkunft deutet (Kusch = Äthiopien) oder auf ihre schwarze, „kuschitische" Hautfarbe. Einerseits ist Moses in der Bibel der große Moses, andererseits zürnen ihm die Kinder Israels ob seines „völkischen" Fehltritts.

Josephs Frau war die Ägypterin Osnat. Joseph selbst war gleich hinter bzw. unter dem Pharao die Nummer zwei in Ägypten. Die Jüdin Ester wurde als Gemahlin des Königs Ahasveros Königin des Perserreiches und

ihr Onkel Mordechai so etwas wie „Kanzler". Gott(?)lob gab es auch solche Juden, die (sogar biblisch nicht gescholten) es mit der „Reinheit des Blutes" nicht so ernst nahmen.
Biblisch kanonisiert wurde der Universalismus der Propheten. Oder war es, angesichts der Bedrohung durch Assyrien und Babylon, Defätismus? Siehe Jesaja, siehe Jeremias. Ihre zeitlose, universalistische Friedensethik musste in den Augen der jüdischen Könige, ihrer Anhänger und ihres Apparates als Verrat betrachtet werden.

Innerjüdische Konflikte

Bei aller Abgrenzung nach außen, auch der innerjüdische Streit gehört permanent zur Jüdischen Weltgeschichte. Partikularismus nicht nur nach außen, sondern auch nach innen. Schon im antiken Israel: Die erstarkende städtische Bourgeoisie versuchte die Landbevölkerung wirtschaftlich und damit politisch zu schwächen, ohne sie zu vernichten, denn man brauchte sie, um (über)leben zu können. Der von der urbanen Bürgerschaft – zu ihr gehörten die Tempelaristokratie ebenso wie die Schriftgelehrten der Bourgeoisie – ausgehende Stadt-Land-Machtkampf ist zum Beispiel am rigiden Sabbat-Arbeitsverbot als Bauern-Entmachtungskampf zu entschlüsseln (vgl. Weber, Das antike Judentum). Städter konnten und können am Sabbat ruhen, Bauern nicht, denn auch am Ruhetag müssen Kühe gemolken werden.

Jesus kam aus Galiläa, einer eher ländlichen Region. Kein Wunder, dass er predigte: „Der Sabbat ist für den Menschen da, nicht der Mensch für den Sabbat."

Sich auf die Vorgeschichte der beiden Tempelzerstörungen beziehend, nannten lange nach jenem Stadt-Land-Kampf die talmudischen Weisen innerjüdische Kämpfe wie oben erwähnt „sinat chinam", sinn- bzw. grundlosen Hass als Grundübel der jüdischen Gemeinschaft. Sie kannten ihre „Pappenheimer". Grundlos oder nicht – innerjüdische Kämpfe (manche sagen „Krämpfe"), „Bruderkriege", sind wohl tatsächlich so etwas wie ein Leitmotiv Jüdischer Weltgeschichte. Oder der Menschheitsgeschichte überhaupt? Allseits bekannt: der biblische Klassiker, die Geschichte von Kain und Abel, Jakob und Esau und so weiter.

Von der Bibel zum Witz, wo so oft von und über Juden selbstironisch der Sachverhalt auf den Punkt gebracht wird: Ein schiffbrüchiger Jude rettet sich auf eine einsame Insel, wo er jahrelang überlebt. Endlich, ein Retter. Der sieht zwei Synagogen und fragt: Warum zwei? Der Jude antwortet: Damit ich weiß, in welche ich nicht gehen will.

Ernsthaft und historisch-jüdisch: Partikularisten versus Universalisten nach der Zionsrückkehr im 6. Jahrhundert v. u. Z. Die Vertreibung der Nichtjuden aus der Gemeinschaft durch die Volksversammlung. Etwa 200 Jahre später: Jüdische Fundamentalisten versus Hellenisten seit dem 4. Jahrhundert v. u. Z. Ähnlich von 63. v. u. Z. bis 70 u. Z.: Roms Herrschaft hinnehmen oder Widerstand? Der Klassiker dazu: Flavius Josephus „Bellum Iudaicum" (Der Jüdische Krieg). Ähnlich die Kontroversen um das Ja oder Nein zum Bar-Kochba-Aufstand gegen Rom 132 bis 135. Selbst die Talmudisten stritten. Ihre Mehrheit plädierte für Nein und der große Rabbi Akiva für Ja. Er hielt Bar Kochba sogar für den Messias, wobei ihm die Rabbinen heftig widersprachen. Sie verschoben die Ankunft des Erlösers auf den Sankt-Nimmerleins-Tag. Legion sind die historischen sowie gegenwärtigen innerjüdischen Kontroversen in den Gemeinden. Besonders tragisch, intellektuell selbstmörderisch und bis heute jüdische Gemüter zu Kontroversen erhitzend war der Kampf und Sieg der Amsterdamer Gemeinde über da Costa und Spinoza im 17. Jahrhundert. Und im neuen Israel haben nicht einmal Kriege und Konflikte mit den islamischen Mitbürgern oder Nachbarn die innerjüdischen gedämpft.

Gottesgehorsam versus antiautoritäres Denken

Den jüdischen Religionsbegriff, dessen Inhalte und besonders Akzente spiegelt die politische Soziologie der Juden in ihrem Land sowie in der Diaspora wider. Das habe ich in meinem Buch „Juden und Christen" ausführlich analysiert. Hier nur so viel: Die Dominanz des Rituals im biblischen Gotteszelt sowie zur Zeit des Ersten und Zweiten Tempels beschreibt die (All-)Macht der Priester (Kohanim) und Leviten, also der altjüdischen Aristokratie. Die rabbinische bzw. talmudische, seit 70 u. Z. bestimmende Halacha trägt die Handschrift der jüdischen Bourgeoisie, die nicht zuletzt durch ihr hilachisches Instrumentarium ihre geistig-geistliche und gesellschaftliche Führung zementieren wollte. Der Sieg der rabbinischen Bourgeoisie über die Aristokratie war die Folge der Niederlage im Jüdischen Krieg (66–70 u. Z.) gegen Rom. Entscheidend war dabei die Zerstörung des Zweiten Tempels, denn ohne Tempel keine Tempelaristokratie.

Dennoch ging sie nicht spurlos unter. Das belegen etwa die ellenlangen Talmudabschnitte, die dem Tempeldienst gewidmet sind und die suggerieren, man erwarte den Wiederaufbau des alten Heiligtums. Einerseits sind diese Ausführlichkeiten historisch-politische Nostalgie, andererseits auch Kompromisse gegenüber den zwar geschwächten, doch nicht verschwundenen „adeligen" (Macht-)Ansprüchen, die ihre normative Kraft über die Existenz ihrer einstigen Träger hinaus bewahren konnten. Trotz ihres Sieges musste die rabbinische Bourgeoisie bei der Toralesung in der Synagoge (ihrem Machtbereich) der alten Tempelaristokratie den Vortritt lassen. Es wird je ein Kohen und Levit zur Toralesung aufgerufen, erst dann mehrere aus der Masse des Volkes Israel. Wie in späteren „nationalen Befreiungsbewegungen" (ver)bindet der gemeinsame Kampf. Er ist heute (Geistes-)Geschichte.

Nebenbei lohnt diese Bemerkung: Die theologische Soziologie des kirchlichen Christentums ähnelt der Epoche des Zweiten Tempels, nicht zuletzt bezüglich der Hierarchie.

Die unblutige Nach-Tempel-Dominanz der bürgerlichen Rabbinen als Folge des blutigen jüdischen Bürgerkrieges sowie des Krieges gegen die Römer in den Jahren 66 bis 70 u. Z. ist unter anderem an der geradezu herausfordernden Umkehrung der biblisch-tempelaristokratischen Moral bzw. der Kernbotschaft von Torageschichten ablesbar. Ein Beispiel: Auf ihrer Flucht aus der Sklaverei in Ägypten durchqueren die Kinder Israels bekanntlich das (Rote) Meer, das sich teilt, bis der letzte Jude das rettende Ufer erreicht. Dann schließt es sich, und alle ägyptischen Verfolger samt Pharao ertrinken. Schließlich stimmt Moses' Schwester Mirjam ihren Gott lobenden Jubelgesang an (Exodus 14). Sie hat das letzte, mitleidslose Wort zu dieser biblischen Begebenheit.

Das hierzu letzte Wort der talmudischen Weisen weist in eine völlig andere Richtung. Hier die wörtliche Übersetzung des Midrasch, also die kommentierte Erzählung der Rabbinen: Als die Ägypter im Meer ertranken, „baten die dienenden Engel darum, einen Lobgesang auf den Heiligen, gelobt sei ER, anzustimmen. Der Heilige, gelobt sei ER, sagte ihnen: Meine Geschöpfe ertrinken, und ihr singt vor mir ein Hohelied!" (Agada, S. 56).

In einer Mischung aus Selbstironie und Selbstbewusstsein zelebrierten die talmudischen Weisen ihren bürgerlichen Triumph über die theologische und soziologische Ex-Aristokratie der Tempelepoche. Sie verband jedoch diese Außenstehenden kaum (oder gar nicht) erkennbare Polemik mit geradezu atemberaubender theologischer Tiefe. Auch dazu ein Beispiel (Babylonischer Talmud, Menachot, Folie 29b, modernisiert zitiert aus: Talmud, 1996, Band 12, S. 486 f.): „Rabbi Jehuda sagte im Namen Raws: Als Moses in die Höhe stieg, traf er den Heiligen, gelobt sei er, dasitzen und Kränze für die Buchstaben winden. Da sprach er zu ihm: Herr der Welt, wer hält dich zurück? Er erwiderte: Es ist ein Mann, der nach vielen Generationen sein wird, namens Akiva ben Josef; er wird dereinst über jedes Häkchen Haufen über Haufen von Lehren vortragen. Da sprach er vor ihm: Herr der Welt, zeige ihn mir. Er erwiderte: Wende dich um. Da wandte er sich um und setzte sich hinter die achte Reihe; er verstand aber ihre Unterhaltung nicht und war darüber bestürzt. Als jener zur Sache gelangte, worüber seine Schüler ihn fragten, woher er dies wisse, erwiderte er ihnen, dies sei eine Moses am Sinai überlieferte Lehre. Da wurde er beruhigt. Hierauf kehrte er um, trat vor den Heiligen, gepriesen sei ER, und sprach vor ihm: Herr der Welt, du hast einen solchen Mann und verleihst die Tora durch mich! Er erwiderte: Schweig, so ist es mir in den Sinn gekommen. Hierauf sprach er vor ihm: Herr der Welt, du hast mir seine Gesetzeskunde gezeigt, zeige mir auch seinen Lohn. Er sprach: Wende dich um. Da wandte er sich um und sah sein Fleisch auf der Fleischbank wiegen. Da sprach er vor ihm: Herr der Welt, ist das die Tora und das der Lohn!? Er erwiderte: Schweig, so ist es mir in den Sinn gekommen."

Der Text sei erläutert: Vergangenheit und Zukunft, Himmel und Erde fließen ineinander zur Gegenwart der Erzählung. Zeit- und Ortlosigkeit als Erzählprinzip. Gott wand Kränze für die Buchstaben. Will sagen: Er versuchte (und schaffte es nicht), aus den vielen Buchstaben der talmudischen Weisen Worte und durch die Worte Inhalte zu erkennen. Feine Ironie und Selbstkritik. Buchstabenkränze? Offenbar war auch vor ca. 1500 Jahren das Klischee eines talmudischen Blablas verbreitet, bei dem Worte und Reden nur Selbstzweck wären. Wären, nicht seien, also nur scheinbarer Selbstzweck, kein tatsächlicher. „Jedes Häkchen": Man könnte vermuten, es handele sich um die Vokalzeichen (Punktierung, hebräisch: Nikud). Das ist höchst unwahrscheinlich, weil sich diese erst im 8. Jahrhundert durchsetzten. Stammt diese Talmudstelle aus dieser Zeit? Unwahrscheinlich, denn der Jerusalemer Talmud wurde im 5., der Babylonische im 6. Jahrhundert kodifiziert. Gemeint sind hier Buchstabenunterscheidungen. Ein Beispiel: Der hebräische Buchstabe „jod" besteht aus einem kurzen, senkrechten Strich, der Buchstabe „waw" aus einem langen. Die sich aus der Buchstabenlänge ergebenden Wortbedeutungen können grundverschieden sein.

Mit dem Bild „Hinter die achte Reihe" wird Moses' Bescheidenheit verdeutlicht. Der Tenor ist: Wirklich große Leute machen sich klein und stellen sich nicht mit Fanfaren oder Tusch in die erste Reihe. Noch wichtiger und zentral für das jüdische Staats- und Herrschaftsverständnis: *kein Personenkult*. Hinter dieser allgemeinen Aussage steht unausgesprochen (und wie mehrfach im Talmud) eine Spitze gegen das Christentum, welches Jesus als Gott und Mensch zugleich verehrt, also mit, zu und als Gott „in die erste Reihe stellt". Die Talmudisten halten – über diese Mosesgeschichte – dagegen: Niemand, kein Mensch, nur Gott ist zu verehren, und – ebenfalls unausgesprochen, doch klar – einen „Gottessohn" gebe es ohnehin nicht. Zum Thema „Jesus im Talmud" sei das gleichnamige Buch Peter Schäfers wärmstens empfohlen.

Die Zentralität, besser: Exklusivität des Gotteskultes – unter dem ebenso unausgesprochenen wie eindeutigen Ausschluss eines Kultes um den oder einen Gottessohn bzw. eines Personenkultes generell – dokumentiert der Text der alljährlich am Sederabend im jüdischen Familienkreis verlesenen und teils gesungenen Pessachgeschichte (Hagada) vom Auszug der Kinder Israels aus Ägypten. Wer führte, der Bibel zufolge, die Juden aus der ägyptischen Sklaverei? Moses. Ebendieser „Führer", der auch als größter Prophet des Judentums gilt, wird in der Hagada kein einzige Mal erwähnt. Eben weil, so Yuval („Zwei Völker in deinem Leib"), anhand detailreicher Belege das Judentum – nach der Entstehung des Christentums – keinen Menschen als göttlichen oder quasi-göttlichen Übermenschen darstellen wollte. Diese zugleich wissenschaftliche und religionspolitische Forschungsdebatte baut mehr Brücken zwischen Juden und Christen als jede längst versteinte, ritualisierte „Woche der Brüderlichkeit". Und (neudeutsch) „spannender" ist sie allemal. Das alles bedeutet: „Die Geburt des Judentums", genauer: des talmudischen bzw. rabbinischen Judentums muss nicht zuletzt „aus dem Geist des Christentums", präziser: aus dem Gegengeist zum Christentum abgeleitet werden. So Peter Schäfer in seinem höchst lesenswerten Buch „Die Geburt des Judentums aus dem Geist des Christentums". So weit zur „himmlischen", überirdischen Herrschaftssoziologie.

Spiegelbildlich die irdische Herrschaftssoziologie: Wie ein roter Faden ziehen sich durch alle biblisch, alttestamentlichen Geschichten und dann auch durch den Talmud Kritik und Ablehnung des „Führer"- und Königskultes. Die Distanz zu Moses wurde erwähnt. Auch in der Bibel wird er, seiner Ungeduld wegen, bestraft. Nobody is perfect. Nicht einmal Moses. Erst recht nicht die Stammväter Abraham, Moses und Jakob, einschließlich ihrer Ehefrauen Sara, Rebekka, Lea und Rachel. Die Richter waren heldisch und klug, doch letztlich „Menschen wie du und ich". Und die Könige Israels und Judäas? Einer schlimmer als der andere, verrät uns die Bibel. Sie ist ein Dokument *gegen* die Monarchie, also eine andere Form der Alleinherrschaft. Selbst David – Stammvater des erwarteten und im Judentum noch nicht eingetroffenen Messias – wird uns nicht nur als bedeutender König überliefert, sondern auch als Räuberhauptmann und Ehebrecher. Sein Sohn, König Salomon, war nicht nur klug und weise, sondern auch ziemlich skrupellos im Durchsetzen seiner Ziele. Besonders bei der Eroberung der Macht in der Nachfolge Davids – von der Vielgötterei, die Salomon seinen vielen nichtjüdischen Frauen zuliebe zuließ, ganz zu schweigen.

Ideal der Tora ist der Staat der Tempelaristokratie. An ihrer Spitze stand zwar der Hohepriester, doch er war eher Erster unter Gleichen. Jenes theokratische Ideal entsprach der Zeit, in der diese Texte niedergeschrieben wurden: zwischen 500 und 300 v. u. Z. bzw. der jüdisch-theokratischen Hochphase. Ihr folgte seit der Eroberung Judäas durch Alexander den Großen die allmähliche Hellenisierung, die kurzfristige Auflehnung der Makkabäer, die schnell noch hellenistischer als die von ihnen zuvor bekämpften jüdischen Hellenisten wurden. Dagegen bäumte sich die jüdische Bourgeoisie auf. Ihr entstammten die Pharisäer (zu denen auch Jesus gehörte!), und diese waren die Vorläufer der talmudischen Rabbinen. Zu ihnen aufrücken konnte nur, wer viel wusste und, platt gesagt, anständig lebte. Hier zählten neben der würdevollen Lebensführung Leistung und Verdienst (lateinisch „meritum") in Form von Wissen. Die „Herrschaft", besser: Gemeinschaftsführung, der Rabbinen bzw. Talmudisten war daher nicht allein Bourgeoisie, sondern Meritokratie, wobei in der Idealvorstellung einer bürgerlichen Gesellschaft ohnehin Leistung die Herrschaft bedingt. Wir sehen: Unser scheinbar harmloses Talmud-Geschichtchen „hat es in sich".

Es kommt noch heftiger: Moses verstand die „Unterhaltung" zwischen Rabbi Akiva und seinen Schülern nicht. Schlimmer noch: Moses verstand nicht (mehr), was Gott ihm am Berg Sinai offenbart hatte. Moses verstand nicht, was er einst selbst gelehrt hatte. Will sagen: Die Talmudisten geben unumwunden zu, dass Rabbi Akiva (einer der Ihren), also sie, die bisherige jüdische Lehre vom Kopf auf die Füße stellen. Faktisch und normativ. Erinnert sei an das Beispiel von der trockenen Fußes ermöglichten Durchquerung des Roten Meeres und dem Ertrinken der ägyptischen Judenverfolger.

Die Dramatik ihrer Textumformungen entdramatisieren die Talmudisten sogleich: „Da wurde er (Moses) beruhigt." Weshalb Gott ausgerechnet ihm die Tora verlieh, sich ihm offenbarte, fragt Moses. „Schweig, so ist es mir in den Sinn gekommen." Die Botschaft: Es habe überhaupt keinen Sinn, nach Gottes Ratschluss zu fragen. Diese Frage stehe zudem keinem Menschen zu. Absolut(istisch?) ist (und sei!) nur Gott.

Unerhörtes passiert hier. Die Talmudisten stellen anhand dieser Geschichte (kein Geschichtchen) eine Frage, ja die Frage, die jeder vernünftige und denkende Mensch sich selbst und (sofern es ihn gibt oder man es glaubt) Gott stellen muss. Die Frage nach Gottes Gerechtigkeit, der *Theodizee*. Und doch verzichten diese so klugen und durch und durch „aufgeklärten" Männer von sich aus auf die Antwort. Was soll uns das sagen? Zeitgemäß geantwortet: Geist und Glaube, Aufklärung und religiöse Verklärung schließen einander nicht aus. Starker Tobak. Richtig? Falsch? Wer bietet die richtige Antwort?

Ins schier Unerträgliche gesteigert der Schluss dieser Geschichte. Jener große Gelehrte, der gottesfürchtige und ohne Makel lebende und lehrende Rabbi Akiva starb den denkbar grausamsten Märtyrertod. Er wurde im Jahre 135 u. Z. während des Bar-Kochba-Aufstands gegen die römischen Besatzer Judäas bei lebendigem Leib durch den eisernen Feuerkamm gehäutet. In unserer talmudischen Geschichte fragt Moses Gott nach dem „Lohn", den er für Rabbi Akiva bereithielt. „Er sprach: Wende dich um. Da wandte er sich um und sah sein (Rabbi Akivas; M. W.) Fleisch auf der Fleischbank wiegen. Da sprach er vor ihm: Herr der Welt, das (ist) die Tora und dies ihr Lohn!? Er erwiderte: Schweig, so ist es mir in den Sinn gekommen" (Talmud, Menahoth, Folie 29b, Band XII, S. 487).

Die Überlieferung seines Märtyrertodes ist religiös „unmusikalischen" Menschen nicht zu vermitteln. Sie sei jedoch mitgeteilt. Verstehen kann sie nur, wer den ersten Satz des „Höre, Israel", des Judencredos, kennt: „... der Ewige ist *einzig.*" O-Text Talmud: „Die Stunde, da man Rabbi Akiva zur Hinrichtung führte, war gerade die Zeit des („Höre, Israel"; M. W.) Schema-Lesens, und man riss sein Fleisch mit eisernen Kämmen; er aber nahm das Joch der himmlischen Herrschaft auf sich. Seine Schüler sprachen zu ihm: Meister, so weit!? Er erwiderte ihnen: Mein ganzes Leben grämte ich mich über den Schriftvers (aus dem „Höre, Israel"; M. W.) *mit deiner ganzen Seele,* sogar, wenn er deine Seele nimmt, indem ich dachte: Wann bietet sich mir die Gelegenheit, und ich will es erfüllen, und jetzt, wo sie sich mir darbietet, sollte ich es nicht erfüllen!? Er dehnte so lange das (auf Gott bezogene; M. W.) Wort *einzig,* bis ihm die Seele bei *einzig* ausging. Da ertönte eine Hallstimme und sprach: Heil dir, Rabbi Akiva, dass deine Seele bei *einzig* ausging. Die Dienstengel sprachen vor dem Heiligen, gepriesen sei er: Ist das die Tora und das ihre Belohnung? ... Er erwiderte ihnen: Ihr Anteil ist im Leben. Darauf ertönte eine Hallstimme und sprach: Heil dir, Rabbi Akiva, du bist für das Leben der zukünftigen Welt bestimmt" (Talmud, Berakhot, Folie 61b, Band I, S. 277 f.).

Was heißt das alles? Die talmudischen Rabbinen haben sich locker und ohne Gewissensbisse immer wieder von der biblischen bzw. „göttlichen" Erzählung („Narrativ") souverän gelöst, „emanzipiert" – nicht aber von Gott selbst. Sie signalisieren: Oft verstehen wir Gottes Entscheidungen überhaupt nicht. Eigentlich rebellieren wir gegen sie, denn als Ebenbild Gottes sind wir herrschaftsfreie Menschen. Wir interpretieren seine Geschichten für diese Welt in unserem Sinne, indem wir ihre Botschaft von Grund auf verändern. Wir gehen bis an die äußerste Grenze – *vor* der Rebellion gegen Gott. Doch den letzten Schritt *zur* Rebellion werden wir nie wagen, denn letztlich ist Gott, ist das Leben, ist die Welt für den Menschen unergründlich. *Kann man das, bewusst widersprüchlich, gottgläubigen Atheismus nennen? Ja oder nein – die theologischen Grundlagen jüdischer (Herrschafts-)Soziologie rechtfertigen und bewirken „in dieser Welt" antiautoritäres Denken, Fühlen und Handeln. Dass Außenstehende „die" Juden als „Ruhestörer" empfanden (oder empfinden) und sie sich seit jeher untereinander befehden sowie gegen ihre Obrigkeit in Gemeinden und, sofern existierend, im eigenen Staat rebellieren, ist die Folge dieser, wie ich finde, höchst aufgeklärt, selbstbestimmten und -bestimmenden Tradition.*

Tod und Auferstehung – individuell und kollektiv

Für das unumstößliche Faktum, dass auch jedes menschliche *Individuum* stirbt, liefert die Schöpfungsgeschichte in Genesis den „Grund": Eva aß von der verbotenen Frucht (vom Apfel ist im Text nicht die Rede). Genderpolitisch ist Evas und durch sie des Menschen Erbsünde nur scheinbar verwerflich, denn sie ist wenigstens die starke Persönlichkeit, er, Adam, ein leicht verführbarer Schwächling. Als Gott ihn zur Rede stellt, schiebt er allein Eva die Schuld zu. Schwache Männer, starke Frauen – hier das erste Mal im Alten Testament, nicht das letzte Mal. Man erinnere sich an die Stammväter und -mütter sowie an die anderen in diesem Buch genannten Paare oder einzelne starke Frauen.

Mensch, Tod, Religion ist nur dann Thema einer geschichtlichen Studie, wenn die historische Entwicklung der religiösen Vorstellungen berücksichtigt wird. Jüdisches dazu findet man bei Günter Sternberger („Jüdische Religion", Kapitel VII).

Einer scheinbar (also nicht wirklich) kaum zu übertreffenden, geradezu atemberaubenden Illusionslosigkeit und realistisch niederschmetternden Direktheit begegnen wir in der Mischna, genauer: in den Sprüchen der Väter (3, 1). Akiwa ben Mahalael sagt: „Wisse, woher du kommst und wohin du gehst und vor wem du Rechenschaft ablegen wirst. Woher du kommst: aus einem übelriechenden Tropfen. Wohin du gehst: an einen Ort von Staub, Verwesung und Gewürm. Und vor wem du Rechenschaft ablegen wirst: vor dem König der Könige, dem Heiligen, gepriesen sei er."

Nein, tot ist eben doch nicht tot, trotz des „Gewürms", das uns auffrisst, denn es ist vor Gott Rechenschaft abzulegen. Auferstehung – also doch. In irgendeiner, auch im gesamten Talmud (natürlich) nicht genau dargestellten Weise gibt es eine „Kommende Welt" („olam haba") und dort ein Leben. Ein ganz anderes: „weder Essen noch Trinken, noch Fortpflanzung und Vermehrung, noch Kauf und Verkauf, noch Neid, Hass und Streit" (Berachot, 17a, Talmud, Band I, S. 74). Man fühlt sich an Ludwig Thomas „Münchner im Himmel" erinnert: „Vielmehr sitzen die Gerechten mit ihren Kronen auf ihren Häuptern und weiden sich an dem Glanze der Göttlichkeit" (ebd.). Wie jenem Münchner dürfte auch dieser jüdische Himmel (minus „Hosiana") auf Dauer fad werden. Ob die Juden im Himmel, wie er, lieber an Bier und Schnupftabak denken, lassen wir offen. Wie die kommende Welt wirklich ist, bleibt offen. Wie bei den beiden Mönchen. Sie verabreden: Wer zuerst stirbt, erscheint dem anderen und berichtet, wie es wirklich sei. „Totaliter", also wie von der Kirche verkündet, oder „aliter", also ganz anders. Der eine stirbt und erscheint dem anderen. „Nu?" Die Antwort: „Totaliter aliter."

Der Kern jener Schmunzeleien, erst recht der historische, ist, wörtlich, todernst. Die Vorstellung einer Auferstehung wird erstmals in (Proto-)Jesaja 26,19, ursprünglich im späten 8. Jahrhundert v. u. Z. formuliert: „Deine Toten werden leben, die Leichen stehen wieder auf; wer in der Erde liegt, wird erwachen und jubeln."

Viele sagen: Erstmals werde der Gedanke der Auferstehung im Buch Daniel 12,2 ausgesprochen. Zu datieren ist es ungefähr zur Zeit der Makkabäerkriege gegen die Seleukiden, Mitte des 2. Jahrhunderts v. u. Z. „Von denen, die im Land des Staubes schlafen, werden viele erwachen, die einen zum ewigen Leben, die anderen zur Schmach, zu ewigem Abscheu."

Der unmittelbar politisch historische Einfluss des Daniel-Buches scheint gewichtig gewesen zu sein. Sadduzäer und Pharisäer führten hierüber, kurz nach Daniels Wirken im 2. Jahrhundert v. u. Z., einen Bürgerkrieg. Den tempelaristokratischen Sadduzäern zufolge gebe es weder ein Fortleben der Seelen noch eine Auferstehung der Toten oder eine kommende Welt. Anders die von den Pharisäern geführte Bourgeoisie, ebenso die asketischen Essener. Das alles ist nachzulesen beim Fast-Zeitgenossen Flavius Josephus („Der Jüdische Krieg", Buch II, Kapitel 8, S. 163 ff., besonders S. 170 bezüglich des Fortlebens der Seelen. Zum Bürgerkrieg Buch I, besonders Kapitel 4). Jedenfalls war jener theologische Disput eine Begründung für den Ausbruch des Bruderkrieges. Freilich wurde damals wie heute in Kriegszeiten noch mehr als sonst gelogen. In erster Linie war diese Konfrontation eine Art Klassenkampf.

Jenseits der individuellen sollte man auf die mehrfache *Auferstehung des jüdischen Kollektivs* schauen. Trotz allem. Trotz aller Verfolgungen, Vertreibungen und Vernichtungen. Theologische Begründungen wären hier deplatziert. Die Geschichte jener Auferstehungen verlief eher kreisförmig als linear: Niederlassung, Aufstieg, Höhepunkt, Abstieg, Verfolgung, Vertreibung. Dann Ortswechsel und wieder das Gleiche. Vielleicht passt das Bild von Zyklen besser. Jedenfalls wiederholen sich im Laufe der jüdischen Geschichte Aufstieg, relative Normalität auf hohem Niveau, dann Abstieg und Fall.

Die historisch jüngste Auferstehung wurde als Reaktion auf die zunehmend rassistisch geprägte gesamteuropäische Welle des Antisemitismus im späten 19. Jahrhundert durch den modernen und institutionalisierten Zionismus seit 1897 eingeleitet. Diesem Anfang folgte bald das Fast-Ende der „Endlösung", die den Alliierten (und Gott?) sei Dank trotz der sechs Millionen Opfer nicht zum Ende der Juden führte.

Nach der „Endlösung" der erlösende Neuanfang, die Auferstehung „der" Juden im Jüdischen Staat, Israel. Anknüpfend an die frühzionistische Tradition einer Auferstehung durch das „Muskeljudentum", sprich: Militär. Womit wir beim Dilemma der jüdischen Gegenwart (und Zukunft?) wären. Was folgt?

Hängt alles am Geld? Zur Ökonomie

Indirekt kennzeichnet auch die Ökonomie der Juden ihren Religionsbegriff. Ursprünglich war das Judentum eine rein landwirtschaftliche Religion. Auch die Abfolge der jüdischen Feste ist agrarisch geprägt. Pessach ist agrarisch das Fest des Frühlings, religiös erinnert es an den (vermeintlichen) Auszug der Juden aus Ägypten. Schawuot, das Wochenfest, gedenkt des Empfangs der Zehn Gebote und feiert die ersten Früchte. Im Herbst, zu Neujahr, so das religiöse Brauchtum, entscheidet Gott über Leben und Tod jedes Einzelnen. Landwirtschaftlich galt dieses Fest dem Erntedank. Wir erinnern uns: Mit dem Entstehen eines städtischen Bürgertums im antiken Israel änderte sich das grundlegend.

Einmal Bürgertum, immer Bürgertum – das wurden, waren und wahrten „die" Juden bis heute – genauer: ideologisch, wirtschaftlich und soziologisch. Schon lange bevor (in Europa) eine Bourgeoisie entstand. Auch wenn sie, ökonomisch betrachtet, eher unterbürgerlich und bitterarm waren – im Kopf und Herzen waren sie sowohl Bürger als auch „Citoyens", also Bürger, die sich aktiv für ihre Bürgerschaft als Gemeinschaft einsetzten.

Ob hauptsächlich oder nicht, die jüdische Religion hat dazu vor allem dreierlei programmiert.

1.) *„Ohne Mehl keine Tora"*, sagte der talmudische Weise Rabbi Elazar ben Asarija (Mischna, Sprüche der Väter 3,18). Freier übersetzt: Wenn Leere in der Kasse, keine Lehre. Der Spruch „Leere Kübel hausen übel" drückt materiell Gleiches aus, übergeht jedoch das Ideelle. Eindeutig ist jedenfalls eine jüdische Tradition, die Ideelles nicht vom Materiellen trennt und Mammon weder verteufelt noch anhimmelt. „Kapitalismus mit menschlichem Antlitz" – so könnte man das jüdische Wirtschaftsideal kennzeichnen (dazu Muller, Capitalism and the Jews). Es wirkte, denn selbst bei jüdischen „Megakapitalisten" fiel und fällt auf, dass sie materiell und ideell Soziales mit Mäzenatentum verbanden. Fast leer wären heute deutsche Museen, hätte es nicht „Legionen" deutschjüdischer Bürgermäzenaten gegeben.

2.) *„Auf drei Dingen steht die Welt: Tora, Avoda (Arbeit) und Wohltätigkeit"* *(„gmilut chassadim")* – sagt Rabbi Schimon (Simon) der Gerechte ebenfalls in den Sprüchen der Väter (Mischna 1,2). Arbeit bzw. Dienst ist dabei im doppelten Sinne zu verstehen. Erstens als Gottesdienst und zweitens als Brotverdienst. Sowohl Tora als auch

Wohltätigkeit weisen über das platt Materielle hinaus. Solange die jüdische Gemeinschaft religiös geprägt war und sich im Alltagsleben an diesen Maximen orientierte, war rein materielles Denken und Handeln nicht nur verpönt, sondern verachtet und geächtet. Die Kontinuität jüdischen Mäzenatentums seit der Emanzipation vom und aus dem Ghetto dokumentiert, dass sich auch die Säkularisierung (Verweltlichung) dieses Gefühls-, Denk- und Verhaltensmusters nicht grundlegend verändert hat.

Welch ein „Wunder": Auch unter Juden gibt es schwarze Schafe, die sogar im doppelten Sinne gegen den beschriebenen Kodex verstießen oder verstoßen, indem sie sowohl Nichtjuden als auch, traditionell eher ungewöhnlich, Juden betrogen. Einer war jüngst der Börsenmakler Bernard L. Madoff. Er zerstörte große Teile des Vermögens reicher Juden. Einer der Betrogenen war der Schriftsteller und Nobelpreisträger Eli Wiesel. Warum löste Madoff ein „jüdisches Erdbeben" aus? Weil er die Basis jeder Wirtschaftsethik und erst recht der „innerjüdischen Wirtschaftsethik" zertrümmerte. Bereits in und seit der Antike war absolutes wechselseitiges Vertrauen von Jude zu Jude der Grundstein für Arbeit und Erfolg der jüdischen (Fern-)Händler.

3.) *„Der Mensch lebt nicht vom Brot allein"* (Deuteronomium 8,3, übernommen in Matthäus 4,4). Eine wunderbare jüdisch-christliche Gemeinsamkeit, einmal mehr das Materielle mit dem Ideellen verbindend. Nicht Entweder-oder, sondern Sowohl-als-auch. Profit und Ethik sollen einander eben nicht ausschließen. Bis heute wirkt diese Ethik jüdischer Wirtschaftsgeschichte. Ausnahmen bestätigen die Regel.

VI. Recht, Macht, Gewalt – Klischees und Realitäten

Im Rahmen einer kurzen jüdischen Welt*geschichte* kann unmöglich das jüdische *Recht*swesen beschrieben werden. Drei Themen seien jedoch gestreift, weil sie historisch zu verstehen und hochpolitisch sind. Sie (ver)sorgen seit jeher die Nachfrage nach antijüdischem Gift.
 1.) Der Rechtsgrundsatz „Auge um Auge, Zahn um Zahn"
 2.) Die traditionell-biblische und heutige rechtliche Stellung von Nichtjuden in den alten jüdischen Gemeinwesen sowie im heutigen Israel
 3.) Das Verhältnis von Juden zu Recht und Gesetz sowie somit zur Obrigkeit – vor, nach, mit und ohne Gewaltenteilung

Alle drei Teilthemen des jüdischen Rechts sollten im zeitlichen und regionalen Zusammenhang betrachtet werden. Jüdische Nabelschau reicht nicht.

Judenhistorisch und judenrechtlich grundlegend ist diese Tatsache: Der *Talmud,* basierend auf der Tora, doch deren Absicht oder Botschaft faktisch (nicht ausdrücklich) eher oft als selten umkehrend, ist *der* Rechtsfundus des Judentums. Manchmal picken sich die talmudischen Weisen aus Version 1 oder 2 der Tora die ihnen genehmere heraus. Der Talmud liefert zugleich die jeweiligen Gesetzeskommentare und Gegenmeinungen zum jeweiligen Rechtsgegenstand. Besonders auffallend ist dabei – ganz anders als die reduktionistisch-eindimensionale Halacha-Gesetzessammlung des „Schulchan Aruch" („Gedeckten Tisches") oder der später und auch heute versteinten Orthodoxie – die Vielschichtigkeit und Vielsichtigkeit der talmudischen Weisen. Sie gehen dabei wissentlich manchmal bis an die Grenze des Gesetzesbruches.

VI. Recht, Macht, Gewalt – Klischees und Realitäten

„Auge um Auge, Zahn um Zahn"

„Wird es im heiligen Land je Ruhe geben?", fragte Oskar Lafontaine vor 20 Jahren in einem Kommentar in der *Bild*-Zeitung (27.8.2001, S. 2). Noch regiere „das Alte Testament, Auge um Auge, Zahn um Zahn. Den Weg zum Frieden weist das Neue Testament. Dort steht: ‚Liebe deinen Nächsten wie dich selbst'". Abgesehen davon, dass „Liebe deinen Nächsten wie dich selbst" erstmals in Leviticus 19,18 stand, also in der Hebräischen Bibel, und lange danach von Jesus in der Bergpredigt zitiert wurde, dokumentiert und repräsentiert die Lafontaine-„Erkenntnis" eine allgemeine, kenntnislose Wahrnehmung der jüdischen Rechtsethik, ja vielleicht „des" Judentums als „Rache-Religion". Klassisch der Hinweis auf „Auge um Auge". Auch heute noch, 20 Jahre nach Lafontaines Rückgriff auf ein antisemitisches Stereotyp.

Der Rechtsgrundsatz aus Exodus 21,24 („Auge *für* Auge") beinhaltet gerade nicht Rachegeist, sondern Verhältnismäßigkeit zwischen Straftat und Strafmaß. Die Strafe dürfe nicht schärfer als die Tat sein. Das genau ist auch der ethische Kern jeglichen zivilisierten Rechtes. Dafür gibt es einen (eigentlich) allseits bekannten Rechtsbegriff, nämlich „ius talionis". Das Gleichgewicht zwischen Tat und Strafe wurde in der Rechtsgeschichte der Menschheit allmählich und bis heute nicht überall hergestellt. Die Ansätze führen ins antike Mesopotamien zurück, circa 2000 v. u. Z.

Wir müssen also unseren Blick einmal mehr erweitern und die kleine jüdische Welt in die „große, weite Welt" einordnen. Wenn wir erstens regional vergleichen und zweitens davon ausgehen, dass der Großteil der Hebräischen Bibel, basierend auf älteren Überlieferungen, zwischen 500 und 300 v. u. Z. verfasst wurde, stellen wir mühelos fest, dass die jüdischen bzw. Toragesetze, -gebote und -vorschriften in etwa in der vor- und klassisch griechischen Ära, beginnend mit Solon (um 640 bis ca. 560 v. u. Z.), niedergeschrieben wurden und nur scheinbar erstaunliche, tatsächlich aber leicht nachvollziehbare Ähnlichkeiten mit jenen griechischen Gesetzen aufweisen. Das betrifft sowohl die Verschriftlichung von zuvor nur mündlich überliefertem Recht als auch den Kampf gegen die Schuldsklaverei, den Versuch, rechtliche Dämme gegen Alleinherrschaft zu errichten, die Bürgerbeteiligung in der Volksversammlung (der wir im biblischen Buch Esra begegnen) und nicht zuletzt den transzendenten Bezug zu den Göttern oder zum „Jüdischen Gott". Auch in ganz anderen Teilbereichen lassen sich hellenisch-jüdische, also mediterrane Ähnlichkeiten feststellen. Das wiederum ist keine Überraschung, denn die Philister – der biblischen Juden Widersacher im Heiligen Land – kamen um ca. 1100 v. u. Z. als „Seevölker" alles andere als gewaltfrei von der Balkanhalbinsel in den Vorderen Orient und wahrten ihre Verbindungen zur Herkunftsregion, mit der zudem (siehe die griechischen Sagen, besonders Zeus und Europa) nicht nur enge Handelsbeziehungen bestanden. Der Riese Goliath, der große Held der Philister, dem wir in der David-Geschichte begegnen, trug in der biblischen Darstellung (1 Samuel) die gleiche Rüstung wie die athenischen Hopliten, stellen Finkelstein und Silberman fest (David und Salomo, S. 174 ff.).

Vermeintlich rachebasiertes jüdisches Recht erweist sich also als absolutes Gegenteil, als zivilisierte, humane, gemeinsame Grundlage antik-jüdisch-christlicher Tradition und somit unserer Rechtsgegenwart, in der es eben um die Verhältnismäßigkeit von Tat und Strafe geht.

Fremdenrecht – „Apartheid" im Judentum?

Allseits als jüdisch *und* christlich bekannt: „Liebe deinen Nächsten wie dich selbst" (Leviticus 19,18). Weniger bekannt, obwohl nur wenige Zeilen weiter Leviticus 19,34: „du sollst ihn (= den Fremden) lieben wie dich selbst". Folgerichtig spricht die Hebräische Bibel dem im jüdischen Gemeinwesen dauerhaften Miteinwohner, dem „Fremden", wie den Juden das Sabbatrecht zu und gleiches Recht vor Gericht (Deuteronomium 1,16 oder Deuteronomium 24,17). Wieder böte sich ein zeitlicher, inhaltlicher und mediterran-regionaler Vergleich mit dem ähnlichen Metöken- bzw. Fremdenrecht im antiken Athen an. Und wieder altjüdisch-altathenische Ähnlichkeiten: In beiden „Staaten" gab es ein Asylrecht. Im jüdischen Gemeinwesen gab es sechs „Asylstädte" (Leviticus 35,15; Deuteronomium 19,1–13).

In der christlichen Tradition finden wir einen weitergehenden Ansatz: In Kapitel 19,108 des (nicht ins Neue Testament aufgenommenen) Barnabasbriefes heißt es: „Liebe deinen Nächsten mehr als dich selbst" (Berger/Nord, Das Neue Testament und frühchristliche Schriften, S. 260). Wie gesagt wurde dieser Ansatz im Christentum nicht im oder durch das Neue Testament kanonisiert. Es bleibt dabei: Sowohl „Auge um Auge" als auch „Liebe deinen Nächsten wie dich selbst" sind gleichermaßen jüdisch und christlich.

Worüber man – ebenfalls sowohl bezogen aufs Judentum als auch das Christentum – streiten kann ist die Frage, ob die gelebte und geschriebene

„Verfassung" deckungsgleich sind. Nicht zuletzt in der Gegenwart. Israel wäre ein „Apartheidregime", verkündete 2012 der SPD-Vorsitzende Sigmar Gabriel, eine Äußerung, die er als Ex-Außenminister später bedauerte. Anders als unter dem südafrikanischen Apartheidregime genießen Israels arabische sowie alle nichtjüdischen Staatsbürger die gleichen Rechte. Wie es mit Recht und Rechtswirklichkeit aussieht, besonders mental, ist eine andere Frage. Immerhin: Von 2017 bis 2020 war die Vereinigte Arabische Liste drittstärkste Fraktion in der Knesset, dem israelischen Parlament. 2021 war die arabische Raam-Partei bei der Koalitionsbildung Zünglein an der Waage. Seit Jahren gibt es arabische Richter oder arabische Ärzte, die Juden behandeln und von denen sich Juden selbstverständlich behandeln lassen. Israels Schulen und Hochschulen stehen Arabern offen, die Zahl der Absolventen steigt ständig.

Nicht zuletzt: Wie einst den Juden (wenn man sie nicht verfolgte oder vertrieb) zum Beispiel im mittelalterlichen und frühneuzeitlichen West- und Mitteleuropa sowie im osmanischen Millet-System im zivilrechtlichen, religiösen und kulturellen Bereich weitgehend Autonomie gewährt wurde, wird auch Nichtjuden im Jüdischen Staat der Gegenwart diese Art der Selbstbestimmung und Selbstverwaltung gewährt.

Apartheid? Polemik! Ohne Kenntnisse der Apartheid und der Wirklichkeit Israels.

Obrigkeiten – jüdische Doppelloyalität?

Traditionell-religiös gibt es im Judentum nur eine anerkannte Obrigkeit: Gott. Und auch der hatte es mit „seinen" Juden ihrer, wörtlich, „Hartnäckigkeit" (hebräisch: „kscheij oref") wegen schwer genug. Man lese die Bibel. Dort liest man, dass Jakob sogar gegen (das bleibt unklar) Gott bzw. einen Engel bzw. einen Mann rang (Genesis 32,23–33) – und nicht besiegt wurde. Jakob, als „der mit Gott Ringende" = „Israel". So nennt ihn Gott/der Mann/der Engel.

Die weltliche Obrigkeit kommt in den biblischen Texten meistens schlecht weg. Selbst David (der Große) und Salomon (der Große, noch „Sündigere") bleiben in der Bibel nicht makellos. Die Botschaft ist eindeutig: Jede weltliche Macht ist fehlbar und eben nicht und nie absolut. Für die schlechte „Bibel-Presse" der Israel- und Judäa-Monarchen sorgte nicht zuletzt während der Ära der Bibelniederschrift die Tempelaristokratie. Freilich aus eigennützigen politischen Gründen: Die Tempelaristokratie wollte ihre Theokratie festigen. Lange gelang ihr das. Nicht mehr nach dem Makkabäeraufstand gegen die Seleukiden im 2. Jahrhundert v. u. Z. Die seitdem historisch nachvollziehbaren (Misse-)Taten der Hasmonäerkönige und der Herodianer ließen bei „den" Juden keine Monarchie-Nostalgie mehr aufkommen, und nach der Zerstörung des Zweiten Jerusalemer Tempels hatte auch die einstige Aristokratie ihre Hausmacht verloren. Fortan herrschte im Judentum die „Bourgeoisie" im vormodernen und später modernen Sinne. Der freien Entfaltung der „Produktivkräfte" der gesamten Gesellschaft stand damit weniger im Weg als in den meisten nichtjüdischen Gemeinschaften.

In der Diaspora war, wenn überhaupt, die Obrigkeit – meist Monarchie oder Aristokratie – der einzige, wenngleich alles andere als dauerhaft gewährleistete Schutz der Juden. Deshalb: Trotz allem ja zur Obrigkeit. So umschreibe ich die geltende jüdische Weltsicht gegenüber jedweder Obrigkeit in dieser Welt. Weichenstellend dieser Satz von Rabbi Chanina, Tanait der ersten Mischna-Generation, Vorsteher der Priesterschaft und stellvertretender Hohepriester, der noch die Zerstörung des Zweiten Tempels erlebte und den Märtyrertod fand: „Bete für das Wohl der Obrigkeit. Gäbe es keine Furcht vor ihr, so verschlänge einer den anderen." (Mischna, Sprüche der Väter 3,2) Jahrhunderte später hat es Thomas Hobbes (1588–1679) ähnlich formuliert: „Der Mensch ist des Menschen Wolf." Jüdisch-christliche Gemeinsamkeit: „Es ist keine Obrigkeit außer von Gott" (Paulus, Römer 13)

Der zweite Obrigkeiten betreffende, auf Aramäisch formulierte Kernsatz des (Babylonischen) Talmuds stammt von Rabbi Schmuel (Samuel, 165–257 u. Z.). Er zählt zur ersten Generation der Amoräer, welche die Gemara verfassten: „Dina de malchuta dina". Heißt: Das Recht des jeweiligen Königreiches gilt. Kurz und bündig: Landesrecht gilt.

Man kann die zentrale Bedeutung dieser Leitlinie gar nicht stark genug hervorheben, denn immer wieder wurde (und wird zum Teil immer noch) „den" Juden eine „doppelte Loyalität" unterstellt: die eine, angeblich dominante, der jüdischen Welt gegenüber, heute: Israel. Die andere, angeblich, wenn überhaupt, dem jeweiligen Staat, dessen Bürger Juden sind. In Deutschland prägte der Historiker Heinrich von Treitschke jenes böse Wort von der Doppelloyalität der Juden. Dieser Mann gilt noch immer als bedeutender deutscher Historiker des 19. Jahrhunderts. Er war ein bedeutender Antisemit.

„Dina de malchuta dina" (Talmud – Gittin 10b, Baba Kama 113a, Baba Batra 54b/55a.) gilt noch heute in Diasporagemeinden. Das „Gebet für die Obrigkeit" bzw. „für die Regierung des Landes" gehört zum wöchentlichen Kanon. Dessen Grundgedanke geht weit zurück – bis zum Segen von Stammvater Jakob für den Pharao, der Josef sozusagen zu seinem Stellvertreter gekürt hatte (Genesis 47,7) und zur Aufforderung des Propheten Jeremias (29,7) an die Glaubensgenossen in Babylon: „Suchet der Stadt Bestes, wohin ich euch habe wegführen lassen, und betet für sie zum Herrn; denn wenn es ihr wohlgeht, so geht's euch auch wohl." Doppelloyalität?

Ironie der Geschichte: Eine ganz andere Art der Doppelloyalität gibt es im Jüdischen Staat, Israel. Nicht nur für orthodoxe und ultraorthodoxe, auch für traditionell jüdische Israelis stellt sich die Frage: Halacha oder Landesrecht? Sie sorgt seit jeher und wohl auch noch künftig für innerjüdisch-israelischen Zündstoff.

Sind „die" Israelis obrigkeitsorientiert? Trotz des zeitweiligen Personenkults ihrer Fans und Klientel hatten es politische Führungspersönlichkeiten in Israel nicht leicht, denn, so der wunderbar kennzeichnende Titel eines schlechten israelischen Films: „Jeder Bastard ist ein König". Keine gute Voraussetzung für Unterwürfigkeit à la „Der Untertan" von Heinrich Mann.

Krieg und Konflikte – Machtträume der Ohnmächtigen

Jenseits seiner anmaßenden „Bibelkenntnisse" gab Oskar Lafontaine durchaus das gängige Bild Unwissender über „die" jüdische Religion wieder: Nicht nur „Auge um Auge", Lieblosigkeit und Rache, sondern auch Gewalt und Krieg gelten als „alttestamentarisch". Nebenbei: Richtig heißt es „alttestamentlich". Das ab- und geringschätzige „alttestamentarisch" gehört zum Antisemiten-Vokabular.

Als „Beweis" dient die biblische Geschichte von der Landnahme. Wer bei der Lektüre des Alten Testaments jedoch den „Mut" aufbringt, „sich seines eigenen Verstandes zu bedienen", erkennt mühelos: Diese Machtträume gleichen Wunschträumen Ohnmächtiger. Warum? Weil jüdische Staatlichkeit selbst der Bibel zufolge eher kurz und selten bestand. Und wenn sie bestand, blieb sie ständig selbst durch kleinere „Staaten" bedroht, abwechselnd abhängig von den damaligen Weltmächten Ägypten, Assyrien, Babylon, Persien, Hellenisten oder dem Römischen Imperium. Mit den biblischen Geschichten sprach man einander Mut zu. Besonders ermutigend und dabei sehr wohl an der Wirklichkeit orientiert: die Geschichte von David und Goliath als Trost- und Selbstbild. Psychologie plus Theologie, eine Geschichte, aber eben nicht Geschichte, story und nicht history (ausführlicher Wolffsohn, Juden und Christen, Kapitel 4).

Ebenso das Gottesbild: Die Rede ist oft vom „Herr der Heerscharen" („Adonai Zewaoth", Zawah = Streitmacht, Heer, Armee). Dieser Gott habe die Kinder Israels zum Beispiel aus und gegen Ägypten gerettet und in die Freiheit geführt, „mit", man erinnere sich an die Tora, „starker Hand und hoch erhobenem Arm" (Deuteronomium 4,34). Selbst anhand der Bibellektüre drängt sich nicht nur die Theodizeefrage auf („Wo war/ist Gott?"), sondern die Frage nach der Macht dieses Gottes. Nebbich, kann man da nur auf Jiddisch sagen. Die biblische Botschaft ist, recht besehen, eindeutig, ohne an Gott zu zweifeln oder seine „Dienstleistungen" zu erwarten: Dieser Gott ist nicht stark. Immer wieder schützt er euch nicht. Hinzudenken soll man sich: Aber es gibt ihn. Die talmudischen Weisen wagen Zweifel zu äußern – und werden im letzten Moment gebremst. Tenor: Was weißt denn du, Mensch(lein)? Echte Göttliche Kraft, Stärke, Macht? Fehlanzeige. Andererseits: die Schöpfung als Gotteswerk – in der Bibel.

Vorsicht, liebe Leser, eine unverzichtbare Frage: Ähnelt dieses Bild vom schwachen Gott nicht der Kreuzesbotschaft? Ja. Mit einem Unterschied. Hier leidet – im christlichen religiösen Sinne – Gott bzw. Gottes Sohn, dort leider „nur" das „Volk Gottes". Eine Variation zum selben Thema. Die spätere jüdische Theologie, besonders die mystische der Kabbala, entwickelte den Begriff des „Zimzum", wörtlich: der Selbst-Einschränkung bzw. Schrumpfung Gottes. Die in Erzählungen gefasste jüdische Theologie von Krieg und Konflikt schwankt zwischen Schein und Sein. Ohnmacht bzw. Zimzum als Sein und Macht als Schein. Selbst Frömmigkeit änderte daran nichts. So die biblische Botschaft über König Josia. Zu seiner Zeit erlebte das Königreich Judäa in den Jahren 639 bis 609 v. u. Z. eine machtpolitische, religiöse und kulturelle Blütezeit. Ausgerechnet diesen König tötete Pharao Necho II. bei Megiddo (2 Könige 23,29 f.). Wieso?, fragt man sich und Gott. Im Buch der Chronik (35,20 ff.) wird die Geschichte etwas versüßt. Es heißt, Josia sei bei einer „Schlacht" gegen Necho ums Leben gekommen. Kurze Zeit danach, 586 v. u. Z., brannte der Erste Tempel.

Machtlosigkeit in Wort und Wirklichkeit folgte, abgesehen von selbstbestimmten Zwischenspielen, der Zerstörung des Ersten Tempels. Erst recht des Zweiten Tempels, kulminierend im Bar-Kochba-Aufstand. Dann wieder – abgesehen von kurzlebigen jüdischen Staaten außerhalb Zions – totale Machtlosigkeit, bis, ja bis zum modernen, ab 1897 institutionalisierten und ab 1948 etatisierten bzw. zum Staat Israel gewordenen Zionismus.

VII. Leben, Lieben, „Muskeljuden" – Körperlichkeit und Sex

Als Kontrapunkt der knapp 2000-jährigen, leidüberfüllten Diasporageschichte bot die frühzionistische Ideologie dieses Ziel: die Schaffung des „Neuen Jüdischen Menschen". Das Motto: Genug der Geistesblässe von Bet- oder Gelehrtenstuben. Es werde „Der Neue Jude". Kräftig sei er und Mut habe er. Das neue, zionistisch-sozialistische Ideal: Bauer sei der Jude, nicht Bänker, Anwalt, Arzt, Journalist, Schriftsteller oder Professor. Sportlich sei er. Der „Muskeljude" (Max Nordau, 1898), der Körperjude war gedanklich geboren – und wurde ab 1882 in Zion Wirklichkeit, weniger in der Diaspora (EJGK, Band 4, S. 286ff.; Brenner/Reuveni, Emanzipation durch Muskelkraft).

Bis heute lässt jedoch im Sportbereich der große Normalisierungserfolg, „wie alle Völker" zu sein, auf sich warten, wenngleich Israel 2021, bei den Olympischen Spielen in Tokio, erstmals zwei Goldmedaillen gewann. Angesichts der inzwischen über 100-jährigen Geschichte des Zionismus verläuft der sportliche Fortschritt Israels eher im Schneckentempo. Besonders im globalen Volkssport Fußball. Nur einmal, 1970, schaffte Israel die Teilnahme an einer Fußballweltmeisterschaft – und schied in der Vorrunde aus. Die diversen Makabiaden, die „Jüdischen Olympiaden", gleichen eher netten, ehe- oder gemeinschaftsstiftenden Geselligkeiten als sportlichen Weltevents. Ähnlich die diversen, lokalen, auch in Deutschland aktiven „Makabi"-Sportklubs.

Und heute? Rückfall oder Kontinuität, Alter oder Neuer Jüdischer Mensch? Die Leser mögen anhand dieser erlebten Begebenheit entscheiden. 2016, mäzenatische Nachwuchsschulung der Deutschen Fußball Liga in Israel für Kinder und Jugendliche. Jair, 13, bekommt als Lehrgangsbester den ersten Preis, einen Fußballschuh mit Aufschrift. Er platzt vor Stolz. Neben ihm seine Mutter. Der deutsche Trainer gratuliert.

Die Mutter: Und was jetzt?
Der Trainer: Jair ist so gut, dass er weiter trainieren sollte. Er wird bestimmt ein Topfußballer.
Die Mutter, ihr Gesicht verächtlich verziehend: Ich bitte Sie. Sein Vater ist Arzt, seine Mutter Anwältin. Und er soll Fußballer werden?

Zum Körper von Juden gehört, o Wunder, wie zum Körper „des" Menschen schlechthin, Lust an Körperlichkeit, nicht zuletzt offene sowie, erhofft und erübt, lustvolle *Sexualität*. Besonders linke Frühzionisten in den Kibbuzim (Kollektivsiedlungen) erhoben sie nahezu demonstrativ, ideologisch, doch auch die neujüdischen Städter konnten mithalten. Ganz unideologisch, fast wie später weltweit die „1968er", die ihrerseits meinten, Sexualität und Freude an der Lust erstmals in der Menschheitsgeschichte entdeckt zu haben. Magnus Hirschfeld, Gründer und Leiter des Instituts für Sexualwissenschaft in Berlin, war bei seinem Tel-Aviv-Besuch Anfang der 1930er Jahre begeistert von der „Lebenslust, Lebenskraft und Lebensbejahung" der „frischen Jungen und Mädels am Strande von Tel Aviv" (EGJK, Band 4, S. 291) und angewidert von „den schluchzenden chassidischen Jünglingen an der Klagemauer von Jerusalem" (ebd.). Heute bietet sich den Beobachtern an diesen Stellen Tel Avivs und Jerusalems das gleiche Bild.

Im Rahmen der jüdischen (Diaspora-)Geschichte klingt das revolutionär, im Zusammenhang mit der allgemeinen, besonders der Geschichte im deutschen Kulturraum des späten 19. Jahrhunderts gar nicht. Stichwort „Wandervogel".

Widerspruch! Eine jüdische Besonderheit bot diese ebenso zionistische wie universalmenschliche Ideologie und deren Verwirklichung: Sie machte „die" Juden „wie alle Völker". Genau das strebten die Zionisten an, besonders die Links- und Liberalzionisten, und genau das verabscheut die jüdische Orthodoxie. Auch dieser Teilbereich erklärt den Gegensatz von Zionismus und jüdischer Orthodoxie.

Gemessen an MeToo-Maßstäben hätten die meisten zionistischen Gründerväter, auch Ben Gurion und Chaim Weizmann (Israels erster Präsident) oder „die" Frühzionisten scheinbar keinerlei Chancen, Positionen zu erklimmen oder zu halten. Tatsächlich wäre das Anlegen jenes Maßstabes völlig verfehlt, denn Promiskuität galt den (meisten) männlichen ebenso (!) wie weiblichen Frühzionisten, auch den nichtreligiösen bürgerlichen – lange vor der 68er-Internationalen – als Zeichen der Selbstbefreiung, des „Neuen Jüdischen Menschen". Ohne ihn zu kennen, wandten sie den

VII. Leben, Lieben, „Muskeljuden" – Körperlichkeit und Sex

68er-Spruch an: „Wer zweimal mit derselben (demselben) pennt, gehört schon zum Establishment." Tempora mutantur ... und wir mit ihnen.

Ein fundamentaler Widerspruch: Die Freuden der Körperlichkeit entdeckten weder heutige Israelis „wie alle Völker" noch linke Frühzionisten oder 68er und US-Blumenkinder. Die Hebräische Bibel ist prallgefüllt mit Erotik und Sex in diversen Varianten und verheimlicht so wenig wie der Talmud Lust und Freude („Oneg") der Sexualität. „Sabbat, Sonne, Beischlaf", so die talmudischen Weisen, wären in dieser Welt ein köstlicher Vorgeschmack des Paradieses, der „Kommenden Welt" (Berachot 57b, Talmud, S. 255). Oder dies (ebd.): „Drei Dinge kommen in den Körper, und der Körper genießt von ihnen nichts: Kirschen, schlechte Feigen und unreife Datteln. Drei Dinge kommen in den Körper, und der Körper hat von ihnen einen Genuss, und zwar: das Baden, das Salben und der Beischlaf." Und, zeitgebundener „Machismo": „Drei Dinge erheitern den Sinn des Menschen (hebräisch „Adam"), und zwar: eine schöne Wohnung, eine schöne Frau und schöne Geräte." (ebd.) Der Mann als „der" Mensch – eben wie der Adam der Genesis wörtlich übersetzt „Mensch" bedeutet. Der eigentliche Mensch wäre der Mann. Das liberale Judentum hat sich von dieser Weltsicht befreit, emanzipiert, das orthodoxe nicht.

Im „Schulchan Aruch", dem Halacha-Kompendium von Rabbiner Josef Karo (1488–1577), wird der Freitagabend (Sabbatbeginn) für die ehelichen Freuden empfohlen, als „oneg schabat" (Sabbatfreude). Körperlichkeit in jeder Form ist kein Tabu – wohl aber die Indiskretion Außenstehender im Sinne der Schamverletzung als eine Art Vulgarisierung des für das Individuum nahezu Heiligen: der Schambereich. Außenstehende, die in der Hebräischen Bibel indiskrete Blicke auf die entblößte Scham anderer werfen, werden verflucht. Vereinfacht: Porno nein, lustvoller Sex ja. Wieder haben Teile der Orthodoxie auch diese entkrampfte Haltung verkrampft, indem sie verlangen, der nackte Körper der Frau sei beim Liebesakt (gar ohne Liebe?) zu verdecken und lediglich eine Öffnung zu ihrem Genitalbereich vorzusehen. Bezogen auf die ebenfalls versteint-dogmatische islamische Orthodoxie hat sich Salman Rushdie dieses Themas im ersten Kapitel seiner „Mitternachtskinder" („Das Laken mit dem Loch") satirisch angenommen, die Netflix-Serie „Unorthodox" nach dem Buch von Deborah Feldman präsentierte es polemisch, klamottig.

Da bekanntlich Juden wie alle Menschen sind, gab und gibt es auch bei ihnen Homosexuelle. Die Tora (und damit auch die christlich-biblische

Tradition) sagt klar nein zur *Homosexualität,* wenngleich manche Theologen und Wissenschaftler, Juden ebenso wie Nichtjuden, diesen Sachverhalt überzuckern. Das ist sympathisch, aber falsch. Text und Erzählung sind eindeutig. Man lese Genesis 19,1 bis 29. Der Besuch der Gottesboten bei Lot in Sodom. Der männliche Mob will den Beischlaf mit Lots Gästen. Der Bibeltext schildert das Ganze voller Abscheu, und daraus leitet sich das Wort „Sodomie" ab, was, anders als heute, nicht Geschlechtsverkehr mit Tieren bedeutete, aber im Sinne der Bibelautoren als eindeutig pervers empfunden und dem entsprechend geschildert wurde. Leviticus 18,22: „Du sollst nicht bei einem Mann liegen wie bei einer Frau; es ist ein Gräuel." Leviticus 20,13 benennt die Extremstrafe: „Wenn jemand bei einem Manne liegt wie bei einer Frau, so haben sie getan, was ein Gräuel ist, und sollen beide des Todes sterben; Blutschuld lastet auf ihnen." Diese Beispiele mögen genügen.

Die Hebräische Bibel wäre nicht die Hebräische Bibel, würde sie nicht auch zur These die Antithese präsentieren. Dialektik ist eben nicht die Erfindung des deutschen Philosophen Hegel ... Voll Zärtlichkeit und Seelenharmonie wird die durchaus erotische und, das legt der Text nahe, sexuelle Männerfreundschaft zwischen dem späteren König David und Jonathan, dem Sohn König Sauls (1 Samuel 18,1–5) geschildert: „Als David aufgehört hatte, mit Saul zu reden, verband sich das Herz Jonathans mit dem Herzen Davids, und Jonathan gewann ihn lieb wie sein eigenes Leben. 2 Und Saul nahm ihn an diesem Tage zu sich und ließ ihn nicht wieder in seines Vaters Haus zurückkehren. 3 Und Jonathan schloss mit David einen Bund, denn er hatte ihn lieb wie sein eigenes Leben. 4 Und Jonathan zog seinen Rock aus, den er anhatte, und gab ihn David, dazu seine Kleider und sein Schwert, seinen Bogen und seinen Gürtel." Luther übersetzt hier recht wörtlich, manch andere Übersetzung macht es keuscher – und damit falsch sowie Homosexualität letztlich als Abartigkeit abstempelnd. Noch einmal ganz anders der wahre Bibeltext. In 2 Samuel 1,26 beweint David Jonathans Tod herzzerreißend: „Deinetwegen bin ich in Not, mein Bruder Jonathan, du warst mir so lieb. Wunderbarer war deine Liebe für mich als die Liebe von Frauen." Wenn das nicht eindeutig ist. Und bar jeder Verächtlichmachung.

Noch eindeutiger wird die Unvoreingenommenheit des oder der Autoren dieses Bibelabschnittes, wenn man auf eine scheinbare Winzigkeit im hebräischen Original von 1 Samuel achtet: Bis zum Kapitel „Liebesszene" zwischen David und Jonathan (1 Samuel 18), zum Beispiel noch in 1 Samuel 14,52.53 und 55 ist von „Jonathan" die Rede, ab 1 Samuel 18 aber von „Jehonathan". Hinzugefügt wurde ein „hey" bzw. „H" für Gott. *Sprache, sogar einzelne Buchstaben als Kunst, Stil- und Ausdrucksmittel. „Volk des Buches", Dauerübungen für diejenigen, die üben wollen – und denken lernen. Über Jahrtausende. Keine mythische, gar genetische „jüdische Intelligenz", aber ständiges Gehirntraining, wenn man sich dem nicht entzieht. Von Breitensport und Dauertraining zum Spitzensport. Nicht viel anders ist es in der Welt des Geistes.*

Die positive Darstellung der Männerliebe in der Bibel überrascht nicht. Sie war, zumindest zur Zeit der Bibelniederschrift, in der Antike weit verbreitet und wurde noch viel offener und heftiger besungen. Man vergewissere sich durch die Lektüre von Platons „Gastmahl" bzw. „Symposion", wo der Schönling Alkibiades von seiner Liebesnacht mit dem legendär hässlichen und durch seinen Geist hocherotischen Sokrates schwärmt.

Bereits die Talmudisten entsexualisieren die Liebe zwischen David und Jonathan bzw. Jehonathan. Es sei (unjüdisch ausgedrückt) platonische Liebe gewesen, „eine Liebe, die von nichts abhängt", und mit „nichts" ist Sexualität gemeint (Sprüche der Väter 5,18; Talmud, Band IX, S. 681): „Jede Liebe, die von Etwas abhängt, hört auf, sobald das Etwas aufhört. Die aber nicht von Etwas abhängt, hört niemals auf. Welches ist beispielsweise eine Liebe, die von Etwas abhängt? Die Liebe von Amnon und Tamar. Und die nicht von Etwas abhängt? Die Liebe von David und Jehonathan." Zur Erinnerung: Bei Davids Kindern, den Halbgeschwistern Amnon und Tamar, kam es zum Geschlechtsakt (2 Samuel 13).

Lange währte die Tabuisierung. In der Orthodoxie dauert sie an. Nicht im liberalen Judentum, nicht in der Mehrheitsgesellschaft Israels und schon gar nicht in der Schwulen- und Lesbenmetropole Tel Aviv. 1993, in einer Knessetdebatte, wurde Yael Dajan, Tochter des legendären Generals, Verteidigungs- und Außenministers Mosche Dajan, von den religiösen Parlamentsfraktionen verbal gesteigigt, als sie die Männerliebe von David und Jehonathan klipp und klar als solche bezeichnete. Längst sitzen ultraorthodoxe Politiker mit bekennenden Schwulen am Kabinettstisch. So zum Beispiel im (bislang?) letzten Kabinett Netanjahu. Man denke an den Likud-Politiker Amir Ochana, vom April 2019 bis zum Regierungswechsel 2021 „Bibis" Minister für innere Sicherheit. Nitzan Horowitz, Vorsitzender der linksliberalen Meretz und seit Juni 2021 Gesundheitsminister unter Premier Benet, ist ebenfalls bekennender Homosexueller.

Die möglichen Belege für *lesbische Liebe* sind in der Hebräischen Bibel rar. Gern beziehen sich manche auf Ruth 1,16–17. Dort spricht die jüdisch verwitwete Moabiterin Ruth diese Sätze zu ihrer jüdischen Schwiegermutter Naomi: „Wohin du gehst, dahin gehe auch ich, und wo du bleibst, da bleibe auch ich. Dein Volk ist mein Volk, und dein Gott ist mein Gott. Wo du stirbst, da sterbe auch ich, da will ich begraben sein. Der Herr soll mir dies und das antun – nur der Tod wird mich von dir scheiden." Bei heterosexuellen christlichen und neuerdings auch bei gleichgeschlechtlichen Trauungen werden diese wunderbar menschlichen Sätze als Segensform(el) gesprochen. Schön, aber nichts deutet im Buch Ruth auf lesbische Liebe. Ganz im Gegenteil. Naomi verkuppelt Ruth geradezu mit dem Juden Boaz. Mehr noch: Sie gibt Ruth Ratschläge, wie sie sich dem begehrten Mann ankuscheln solle.

Wenn überhaupt wird hier und da Deuteronomium 23,18 als Beleg lesbischer Sexualität (nicht Erotik oder gar Liebe) interpretiert: „Unter den Frauen Israels soll es keine sakrale Prostitution geben, und unter den Männern Israels soll es keine sakrale Prostitution geben." Vom Verbot lesbischer Liebe (wohlgemerkt Liebe) ist die deutsche Übersetzung ebenso weit entfernt wie das hebräische Original. Auf die nachweisbaren Verflechtungen Alt-Israels und Alt-Judäas mit der polytheistisch-mediterranen Welt wurde mehrfach hingewiesen, besonders für die Zeit der Niederschrift der meisten hebräischen Bibeltexte: 500 bis 300 v. u. Z. Die antik-griechische Dichterin Sappho, die auf der Insel Lesbos (Lesbos – lesbisch) lebte, um 570 v. u. Z. starb und auch nach ihrem Tod in ihrer Lyrik weiterlebt(e), hatte ungefähr zur gleichen Zeit die Schönheit von Frauen seelenvoll und erotisch besungen.

Wenn man die Männerliebe zwischen David und Jonathan gleichnishaft für gleichgeschlechtliche Liebe versteht, dann gilt dieses Gleichnis ebenso als Antithese zu ihrem biblischen Verbot.

VIII. Rückblicke und Ausblicke

Fluch und Segen des Antisemitismus

Sogar der Antisemitismus hat seine guten Seiten. Obwohl seit rund 3000 Jahren Juden unterschiedslos diskriminierend oder liquidierend, hilft die Judenfeindschaft dem Überleben des seit dem 19. Jahrhundert mehrheitlich nichtreligiösen jüdischen Kollektivs. Freilich auf Kosten von Millionen jüdischer Einzelopfer.

Ist bereits *Kritik* an Juden „Antisemitismus"? Nein, denn ohne Kritik keine Kreativität. Sehr wohl antisemitisch ist jede substanziell *feindliche*, gegen das jüdische Individuum oder Kollektiv gerichtete Meinung oder Tat. Was Antisemitismus ist, entscheidet nicht der Wille des Treffenden, sondern die Wirkung auf den Betroffenen, sprich: den oder die Juden.

Ist Kritik an Personen, Institutionen, Entwicklungen Israels oder, althistorisch an den drei altjüdischen Gemeinwesen (die Königreiche Israel sowie Judäa 1 und 2) antisemitisch? So wenig wie Judenkritik. Die heftigste Kritik an den Monarchen und Bürgern der jüdischen Altreiche übt die Hebräische Bibel. Die Zerstörung antiker jüdischer Staatlichkeit wird dort als Gottes gerechte und von den Propheten vorhergesagte Strafe dargestellt.

Wer heute Israels Seinsrecht bestreitet oder bekämpft, ist antisemitisch. Warum? Weil Israel als Jüdischer Staat für jeden Juden der Welt die ultimative Lebens-, also Seinsversicherung ist. Ergo ist deren Entzug praktizierte Judenfeindschaft.

Womit wir bei der fundamentalen Unterscheidung zwischen dem „nur" *diskriminierenden* und dem *liquidierenden* Antisemitismus (inklusive Antiisraelismus) wären. *Diskriminierender* Antisemitismus ist offenbar unausrottbar. Daran werden selbst „Antisemitismusbeauftragte" und millionenschwere Demokratieprogramme in Deutschland und woanders nichts ändern.

Die diskriminierende Judenfeindschaft ist wenigstens nicht lebensgefährlich, die *liquidierende* ist mörderisch. Wie jeder Mord muss er verhindert oder bestraft werden. Weil ihn Nichtjuden meistens nicht verhindert haben, wurde 1897 der Zionismus und 1948, als dessen Konsequenz, der Staat Israel gegründet. An den diskriminierenden Antisemitismus (jiddisch: „den guten Alten Risches"; Rischess jiddisch für Bosheit) haben sich „die" Juden in Geschichte und Gegenwart gewöhnt. Den liquidierenden kann letztlich allein Israel verhindern oder bestrafen. Selbst die europäischen Regierungen können (oder wollen?) aus ideologischen und nahostpolitisch-demografischen Gründen langfristig ihre jüdischen Bürger (Quetschdeutsch „Mitbürger") nicht konsequent genug schützen. Womit wir wieder bei Israel als Lebensversicherung aller Juden wären.

Das historisch nachweisbar einzig Gute, geradezu Tröstliche am mörderischen Antisemitismus ist dies: Dessen langfristige, *objektive Wirkung* entsprach gott(?)lob nicht dem *subjektiven Willen* der Judenfeinde. Der liquidierende Antisemitismus hat, noch mehr als der diskriminierende, nach individuellem Massenleid und -mord das jüdische Kollektiv geradezu wiederbelebt. Eine Skizze jüdischer Geschichte und Heilsgeschichte möge diese grausige These ebenso wie einige identitätspolitische Tatsachen kurz belegen.

Identitätspolitische Tatsachen

Bis zu ihrer rechtlichen Gleichstellung („Judenemanzipation") mussten die Juden Juden sein und bleiben. Kein Entrinnen, nirgendwo(hin). Danach löste sich vor allem ihre Bildungselite schnellstens vom Judentum. Ein schon angeführtes Beispiel von vielen. Die Familie Mendelssohn. Moses Mendelssohn, die jüdische Lichtgestalt, verband und bereicherte jüdisches und nichtjüdisches Sein auf famose Weise. Schon vier seiner sechs Kinder ließen sich taufen. Auch die zweite Generation jüdischer Eliten sagte dem Judentum schnell ade. Heinrich Heine und Ludwig Börne gehörten dazu. Wie die meisten, die sich taufen ließen, keine Überzeugungstäter, sondern gewillt, die richtige Eintrittskarte zu lösen, aber dem Judentum als Kollektiv verloren. Dazu Information und Reflexion verbindend sei Amos Elons Buch „Zu einer anderen Zeit" (Kapitel 1–6) empfohlen. Jüngere Juden lernten: Flucht? Sinnlos. Selbst als formaler Schritt weg von der jüdischen Identität. Folglich blieb die große Mehrheit formal jüdisch, wandte sich jedoch innerlich von der jüdischen Geisteswelt und erst recht der jüdisch-religiösen Welt ab und der nichtjüdischen Welt zu. In Deutschland, in Frankreich und so weiter. Die *Wahl von Vornamen*, die jüdische Eltern

Identitätspolitische Tatsachen

ihren Kindern gaben, ist ein vortrefflicher Indikator für diese von innen nach außen dokumentierte Haltung. Eine Zahlenreihe von 1860 bis 1935 möge diese Entwicklung bezüglich der deutschen Juden verdeutlichen. Wie so oft sind Zahlen nicht „leblos", sie verdichten Lebensfakten.

Im gesamten Zeitraum von 1860 bis 1930 wählten durchgehend weniger als 20 Prozent der jüdischen Eltern eine jüdische Orientierung für die Vornamen ihrer Kinder. Von 1860 bis 1900 sank der Wert von 19 Prozent auf zehn Prozent und lag bis 1930 kontinuierlich knapp darunter. Antisemiten aller Länder, ihr hättet nur Geduld haben müssen, denn „die" Juden hätten sich von selbst als Juden aufgegeben und – bis auf eine Miniminderheit Orthodoxer – als Gemeinschaft aufgelöst. Die „rassische Andersartigkeit" der Juden gehört (trotz der Befunde in Kapitel III dieses Buches) ohnehin zur Märchensammlung ahnungsloser und böswilliger Dummköpfe.

Mit dem Aufstieg des Nationalsozialismus und erst recht seit der Machtübergabe an Hitler und seine Mitverbrecher stieg die jüdische Orientierung rasch an (Wolffsohn/Brechenmacher, Deutschland, jüdisch Heimatland, Kapitel „Von der Auflösung zur Endlösung", S. 67 ff. und Grafik 1, S. 326; für die ähnliche Entwicklung in Frankreich bis 1920 bei Grange, Choix du prénom et acculturation; für die Frankreich-Orientierung marokkanischer Juden im frühen 20. Jahrhundert EJGK, Band 4, S. 54).

Niederschmetternd: Die jüdische Schein-„Renaissance" war der Anfang des sechsmillionenfachen Judenmordens. So betrachtet, war die „Endlösung der Judenfrage" eine doppelte Tragödie für die Juden, also eine echte Schoa = Katastrophe. Katastrophe 1: Der sechsmillionenfache Mord an den Juden. Katastrophe 2: Die meisten der ermordeten Juden wurden für etwas ermordet, was ihnen nachweislich immer weniger bedeutet hatte, nämlich ihr Judentum.

Zionismus und Israel positionierten sich – zunächst – als Antithese diasporajüdischer Identität und Mentalität: wehrhaft, stark, Bauer statt Stadtbourgeois oder Fastbettler. Kraftvoll sollten daher auch die Vornamen der eigenen Kinder sein, Symbol des „Neuen Jüdischen Menschen". Namen wie Arje (Löwe), Dov (Bär), Zur (Felsen) oder (natürlich) Zion. Und (bei Übereifrigen, meist aus schwächeren orientalisch-jüdischen Schichten) zum guten Ton des Zionismus und Frühisraelismus gehörte der Vor(!-)Name Herzl. Diasporanamen wie Jente, Gittel, Tauba, Mendel, Selig oder Kiwel. Ade traditionell jüdische, teils biblische Namen wie David, Mosche (Moses), Schlomo (Salomon). Erst allmählich wurden traditionell jüdische wieder akzeptabel, teils salonfähig. Keine Entzionisierung oder totale Re-

VIII. Rückblicke und Ausblicke

Judaisierung, sondern Entkrampfung. Sasha Weitman (Prénoms et orientations nationales en Israel) hat hierzu bezogen auf Juden in Palästina/Israel für den Zeitraum von 1882 bis 1980 alle (!) verfügbaren Daten gesammelt, ausgewertet und interpretiert. Eine Fundgrube zur zionistisch-israelischen Identität und Identifikation. Inzwischen gibt es eine erhebliche Vermehrung individualistisch geformter und geprägter Vornamen, ein Hinweis auf die Erweiterung des israelischen Denk- und Gefühlshorizontes im Sinne einer kreativen, eher unideologischen Hebraisierung wie zum Beispiel Lior oder weiblich Liora (du bist mir Licht), Liat (du, weiblich, bist mein), Shirli (du, mein Lied), Oz (Kraft). Die hebräische Sprache eignet sich für solche Namensschöpfungen, ohne dass sie albern wirkten, was im Deutschen etwa bei „Sonnenschein" als Vorname eher Belustigung auslöste.

Deutsches Reich, 1860–1938. Jüdische und nichtjüdische Orientierung unter den deutschen Juden insgesamt (in Prozent)

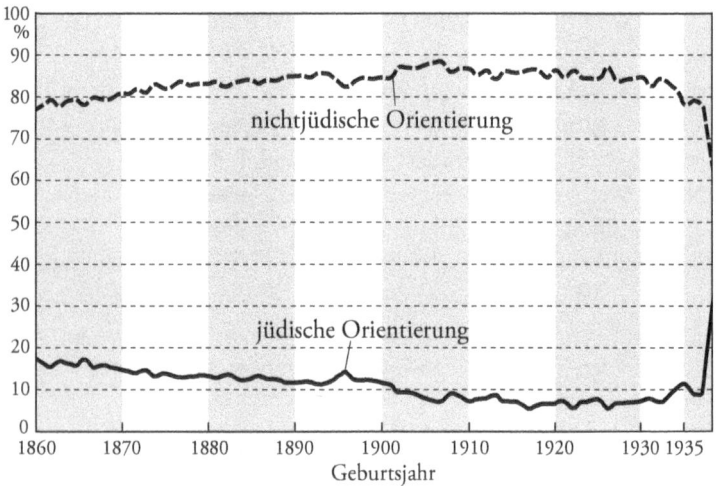

Quelle: Michael Wolffsohn/Thomas Brechenmacher, Deutschland, jüdisch Heimatland. Mit 10 Tabellen. Unter Mitarbeit von Friederike Kaunzner. © 2008 Piper Verlag GmbH, München.

„Als Teil des Jüdischen Volkes" verstehen sich die meisten (jüdischen) Israelis seit jeher; die religiösen mehr als die nichtreligiösen. Rund drei Viertel fühlen sich „zuerst als Juden und nicht zuerst als Israelis". Das Judentum ist der zentrale Faktor ihrer Identität – obwohl deutlich weniger jüdische Israelis sich als religiös bezeichnen. Umfragen bestätigen diese Tatsache seit Jahrzehnten (vgl. Wolffsohn, Politik in Israel, S. 385 ff.; Wolffsohn/Grill,

Israel – Geschichte, Politik, S. 29 ff., besonders S. 34, 217 ff.; mit neueren Daten Stetter/Wolffsohn, Israel – Geschichte, Politik; fortlaufend der Israel Democracy Index oder auch der Peace Index der Tel Aviv University).

Die sechsmillionenfache, europaweite Vernichtung von Juden durch den deutschen Mordmeister und seine europäischen Gesellen widerlegt ein in der Gegenwart beliebtes Axiom und Ziel deutscher Integrationspolitik: *Sprache* als allesentscheidendes Integrationsinstrument. Die Riesenmehrheit der Juden Deutschlands, Österreichs, Frankreichs, Polens, Russlands und so weiter und so weiter beherrschte die jeweilige Landessprache mindestens so souverän wie ihre nichtjüdischen Landsleute. Oder gilt diese Aussage nicht für Kafka, Heine, Joseph Roth, Stefan Zweig und so weiter und so weiter? Hebräisch, die „Judensprache", konnten sie nicht. Anders als die meisten anderen jüdischen Sprachmeister hat Franz Kafka kurzzeitig Hebräisch gelernt. Wir lernen, dass Europas Integrationspolitiker auch sprachpolitisch umlernen müssen. Das bedeutet nicht, auf das Erlernen der Landessprache zu verzichten. Ganz im Gegenteil. Man muss sich jedoch über das Instrument der Landessprache hinaus noch sehr viel mehr Integrationswege einfallen lassen.

Noch deprimierender als Lehre der Geschichte: Europas Juden waren (!) integriert, assimiliert und akkulturiert. Geradezu extrem. Es half ihnen nicht. Damals gelang es den nichtjüdischen Mehrheitsgesellschaften nicht, die vollständig integrierte jüdische Minderheit zu tolerieren und zu akzeptieren. Was verleiht uns Heutigen die Zuversicht, „wir" würden die nur teils integrierte und nicht durchweg antijüdische, teils nicht integrationswillige und sehr wohl antijüdische, antiwestliche, antidemokratische islamische Minderheit integrieren, tolerieren und akzeptieren? Friedliche, demokratisch gesinnte, die offene Gesellschaft wollende und lebende Muslime und andere zu akzeptieren, muss eine Selbstverständlichkeit sein. Tolerieren wäre nicht genug. Aber Feinde der offenen Gesellschaft, gleich welcher Prägung und Herkunft, tolerieren und akzeptieren? Nein. Nicht nur der Juden, sondern aller wegen.

Holocaust und Heilsgeschichte

Die Bibel bietet nicht Geschichte, sondern gleichnishaft, in Erzählform, Meta- bzw. *Heilsgeschichte(n)*. Im Kern ähneln sie der nachweisbaren Historie. Am Anfang der Heilsgeschichte war die 400-jährige Fron in Altägypten. Es folgte, angeführt von Moses, die Befreiung, der Exodus, also der Auszug der Kinder Israels aus Ägypten. Dieser ist, ebenso wie die Person Moses, eine heilshistorische Chiffre. Ihre Botschaft bestimmt bis heute „die" Weltsicht. Religiös, rituell kodifiziert und kondensiert findet man sie in der alljährlich, meist familiär zelebrierten Pessachgeschichte (Hagada): „Nicht nur einmal wollte man uns vernichten, sondern in jeder Generation. Und Gott, der Herr, rettet uns (immer) vor unseren Mördern." Natürlich stellt sich auch aus jüdischer Sicht die Frage nach dem Warum. Im „Höre, Israel", dem jüdischen Hauptgebet (Deuteronomium 6,4), wird sie im Sinne eines Wenn-dann implizit beantwortet: „Und wenn ihr auf meine Gebote hört ..., dann gebe ich ..." Das ermutigende Wenn der Heilsgeschichte reichte in der jüdischen Realgeschichte offenbar nicht, denn die Könige sowie die Kinder Israels taten meistens, was „nicht recht war in den Augen ihres Herrn". Der wirkungslosen Ermutigung der „Worte des Herrn" folgten die Drohungen der Propheten: Wenn Israel (= die Juden) nicht Gottes Gebote befolgte, würde Gottes Strafe folgen: Verfolgung, Leid, Tod, Verlust des eigenen Landes – und durch Umkehr würde Rückkehr und Versöhnung als Belohnung möglich.

Bis heute kamen Heils- und Realgeschichte immer wieder zusammen. Erstmals in der Antike: Das vermeintlich sündenpralle Königreich Israel wurde 721 v. u. Z. „als Gottesstrafe" von Assyrern zerstört. Das weniger sündige Judäa blühte auf – und verblühte bald durch spätere „Sünden". Babylon zerstörte 586 v. u. Z. den Ersten Tempel und das Königreich. Die zusätzliche „Gottesstrafe" war das Babylonische Exil, der Verlust von Staat und Land. Dann „Umkehr", Um- und Neubesinnung der Juden aufs Judentum und „deshalb" 538 v. u. Z. die Rückkehr. Persien hatte („mit Gottes Hilfe", versteht sich) Babylon erobert. Den Juden wurden Siedlung, Tempelneubau und Selbstverwaltung in Zion („durch göttliches Wirken") gestattet. Anders als im Königreich Judäa 1 mit seinem Tempelmonopol wetteiferten fortan bis zur Zerstörung des Zweiten Jerusalemer Tempels im Jahre 70 u. Z. die vielen Synagogen mit dem einen Tempel. Tonangebend in den Synagogen war die Bourgeoisie, im Tempel die Aristokratie. Das war sowohl eine soziologische als auch eine theologische Erneuerung.

Was hat diese real-und-heilsgeschichtliche Mixtur mit meiner scheinbar ketzerischen These von der paradoxen Wirkung des Antisemitismus zu tun? Sehr viel. Die eigentlich entsetzliche, gegen Juden gerichtete historische, mörderische Tat (liquidierender Antisemitismus), also die Zerstörung von

Königreich und Tempel, war, heilsgeschichtlich betrachtet, die Ouvertüre zur Erlösung. Nebenbei: Christen sollten diese heilsgeschichtliche Denkfigur bestens kennen. Erst Kreuzigung, dann Auferstehung.

Im Jahre 63 v. u. Z. verlor das Königreich Judäa 2 faktisch seine Unabhängigkeit. Die Römer kamen, um zu herrschen. Ein Teil der Juden griff bar jedes Realitätssinns von 66 bis 70/73 (Massada) zu den Waffen – und verlor. Der Zweite Tempel wurde zerstört. Ein neues Exil begann, das europäische. Eine kleine Gruppe pazifistischer, pragmatischer, menschenfreundlicher Rabbiner durfte im Land bleiben. Das war die „Kerntruppe" des Neuen, des talmudischen Judentums: Weder an Synagoge noch Tempel oder ein Land fixiert, sondern ortsunabhängig, transportabel, notfalls global. Der zweiten Katastrophe von Niederlage und Tempelzerstörung folgten so wieder Auferstehung und Erneuerung.

Bei orthodoxen Juden wirkte diese Denk- und Glaubensfigur bis zum Holocaust und darüber hinaus. Dass in Auschwitz, der höllischsten Hölle des liquidierenden Antisemitismus, orthodoxe Juden, vor der Gaskammer stehend, ihre bevorstehende Ermordung „Gottes gerechte Strafe" für die eigenen Sünden sowie die „der Kinder Israels" nannten, ist mehrfach und glaubwürdig überliefert. Schrecklich, aber wahr und makaber konsequent reale Unheilsgeschichte mit Heilsgeschichte verbindend, ist für die jüdische Orthodoxie der Antisemitismus sozusagen ein Werkzeug Gottes, um die Juden zum „wahren" Judentum zurückzuführen.

Ganz ohne Heilsgeschichte bestreiten natürlich auch religionsferne Juden das realhistorische Grauen von Auschwitz nicht. Ganz anders als die Orthodoxen zürnen sie mit Gott, bezweifeln oder bestreiten sein Sein – weil er diese aus ihrer Sicht grundlose Antisemiten-Strafe millionenfach zuließ. Ganz anders als die Orthodoxen – und in gewisser Weise absurd, weil zugleich religiös und nichtreligiös – betrachten viele areligiöse und antireligiöse Juden (auch viele Nichtjuden) die dem Holocaust folgende Gründung des Jüdischen Staates, Israel, als fast heilsgeschichtlichen Akt der Auferstehung. Für die Orthodoxen ist dagegen die Gründung des Jüdischen Staates „ohne ausdrückliche Zustimmung Gottes" und das Kommen des Messias illegitim, ja sogar „Gotteslästerung".

Trotz der fundamental unterschiedlichen Sichtweisen und Bewertungen beider Judentümer erkennen sie gleichermaßen die realgeschichtliche Abfolge an: erst die sechsmillionenfache Katastrophe an jüdischen Individuen, dann die kollektiv-staatliche „Auferstehung". Diese Erst-dann-Abfolge von mörderischem Antisemitismus und kollektiver jüdischer Auferstehung sowie Erneuerung entspricht lange vor und nach dem Holocaust sowohl der religiösjüdischen Weltsicht als auch der Realgeschichte: „Rabbi Elieser sagte: Wenn die Israeliten Buße tun, so werden sie erlöst" (Sanhedrin Folie 97b, Talmud Band IX, S. 68).

Ob die Israeliten nun Buße taten oder nicht – den Antisemiten hat ihr Antisemitismus geschadet und dem massenindividuellen jüdischen Leid folgten kollektive Auferstehungen, dann wieder Leid, erneut Auferstehungen und so weiter. Einige historische Beispiele, die sich im Einzelnen noch einmal oben (Kapitel „Geografie") nachlesen lassen: Aus „Deutschland" und Mitteleuropa wurden Juden im 14. Jahrhundert vertrieben. Sie flohen nach Polen. Polen und Polens Juden blühten auf – bis ... ja ... dann Antisemitismus und die bekannte Abfolge. Das katholische Spanien vertrieb die Juden 1492, Portugal 1497. Vor allem in Venedig, Bordeaux, Antwerpen, Amsterdam, London und Istanbul blühten neue jüdische Gemeinden. Wie Brandenburg später bei der Einwanderung der protestantischen Hugenotten profitierten hiervon auch die Gemeinwesen, die Juden aufnahmen, während Spanien und Portugal allmählich verkümmerten. Hitler-Deutschland verfolgte, vertrieb und ermordete die Juden. Das war, jenseits des Urverbrechens, nicht zuletzt ein selbstverschuldeter, bis heute spürbarer Verlust an kreativem Geist. Die permanente Feindschaft und Bedrohung Israels aus der islamischen Welt spornt die jüdischen Bewohner zu immer neuen Erfindungen und Entwicklungen an und schweißt die vielfach zerrissene jüdisch-israelische Gesellschaft zur Kerngemeinschaft zusammen.

Die religiöse Minderheit der Diasporajuden – maximal zehn Prozent – lebt inhaltlich Jüdisches mit und ohne Antijudaismus selbstbestimmt und gewollt im Alltag. Die nichtreligiöse Mehrheit lebt eher mehr als weniger im jüdischen Nichts. Ihre Israelbindung darf man getrost „Salonzionismus" nennen, und Jüdisches leben sie, wenn überhaupt, eher als museale Rückzugs-und-Nostalgie-Folklore. Ihr Judentum ist eine Art Verein – den immer mehr Mitglieder verlassen. Zurückgeschleudert werden sie ins Jüdische und auch Israelisch-Zionistische – nicht zum ersten Mal in der jüdischen Geschichte – fast nur vom Antijudaismus und seit 1948 vom Antiisraelismus. Jeder Antisemitismus und Antiisraelismus – der rechte, linke, islamische oder christliche – schweißt die unterschiedlichsten, nicht selten untereinander verfeindeten Richtungen der Diasporajuden und Israelis immer wieder neu zu *einer* Schicksalsgemeinschaft zusammen.

„Und die Moral von der Geschicht?" Antisemiten und Antizionisten aller Länder, vergesst euren Unsinn. Ihr schafft es (gottlob) nicht, die Welt judenrein umzuformen. Diese kümmerlichen 0,2 Prozent der Weltbevölkerung tun euch nichts und der Menschheit viel Gutes. Eure unfreiwillige Judenrettung mag für uns Juden langfristig, historisch, ein Rettungsanker sein. Doch dankend verzichten wir auf diesen und suchen andere. Welche(n)?

Geschichte als Falle

„Wie alle anderen Völker" („kechol hagojim") sein – dem traditionellen Judentum, auch in seiner universalistischen Ausprägung, ist das seit jeher unerwünscht. Nicht zuletzt die religiösen Ge- und Verbote haben die Abgrenzung ermöglicht. Mal defensiv nach dem Motto „Lasst uns einfach in Ruhe" oder „Leben und leben lassen", mal offensiv im Sinne von „Wir sind auserwählt". Auserwählung zwar als Last, doch zugleich als Auszeichnung und quasi göttlicher Ritterschlag. Hiervon gibt es, ohne Religion, eine weltliche Variante: den bornierten, dünkelhaften Israelismus. Dieser ist nicht mit „den" national stolzen, doch entspannt und pragmatisch national gesinnten Israelis zu verwechseln. Diese nationalisraelische Entspannung ist eine direkte Folge des bereits frühzionistischen Willens. Dessen Ziel: „Wie alle anderen Völker" sein. Erst dann seien „die" Juden „normal". Die Varianten dokumentieren die Bandbreite des Judentums in Israel ebenso wie in der Diaspora; die Bandbreite und zugleich die diasporajüdische und innerisraelische Polarisierung. Eine von vielen innerjüdischen Polarisierungen, die vorgestellt und erörtert wurden.

Jenseits aller, manchmal scharfen Trennlinien gibt es gesamtjüdische Gemeinsamkeiten. Nicht aller Juden, sondern der meisten. Es sind „Lehren aus der Geschichte", allgemein aus der jüdischen und im Besonderen aus dem sechsmillionenfachen Judenmorden. Und ebendiese fundamental unterschiedlichen Lehren bzw. Schlussfolgerungen trennen Juden und Nichtjuden (besonders der westlichen Welt und hier in erster Linie der deutschen). Zuvor waren Juden und Nichtjuden, Juden und Deutsche auf einer Stecke von A nach B so weit voneinander entfernt: Nichtjuden bei A, am linken Ende der Strecke, Juden bei B, am rechten Ende der Strecke. Nach dem Holocaust wechselten sie die Positionen. Nun stehen die Juden auf A und die Nichtjuden auf B. Damals waren sie „so weit" voneinander entfernt. Heute sind sie „so weit" voneinander entfernt. Nur ein Seitenwechsel fand statt, und genau deswegen kommen beide so wenig wie vorher wirklich zueinander.

"Sie konnten beisammen nicht kommen, das Wasser war viel zu tief." Nicht die Königskinder, aber Juden und Nichtjuden heute. Und morgen? Als (soweit ich sehe) Erster habe ich das „tiefe Wasser" bzw. jene Trennlinie durch zwei Sätze zusammengefasst (vgl. Wolffsohn/Brechenmacher Geschichte als Falle, S. 35 ff.; zuvor in diversen Aufsätzen und Zeitungsartikeln), die seitdem oft der Öffentlichkeit auch von vielen anderen vorgetragen wurden.

Satz 1: „Die" Mehrheit „der" Juden hat aus der Geschichte gelernt: „Nie wieder Opfer!"

Satz 2: „Die" Mehrheit „der" Nichtjuden, besonders „der" Deutschen, hat aus derselben Geschichte gelernt: „Nie wieder Täter!" Wir fokussieren uns im Folgenden auf „die" Deutschen.

Vier Themenbereiche machen den Wassergraben, die Entfernung zwischen Juden und Deutschen besonders sichtbar. Vereinfacht, aber trotz der Vereinfachungen zutreffend, denke ich.

1.) Gewalt als legitimes Mittel der Politik.

„Die" Juden haben aus der Geschichte gelernt: Gewalt ist ein legitimes und notwendiges, ja manchmal unverzichtbares Mittel, um überleben zu können.

„Die" Deutschen haben aus derselben Geschichte gelernt: Gewalt ist als Mittel der Außen- und Innenpolitik prinzipiell illegitim, denn sie vernichtet Leben. Jedenfalls galt diese strukturpazifistische Lehre bis zum 24. Februar 2022, also bis zum Überfall von Putins Russland auf die Ukraine. Ob das seit jener Aggression neu verkündete Umlernen mit dem Ziel „Frieden durch Abschreckung" neue Lehre wird, bleibt abzuwarten. Wenn ja, kann die jüdisch-israelische „Nie wieder Opfer!"-Weltsicht mit mehr europäischem Verständnis rechnen.

2.) Religion als Faktor der Politik

Auch „die" weltlichen, nichtreligiösen Juden haben gelernt. Weil wir einen jüdischen Staat als Rettungsanker „für den Fall der Fälle" brauchen und wollen, können wir Religion und Religiöse nicht verprellen. Das müssen wir zähneknirschend akzeptieren. Orthodoxe Juden haben mit dem Jüdischen Staat ein ganz anderes Problem: Er bedarf göttlicher Zustimmung, der Erlösung durch das Kommen des Messias. Sie warten. Die nicht ganz so Religiösen warten nicht und sagen: Man könne den „Beginn der Erlösung" beschleunigen und müsse den Jüdischen Staat jüdischer, im Sinne von „religiöser", gestalten.

„Die" Deutschen halten in ihrer großen Mehrheit die Verbindung von Religion und Politik für fatal. Selbst in der CSU gibt es keinen ultramontanen Hundhammer-Flügel mehr, wie in der Frühzeit der Bundesrepublik. Auf die Trennung von Staat und Kirche wird größten Wert gelegt.

3.) Das gesellschaftliche Gewicht von *Volk, Staat und Nation* „Am Israel", „Volk Israel", geht den meisten Juden locker über die Lippen, denn „Volk Israel" war Opfer „der" Völker, nicht Täter – als Kollektiv, also auf der Makroebene.

Wer heute vom „deutschen Volk" spricht, weckt zumindest Verdacht, mit Rechtsextremen zu sympathisieren.

Den Staat bzw. dessen Spitze sowie die staatlichen Organe sehen „die" Juden traditionell und erst recht in Israel – selbst bei heftigster Opposition gegen Politiker A oder B oder C – als Beschützer.

Den Staat sehen „die" Deutschen als ständige potenzielle Bedrohung.

Nation ist für „die" Juden pragmatisch und dem Wortursprung gemäß die Gemeinschaft, in die man hineingeboren wird. Lateinisch „natus sum" = „ich bin geboren". Geboren also in die Nation X oder Y oder Z.

4.) *Land* bzw. Territorium als politischer Faktor
Wenn Juden und erst recht Israelis von „Eretz Israel" („Land Israel") sprechen, vibrieren sie innerlich vor Erregung.

Wenn Deutsche über Deutschland als „Land der Deutschen" sprechen, lösen sie bestenfalls Stirnrunzeln aus und geraten eher unter Rechtsextremismus- und Fremdenfeindlichkeitsverdacht.

Fazit: Gerade das Nichtvergessen, die „Bewältigung" der Vergangenheit der Opfer und Täter trennt die Nachfahren und verbindet sie nicht, denn sie verstehen einander nicht. Tragisch, aber wahr, sie können einander nicht verstehen, weil jede Seite die für sich selbst richtigen Schlussfolgerungen gezogen hat. Operation gelungen, Patient gestorben – Vergangenheit bewältigt, von und in der Tagespolitik bzw. Gegenwart überwältigt und einander nicht verstehend. *Geschichte wurde zur Falle.* Für die Zukunft verheißt das wenig Gutes.

Israel, Orthodoxie oder das jüdische Nichts

Warum „die" Juden? Warum sind sie weltweit ein *Dauerthema*? Es sind heute doch nur rund 14,5 Millionen bzw. 0,2 Prozent der Menschheit. Ich sehe vor allem zwei Gründe. Der erste ist religiös, der zweite wegen Israel weltpolitisch sowie weltwirtschaftlich.

VIII. Rückblicke und Ausblicke

Solange und wenn Christen und Muslime religiös oder gar fundamentalistisch waren und sind, können sie Juden gegenüber zumindest nicht indifferent sein. Das war in ihren jeweiligen Anfängen besonders deutlich zu beobachten. Weil Frühchristen nicht mehr Juden sein (und die Juden sie nicht als Juden dulden) wollten, wählten die Frühchristen den verbalen Angriff als Abgrenzung zum Judentum. Und weil der Frühislam Judentum und Christentum überwinden und, so die Selbstdarstellung, „vollenden" wollte, wählte der Frühislam den Angriff als Abgrenzung zum Judentum und Christentum. Doch Christentum und Islam sind ohne theologische und geografische Bezüge zum Judentum undenkbar. Das wiederum bedeutet: Sie können Juden gegenüber nicht gleichgültig bleiben. Auch säkulare bzw. weltlich orientierte Christen und Muslime können es „danach" nicht mehr. „Danach"? Ja, nach den Unsäglichkeiten der alles andere als – für die Juden – leidlosen Geschichte sowie, immer noch oder schon wieder in der Gegenwart; ohne realistische Aussicht auf eine bessere Zukunft. Weshalb? Weil – außer der extremistischen Neurechten – die Lage in Nahost sowie der demografische Wandel Westeuropas, sprich: die aus welchen Gründen auch immer weiter wachsende Zahl nicht integrierter, extremistischer Muslime – nicht weniger, sondern eher mehr Antijüdisches erwarten, genauer: befürchten lässt. Knapp die Hälfte der Menschheit sind Christen oder Muslime, und Nahost bleibt ein globales Pulverfass. Ergo beschäftigt einen Großteil der nichtjüdischen Welt Jüdisches auf die eine oder andere Weise.

Zum Politischen: Auch Nichtgläubige haben nach der Aufklärung und der Fastentchristlichung Europas Juden attackiert oder gar liquidiert. Die Aufklärung begann verheißungsvoll: Lessings „Nathan der Weise". Das *Idealbild* vom Juden. Unter pseudoaufgeklärten Vorzeichen kehrte bei Voltaire (besonders im „Candide") das alte *Zerrbild* wieder. Auch heute findet man das *Realbild* von Juden, also diasporajüdischen und israelischen, selten. „Kontinuität im Wandel" der jüdischen Geschichte von Diskriminierung oder Liquidierung. Unausweichlich sind die Folgen für Juden und Nichtjuden. Im Bild gesprochen: Wie bei Shakespeare ist der Geist der Ermordeten beim Mörder (Macbeth) und Opfernachfahren (Hamlet) präsent. Nach und seit dem Sechsmillionenmord der Judenvernichtung sowie dem jüdisch-islamischen Kampf ums „Heilige Land" erleben wir, dass der Geist der Toten sowohl die Nachfahren der Opfer als auch der Täter verfolgt. Die Rede ist von Deutschlands *und* Europas Geschichtspolitik bzw. „Vergangenheitsbewältigung" gegenüber „den" Juden sowie vom Dauerkrieg zwischen Israel und Palästinensern. Anders als im weltweiten Diskurs üblich, übersehe man in diesem Zusammenhang außerdem nicht, dass es in der islamischen Welt eine enge, freiwillige Zusammenarbeit mit Hitler-Deutschland gab. Nicht nur politisch und militärisch im verständlichen Kampf gegen die Kolonialmächte Großbritannien und Frankreich, die Sowjetunion sowie, auf dem Balkan, gegen die serbische Dominanz – auch bei der Judenvernichtung.

Der nahöstliche Dauerkrieg ist seit jeher sowohl religiös als auch politisch. Er (be)trifft inzwischen die gesamte islamische, (nenn-)christliche und jüdische Welt. Stichwort internationaler Terror und globale Terrorbekämpfung.

Der zweite globale Schauplatz jenes Konflikts ist die Weltwirtschaft. Einstweilen sind Erdöl und -gas aus islamischen Staaten unverzichtbar. Somit ist allein Israels Existenz für Öl importierende Staaten ein weltwirtschaftlicher Störfaktor. „Die Juden sind schuld." Das Motto ist neu und sehr alt zugleich.

Diasporajuden sind davon aus zwei Gründen besonders betroffen.

Erstens: Von der nichtjüdischen Welt, erst recht der muslimischen, werden sie als Israels Fünfte Kolonne betrachtet. Folglich geraten sie direkt in die terroristische oder zumindest politische Schusslinie der Israelthematik.

Zweitens: Das Diaporajudentum war nie Israels Fünfte Kolonne, doch für jeden Juden, sogar den antizionistischen, ist der Jüdische Staat eine Art Lebensversicherung. Zwar nahm die Israelbindung bzw. -identifizierung der Diasporajuden seit den 1980er Jahren nachweislich deutlich ab, aber die Einwanderung nach Israel nahm zu.

Die zunehmende Entisraelisierung der Diasporajuden ist eine Folge der innerjüdischen Spaltung in Israel. Sie betrifft die Palästinenser- und Siedlungspolitik, die Theokratisierung, die „Orientalisierung" sowie die „Russifizierung" Israels. Sie bewirkte den Ruck nach rechts, zum Nationalismus und zur militanten Ausprägung der Religion in Israels Gesellschaft, und dieser Wandel entspricht dem Geist der jüdischen Diaspora eher nicht. Abgeschwächt und doch deutlich erkennbar spiegelt dieser Diasporageist den antiheroischen, areligiösen und eher supranationalen Zeitgeist der westlichen Staaten wider, in denen die freiwillige jüdische Diaspora am häufigsten zu finden ist.

Die jüdische Diaspora hat sich vom Jüdischen Staat reemanzipiert. Anders als bis in die frühen 1980er Jahre besteht sie auf Partnerschaft unter Gleichen. Damit wird sie gesamtjüdisch scheitern, denn als Reaktion auf die weltweit zunehmenden „klassisch"-christlichen Antijudaismen und

VIII. Rückblicke und Ausblicke

islamischen Terror sowie die Ohnmacht besonders der westeuropäischen Staaten, ihre Juden erfolgreich zu schützen, hat in jüngster Zeit eine Rejudaisierung als Reisraelisierung bzw. ein neuer Judenexodus begonnen. Vor islamischem Terror sind die Juden auch in Israel nicht sicher, doch sie wissen: Wenn überhaupt ein Staat seine Bürger schützen kann und will, weil die Gesellschaft dessen Gewaltmonopol billigt und Polizei sowie Militär als Teil ihres Wir wahrnimmt, dann Israel. Im „World Happiness Report 2018" rangiert Israel nach den Spitzenreitern Finnland, Norwegen und Dänemark auf Rang 11, Deutschland auf 15, USA auf 18, Großbritannien auf 19, Frankreich auf 23. Anders als früher bietet Israel also auch ideell und materiell eine echte Alternative.

Die Reisraelisierung der Juden hängt ebenfalls mit einem weltweit zunehmenden militanten Antizionismus zusammen. Dessen Träger sind wahrlich nicht nur Muslime. Antizionismus ist weit mehr als Israelkritik. Diese richtet sich gegen Maßnahmen der Jerusalemer Regierung, jener gegen das Existenzrecht Israels und gilt scheinbar „nur" Israelis, tatsächlich schwappt er auf „die" Juden über. Für diese These bedarf es leider keiner Einzelnachweise mehr.

Der Anfang des neuen Exodus war die Endphase der Sowjetunion um 1990/91. Rund eine Million Juden strömten seitdem aus dem neuorthodox-christlichen, „klassisch" antijüdischen *Russland* (plus Ukraine, Belarus, GUS-Staaten) nach Israel. Als Folge des von Putins Russland gegen die Ukraine geführten Krieges rechnet Israel allein für 2022 mit bis zu 150.000 jüdischen Einwanderern aus der Ukraine und Russland. Ost- und Westeuropa werden allmählich entjudaisiert.

Knapp 40.000 verfolgte Juden (Falaschas) wurden seit den 1980ern aus dem christlich-muslimischen Äthiopien gerettet.

Seit 2000 emigrierten als Reaktion auf islamische Gewalt sowie die diesbezügliche Ohnmacht ihres Staates ca. 150.000 von einst ca. 600.000 Juden aus *Frankreich* nach Israel. Wie in Frankreich ist auch in Deutschland physisch und verbal die islamische Gewalt massiver als die ebenfalls unbestreitbare rechts- oder linksextreme. So die auf Erfahrung und Erleben basierende Wahrnehmung der europäischen Juden. Nachgewiesen in den Umfragen der European Union Agency for Fundamental Rights. Die Träger des linksextremistischen Antisemitismus brüllten 2014 zusammen mit Islamisten „Juden ins Gas". Bestenfalls stehen sie zustimmend schweigend dabei. Wohlgemerkt, „Juden", nicht „nur" Israelis wird gebrüllt. Inzwischen mit scheinbar harmloseren Varianten.

Bezüglich Islam und Massenmigration ist auch die deutschjüdische Gemeinschaft gespalten. Die einen sagen: „Unsere Vorfahren waren ebenfalls Flüchtlinge und Migranten. Nur Hilfe ist human." Die anderen kontern: „Stimmt, aber sollen wir freiwillig potenzielle Judenhasser aufnehmen?" Staatliche Repräsentanten verdammen Antisemitismus, aber relativieren die empirisch begründete jüdische „Angst vor dem Islam". Oft wird die reale Gefahr regelrecht geleugnet. Das verunsichert längst nicht mehr nur Juden.

Großbritannien ist eine Hochburg der massiv antizionistischen BDS-Bewegung. Sie hat sich dem politischen und wirtschaftlichen Kampf gegen Israel verschrieben. Es fehlte nicht viel, und die Labour Party unter Jeremy Corbyn hätte die Regierung übernommen. Umfragen zufolge wollte in der Corbyn-Ära ein Drittel der Juden auswandern. War Corbyns Labour antisemitisch oder „nur" antizionistisch? Britanniens Juden zerbrachen sich über diese begrifflichen Glasperlenspiele nicht den Kopf, denn beide Antis betreffen sie hautnah.

Verbale und körperliche Gewalt gegen Juden gehört inzwischen zum Alltag der jüdischen Minigemeinden *Schweden*s, besonders in Göteborg und Malmö. Auch in eine Kopenhagener Synagoge wurden schon Brandsätze geworfen.

Glaubt man Berichten aus Orbáns *Ungarn*, denkt man, dass es auch dort brenne. Und doch wurde in Buda, neben dem Nationalmuseum, eine von den Osmanen vor 500 Jahren entweihte Synagoge wiederaufgebaut und eingeweiht. Im Sommer 2019 fand die „Makabiade", die Weltspiele jüdischer Sportler, in Ungarn statt. Die Eröffnung einer längst fertiggestellten Holocaustgedenkstätte scheiterte bislang an der Eitelkeit weltlich-jüdischer Repräsentanten. Nun sagt die orthodox-jüdische Chabadbewegung Ja zu diesem inhaltlich einwandfreien Projekt. Ob es gefällt oder nicht, Orbáns Regierung ist, wie die *Polens*, *Tschechiens* und der *Slowakei*, deutlich israelfreundlicher als die der meisten anderen EU-Staaten. Antijüdische Gewalt gibt es dort, anders als in Westeuropa, (bisher) nicht. Hängt das etwa mit dem geringen Anteil an Muslimen in besagten Ländern zusammen?

Pittsburgh, *USA*, Sabbatgottesdienst, 27. Oktober 2018: Elf Menschen werden erschossen, zahlreiche schwer verletzt Der Mörder brüllt: „Alle Juden müssen sterben." An den Universitäten studieren heute die Entscheider von morgen. Immer mehr junge Akademiker sympathisieren mit der antiisraelisch-antijüdischen BDS-Bewegung. Die langfristigen Folgen sind offensichtlich und am linken Flügel der Demokraten-Partei erkennbar. Deren Hochburg ist das so „jüdische New York". Eben doch nicht so jüdisch

VIII. Rückblicke und Ausblicke

offensichtlich, wobei zu bedenken ist, dass ein zunehmend wachsender Teil der jungen, gebildeten und wohlhabenden US-Juden dem Judentum sowie Israel gegenüber mehr als je zuvor indifferent ist. Doch der seit den 2010er Jahren erstarkte oder zumindest aktivere und militantere linke sowie rechte Antisemitismus scheinen eine Wende oder zumindest Korrektur anzudeuten. Eine im Herbst 2021 durchgeführte (am 26. Oktober 2021 in *USA Today* in Kurzform veröffentlichte, auf der AJC-Website in Langform, am 27. Oktober 2021 abgerufene) Umfrage des American Jewish Committee ergab, dass 90 Prozent der US-Juden inländischen Antisemitismus „für ein Problem halten". In der allgemeinen Bevölkerung waren es nur 60 Prozent. Gleichzeitig betrachteten Amerikas Juden Rechte zu 91 Prozent sowie Islamisten zu 86 Prozent als antisemitische Gefahr, doch mehr als noch ein Jahr zuvor sahen sie auch eine wachsende Gefahr von Linksextremisten: 2020 sahen das 61 Prozent, 2021 bereits 71 Prozent.

Seit 1932 wählen durchschnittlich 80 Prozent der US-Juden die Demokraten. Doch seit der besonders juden- und israelfreundlichen Reagan-Präsidentschaft und seit Obamas von welcher Seite und weshalb auch immer begonnenem Dauerstreit mit Israel wendet sich ein Teil der US-Juden, vor allem orthodoxe, den Republikanern zu. Nur 45 Prozent der US-Juden waren mit den Reaktionen der Demokraten auf den inländischen Antisemitismus zufrieden, 40 Prozent aber unzufrieden. Wackelt die „Judenhochburg" der Demokraten?

Die Republikaner hatten mehrheitlich bis in die späten 1960er zu Juden und Israel (teils durchaus antisemitische) Distanz gehalten. Trumps Israel-und-Juden-Sympathie ist, obwohl bestritten, unbestreitbar, doch seine Persönlichkeit und die Ideologie seiner Wählerschaft sind Lichtjahre vom jüdischen Humanitätsideal entfernt. Antijüdische Gewalt stieg 2017/18 in den USA um 70 Prozent. Allein 2017 wurden 3000 antijüdische Aktionen registriert. Leben die US-Juden so sicher, wie sie (und auch ich) lange glaubten? Die meisten US-Juden gehören zur liberalen und konservativen Richtung des Judentums. Das politisch mächtige, eher orthodoxe Oberrabbinat Israels betrachtet beide als nicht „wirklich jüdisch". Nach dem Pittsburgh-Massaker behaupteten beide Oberrabbiner, die Opfer seien nicht in einer Synagoge ermordet worden, denn liberale und konservative Synagogen wären keine Synagogen. Nicht nur US-Juden erwartet in Israel, wie zuvor die äthiopischen und russischen, ein Kampf um ihr Judentum. „Safety first", deshalb werden sie trotz der orthodoxen Intoleranz und Arroganz einwandern. Wegen vermehrt antijüdischer Militanz.

Israel, Orthodoxie oder das jüdische Nichts

Argentinien beherbergt die größte jüdische Gemeinschaft Lateinamerikas. Bis zum Regierungsantritt des liberalkonservativen Präsidenten Macri im Jahre 2015 unternahmen alle seine Vorgänger alles – auch einen Mord am recherchierenden Generalstaatsanwalt –, um die Iran-Connection des Terroranschlages gegen das Jüdische Gemeindezentrum von Buenos Aires im Juli 1994 zu verheimlichen. 87 Menschen wurden damals ermordet, über 100 verletzt.

In *Australien* leben derzeit 120.000 Juden. Auch dort gab es schon islamistische Anschläge. Noch nicht gegen jüdische Ziele. Noch. Wie lange gilt das Noch?

Was bedeutet das globale Szenarium für Diasporajuden heute? Die Antwort bedingt zunächst einen Blick nach innen. Während in Israel etwa 30 Prozent der Juden im Sinne der religiösen Gebote leben – Tendenz aufgrund der hohen Geburtenrate steigend –, beträgt der Anteil religiöser Juden in der Diaspora nicht mehr als zehn Prozent. Die Synagogen sind sogar an den hohen Feiertagen (Neujahr und Jom Kippur) eher spärlich gefüllt. Unverdrossen bauen deutsche Kommunen neue Synagogen, um zu beweisen, wie gut sie es mit „den" Juden meinen. Nennenswerten Zulauf verbucht allein die modern-orthodoxe und seelsorgerisch vorbildliche Chabadbewegung. Wie in Deutschland gehört nur rund die Hälfte der Diasporajuden weltweit einer Gemeinde an. Das überrascht nicht, denn jedwede, auch nichtjüdische Gemeinde kann einerseits verbinden und andererseits durch „Gemeindemief" oder Engstirnigkeit verprellen. Ob in Gemeinden oder nicht, die meisten Diasporajuden sind bezüglich der jüdischen Kultur und Geschichte quasi Analphabeten, wie die Mehrheit der Mehrheitsgesellschaft, und in die allgemeine Gesellschaft bestens integriert. Und wenn sie doch in die Gemeinde gehen oder dort bleiben, suchen sie Gemeinschaft, keine Parallelgesellschaft. Ähnliche Familiengeschichten verbinden ebenso wie deren Erziehungsmethoden, Allgemeinbildungs-, soziale und Leistungsideale. Man gehört „irgendwie" zusammen, jeder auf seine Weise und doch als Wir.

Dieses Wir ist oft weniger positiv selbst-, als vielmehr negativ fremdbestimmt. Fremdbestimmt durch Negatives: den rechten, linken und – seit der Migration der letzten Jahre heftiger denn je – den islamischen Antisemitismus. Die wahrgenommene Bedrohung durch die muslimische Migration ist heute in Deutschland und Westeuropa Kern der jüdischen Situation.

VIII. Rückblicke und Ausblicke

Das bedeutet: Weit mehr als die jüdische Religion, Kultur oder Geschichte bestimmt die nun wieder erkennbar bedrohliche Alltagslebens- und Umweltsituation sowohl das ideell-inhaltliche Sein als auch das materiell-physische Dasein der Diasporajuden.

Was, außer der jüdischen Situation, ist an den meisten Diasporajuden demnach im religiösen, kulturellen oder historischen Sinne jüdisch? Diese Frage nach der eigenen jüdischen Identität kann nur der Einzelne für sich beantworten. Sozusagen à la carte, doch nicht allgemein verbindlich. So gesehen lebt die Diaspora, weil meistens negativ fremdbestimmt, im jüdischen Nichts.

Zur jüdischen Situation gehört Israel als Staat der Juden. Rund 65 Prozent der Juden leben aber in der Diaspora. Wer sich als Diasporajude an Israel orientiert, versteht sich als „Zionist" und praktiziert Israelismus. Doch Israelismus außerhalb Israels ist auf Dauer eine Lebenslüge und letztlich absurd.

Wer weder religiös und kulturell noch israelistisch lebt, erlebt als Diasporajude nur die jüdische Situation ohne genuin jüdische Inhalte. Sie ist negativ durch klassisch-religiöse, rechts- und linksideologische sowie islamische Judenfeindschaft geprägt – also nur negativ fremdbestimmt.

Das wiederum bedeutet: Diese jüdische Situation ist, jüdisch betrachtet, nicht ausreichend positiv selbstbestimmt. Die jüdische Situation in der Diaspora ist stark bestimmt von Leid, Verfolgung, Traumata, Ängsten.

Das Faktische hat für die meisten Diasporajuden das Substanzielle bzw. Wesensmäßige ersetzt. Das ist die eine Seite. Die andere: Da, wo das Dasein der Juden unjüdischen Charakter annimmt, ist es Teil der allgemeinen Verweltlichung moderner Gesellschaften. Wie jede moderne Gemeinschaft wurde auch die jüdische von ihr erfasst. Die meisten Diasporajuden haben sich von der Religion weitgehend entfernt. Für Deutsche, Engländer oder Franzosen ist die Verweltlichung keine echte Gefahr, wohl aber für Juden. Deutsche bleiben mit oder ohne Säkularisierung Deutsche. Was aber sind Juden ohne Judentum? Eine durch nostalgische Pietät oder pure Geselligkeit zusammengefügte inhaltslose Folkloregemeinschaft, die sich mangels Inhalten auflöst.

Erhaltenswerte jüdische Inhalte gibt es. Wahre Schätze. Wer lebt sie? Von innen betrachtet, jenseits aller Gefahren von außen, führt die nichtreligiöse, kulturell und historisch ajüdische Mehrheit der Diaspoajuden eine geradezu klassisch „absurde Existenz". Sie ist jüdisch und zugleich nicht jüdisch.

Für das Diasporajudentum denkbar ist nur ein Überlebensweg: der religiöse und/oder kulturell-historische Versuch. Das „Alles" der jüdischen

Orthodoxie können und wollen die meisten nicht erfüllen. Sie können es nicht, weil sie nicht mehr ungebrochen an Gott glauben. Das ist die eine Seite. Die andere: Nur die Orthodoxen gewinnen auch bei Juden an Boden.

Reformjuden sind Juden, die nicht mehr wirklich traditionell sein können und (noch?) nicht ganz unjüdisch im religiösen, kulturellen und historischen Sinne werden möchten. Das Reformjudentum ist für die einen jüdischer Rettungsanker, für die anderen Sprungbrett vom Judentum ins jüdische Nichts. Gibt es für die jüdische Diaspora nur noch diese Alternative: Israel, die Orthodoxie oder das Nichts?

Es gibt Hoffnung: Alle Verfolgungen, sogar die „Endlösung", hat dieses Ethik-, Kultur-, Kreativitäts- und Leistungsvolk überlebt. Totgesagte leben länger. Wie?

IX. Bedeutsame Juden – eine subjektive Skizze

Widerspruch erwartend, sei eine Skizze welthistorisch bedeutsamer Juden versucht. „Bedeutsam" heißt meistens, doch keineswegs immer oder unbedingt, „positiv".

Wie bei jedem Versuch ist ein Scheitern nicht auszuschließen, auf jeden Fall hinzunehmen und Kritik (bei demütiger Bitte um Gnade, manchmal auch wegen meiner Ironie) zu ertragen.

Sowohl die Auswahl als auch die absichtlich kurzen, auf das meines Erachtens Wesentliche reduzierten Begründungen sind rein subjektiv. Viele würden viele Nennungen streichen, andere ergänzen, und damit wäre meine Absicht erreicht: dass sich Leser mit dem Stoff aktiv auseinandersetzen und nicht nur „konsumieren".

Biblisch-mythologische Personen wie die Stammväter und -mütter sowie Moses oder biblisch-historische Akteure wie die Könige Israels und Judäas bleiben unberücksichtigt.

Lektüreempfehlungen werden hier nur in Ausnahmefällen gegeben.

Als Sammlung deutschjüdischer Akteure sei empfohlen: Archiv Bibliographia Judaica – Deutschsprachiges Judentum Online, bio-bibliographische Sammlung, 18.–20. Jahrhundert (https://doi.org/10.1515/abj).

Kennzeichen der meisten namentlich Genannten ist:

1.) dass sie auf ihrem jeweiligen Gebiet **Innovateure** waren und somit ein funktional auch für Antisemiten nahezu unverzichtbares **Alleinstellungsmerkmal** besaßen, was zugleich, wie immer bei fast allen Neuerungen (auch von Nichtjuden …) zu Widerspruch, Ablehnung oder Neid führt.

Oder

2.) dass ihr „Angebot", auch wenn nicht innovativ, ihrer **herausragenden Leistung** wegen nachgefragt wurde – wo und wenn Leistung und nicht Vorurteil zählte. Zum Beispiel bei Medizinern, Juristen, Kaufleuten oder auch Musiksolisten. Wie bei Letzteren das elterliche Denken und Programmieren ablief, schildert Isaak Babel (1894–1940) in einer seiner hinreißenden Erzählungen „Geschichten aus Odessa". Ihr Titel: „Erwachen". So beginnt sie: „Alle Leute in unserem Bekanntenkreis ... ließen ihren Kindern Musikunterricht geben. Für unsere Väter, die keinen anderen Ausweg aus ihrem bitteren Los sahen, war das eine Art Lotterie, die auf den Knochen der Kleinen errichtet war ... Und tatsächlich stellte unsere Stadt im Laufe eines Jahrzehnts eine Menge Wunderkinder auf die Konzertpodien der Welt ... Sobald ein Knabe vier oder fünf Jahre alt war, nahm die Mutter das zerbrechliche, zarte Wesen an der Hand und führte es zu Herrn Zagurski. Zagurski betrieb eine *Wunderkinderfabrik*, eine Fabrik für jüdische Zwerge mit Spitzenkragen und Lackschuhen" (Babel, Geschichten aus Odessa, S. 48).

Wir erkennen einmal mehr die *Tragische Dialektik des Antisemitismus*: Dieser 3000-jährige, millionenblutige Fluch wirkt einerseits als schöpferischer Segen für Juden, indem er sie individuell und kollektiv auf Höchstleistungen programmiert. Anderseits und zugleich sind ebendiese Höchstleistungen Auslöser von Neid, Hass, Diskriminierungs- oder Liquidierungsrechtfertigungen der Judenhasser.

Abarbanel, Isaac (1437–1508), Führungspersönlichkeit der Juden Portugals und Spaniens, erfolgreicher Kaufmann, Philosoph, Theologe, Literat. In Diensten der Könige Portugals und Spaniens. Versuchte vergeblich, die Judenvertreibungen zu verhindern. Das Angebot der spanischen Krone, sich taufen zu lassen und zu bleiben, schlug er aus. Der „Schäfer" geht mit seinen „Schafen". Ähnlich handelten lange nach ihm der polnische Erzieher Janusz Korczak (1878/79–1942) und der deutsche Rabbiner Leo Baeck (1873–1956).

Akiva, Rabbi Akiva ben Josef (50–135), einer der bedeutendsten Mischna-Rabbiner (Tanaiten). Er war der Einzige der Rabbinen, der den Bar-Kochba-Aufstand gegen Rom (132–135) unterstützte und Bar Kochba sogar für den Messias hielt. Er wurde bei lebendigem Leibe mit einem Feuerkamm gehäutet. Es heißt im Talmud, er sei zunächst Schäfer und bis 40 völlig ungebildet gewesen. Er verliebte sich in Rachel, die Tochter seines Herren, und bat um Heirat. Rachel stimmte unter einer Bedingung zu: Er müsse sich bilden. 13 Jahre lernte er, und sie wartete. Man beachte die Ähnlichkeit mit der biblischen Erzählung von Stammvater Jakob und Stammmutter Rachel. Dort dauerte die Wartezeit 14 Jahre. Botschaften der Akiva-Geschichte: Bildung kann und muss notfalls (auch ohne „Bafög") unabhängig von den sozialen Verhältnissen erworben und geachtet werden. Nicht zuletzt die Kraft der Liebe macht es möglich. Ähnlich Goethes Botschaft am Ende von „Faust II": „das Ewig-Weibliche zieht uns hinan."

Nie vergessen Hannah **Arendt** (1906–1975), die aus Deutschland in die USA geflohene mutige Philosophin sorgte für inner- und außerjüdische Kontroversen mit ihrem Buch über den Jerusalemer Eichmann-Prozess („Die Banalität des Bösen"). Ihre nicht nur intellektuelle Bindung an/Verbindung zum NS-infizierten Philosophen Martin Heidegger konnte und wollte sie nicht lösen. Auch nicht „danach".

Baal Schem Tow = Rabbi Israel ben Elieser (1698–1760), Begründer des Chassidismus, einer mystisch-emotionalen, teils antirationalistischen Orthodoxie. Zu seinen und seiner Anhänger teils wunderbaren Sprüchen siehe Buber.

Barak, Ehud (*1942 Mischmar Hascharon), u. a. Generalstabschef, 2007–2013 Verteidigungsminister, Premier 1999–2001. Er war Israels erster Premier, der die Formel „Land für Frieden", wie international gewollt und empfohlen, anwandte – und scheiterte. Im Mai 2000 ließ er den von Israel besetzten Süden des Libanon räumen. Statt Land bekam Israel Raketen der vom Iran unterstützten schiitischen Hisbollah-Miliz.

Begin, Menachem (Brest-Litowsk 1913–1992 Tel Aviv), Verehrer und Vollender Wladimir Jabotinskys, des Gründers der antisozialistisch-nationalistischen Revisionisten, Kommandeur der Untergrundmiliz Etzel seit 1. Dezember 1943. Am 1. Februar 1944 Verkündung des antikolonialistischen Aufstands gegen die britische Mandatsmacht in Palästina, weil er den Krieg gegen Hitler-Deutschland für bereits gewonnen hielt. 1952 gegen Gespräche mit der Bundesrepublik Deutschland und gegen das Wiedergutmachungsabkommen. Er sei gegen die Annahme von „Blutgeld". Sein großer Gegenspieler Ben Gurion (mit dem er sich 1967, am Vorabend des Sechstagekrieges, versöhnte): Die Ermordeten könne man nicht wiederbe-

IX. Bedeutsame Juden – eine subjektive Skizze

leben, doch das Leben der Überlebenden müsse man sichern. Als scheinbar Ewiger Oppositionsführer gewann Begin mit seinem Likud im Mai 1977 die Wahlen. Damit beendete er die Ära des Linkszionismus und leitete die seitdem nur kurz unterbrochene rechtsnationalistisch-religiöse Likud-Ära ein. Sie führte neben der Abwendung vom Staatsinterventionismus auch zu einem deutlich bürgerlicheren Politikstil: Anzug + weißes Hemd + Krawatte statt Hose + offenes, meist weißes Hemd. Als „Falke" schloss er 1978/79 Frieden mit Ägypten. Im Juni 1981 ließ er den mit Hilfe Frankreichs und Italiens gebauten irakischen Atomreaktor bei Bagdad durch Israels Luftwaffe zerstören, bevor dort Atombomben hergestellt werden konnten.

Ben Gurion, David (Plonsk, Kongresspolen = Russisches Zarenreich 1886–1973 Wüstenkibbutz Sde Boker), DER Gründervater Israels, „Der Alte", erst Sozialist, dann rechter Sozialdemokrat, weit über rein Jüdisches hinausgehender Denker. Zugleich Machtpolitiker, Pragmatiker, Schriftsteller, erster Ministerpräsident des Landes 1948–1953 und 1955–1963. Mit Konrad Adenauer seit 1951/52 (Wiedergutmachung als Sicherung des Lebens der Überlebenden) und 1957 (Beginn der militärischen Kooperation) Wegbereiter einer engen Zusammenarbeit Israels mit dem, wie er sagte, „neuen Deutschland". In der heutigen Genderethik politisch chancenlos, damals galt die offene Beziehung (beidseits „freie Liebe") eher als Teil der anzustrebenden offenen Gesellschaft. Lektüreempfehlung: Tom Segev, David Ben Gurion: Ein Staat um jeden Preis, 2. Auflage, München 2018.

Ben Jehuda, Elieser (1858–1922), der Wiederbeleber der hebräischen Sprache. Der glühende Zionist machte sie alltagstauglich.

Bernanke, Ben (*1953), 2006–2012 Präsident der US-Zentralbank, spielte eine Schlüsselrolle bei der Überwindung der globalen Finanzkrise 2008/09. Zu den großen jüdischen Ökonomen der Gegenwart gehören gewiss Paul **Samuelson** (1915–2009), amerikanischer Wirtschaftsprofessor, Nobelpreis für Wirtschaft, der bewies, dass auch Fachbücher sowohl verständlich als auch unterhaltsam geschrieben werden können, sowie Milton **Friedman** (1912–2006), ebenfalls Ökonomieprofessor und Träger des Nobelpreises für Wirtschaft. Für manche aber als „Neoliberaler" der Gottseibeiuns der Wirtschaftswissenschaft und -politik.

IX. Bedeutsame Juden – eine subjektive Skizze

Bleichröder, Gerson von (Berlin 1822–1893 Berlin), Bismarcks Bankier bzw. „Mohr" mit besten Beziehungen zum Bankhaus Rothschild im Sinne von Schillers „Fiesko". Doch anders als dieser wurde er nicht „gegangen", sondern 1872 als erster Jude in Preußen sogar in den erblichen Adelsstand erhoben. Dort akzeptiert wurde er nie, und seine Kinder verließen das Judentum durch Taufe (wenngleich geborene Juden hilachisch lebenslang Juden bleiben).

Blum, Léon (Paris 1872–1950 Jouy-en-Josas bei Paris), Schriftsteller, Politiker, Jurist, Sozialist, 1936/37, 1938 und zur Jahreswende 1946/47 als erster (agnostischer) Jude Ministerpräsident Frankreichs. In seiner ebenfalls kurzen Amtszeit 1936/37 revolutionierte er die Sozialpolitik Frankreichs.

Brin, Sergej (*1973), mit Larry Page (kein Jude, auch so etwas soll es bei Erneuerern geben ...; Vorsicht, Ironie!) Gründer der „Weltmacht" Google, die allerdings von Nichtjuden ebenso wie von Juden und auch gegen Juden ge- und missbraucht wird.

Buber, Martin (Wien 1878–1965 Jerusalem), Religionsphilosoph, Flucht nach Jerusalem aus Berlin 1938, dort Professor an der Hebräischen Universität; versuchte mit dem Friedensbund (Brit Schalom) schon vor Israels Staatsgründung Brücken zwischen Juden und Arabern zu bauen. Er war „der" Präsentator der Chassidim.

Bubis, Ignatz (Breslau 1927–1999 Frankfurt am Main), 1978–1999 Vorsitzender der Jüdischen Gemeinde Frankfurt am Main, 1992–1999 Präsident des Zentralrats der Juden. Der „Ronald Reagan der deutschen Juden", also „Großer Kommunikator". Als Nachfolger von „Galle Galinski" Liebling der Medien. Andererseits wurde er im Zusammenhang mit dem „Frankfurter Häuserkampf" von Linken und Vor-Grünen als „reicher Jude" antisemitisch verketzert (Rainer Werner Fassbinder „Der Müll, die Stadt und der Tod"). Politik und Medien haben aus (angebrachter?) politischer Rücksichtnahme bis heute viele seiner ethisch und juristisch eher grenzwertigen Geschäftspraktiken nach 1945 verschwiegen. Auch deshalb erfolgte die Insolvenz erst nach seinem Tod. Eine historisch fundierte, solide Aufarbeitung seiner schillernden Persönlichkeit steht noch aus.

IX. Bedeutsame Juden – eine subjektive Skizze

Celan, Paul (Czernowitz, Bukowina, heute Ukraine 1920–1970 Selbstmord in Paris); er und Nelly **Sachs** gelten zu Recht als „die" Lyriker des Holocaust, genauer: über das sechsmillionenfache Judenmorden. Celans „Todesfuge" dürfte „das" Gedicht über jene Katastrophe sein. Zugleich der Gegenbeweis zu Theodor W. Adornos Behauptung, Lyrik nach Auschwitz wäre unmöglich. Der Preis war hoch. Celan, der seine Eltern in der Schoa verlor, ertrug bis zu seinem freiwilligen Lebensende die „Überlebensschuld" nicht. – In der Holocaust-Prosa ist unbedingt zu erwähnen der ungarisch-jüdische Schriftsteller und Nobelpreisträger Imre **Kertész** (1929–2016). Ihm gelang mit dem „Roman eines Schicksallosen" – ähnlich wie und natürlich doch ganze anders als Jurek **Becker** (1937–1997) mit „Jakob der Lügner" – den Holocaust in scheinlustige Literatur (Schelmenroman) umzuformen. Im Prinzip ähnlich wie Grimmelshausen mit dem „Simplicius Simplicissimus", Grass mit der „Blechtrommel" oder Ingo Schulze mit (nun ja) „Peter Holtz". Unbedingt: Wassili **Grossman** (1905 Berdytschew, Ukraine–1964 Moskau), Verfasser des Jahrhundertromans „Leben und Schicksal" (entstanden 1959, in der Sowjetunion erst 1988 veröffentlicht, Berlin 2007) über den Zweiten Weltkrieg und die Schoa. Ebenso Louis **Begley** (1933 Stryj, heute Ukraine, damals Polen), Rechtsanwalt in den USA, schildert eindringlich und bleibend in seinem autobiografischen Roman „Lügen in Zeiten des Krieges" (deutsch 1994) das Überleben versteckter Juden im von Deutschland besetzten Polen. Die Kollaboration von Polen mit den deutschen Judenmördern bleibt nicht unerwähnt.

Chagall, Marc (Witebsk, damals Russisches Zarenreich, heute Belarus 1887–1985 St. Paul de Vence, Frankreich); „der" Maler des osteuropäischen Schtetls. Doch mit seiner lyrisch-liebevollen Malerei überzuckerte er das alles andere als idyllische Leben im ärmlichen Schtetl Osteuropas. Malte auch biblische Figuren, was kein Bruch des jüdischen Bilderverbots war. Es gibt nämlich keins (wie in diesem Buch erläutert), auch wenn es im Brauchtum befolgt wird.

Cohen, Eli (Alexandria, Ägypten 1924–1965 in Damaskus öffentlich hingerichtet), israelischer Meisterspion, der bis in die Spitzen von Militär, Politik, Wirtschaft und Gesellschaft Syriens vordrang. Seine an den israelischen Geheimdienst, Mossad, weitergeleiteten Erkundungen erwiesen sich im Junikrieg 1967 an der syrischen Golan-Front als für Israel kriegsentscheidend. Empfehlenswert die sechsteilige Netflix-Serie „The Spy" über sein Wirken.

Dajan, Mosche (im zionistisch-sozialistischen Vorzeigekibbutz Degania 1915–1981 Tel Aviv), der „General mit der Augenklappe", Personifizierung des strategisch denkenden Draufgängers. Als Generalstabschef 1953–1958 „Sieger des Sinaifeldzuges" gegen Ägypten im Oktober 1956; als Gefolgsmann Ben Gurions Wechsel in die Politik; 1967–1974 Verteidigungsminister. Umjubelt als „Sieger des Sechstagekrieges" im Juni 1967, gelobt als „Sieger im Abnutzungskrieg" gegen Ägypten 1967/68–1970, mit Golda Meir sozusagen verjagt als Verlierer des Jom-Kippur-Krieges Oktober 1973; 1977–1979 Außenminister von Menachem Begin (Likud) und mit diesem federführend beim Friedensschluss mit Ägypten. 1979 Rücktritt. Anders als Begin befürwortete der Stratege Dajan einen einseitigen Rückzug Israels aus dem Westjordanland und dem Gazastreifen. Die Verwirklichung dieses Vorschlages hätte wahrscheinlich viele Probleme verringert, wenn nicht sogar gelöst.

Debré, Michael (Paris 1912–Montlouis-sur-Loire 1996), Sohn des jüdischen Kinderarztes Robert Debré, Begründer der modernen Pädiatrie Frankreichs, und der Enkelin eines Rabbiners. 1959–1962 Premier unter Präsident de Gaulle, 1968/69 sein Außenminister, unter Pompidou Verteidigungsminister. Seine jüdische Herkunft hinderte ihn nicht daran, unter und mit de Gaulle sowie Pompidou eine geradezu extrem antiisraelische Politik mitzusteuern. Schon wieder keine „Jüdische Weltverschwörung".

Disraeli, Benjamin (London 1804–1881 London), Jurist, Schriftsteller, konservativer britischer Premierminister 1868 sowie von 1874 bis 1880; als 13-Jähriger getauft und von Gegnern als „Judenpremier" verunglimpft. Es war die erste hohe Zeit des europäischen Antisemitismus. Trotzdem Premier.

Dylan, Bob (*1941), eine „der" Stimmen der US-Friedensbewegung in den 1960er Jahren, während des Vietnamkrieges und danach. Sein inzwischen klassisches Kultlied: „Where are all the flowers gone?". Als erster „Liedermacher" erhielt er 2016 den Literaturnobelpreis, was auch er offensichtlich für eher seltsam hielt.

IX. Bedeutsame Juden – eine subjektive Skizze

Einstein, Albert (Ulm 1879–1955 Princeton), seine überragende Bedeutung für Juden und Nichtjuden muss nicht erläutert werden. Höchst interessiert an jüdischen Fragen und Zionismus. Genderethisch nicht nur nach heutigen Maßstäben inakzeptabel. In diese Reihe jüdischer Großphysiker gehören auch Niels **Bohr** (1885–1962), Sohn einer jüdischen Mutter, oder James **Franck** (1882–1964) sowie Max **Born** (1882–1970) und nicht zuletzt natürlich Lise **Meitner** (1878–1968).

Elasar ben Jair (?–73 u. Z.), Anführer der Sikarier, der extremsten Gruppe der extremistischen „Zeloten" (Eiferer). Die Sikarier ermordeten vor allem Juden, die sie für Kollaborateure Roms im Jüdischen Krieg gegen das Imperium hielten. Elasar war Befehlshaber der Sikarier, die sich nach dem Fall Jerusalems (70 u. Z.) vor den Römern auf der Bergfestung (vorher Herodes-Palast) Massada in der Judäischen Wüste, am Toten Meer, verschanzten. Als die Einnahme Massadas durch die Legionäre unabwendbar war, verübten alle verbliebenen Sikarier kollektiven Selbstmord. Politisch und militärisch waren Verschanzung und kollektiver Selbstmord völlig unsinnig, weil nutzlos. Lange wurden sie in Israel nur als mythische Helden und Vorbilder staatlich-jüdischen Widerstands verklärt: „Ein zweites Mal wird Massada nicht fallen!". 73 u. Z. war der Jüdische Staat bereits gefallen und Massada nicht Auferstehung, sondern Ende politischer Eigenständigkeit. Inzwischen mehren sich die Stimmen derer, die Massada, ebenso wie den biblischen Samson-Effekt (Untergang von *einigen* Feinden, nicht *des* Feindes, bei gleichzeitigem Selbstuntergang), für kontraproduktiv, weil politisch nutzlos halten. Pikanterweise war der Erste, der diese These 1981/82 vertrat, der Ex-Chef des Militärischen Nachrichtendienstes Israels („Aman") Jehoschafat Harkabi (1921–1994).

Eschkol, Levi (bei Kiew 1895–1969 Jerusalem), langjähriger Finanzminister Mapai/Arbeitspartei, 1963 bis 1969 Premier. Anfang der 1960er Zerwürfnis mit Ben Gurion. Vom Vorabend des Sechstagekrieges 1967 bis zu seinem Tod Große Koalition, erstmals mit Begin als Minister. Anders als König Georg VI. („The King's Speech") schickte Eschkol seine Soldaten 1967 stotternd in den Krieg und erntete dafür viel Hohn. Mein aus Hitler-Deutschland 1936 nach Britisch-Palästina geflohener Onkel Seew Wolffsohn (1916–1991), im Zweiten Weltkrieg Soldat der British Royal Army, war zu Recht tief beeindruckt: „Ein Premier, der seinem Land stotternd Krieg verkündet, ist mir lieber als ein Hurra brüllender."

IX. Bedeutsame Juden – eine subjektive Skizze

Flavius Josephus (37/38–100), „der" Historiker und damit „die" Quelle der jüdischen Antike. Spross einer Elitenfamilie. Lief im Krieg gegen Rom (66–70) zu den Römern über, weil er den offenen Krieg ebenso wie den „Kleinen Krieg" (Guerilla) gegen die Weltmacht (zu Recht) für selbstmörderisch hielt. Er galt lange und manchen noch heute als „Verräter". Hätte sein Standpunkt obsiegt, wäre Judäa wohl nicht untergegangen und der Zweite Tempel nicht zerstört. Jedenfalls nicht so und nicht schon damals.

Frank, Anne (1929–1945), das in Bergen-Belsen durch unendliches Leid verendete, doch durch ihr Tagebuch unsterbliche, Ewige Mädchen, Ewiges Leid durch den deutschen Nationalsozialismus personifizierend.

Frank, Jakob Joseph (Polen-Litauen 1726–1791 Darmstadt), begann als Anhänger des „Lügenmessias" Schabtai Zwi und erklärte sich bald selbst zum „Messias". Konvertierte sowohl zum Islam als auch später zum Christentum. Noch ein Verführer, dem Juden „wie andere Völker" erlagen.

Freud, Sigmund (Freiberg, Mähren 1856–London 1939); die Begründung erübrigt sich beim Vater der Psychoanalyse, dessen Werk ohne seine jüdische Prägung kaum denkbar ist.

Galinski, Heinz (Marienburg, Westpreußen 1912–1992 Berlin), 1954–1963 sowie 1988–1992 Vorsitzender/Präsident des Zentralrates der Juden in Deutschland sowie 1949–1992 der Jüdischen Gemeinde zu West-Berlin, ab 1990 zu ganz Berlin; KZs Auschwitz, Mittelbau-Dora, Bergen-Belsen. Trotz und nach allem Ja zu Deutschland. Widersetzte sich 1950 mutig im Alleingang dem Aufruf der Jewish Agency und der israelischen Regierung, dass alle Juden Deutschland innerhalb von sechs Monaten zu verlassen hätten. Man lasse sich von keinem vorschreiben, wo man lebe. 1990, im Gefolge der Wiedervereinigung, setzte er, gegen Israels Protest, bei Kanzler Kohl die Kontingentregelung für Juden aus der Sowjetunion durch. Dadurch kamen rund 200.000 Juden nach Deutschland. „Galle Galinski" nannte man ihn hinter den Kulissen, auch solche, die ihn vor den Kulissen heuchlerisch umschmeichelten. Sie „übersahen" wohl, dass Auschwitz, Mittelbau-Dora und Bergen-Belsen keine Ausbildungsstätten für Entertainer waren. Ja, Galinski war bitter und humorlos – aber absolut integer. Vor allem seinem Mut, seiner Bereitschaft, „den" Deutschen eine zweite Chance zu geben, und seinem politischen Geschick ist es zu verdanken, dass es wieder jüdisches Leben in

IX. Bedeutsame Juden – eine subjektive Skizze

Deutschland gibt. Zu seinen Lebzeiten zählte ich zu seinen offenen Kritikern. Heute sehe ich: Er hatte (meistens) Recht.

Gaon von Wilna = Rabbi Elijah Ben Salomon Salman (1720–1797). Oberhaupt der orthodoxen Rationalisten gegen die Emotionalisten des Chassidismus.

Gerschom, Rabbi Gerschom ben Jehuda (Metz um 960–1028 oder 1040 Mainz) setzte durch sein Gutachten gegen die bis ca. 1000 u. Z. im aschkenasischen Judentum erlaubte Vielehe die Monogamie durch. Polygamie musste von 100 Rabbinern erlaubt werden, wurde also unmöglich. Im sefardischen und orientalischen Judentum wurde z. T. bis ins 20. Jahrhundert die Vielehe praktiziert. Beide Praktiken spiegelten die nichtjüdische Umwelt wider. Das wiederum zeigt, dass „die" Juden keineswegs nur isoliert waren und wurden.

Halevi, Jehuda (Toledo 1075–1141 Jerusalem?), stellvertretend für andere Persönlichkeiten des iberischen Judentums, Dichter und Philosoph. Seine Dichtungen sind sowohl religiös als auch prall erotisch. Er bot Lebensklagen, Lebens- und Liebeslust. Auf dem Weg ins oder im Heiligen Land gestorben oder ermordet.

Heine, Heinrich (Düsseldorf 1797–1856 Paris), Personifizierung deutschjüdischer Dichtkunst, Sprach- und Gedankenakrobatik als Weltliteratur. Beispiel gelebter, liberaler politischer Zivilcourage. Kreativer Ruhestörer, der nicht störte, um zu zerstören, sondern mehr Menschlichkeit wollte und Heuchelei aufdeckte. Auch dieser Starke wurde, wie Ludwig **Börne** (1786–1837), zeitweilig schwach und ließ sich ohne Überzeugung taufen, um wenigstens ein Hindernis seines Fortkommens zu beseitigen. Es war wohl eher „die" Gesellschaft als Heine, die schwach war und auf ihre intolerante Weise Starke schwächte.

Herodes, 73 v. u. Z. in Idumäa–4 u. Z. Jericho), skrupelloser Mörder innerhalb und außerhalb seiner Familie, König Judäas von Roms Gnaden, dabei aber ein hohes Maß an Autonomie wahrend und großer Baumeister bzw. Auftraggeber für große Bauten und damit a) einer der „Klassiker" autoritärer Herrschaft und b) der Kollaboration des Herrschers eines schwachen Staates mit einem starken. Damals Judäa-Rom, viel später, neben vielen anderen, Vichy-Frankreich mit Hitler-Deutschland. „Nichts Neues unter der Sonne."

Herzl, Theodor (Budapest 1860–1904 Niederösterreich), Publizist, Schriftsteller, „Der" Vater des organisierten Zionismus. Obwohl vollkommen assimiliert, erkannte er durch den französischen Skandalprozess gegen den unschuldigen Juden, Hauptmann Alfred Dreyfus, das selbst in „Kulturstaaten" jederzeit vorhandene gesellschaftliche Massenmordpotenzial des Antisemitismus. Als Prävention gegen Judenverfolgungen und -morde wollte er, noch in der Ära des „nur" diskriminatorischen Antisemitismus, einen Jüdischen Staat („Judenstaat"). Tragischerweise wurde dieser erst 1948, unmittelbar nach dem schrecklichsten aller liquidatorischen Antisemitismen gegründet. Schuld daran waren die vermeintlich kultivierte Welt sowie Blindheit und Opposition der assimilierten und orthodoxen Juden, die den Zionismus – aus unterschiedlichen Gründen – ablehnten. Auch der Prophet Herzl galt zunächst wenig beim eigenen Volk.

Hildesheimer, Esriel Hildesheimer (Halberstadt 1820–1899 Berlin), Rabbiner, Mitbegründer der modernen Orthodoxie, Begründer des legendären Orthodoxen Rabbinerseminars in Berlin, Obwohl orthodox, befürwortete er das zionistische Aufbauwerk des Zionismus in Palästina, was die Ultraorthodoxie mit dem Bann gegen ihn beantwortete. Der harte Dissens zwischen beiden Orthodoxien betraf die Frage, ob und inwieweit der Mensch in „Gottes Werk" (hier die Gründung eines jüdischen Gemeinwesens vor Eintreffen des Messias) eingreifen dürfe. Hildesheimer bejahte, die Ultraorthodoxie widersprach vehement.

Hillel, Rabbi Hillel der Ältere, der Überlieferung nach wurde er „120", wie „Moses", Oberhaupt des Sanhedrin und Patriarch (Nassi) von 100 v. u. Z. bis 10/20 u. Z. Tanait, Begründer einer Rabbinerdynastie. Entwickelte die sieben wichtigsten Regeln der Textauslegung (Midot). Die Volksweisheit „Was du nicht willst, das man dir tu, das füg auch keinem andern zu", von Kant zum „Kategorischen Imperativ" aufgewertet, empfahl Hillel bereits vor rund 2000 Jahren. Wörtlich: „Was dir nicht lieb ist, das tue auch deinem Nächsten nicht. Das ist die ganze Tora, und alles andere ist nur die Erläuterung. Geh und lerne sie" (Schabat, Folie 31a, Talmud, Band I, S. 522). Hillel gilt als die Personifizierung einer weitherzigen, milden Ethik. „Die Rabbanan lehrten: ‚Stets sei der Mensch sanft wie Hillel und nicht reizbar wie Schamai'" (Schabat, Folie 31a, Talmud Band I, S. 520). Hillels Einfluss auf die jesuanische Ethik ist unübersehbar. Der Apostel Paulus war Schüler von Hillels Enkel, Rabban **Gamliel I.**, (9–50), ebenfalls Patriarch und einer der prägendsten Tanaiten. Gamliel rettete Paulus und anderen das Leben. Siehe Apostelgeschichte, Kapitel 5.

Hirsch, Samson Raphael (Hamburg 1808–1888 Frankfurt am Main), Rabbiner, Begründer der Neu-Orthodoxie, die die „Tora im derech eretz", die Tora mit dem ganz normalen Alltag verbindet. So sehr mit dem Alltag, dass er sich 1848/49 im Habsburgerreich, wo er damals wirkte, an der Märzrevolution beteiligte.

Horkheimer, Max (Stuttgart 1895–1973 Nürnberg), Sozialphilosoph, Mitbegründer der Kritischen Theorie und 1930–1933 Direktor des 1923 gegründeten, 1933 von den Nationalsozialisten geschlossenen, 1950 wieder eröffneten, von ihm wieder geleiteten legendären Frankfurter Instituts für Sozialforschung. 1934 Emigration in die USA, 1949 einer der wenigen deutschjüdischen Rückkehrer, 1951/52 Rektor der Universität Frankfurt. In der Studentenrevolte der 68er sah er Denk- und Verhaltensweisen, die ihn an die Frühphase des Nationalsozialismus erinnerten. Das neue, demokratische, von ihm kritisch geschätzte Westdeutschland schien ihm durch sie ideologisch und politisch gefährdet. Deshalb war er sogar bereit, das einstige NSDAP-Mitglied, den Mitarbeiter im Goebbels-Ministerium, den zum Demokraten gewendeten Bundeskanzler Kurt-Georg Kiesinger (1904–1988) in der geistigen Auseinandersetzung mit der Neuen Linken zu beraten. **Theodor W. Adorno** (1903–1969), sein enger Kollege und Freund, wird irrtümlich oft ebenfalls als Jude betrachtet. Die „Psychopathologie des Alltagslebens" (Freud) ist dabei offenkundig: kritische Sozialforschung – Ruhestörung – Juden, zumal die meisten am Institut, auch „Arier" und Adorno ebenfalls, Hitler-Deutschland verließen.

Jabotinsky, Wladimir (Odessa 1880–1940 Hunter, USA). Als Mitglied der Exekutive der Zionistischen Weltorganisation konnte er sich mit seiner Befürwortung einer härteren Gangart gegenüber der britischen Mandatsmacht nicht durchsetzen. Er lehnte z. B. die faktische Teilung Palästinas in Ost- und Westjordanien ebenso ab wie die bereits 1924 verhängten Einwanderungsbegrenzungen für Juden. Gründete 1925 die Zionistischen Revisionisten, den Vorläufer des heutigen Likud. Überzeugt davon, dass sich Araber nicht mit dem Jüdischen Staat in Palästina abfinden würden, befürwortete er eine „Eiserne Mauer" um den zu gründenden Jüdischen Staat. Sie würde dazu führen, dass die Araber die Unvermeidlichkeit Israels letztlich einsehen und ihren Widerstand aufgeben würden. Faktisch wurde dieser Gedanke bis heute Grundlage der israelischen Überlebensstrategie. Anders als in Israel seit 1948 geschehen, empfahl er, den Arabern vollständige Autonomie in Fragen von Kultur und Religion zu gewähren. Von Gegnern als „Faschist" verschrien, tatsächlich aktiver Antifaschist, der 1933 das Transferabkommen mit Hitler-Deutschland (trotz härtester Bestimmungen ermöglichte es die Auswanderung von Juden) ablehnte, weil man mit dem Teufel keinen Pakt schließe. Dieser vermeintliche Faschist schrieb feinfühlige Romane, z. B. „Die Fünf".

Jehoschua ben Gamla (?–getötet im Jüdischen Krieg gegen Rom), 64/65 Hohepriester, führte die „Allgemeine Schulpflicht" für Kinder ab sechs oder sieben ein; auch für Mädchen, denn es ist von Kindern die Rede, nicht nur von Jungen. Das benutzte Personalpronomen ist weiblich/Plural. Allerdings wird bei der Altersangabe der Schüler die männliche Form „ben" gebraucht (Baba Batra 21a, Talmud S. 79 f.): „Anfangs pflegte nämlich wer einen Vater hatte, von ihm in der Tora unterrichtet zu werden, und wer keinen Vater hatte, lernte die Tora nicht ... Alsdann trat Rabbi Jehoschua ben Gamla auf und ordnete an, dass man Kinderlehrer in jeder Provinz und in jeder Stadt anstelle, denen man die Kinder im Alter von sechs oder sieben Jahren zuführe. Rav sprach zu Rabbi Schmuel ben Schilat: Unter sechs Jahren nimm keinen Schüler auf, von diesem Alter an nimm ihn auf und stopfe ihn wie in einen Ochsen." Jehoschua von Gamla hat das Lernen dann „staatlich" institutionalisiert. Trotz der nur angesprochenen Söhne nahmen auch Töchter am Elementarunterricht teil. Einige erwachsene Frauen, wie Bruria, die Gattin Rabbi Meirs, konnten es, so der Talmud, mit den gelehrten Männern nicht nur aufnehmen. Diese Frau übertraf die Männer mit ihrem Wissen.

Jehuda Hanassi, Rabbi Jehuda Hanassi (135–217), von Rom bestätigtes Oberhaupt („Patriarch", „Fürst", „Präsident") der in Palästina verbliebenen Juden. Er gilt als Abschlussredakteur der Mischna (Teil 1 des Talmuds), der die schriftliche Überlieferung ergänzenden mündlichen Überlieferung der Ge- und Verbote. Sein enormes Ansehen wird im Talmud dadurch bekundet, dass er meist nur „Rabbi", im Sinne von „der" Rabbi oder „Unser heiliger Rabbi", genannt wird.

IX. Bedeutsame Juden – eine subjektive Skizze

Jesus, von seiner Geburt bis zum Tod Jude, ist (für mich) Vollender und Glanzlicht jüdischer Ethik auf Basis Rabbi Hillels. Er selbst wollte „kein Komma" am jüdischen Gesetz ändern.

Josef, Rabbi Ovadia (1920–2013), in Bagdad geborener, 1973–1983 sefardischer Oberrabbiner Israels. 1984 Gründer der vorwiegend marokkanisch-orientalisch-orthodoxen Schass-Partei. Sie war und ist „die" politisch erfolgreichste und daher gewichtigste Vertretung des „Zweiten Israel", also der „Orientalen". Zu seiner Beerdigung strömten rund 800.000 Menschen, mehr als bei jedem anderen Israeli.

Judas der Galiläer, Auslöser des und Anführer im selbstmörderischen Krieg der Juden gegen Rom von 66 bis 70. Er führte ihn vor allem als Guerillakrieg (vgl. Wolffsohn, Juden und Christen, Kapitel 3). In „modernen" Guerillakriegen obsiegen fast immer die Kleinkrieger gegen die Großen (vgl. Vietnam–USA; Afghanistan–Sowjetunion, dann Afghanistan–USA & Partner), indem sie die eigene Zivilbevölkerung als Schutzschild missbrauchen, wissend, dass die Zivilbevölkerung nicht angegriffen, zumindest nicht „ausgemerzt" werde. Zu Letzterem war Rom aber nicht nur in Judäa entschlossen. Siehe Cäsars Gallischer Krieg. Am Ende war Gallien „befriedet", also total vernichtet.

Kafka, Franz (Prag 1883–1924 Klosterneuburg), deutsch-böhmischer Schriftsteller. Wie die meisten Prager Juden lebten er und seine Familie mehr im deutschen als im tschechischen Kulturkreis. Scheinbar ohne oder mit nur wenigen gleich erkennbaren jüdischen Bezügen sind sein weltliterarisches Meisterwerk und Leben ohne seine jüdischen Wurzeln nicht wirklich verständlich. Lektüreempfehlung: Reiner Stach, Kafka, 3 Bände, Frankfurt am Main 2004 ff., weit mehr als eine Biografie. Kafka wird hier stellvertretend für viele andere große habsburgisch-deutsche Schriftsteller genannt. Man denke an Arthur **Schnitzler**, Joseph **Roth**, Stefan **Zweig** oder Karl **Kraus** (dem sein Judentum so wichtig war, dass er sich 1911 katholisch taufen ließ. 1922 trat er aus der Kirche lautstark aus).

Karo, Rabbi Josef ben Efrajim Karo (1488–1575), bedeutender Kabbalist aus Safed im Heiligen Land. Zugleich der Verfasser des Schulchan Aruch, der wichtigsten Sammlung jüdischer Religionsgebote und -verbote.

IX. Bedeutsame Juden – eine subjektive Skizze

Kissinger, Henry (*1923 in Fürth), Flucht (oft als „Ausreise" verniedlicht) im September 1938 in die USA; Harvard-Professor, Politikwissenschaftler, unter US-Präsident Richard Nixon ab 1969 Nationaler Sicherheitsberater und von 1973 bis 1977 Außenminister Nixons und dessen Nachfolgers Gerald Ford. Von 1969 bis 1973 befürwortete er eine „ausgewogene" („even handed") Nahostpolitik der USA – zuungunsten Israels. (Schon wieder keine „Jüdische Weltverschwörung".) Als aber Israel zu Beginn des Jom-Kippur-Krieges (Oktober 1973) der Untergang drohte, sorgten Nixon und er für Waffennachschub, der Israels Überleben und schließlich Kriegssieg ermöglichte. Diese Waffenlieferungen sabotierte die bundesdeutsche Brandt-Scheel-Regierung massiv, weswegen es zu erheblichen deutsch-amerikanischen Spannungen kam (Wolffsohn, Friedenskanzler?). Kissingers Nahost-Pendeldiplomatie leitete nach dem Krieg in der Zeit von 1973 bis 1975 den israelisch-ägyptischen Friedensprozess (1977–1979) ein. Mit US-Präsident Nixon der entscheidende Architekt westlicher Entspannungspolitik gegenüber der Sowjetunion und der VR China. Er beendete 1975 auf Kosten des verbündeten Südvietnam den Vietnamkrieg und erhielt vor dessen Beendigung 1973 dafür den Friedensnobelpreis. – Bei seinen jüdischen Amtsnachfolgern Madeleine **Albright** (*1937 Prag) unter Präsident Clinton von 1997 bis 2001 und Antony **Blinken** (*1962 New York) war die jüdische Herkunft in der Öffentlichkeit fast kein Thema mehr. Frau Albright erfuhr überhaupt erst im zarten Alter von 58 Jahren, dass sie Spross einer jüdischen Familie war. Auch in der Gruppe der NS-Opfernachfahren und -Überlebenden zogen manche, wie im Täterkollektiv, das lange Schweigen vor. Aus unterschiedlichen Motiven, versteht sich.

Kochba bar Schimon (*?–135), Anführer des selbstmörderischen Aufstands (132–135) der in Palästina nach der Tempelzerstörung (70 u. Z.) verbliebenen bzw. zugelassenen Juden gegen die römische Weltmacht.

Kouchner, Bernard, (*1939), französischer Arzt und Außenminister 2007–2010 unter Präsident Sarkozy. Wie viele andere Juden und Nichtjuden bemühte er sich – erfolglos – um mehr Menschlichkeit in der internationalen Politik. Anders als andere kann er aber als Mitbegründer von Ärzte ohne Grenzen diesbezüglich beachtliche Erfolge vorweisen.

Kun, Bela (1886 in Siebenbürgen, in Stalins Auftrag 1938 in Moskau erschossen), 1919 Aktivist der kommunistischen Räterepublik in Ungarn und der Slowakei und dabei durchaus Täter. Floh nach deren Zusammenbruch in die Sowjetunion, wo er 1938 in den „Säuberungen" Stalins erschossen wurde. Einer von vielen jüdischen Utopisten, die mit ihrem Leben für den Glauben an Kommunismus und Kommunisten bezahlten. Idealist. Täter und Opfer. Nacheinander.

Landauer, Gustav (Karlsruhe 1870, ermordet 1919 München), Schriftsteller, humanistischer Anarchopazifist, wichtiger Akteur der Münchener Novemberrevolution 1918 und der Münchener Räterepublik 1919. Ihm und seinen idealistischen Mitkämpfern wie zum Beispiel dem ebenfalls von rechtsextremen Konterrevolutionären ermordeten, ebenfalls jüdischen humanistischen Linksrevolutionär Georg **Eisner** setzte Volker Weidermann 2017 in seinem Buch „Träumer. Als die Dichter die Macht übernahmen" ein schönes Denkmal. Dass und wie diese humanen jüdischen, doch jüdisch indifferenten Träumer eine bessere Welt wollten, war nicht nur Zufall, sondern nicht zuletzt herkunftsbedingt.

Lasalle, Ferdinand (Breslau 1825–1864 Carouge, Schweiz), Vater der deutschen Sozialdemokratie. Lassalle war sogar bereit, ein „Soziales Königtum" zu akzeptieren, und scheute nicht die Kooperation mit Otto von Bismarck. Dass (der geborene, mit sechs Jahren getaufte Jude) Karl Marx sein Gegenspieler war, wundert daher nicht. Schon wieder keine „Jüdische Weltverschwörung". Fiel bei einem Duell. So altmodisch war dieser Neuerer – teilweise. Dem Vorschlag von Hans Erler folgend, dem Sohn des frühbundesdeutschen SPD-Spitzenpolitikers, wurde 2007 beschlossen, das Judentum als die erste der geistigen Wurzeln der Sozialdemokratie in das Hamburger Grundsatzprogramm der Partei SPD aufzunehmen. Allerdings war das Verhältnis der SPD (und auch Willy Brandts – siehe Wolffsohn, Friedenskanzler?) zum Nationaljudentum bzw. Zionismus und Staat Israel distanziert. Ausnahmen bestätigen auch diese Regel.

Lévy, Bernard-Henri (*1948), lautstarker „Neuer Philosoph". Nicht zuletzt der Lautstärke wegen auch von der Politik wahrgenommen. Dabei sich aufrichtig für Menschenrechte einsetzend.

Lubawitdscher Rabbi, Menachem Mendel Schneerson (1902–1994), langjähriges Oberhaupt der modern-orthodox-chassidischen und ungemein sozial engagierten, im späten 18. Jahrhundert gegründeten Chabad-Gruppierung, als Quasi-Messias von seinen Anhängern verehrt.

Madoff, Bernard L. (1938–2021), die Personifizierung eines Gauners in Nadelstreifen. Er brach ein ehernes Gesetz jedweder Minderheit: Zusammenhalt und, noch schwerwiegender, keine Gaunereien innerhalb der eigenen Gemeinschaft.

Mahler, Gustav (Kalischt, Böhmen 1860–1911 Wien), Komponist und Dirigent; 1897–1907 Erster Kapellmeister und Direktor der Weltoper Nr. 1 (oder 2?) in Wien, obwohl „jung und Jude". Wegen beidem kritisiert, attackiert – und doch erfolgreich, auch bei „den" Frauen. Bis ihn eine, seine, Alma Mahler (1879–1964) mit dem späteren Stararchitekten und Bauhaus-Gründer Walter Gropius (1883–1969) überfraute. – Neben Gustav Mahler wären noch andere große Musiker zu nennen: der Dirigent Hermann **Levi** (1839–1900), der Rabbinersohn als glühender Wagnerianer. Bruno **Walter** (1876–1962). Arnold **Schönberg** (1874–1951), Komponist der Zwölf-Ton-Musik; jüdisch geboren, 1898 evangelisch getauft, 1933 „wieder Jude". Auch sein Aus- und Wiedereinschalten des religiösen oder nichtreligiösen Judentums beweist die Unmöglichkeit einer Flucht aus seiner Herkunft. Neben unzähligen herausragenden Solisten und Dirigenten sollte man (besonders in Deutschland) den Geiger Yehudi **Menuhin** (1916–1999), die Geiger David **Oistrach**, Jitzchak **Perlmann** oder Gideon **Kremer**, den Dirigenten und Komponisten Leonard **Bernstein** (1918–1990) sowie den Pianisten und Dirigenten Daniel **Barenboim** (*1942) hervorheben. Sie haben sich kontinuierlich für eine Versöhnung mit Deutschland „danach" eingesetzt. Während nach dem Fall der Berliner Mauer am 9. November 1989 fast alle Welt wieder „Angst vor Deutschland" hatte, gaben Barenboim und Bernstein spontane Benefizkonzerte – aus Freude über den Mauerfall. Unzählige Musiker wären noch zu nennen. Eben nicht „nur", wie oft behauptet, bedeutende Solisten, sondern auch Komponisten, und eben nicht nur Gustav Mahler.

Maimonides, Moses, Mosche ben Maimon, „Rambam" (Cordoba, Spanien 1135/38–1204 Kairo), Arzt (u. a. Leibarzt von Saladin, der 1187 die Kreuzritter bei Hittin nahe dem See Genezareth entscheidend besiegte) sowie Philosoph und Theologe, der beide Welten zusammengeführt hat, was beidseits nicht nur auf Zustimmung stieß. Die heutige Einschätzung der

IX. Bedeutsame Juden – eine subjektive Skizze

informierten (!) jüdischen Mehrheit: „Von (dem biblischen) Moses bis zu Moses (Maimonides) gab es keinen wie Moses (Maimonides)." Er verband Glauben und Zweifel, ließ den Glauben obsiegen – und machte daraus ein bedeutendes Buch „Führer der Unschlüssigen". Zu den großen jüdischen Ärzten der Moderne zählen Ignaz **Semmelweis** (1818–1865), der „Retter der Mütter", der Immunologe Paul **Ehrlich** (1854–1915) und Jonas **Salk** (1914–1995) sowie Albert **Sabin** (1906–1993), die beiden Erfinder des Polio-Impfstoffes. Sie befreiten die Menschheit von dieser Geißel.

Marcuse, Herbert (Berlin 1898–1979 Starnberg, als er Jürgen Habermas besuchte), lebte seit 1934 in den USA, seine Urne wurde auf dem Dorotheenstädtischen Friedhof Berlin neben vielen deutschen Geistesgrößen 2003 beigesetzt. Sein Lebenskreis schloss sich damit geografisch und historisch. Zugleich personifizierte er, ähnlich und zugleich anders als Horkheimer und Adorno, dass es immer Brücken zwischen Gleichgesinnten jedweder Herkunft gibt. Marcuse war wohl „der" Philosoph der Neuen Linken und als solcher gleichermaßen verehrt wie verteufelt. Den meisten seiner Jünger und Agitatoren, etwa Rudi Dutschke (1940–1979) oder Daniel **Cohn-Bendit** (*1945) war er nicht nur intellektuell überlegen, sondern, anders als sie, auch Ästhet – aus sozialrevolutionärer Überzeugung. Im Sommer 1967, als Dutschke bei einem Teach-in an der Freien Universität Berlin von der revolutionären Kraft des Proletariats träumend schwärmte, goss Marcuse Wasser in seinen Wein. Der wahre revolutionäre Impetus käme von der Intelligenzia, geleitet von der „revolutionären Macht der Ästhetik – als Alternative zur Wirklichkeit". Neu war dieser Gedanke freilich nicht. Bauhaus-Gründer Walter Gropius zum Beispiel hatte um 1918/19 Kunst als Instrument der gesellschaftlichen Revolutionierung bezeichnet.

Marx, Karl (Trier 1818–1883 London), sechsjährig getauft, seine positiv oder negativ überragende Bedeutung für die Weltgeschichte muss nicht erläutert werden. Seine Rezension „Zur Judenfrage" (1844) eher ein Pamphlet, kann es mit jeder antisemitischen Schrift aufnehmen.

Meir, Golda (Kiew 1898–1978 Jerusalem), Mapai/Arbeitspartei, u. a Israels Außenministerin 1956–1965, erste Premierministerin des Landes 1969–1974. Premier Ben Gurion über „Golda": „Der einzige Mann in meinem Kabinett". Wurde als Ministerpräsidentin zur ebenso fürsorglichen Landesmutter wie zur No-nonsense-Spitzenpolitikerin. Wie fast die gesamte politisch-militärische Führung Israels verkannte sie vor dem Ausbruch des Jom-Kippur-Krieges im Oktober 1973 die Gefahr, was im April 1974 zu ihrem unfreiwilligen Rücktritt führte.

Meir, Rabbi Meir von Rothenburg ob der Tauber (Worms 1215–1293 Ensisheim, Elsass), bedeutender Gelehrter und Theologe. Sein Verhalten prägt bis heute auch die weltliche Anti-Terror-Politik Israels: keine Erpressung. 1286 wurde er verhaftet, als er und viele andere Juden vor den Steuererpressungen König Rudolfs I. ins Heilige Land fliehen wollten. Sein Schüler Ascher ben Jechiel führte Verhandlungen über Rabbi Meirs Freilassung. Man hatte sich auf 23.000 Mark geeinigt. Rabbi Meir verbot die Umsetzung. Begründung: Sie würde einen Präzedenzfall für künftige Geiselnahmen schaffen. Sein Leichnam wurde allerdings 1307 dann doch für 23.000 Pfund Silber vom Frankfurter Kaufmann Alexander ben Salomon Wimpfen freigekauft. So sehr wurde Rabbi Meir nicht nur von Alexander verehrt.

Mendelssohn, Moses (Dessau 1729–1786 Berlin), dieser Philosoph war zweifellos „der" nicht nur deutschjüdische Wegbereiter eines aufgeklärten, weltoffenen Judentums. Ohne ihn ist die Entstehung und Entwicklung des Reformjudentums nahezu undenkbar. In „Nathan der Weise" hat ihm Lessing ein zeitloses Denkmal gesetzt. Die Familiengeschichte Moses Mendelssohns verdeutlicht die Dialektik bzw. Segen und Fluch des liberalen Judentums, der offenen Gesellschaft überhaupt: Offenheit und Selbstaufgabe als zwei Seiten derselben Medaille. Das Liberale Judentum mal als Rettungsring abwanderungswilliger Juden fürs Judentum, mal als erster Schritt weg vom Judentum. Vier der sechs Kinder Mendelssohns ließen sich taufen.

Mendes France, Pierre, PMF, (Paris 1907–1982 Paris), war mit 21 jüngster Anwalt Frankreichs. Als echter Intellektueller zeitweiliges Idol der Intellektuellen, wie Léon Blum Sozialist, zweiter jüdischer Ministerpräsident Frankreichs vom Juni 1954 bis Februar 1955. In seiner kurzen Amtszeit beendete er die Kolonialherrschaft über Vietnam (Indochina), leitete die Unabhängigkeit Marokkos sowie Tunesiens ein und befürwortete erhebliches Entgegenkommen in Algerien, was am Widerstand der Kolonialisten scheiterte. Am Widerstand der Gaullisten scheiterte die von ihm gewollte Europäische Verteidigungsgemeinschaft (EVG) mit Westdeutschland. Stattdessen zimmerte er entscheidend die Pariser Verträge vom 23. Oktober 1954 mit. Sie führten zur Souveränität der Bundesrepublik Deutschland und ermöglichten ihr den NATO-Beitritt. Religiös indifferenter, französisch-jüdischer Kosmopolit. In den späten 1950er/frühen 1960er Jahren stellte er sich im Weinland Frankreich selbst ein Bein, indem er die „Trink-Milch-Kampagne" gegen den Alkoholismus aktiv unterstützte.

Nachman von Breslav, Rabbi (1772–1810), Urenkel des Baal Schem Tov, setzte auf seine Weise dessen Werk fort. Anders als viele andere fand er, dass man in der fernen Diaspora zum Beispiel für Regen im Heiligen Land beten könne, es jedoch nur überzeugend sei, wenn man dort auch lebe. Also brach er nach Zion auf, erreichte es – und verließ es fluchtartig vor den Soldaten Napoleons. Heute wird er von chassidischen Massen wie ein Heiliger verehrt. Meine Buchempfehlung: Nachmans „Lobpreis und Lehrgespräche".

Netanjahu, Benjamin (*1949 Tel Aviv), Likud-Politiker, nachdem er diversen Ministerien vorstand (Außen, Finanzen), wurde er der am längsten amtierende Ministerpräsident Israels: 1996–1999 und 2009–2021. Gilt als Superfalke, ist jedoch eher ein Zauderer. Führte zunächst als Finanzminister Scharons 2001–2005 und dann als Premier das einst sozialistisch-sozialdemokratische Land in den Turbokapitalismus, was Israels Volkswirtschaft total modernisierte und z. B. im IT-Bereich sowie bei Anmeldungen neuer Patente in die Weltspitze katapultierte. Führte US-Präsident Obama mit seiner Nahostpolitik am Nasenring durch die politische Arena, suchte und fand mit Nachfolger Trump den Schulterschluss, was ihm – und Israel! – international weit mehr als national schadete. Scheiterte letztlich an sich selbst, seiner Selbstherrlichkeit.

Pasternak, Boris (1890–1960), einer der ganz Großen der russischen Literatur – nicht nur oder erst wegen und seit dem Literaturnobelpreis seines „Doktor Schiwago" oder gar dessen (wunderbarer) Verfilmung. Zu den russischjüdischen Großliteraten zählen gewiss auch Ossip **Mandelstam** (1891–1938), Isaak **Babel** (1894–1940) oder Marina **Zwetajewa** (1892–1941). Stalins Kommunismus-Diktatur war für sie letztlich tödlich.

Paulus, der „Heidenapostel" war Jude, verdankte sein Überleben Rabban Gamliel I., präsentierte eine Art „Judentum light" (vor allem minus Speisevorschriften und Beschneidung) und war – siehe seine Briefe – als Missionar bei Juden weitgehend erfolglos.

IX. Bedeutsame Juden – eine subjektive Skizze

Peres, Schimon (Wiszniew, Polen, heute Belarus 1923–2016 Tel Aviv); Schüler und treuester Gefolgsmann Ben Gurions. Amtierte in fast jedem Ressort als Minister, schaffte es aber nur kurz bis zum Premier. Das brachte ihm lange den Ruf als „looser" (Ewiger Verlierer) ein. Waffenbeschaffer Nr. 1 nach der Unabhängigkeit. Der Meisterstratege (zunächst im Verteidigungsministerium) gilt als Vater der israelischen Militärindustrie, der militärischen Zusammenarbeit mit Frankreich (einschließlich des Imports atomar-militärischen Wissens und Wirkens) sowie (mit Franz Josef Strauß) ab Dezember 1957 mit der Bundesrepublik Deutschland. Als Verteidigungsminister am 4. Juli 1976 federführend bei der Befreiung der Geiseln des von Terroristen nach Entebbe (Uganda) entführten Air-France-Flugzeuges. Die deutschen Terroristen Böse und Kuhlmann hatten zuvor eine Selektion der Flugpassagiere durchgeführt, indem sie Juden von Nichtjuden trennten. Als Rabins Außenminister 1992–1995 war er der spirituelle Vater des Oslo-Abkommens, und als Staatspräsident stellte er von 2007 bis 2016 den guten Ruf dieses Amtes wieder her, nachdem sein Vorgänger Mosche Katzav diesen durch diverse sexuelle „Belästigungen" nahezu ruiniert hatte. Posthum wurden auch Peres im Herbst 2021 sexuelle Belästigungen vorgeworfen. Politische Ikone oder Sexist – das war hier die Frage. Auch diesbezüglich ist man/Mann in Israel „wie alle Völker".

Philo von Alexandria (15/10 v. u. Z.–40 u. Z), hoher Repräsentant der großen jüdischen Gemeinde seiner Stadt. Bedeutendster jüdischer Philosoph und Theologe der Antike, verband griechisch-römisches mit jüdischem Denken. Vermittler zwischen diesen Welten. Von ungebrochener Aktualität seine Interpretation biblischer Geschichten: Sie seien Bildbotschaften (Allegorien) und nicht wörtlich zu verstehen.

Pissaro, Camille (1830–1903), es gibt zwar nur wegen des vermeintlichen (!) Bilderverbots wenige jüdische bildende Künstler von Weltruf, aber es gab und gibt sie, zum Beispiel den Impressionisten Pissaro, der sich während der Dreyfus-Affäre als Jude für den Juden öffentlich einsetzte, ohne sein Judentum zu verleugnen. Zu den kunsthistorisch ebenfalls stark wahrgenommenen jüdischen Malern zählen natürlich Marc **Chagall** sowie Max **Liebermann**. Anders als bei Chagall ist Jüdisches nicht Gegenstand ihrer Kunst.

IX. Bedeutsame Juden – eine subjektive Skizze

Rabin, Jitzchak (Jerusalem 1922, 1995 in Tel Aviv ermordet), Generalstabschef 1964–Dezember 1967. Mit Dajan der „Sieger des Sechstagekrieges". Ministerpräsident der Arbeitspartei 1974–1977 und 1992 bis 1995. Zunächst politischer Falke, der ab 1992 dafür plädierte „den Frieden zu wagen". Das Wagnis führte im September 1993 zum in Washington D.C. unterzeichneten und in Norwegen ausgehandelten „Oslo-Abkommen" mit den Palästinensern (Jassir Arafat). Es polarisierte Israels jüdische Gesellschaft so sehr, dass Rabin von einem nationalreligiösen Fanatiker im November 1995 in Tel Aviv ermordet wurde.

Raschi, Rabbi Schlomi Jitzchaki (1040–1105) aus Troyes und Worms, Rabbi und Weinbauer. Wie viele seiner Rabbi-Kollegen in der Vergangenheit, lebte er für die Religion mehr als von ihr. Raschi ist der bis heute einflussreichste Bibel- und Talmudkommentator. Seine Kommentare zeigen Wissen, gepaart mit gläubiger Naivität, Charme und Menschenliebe.

Rathenau, Walther (Berlin 1867, von Rechtsextremisten als „Erfüllungspolitiker" 1922 in Berlin ermordet), Unternehmer (AEG), Schriftsteller, erster und bislang einziger jüdischer deutscher Außenminister (Februar bis Juni 1922); schloss im April 1922 mit der Sowjetunion den Rapallo-Vertrag. Als Jude völlig assimiliert. Trotzdem verfolgt und ermordet. Er personifiziert die Unmöglichkeit, aus dem Judentum (jeder geburtszufälligen Herkunft?) zu entfliehen.

Rothschild, eine von vielen jüdischen Bankiersdynastien. In der frühen Bankengeschichte dominierten Privatbanken, doch seit Ende des 19. Jahrhunderts überwiegen Großbanken auf Aktienbasis. Viele Privatbanken, natürlich auch jüdische, führen seitdem eher ein Randdasein. Anders Rothschild. Die Anfänge in Frankfurt am Main. Begründer Mayer Amschel Rothschild (1744–1812). Er wollte zunächst Rabbiner werden und lernte auf einer Talmudschule im „Fränkischen Jerusalem", Fürth. Ein Selfmademan aus dem Bilderbuch und eine Familie, deren Großteil bis heute jüdisch und weltoffen blieb. So weltoffen, dass ihr französischer Generaldirektor der Jahre 1954–1962, Georges Pompidou, als Ministerpräsident von Staatspräsident Charles de Gaulle (1962–1968) und als dessen Nachfolger von 1969 bis 1974 sich vollkommen von den Rothschild-Bindungen an den Jüdischen Staat „emanzipierte" und eine offen antiisraelische Politik betrieb.

IX. Bedeutsame Juden – eine subjektive Skizze

Sakai, Jochanan ben, Rabbi (30–90), Pharisäer, gehörte zur „Friedensfraktion", lehnte also den Jüdischen Krieg/Aufstand gegen Rom (66–70 u. Z.) ab. Ließ sich trotz Todesdrohung der Kriegsparteien von Gleichgesinnten aus dem belagerten Jerusalem zum römischen Befehlshaber (dann Kaiser) Vespasian hinausschmuggeln. Diesen bat er um die Erlaubnis, nach dem sich abzeichnenden Sieg Roms in Jamnia (Jawne) ein religiöses Seminar eröffnen zu dürfen. Er durfte, denn, so der Feldherr, was könne ein „Rabbinerchen" schon anrichten. Den Talmud! Denn sein Seminar von Jamnia wurde die „Wiege" des Talmuds.

Schabtai Zwi (Izmir 1626–1676 Montenegro), nach den Massakern an den ukrainischen Juden ab 1648 schwang er sich zum „Messias" auf und gewann viele Anhänger. „Wie andere Völker" verfielen auch Juden in Zeiten der Hoffnungslosigkeit Verführern. Um sein Leben zu retten, konvertierte dieser jüdische „Messias" zum Islam.

Schamai, Rabbi Schamai (fraglich 50 v. u. Z–30), Kollege und Konkurrent von Rabbi Hillel dem Älteren. Hillel gilt, wie erwähnt, als Personifizierung der Sanftheit, Schamai als Verkörperung der Reizbarkeit und Strenge. Anders aber das Schamai-Bild in den Sprüchen der Väter (1, 15, Talmud, Band IX, S. 667): „Mache dein Torastudium zur ständigen Beschäftigung. Versprich wenig und tue viel. Empfange jeden Menschen mit freundlichem Gesicht." „Freundliches Gesicht" und schnaubende „Reizbarkeit" passen schlecht zusammen. Ganz so schlimm, wie ihn die Hillel-Schüler und -Fans darstellten, dürfte er demnach nicht gewesen sein.

Scharanski, Nathan (*1948), Physiker und Mathematiker, einer der mutigsten Dissidenten der Sowjetunion in der Ära Breschnew. Verlangte die Ausreise nach Israel, die ihm lange verweigert wurde. Daher der auf ihn und andere ausreisewillige jüdische Dissidenten geprägte Begriff „Refusenick". 1978 Verurteilung zu 13 Gulag-Jahren. 1986 wurde er spektakulär bei einem Agentenaustausch freigelassen und flog umgehend nach Israel, wo er später Minister und danach Chef der Jewish Agency wurde.

Scharon, Ariel (Kfar Malal 1928–2014 Ramat Gan), legendärer Hau-Ruck-General im Anti-Terror-Kampf der 1950er Jahre. Held im Jom-Kippur-Krieg, Oktober 1973, als er mit seiner Truppe vom Ostufer des Suezkanals auf das Westufer übersetzte und damit die Kriegswende zugunsten

Israels einleitete. Als Landwirtschaftsminister ab 1977 unter Begin änderte er die Siedlungsstrategie im Westjordanland: Nicht mehr nur die Höhen der Judäischen Berge und die Jordansenke *be*siedeln (Allon-Plan der Arbeitspartei), sondern das Westjordanland *zer*siedeln, indem die territoriale Durchgängigkeit der Palästinenser zerschnitten wird. Der zweite israelische Premier, bei dem die von der „Internationalen Gemeinschaft" favorisierte Konfliktlösungsformel „Land für Frieden" keinen Frieden brachte. Wie Rabin und Barak „wagte er Frieden" – und erlitt Schiffbruch. Unter seiner Regie zog sich Israel im Sommer 2005 vollständig, trotz heftiger Proteste im Inland, aus dem Gazastreifen zurück. Statt Frieden ernteten er und Israel Raketen der Hamas und des Islamischen Jihad. Scharon erlebte das nicht lange, denn im Januar 2006 fiel er bis zu seinem Tod acht Jahre später in ein Dauerkoma.

Scholem Alejchem, (= S. J. Rabinowitsch, 1869–1916), neben Mendele **Mojcher Sforim** (1836–1917), S. J. Abramowitsch (1836–1917) und J. L. **Perez** (1852–1915) machte er aus dem Neujiddischen, der scheinbaren Gossensprache der osteuropäischen Juden, bedeutende Literatur voller Selbstironie, Menschenliebe und Melancholie.

Scholem, Gershom (1897–1982) war Martin Bubers wohl schärfster, in der Fachwelt erfolgreichster (und klügster) Kritiker. Er warf Buber vor, Chassidim und Chassidismus quasi keimfrei dargestellt zu haben. Man könnte übertrieben boshaft sagen: Was Chagall in der Malerei des osteuropäischen Judentums, war Buber in der Literatur. Kontern kann man z. B. so: Beide stellten das Wesen und nicht die Hülle des osteuropäischen Judentums, genauer: seiner Teilwelten dar. Scholem vs. Buber ist eines von unzähligen Kapiteln zweier rivalisierender Alphamänner (egal ob jüdisch oder nicht), wobei Scholem mehr angriff als Buber.

Selenskyj, Wolodymyr (*1978), vollbrachte zwei irdische Wunder: In der traditionell antijüdischen Ukraine wurde er im Mai 2019 von rund 73 Prozent seiner judenethisch offenbar vollkommen gewendeten Landsleute zum Präsidenten gewählt. Nach dem Überfall von Putins Russland auf die Ukraine (24. Februar 2022) wurde er zu Recht durch sein vorbildliches Verhalten zur nationalen und internationalen Ikone. Sein und seines Staates Schicksal dokumentieren einmal mehr zwei grunddeprimierende historische Wahrheiten: 1.) Gerechte werden getötet, die Welt weint, schaut zu und versucht, zur Tagesordnung überzugehen. 2.) Wehrschwache und bündnisfreie Staaten müssen mit dem Schlimmsten rechnen.

Strauss, Levi (Buttenheim, Franken 1829–1902 San Francisco), Kaufmann; 1847 bettelarm in die USA; Millionen Blue-Jeans-umhüllter Gesäße von Juden und Nichtjuden in aller Welt danken Levi Strauss alltäglich für die „Erfindung" dieser nahezu unkaputtbaren Hose. Sind „die" Juden am Ende auch an der Verschlunzung der Welt-Garderobe schuld?

Streisand, Barbra (*1942 New York City), die Schauspielerin wird in die „Ahnengalerie" aufgenommen, weil sie auf unnachahmliche, entkrampfte Weise ein lockeres, lebensfreudiges Judentum der Weltöffentlichkeit präsentierte. Sie ist ein „Funny Girl" und spielte es nicht nur im Film (1968). Selbst mit dem antisemitischen Klischee der „großen, langen jüdischen Nase" geht sie souverän um und mied „Schönheits"-Chirurgen. Zugleich Bekenntnis und Appell: Nehmt mich/uns, wie ich/wir bin/sind. – Zahlreiche andere jüdische Frauen bewiesen und beweisen, dass Gleichberechtigung nicht nur gerecht, sondern mehr als berechtigt ist. Ruth Bader **Ginsburg** (1933–2020), liberale Ikone als Richterin am US Supreme Court. Janet **Yellen** (*1946), US-Finanzministerin unter Präsident Joe Biden, 2014–2018 Chefin der US-Zentralbank; Bella **Abzug** (1920–1998) die US-Demokraten-Politikerin. Betty **Fridan** (1921–2006), die Schriftstellerin Susan **Sontag** (1933–2004), die Jewish-Studies-Professorin und Tochter des berühmten konservativen Rabbis Abraham J. Heschel, Susanah **Heschel** (* 1956) oder die literarisch so einflussreiche Gertrude **Stein** (1874–1946). Nicht zu vergessen die idealistische, von deutschen Rechtsextremisten ermordete Kommunistin Rosa **Luxemburg** (1871–1919). Gerne genannt werden aus dem 19. Jahrhundert die großen Salondamen Dorothea **Schlegel** (1764–1839), die getaufte Tochter von Moses Mendelssohn, die ebenfalls getaufte Schriftstellerin und Salonière Henriette **Herz** (1764–1847) sowie natürlich Rahel **Varnhagen von Ense** (1771–1833), ebenfalls Salondame, Schriftstellerin und ebenfalls getauft. Die jeweiligen Taufen dokumentieren, wie bei Heine, Börne und anderen die Tatsache, dass die Bereicherung durch diese herausragenden Persönlichkeiten mehr der allgemeinen Gesellschaft als dem jüdischen Kollektiv in seinem Jüdischsein zugutekam. Noch eine Variante der allgemeinen diasporajüdischen Tragödie.

Süßkind von Trimberg (zweite Hälfte 13. Jahrhundert), jüdischer Minnesänger wahrscheinlich im fränkischen Raum. Friedrich Torberg hat 1972 einen hinreißenden Roman über ihn verfasst, „Süsskind von Trimberg", der wunderbare Einblicke nicht nur in das jüdische Leben im Hochmittelalter vermittelt. „Die" jüdische Situation (für mich) unsterblich besang er in seinem Lied „Der Wolf":

> *Ein Wolf sprach überaus jammervoll:*
> *Wo soll ich nun bleiben,*
> *Da ich, nur weil ich mich zu erhalten suche,*
> *Von einem jeden verfolgt werde?*
> *Dazu bin ich solcherart geboren, die Schuld liegt nicht bei mir;*
> *Manch einem ergeht es gut,*
> *Den man unredlich handeln sieht*
> *Und offenkundig zu Wohlstand gelangen*
> *Mit sündhaftem Streben;*
> *Der tut viel Schlimmeres als ich, wenn ich ein Gänschen stehle.*
> *Keinerlei rotes Gold besitze ich,*
> *Das ich für mein Essen hergeben könnte,*
> *Daher muss ich meinen Leib berauben und Hunger leiden,*
> *Der falsche Mann, auf seine Weise, richtet mehr Schaden an als ich*
> *Und will [dabei noch] unschuldig sein.*

Tergit, Gabriele (1894–1982), sie und Israel J. **Singer** (1893–1944; der mindestens ebenso begabte Bruder des Literaturnobelpreisträgers Isaac Bashevis **Singer**) haben mit ihren Büchern „Effingers" bzw. „Familie Kanovski" jüdisches Leben in Deutschland bis zum „Dritten Reich" bleibend beschrieben.

Trotzki, Leo, geboren Lew Davidowitsch Bronstein (Janovka, Ukraine 1879–1940 in Mexiko), brillanter Denker, durchaus auch jüdisch geprägt; der eigentliche Motor der Oktoberrevolution 1917; Vater der Roten Armee; nach Lenins Tod durch Stalin entmachtet; 1929 Flucht; 1940 im Auftrag Stalins ermordet. Noch ein Idealist, der zuerst Täter war und dann Opfer wurde – der Geister, die er rief, in Person Stalins wahrlich nicht rief oder wollte, doch nicht verhindern konnte.

Weizmann, Chaim (Motal bei Pinsk1874–1952 Rechovot, Israel), Chemiker, Präsident der Zionistischen Weltorganisation, Staatspräsident Israels 1949–1952. Vor allem ihm ist die Balfour-Erklärung Großbritanniens vom 2. November 1917 zu verdanken. Sie war das völkerrechtliche Eingangstor der Zionisten zur „nationalen Heimstätte in Palästina" und damit letztlich zum Staat Israel. Im Machtkampf um die Führung Israels unterlag Weizmann Ben Gurion. Als Bourgeois hätte Weizmann heute genderethisch noch größere Probleme als sein einstiger Kontrahent Ben Gurion, der auf (damals) festerem, geschlechtsneutralem ideologischem Grund stand („Freie Liebe"). Lektüreempfehlung: Jehuda Reinharz, Chaim Weizmann, Band 1: The Making of a Zionist Leader, 1985; Band 2: The Making of a Statesman, Oxford University Press 1993.

Wiesel, Eli, (1928–2016), Schriftsteller und Friedensnobelpreisträger, der als Überlebender der Hölle von Auschwitz trotz allem nicht den Glauben an das Gute im Menschen verlor – oder sich, trotz der Vergeblichkeit, dafür und für Versöhnung einsetzte.

Zuckerberg, Marc (*1984) Gründer von Facebook und anderen (un)sozialen Medien. Begründung: Siehe Sergej Brin.

Weiterführende Informationen

Aufgelistet werden nur benutzte, zitierte und somit (aus meiner Sicht) empfehlenswerte Veröffentlichungen.

Enzyklopädien

Enzyklopädie Jüdischer Geschichte und Kultur, 7 Bände, hrsg. v. Dan Diner, Stuttgart – Weimar 2011–2017 (zitiert als EJGK gemäß Bandnummer und Seiten, ohne Nennung der Autoren). Sehr empfehlenswert.

EH = Encyclopedia Hebraica (hebräisch), 38 Bände, Jerusalem/Tel Aviv, 1948 bis 1996, Leitender Herausgeber Joseph Klausner (der 1928 eine großartige Jesus-Biografie veröffentlichte, deren Nachdruck 2021 im Jüdischen Verlag bei Suhrkamp erschien). In Breite und Tiefe immer noch unübertroffen – allerdings auf Hebräisch.

Jewish Encyclopedia, 1901–1906, wahrlich nicht tagesfrisch, doch für ältere Stichworte hilfreich, inzwischen online.

Encyclopedia Judaica. 2nd edition. 22 Bände, Detroit 2007

Und, ja, warum nicht zur allgemeinen Orientierung: Wikipedia unter den entsprechenden Stichworten – auf Deutsch, Englisch, Französisch und (meistens am besten) Hebräisch.

Fernsehessays bzw. -dokumentationen

Zur Einführung, ersetzen keine Lektüre, aber ...

Eine Geschichte der Juden in Europa, ZDF, 2018, 2 Teile, von Prof. Dr. Christopher Clark, Cambridge

Die Juden – Geschichte eines Volkes, Phoenix, 6 Teile, 2014

Klassiker

Graetz, Heinrich, Geschichte der Juden. Von den ältesten Zeiten bis auf die Gegenwart. Aus den Quellen neu bearbeitet, 11 Bände, Berlin 1853–1875 und die volkstümliche Ausgabe für allgemeine Leser als dtv-reprint-Taschenbuch: Volkstümliche Geschichte der Juden, 6 Bände, München 1985

Dubnow, Simon, Weltgeschichte des jüdischen Volkes. Autorisierte Übersetzung aus dem Russischen von Aaron Steinberg, 10 Bände, Berlin 1925–1929. Sein lesenswerter Essay zur jüdischen Geschichte auf Englisch: https://www.gutenberg.org/files/7836/7836-h/7836-h.htm#link2H_4_0005 (Abruf 2.12.2021)

Der aus meiner Sicht moderne(re) Klassiker:

Ben-Sasson, Haim Hillel/Shmuel Ettinger u. a, Geschichte des jüdischen Volkes: Von den Anfängen bis zur Gegenwart, Originalauflage Tel Aviv 1969, deutsch: 6. Auflage München 2017

Zitierte und empfohlene Literatur

Themenbezogene Empfehlungen sind in den einzelnen Kapiteln zu finden.

Adler, Yonatan/Omri Lernau, The Pentateuchial Dietry Proscription against Finless and Scaleless Aquatic Species in Light of Ancient Fish-remains, in: The Institute of Archeology of Tel Aviv University, Vol. 48, 2021, S. 5–26

Agada – sefer hagadah (Das Agada-Buch), Eine Auswahl der Agadot (= Erzählungen aus dem Talmud und den Midraschim = erzählenden Kommentaren der talmudischen Weisen), hrsg. v. Chaim Nachman Bialik und J. H. Ravnitzki, hebräisch, Tel Aviv, 3. Auflage, 1968

Albahari, David, Mutterland, Frankfurt am Main 2013

Assmann, Jan, Exodus. Die Revolution der Welt, München 2015

Assmann, Jan, Moses der Ägypter. Entzifferung einer Gedächtnisspur, München 1998

Ausubel, Jacob u. a., Denominational Switching among U.S. Jews. Pew Research Center, 22.6.2021, online: Pew/US Jews/Reform (Abruf 19.9.2021, statt der ellenlangen Links werden hier die jeweiligen Suchstichworte genannt)

Babel, Isaak, Die Reiterarmee, Berlin 1994, Erstausgabe Berlin 1926

Babel, Isaak, Geschichten aus Odessa, München 1987

Bauer, Yehuda, Der Tod des Schtetls, Taschenbuch, Frankfurt am Main 2020 (US-Erstausgabe 2010)

Becker, Hans-Jürgen, Der Jerusalemer Talmud. Sieben ausgewählte Kapitel, Leipzig 1995

Begley, Louis, Lügen in Zeiten des Krieges, Frankfurt am Main 1996

Ben-Sasson, Haim Hillel/Shmuel Ettinger u. a., Geschichte des jüdischen Volkes. Von den Anfängen bis zur Gegenwart, 6. Auflage, München 2017

Bialik, Hayyim Nahman/Y. H. Rawnitzky, The Book of Legends – Sefer Ha- Aggadah, Legends form the Tamud and the Midrasch, New York 1992, zitiert aus der hebräischen Ausgabe 1968. Eine um viele Quellen erweiterte Sammlung jüdischer Legenden („Aggadot") bietet der im März 2002 erschienene Klassiker von Louis Ginzburg, Die Legenden der Juden.

Brechenmacher, Thomas, Der Vatikan und die Juden. Geschichte einer unheiligen Beziehung vom 16. Jahrhundert bis zur Gegenwart, München 2006. Ausführlicher:

Brechenmacher, Thomas, Das Ende der Doppelten Schutzherrschaft. Der Heilige Stuhl und die Juden am Übergang zur Moderne (1775–1870), Stuttgart 2004

Brenner, Michael, Geschichte des Zionismus, München 2019

Brenner, Michael/Gideon Reuveni, Hrsg., Emanzipation durch Muskelkraft. Juden und Sport in Europa, Göttingen 2006

Bitunjac, Martina, Verwicklung. Beteiligung. Unrecht. Frauen und die Ustaša-Bewegung, Berlin 2018

Buber, Martin, Die Erzählungen der Chassidim, München 2014

Catlos, Brian A., al-Andalus, Geschichte des Islamischen Spaniens, München 2019

Das Dekret von 321. Köln, der Kaiser und die jüdische Geschichte, LVR Jüdisches Museum, Köln 2021

Das Neue Testament und frühchristliche Schriften, übersetzt und kommentiert von Klaus Berger und Christiane Nord, Frankfurt am Main 1999

Diner, Dan, Rituelle Distanz. Israels deutsche Frage, München 2015

Elon, Amos, Die Israelis. Väter und Söhne, deutschsprachige Erstausgabe Wien 1972

Elon, Amos, Zu einer anderen Zeit. Porträt der jüdisch-deutschen Epoche (1743–1933), München 2002

European Union Agency for Fundamental Rights (= FRA), Hg., Experiences and Perceptions of Antisemitism, 2nd Report, Wien 2019

Finkelstein, Israel/Neil A. Silberman, David und Salomo. Archäologen entschlüsseln einen Mythos, München 2006

Finkelstein, Amos, Jüdische Geschichte und ihre Deutungen, Frankfurt am Main 1995

Flaig, Erwin, Weltgeschichte der Sklaverei, 3. Auflage, München 2018

Flavius Josephus, Der Jüdische Krieg, Taschenbuchausgabe, 5. Auflage, München 1988

Franzos, Karl Emil, Der Pojaz, Erstausgabe 1905, Neuausgabe hrsg. und mit einem Nachwort v. Petra Morsbach, München 2010

Friedländer, Saul, Das Dritte Reich und die Juden. Die Jahre der Verfolgung 1933–1939, Band 1, München 1998

Friedrich, Jörg, Das Gesetz des Krieges, München/Zürich 1993

Fromer, Jakob, Der Talmud, Köln 2013

Fromm, Erich, Ihr werdet sein wie Gott, deutsche Erstausgabe 1966, Neuauflage München 2018

Gerrits, André, The Myth of Jewish Communism. A Historical Interpretation, Berlin u. a. 2009

Getzler, Israel, Martov, A Politcal Biography of a Russian Social Democrat, Cambridge 1967

Gies, Miep, Meine Zeit mit Anne Frank, Bern 1987

Ginzburg, Louis, Die Legenden der Juden, hrsg. v. Andreas B. Kilcher/Joanna Nowotny, Frankfurt am Main 2022

Goldschmidt, Georges-Arthur, Als Freud das Meer sah, Zürich 1999

Goodman, Martin, Geschichte der Jüdischen Religion, Stuttgart 2020

Grange, Cyril, Choix du prénom et acculturation. L'exemple de la bourgeoisie juive parisienne 1800–1920, in: Annales de démographie historique, Heft 1/2016, S. 65–95 (über Google: prénoms juifs France)

Grau, Alexander/Gerson Raabe, Hrsg., Religion. Facetten eines umstrittenen Begriffs, Leipzig 2014

Grjasnowa, Olga, Der Russe ist einer, der Birken liebt, München 2012

Grossman, Wassili, Leben und Schicksal, Erstausgabe Lausanne 1980, deutsche Erstausgabe Frankfurt am Main/Berlin 1987

Guez, Oliver, Das Verschwinden des Josef Mengele, Berlin 2018

Heinsohn, Gunnar, Jews in the First and Second Millenium in Germany, unveröffentlicht, 21. 7. 2021

Hessing, Jakob, Der Jiddische Witz, München 2020

Hope, Thomas, Torquemada – Scourge of the Jews, London 1939

Hurle, Jakob, The Polish-Jewish Emigration of 1968 and Their View of Poland; https://www.marxists.org/subject/jewish/1968-poland.pdf (Abruf 26.8.2021)

Jaspers, Karl, Spinoza, München/Zürich, 2. Auflage, 1986

Kastein, Josef, Uriel da Costa, Berlin 1932

Kellmann, Klaus, Dimensionen der Mittäterschaft. Die europäische Kollaboration mit dem Dritten Reich, Wien 2019

Kertész, Imre, Roman eines Schicksallosen, Berlin 1999

Köster, Barbara, Der missverstandene Koran, Berlin 2015, Erstausgabe 2010

Kowalski, David, Polens letzte Juden. Herkunft und Dissidenz um 1968, Göttingen 2018

Krause, Johannes mit Thomas Trappe, Die Reise unserer Gene. Eine Geschichte über uns und unsere Vorfahren, Berlin 2019, zitiert aus der Taschenbuchausgabe Berlin 2020

Laqueur, Walter, Was niemand wissen wollte. Die Unterdrückung der Nachrichten über Hitlers „Endlösung", Frankfurt am Main u. a. 1981

Lauster, Jörg, Der heilige Geist. Eine Biografie, München 2021

Lustiger, Arno, Rettungswiderstand. Über die Judenretter in Europa während der NS-Zeit, Göttingen 2011

Margolina, Sonja, Das Ende der Lügen. Rußland und die Juden im 20. Jahrhundert, Berlin 1992

Meining, Stefan, Eine Moschee in Deutschland. Nazis, Geheimdienste und der Aufstieg des politischen Islam im Westen, München 2011

Meining, Stefan, Kommunistische Judenpolitik. Die DDR, die Juden und Israel, Münster u. a. 2002

Menasse, Robert, Die Vertreibung aus der Hölle, Frankfurt am Main 2003

Montefiore, Simon Sebag u. a., Die Romanows. Glanz und Untergang der Zarendynastie 1613–1918, Frankfurt am Main 2016

Montefiore, Simon Sebag, Der junge Stalin, Frankfurt am Main 2007

Montefiore, Simon Sebag, Stalin. Am Hof des roten Zaren, Frankfurt am Main 2005

Mulisch, Harry, Das Attentat, München/Wien 1986

Muller, Jerry Z., Capitalism and the Jews, Princeton 2010

Murray, Charles, Human Diversity, The Biology of Gender, Race and Class, New York/Boston 2020 (E-Book)

Nachman, Rabbi N von Breslav, Lobpreis und Lehrgespräche nach den Aufzeichnungen seiner Schüler, aus dem Hebräischen übersetzt und herausgegeben von Hans-Jürgen Becker, Frankfurt am Main 2021

Nishma Research, Priorities of Trump Voters vs. Biden Voters in the Orthodox Jewish Community. A Post-Election Analysis, West Hartford, Conn., 17. November 2020; https://www.nishmaresearch.com/social-research.html (Abruf 17.2.2022)

Osterkamp, Jana, Vielfalt ordnen. Das föderale Europa der Habsburgermonarchie (Vormärz bis 1918), 2. Auflage, Göttingen 2021

Ostrer, Harry, Legacy. A Genetic History of the Jewish People, Oxford 2012

Otto, Eckart, Max Webers Studien des Antiken Judentums, Tübingen 2002

Oz, Amos und Fania Oz-Salzberger, Juden und Worte, Frankfurt am Main 2013

Pasternak, Boris, Doktor Schiwago, Erstausgabe in Mailand 1957

Petrovsky-Shtern, Yohanan, Jews in the Russian Army, 1827–1917. Drafted into Modernity, Cambridge, UK, 2009

Petrovsky-Shtern, Yohanan, The Golden Age Shtetl. A New History of Jewish Life in East Europe, Princeton 2014

Ploggenburg, Stefan, Maria-Theresia und die Böhmischen Juden, in: Bohemia, Band 39, 1998, S. 1–16

Prinz, Joachim, Rebellious Rabbi. An Autobiography. The German and Early American Years, Indiana University Press 2007

Raschi, Die Fünf Bücher Mosche mit worttreuer deutscher Übersetzung nebst dem Raschi-Commentare, punktiert leichtfasslich übersetzt und mit vielen Anmerkungen versehen von Julius Dessauer, Rabbi, Tel Aviv 1967; zitiert als „Raschi"

Reich-Ranicki, Marcel, Mein Leben, München 1999

Römer, Thomas, Die Erfindung Gottes. Eine Reise zu den Quellen des Monotheismus, Darmstadt 2018

Rosenberg, Victor, Refugee Status for Soviet Jewish Immigrants to the United States, in: Touro Law Review, Vol. 19, 2003, auch: https://digitalcommons.tourolaw.edu/cgi/viewcontent.cgi?article=1563&context=lawreview (Abruf 12.9.2021)

Rosenzweig, Franz, Der Stern der Erlösung, Frankfurt am Main 1988, Erstausgabe Frankfurt am Main 1921

Saage, Richard, Otto Bauer. Ein Grenzgänger zwischen Reform und Revolution, Berlin 2021

Salamander, Rachel, Hg., Die jüdische Welt von gestern. Text- und Bild-Zeugnisse aus Mitteleuropa 1860–1938, München 1998

Sand, Shlomo, Die Erfindung des Jüdischen Volkes. Israels Gründungsmythos auf dem Prüfstand, Berlin 2011

Saint Sauveur-Henn, Anne, Die deutsche Migration nach Argentinien (1870–1945); https://publications.iai.spkberlin.de/servlets/MCRFileNodeServlet/Document_derivate_00000809/BIA_135_021_052.pdf (Abruf 21.9.2021)

Sapir-Hen, Lidar, Joe Uziel, Ortal Chalaf, Everything But the Oink. On the Discovery of an Articulated Pig in Iron Age Jerusalem and its Meaning to Judahite Consumption Practices, in: Near Eastern Archeology, 2021, Vol. 84, No. 2, S. 110–119

Schäfer, Peter, Jesus im Talmud, Tübingen 2017

Schäfer, Peter, Die Ursprünge der Jüdischen Mystik, Berlin 2011

Schäfer, Peter, Die Geburt des Judentums aus dem Geist des Christentums. Fünf Vorlesungen zur Entstehung des rabbinischen Judentums, Tübingen 2010

Schäfer, Peter, Weibliche Gottesbilder im Judentum und Christentum, Frankfurt am Main 2008

Scholem, Gershom, Das Davidschild. Geschichte eines Symbols, Frankfurt am Main 2010

Scholem, Gershom, Die jüdische Mystik in ihren Hauptströmungen, Frankfurt am Main 1980 (deutsche Erstausgabe 1957, Erstausgabe 1941)

Gershom Scholem, Ursprung und Anfänge der Kabbala, Berlin 1962

Schwartz, Gary, Das Rembrandt-Buch. Leben und Werk eines Genies, München 2006

Service, Robert, Lenin. Eine Biographie, München 2000

Service, Robert, Trotzki. Eine Biographie, Frankfurt am Main 2012

Shinan, Avigdor, Pirke Avot. A New Israeli Commentary (hebräisch), Tel Aviv 2009

Singer, Israel Joshua, Die Familie Karnovski, Frankfurt am Main 1999

Sperber, Manès, Die Wasserträger Gottes. All das Vergangene, Wien 1974, zitiert aus der Taschenbuchausgabe München 1979

Sperber, Manès, Wie eine Träne im Ozean, Wien 1976 (deutsche Erstausgabe 1961)

Spiel, Hilde, Glanz und Untergang. Wien – 1866–1938, München 1987

Spinoza, Baruch de, Theologisch-politischer Traktat, hrsg. v. Wolfgang Bartuschat, Hamburg 2012

Spinoza, Benedictus de (Baruch), Die Ethik, revidierte Übersetzung von Jakob Stern, Stuttgart 1977 (Reclam, lateinisch und deutsch)

Steinsaltz, Adin, The Essential Talmud, New York 2006

Sternberger, Günter, Jüdische Religion, 3. Auflage, München 1999

Szafran, Maurice, Les juifs dans la politique française. De 1945 à nos jours, Paris 1992

Szczypiorski, Andrzej, Die schöne Frau Seidenmann, Zürich 1998

Talmud – Der Babylonische Talmud, neu übertragen durch Lazarus Goldschmidt, 12 Bände, Reprint Frankfurt am Main 1996

Tergit, Gabriele, Effingers, 9. Auflage, Frankfurt am Main 2019

Tisma, Aleksandar, Kapo, München/Wien 1997

Toch, Michael, Die Juden im mittelalterlichen Reich, München 1998

Vishniac, Roman, Versunkene Welt, hrsg. v. Joachim Riedl, Wien 1984, als Taschenbuch „Verschwundene Welt", München 1996

Weber, Max, Das antike Judentum, E-Book, Berlin 2013 (Erstausgabe Tübingen 1920)

Weidermann, Volker, Brennendes Licht. Anna Seghers in Mexiko, Berlin 2020

Weitman, Sasha, Prénoms et orientations nationales en Israël, 1882–1980, in: Annales 42 (1987), S. 879–900

Wolffsohn, Michael, Ewige Schuld? Deutsch-jüdisch-israelische Beziehungen, aktualisierte und überarbeitete Neuauflage München 2023, Erstausgabe München/Zürich 1988

Wolffsohn, Michael/Tobias Grill, Israel. Geschichte, Politik, Gesellschaft, 8. Auflage, Leverkusen 2016; 9. Auflage Wolffsohn/Stephan Stetter, Wiesbaden 2022

Wolffsohn, Michael, Wem gehört das Heilige Land? Die Wurzeln des Streits zwischen Juden und Arabern, 16. Auflage, München 2021 (Erstauflage 2002)

Wolffsohn, Michael, Tacheles. Im Kampf um die Fakten in Geschichte und Politik, Freiburg u. a. 2020

Wolffsohn, Michael, Friedenskanzler? Willy Brandt zwischen Krieg und Terror, München 2018

Wolffsohn, Michael, Zum Weltfrieden. Ein politischer Entwurf, München 2015

Wolffsohn, Michael, Wirklich so anders als das Christentum? Der Religionsbegriff des Judentums, in: Grau/Raabe, 2012, S. 21–43

Wolffsohn, Michael, Judentum – Christentum – Islam. Unterschiede und Gemeinsamkeiten ihrer heiligen Schriften, Hörbuch auditorium maximum, Darmstadt, Wissenschaftliche Buchgesellschaft 2012 (Kurzfassung von „Drei Ringe", siehe unten)

Wolffsohn, Michael, Drei Ringe, kein Lessing, Judentum – Christentum – Islam, Texte und Kommentare, unveröffentlicht, Lesungen im Marstall-Theater München 2010 sowie im Volkstheater München 2011

Wolffsohn, Michael, Juden und Christen – ungleiche Geschwister. Die Geschichte zweier Rivalen, Düsseldorf 2008

Wolffsohn, Michael/Thomas Brechenmacher, Deutschland, jüdisch Heimatland, München/Zürich 2008

Wolffsohn, Michael/Thomas Brechenmacher, Denkmalsturz? Brandts Kniefall, München 2005

Wolffsohn, Michael/Thomas Brechenmacher, Hg., Geschichte als Falle. Deutschland und die jüdische Welt, Neuried 2001

Wolffsohn, Michael, Die Deutschland-Akte. Juden und Deutsche in Ost und West. Tatsachen und Legenden, München 1995

Wolffsohn, Michael, Spanien, Deutschland und die „Jüdische Weltmacht", München 1991

Wolffsohn, Michael, Politik in Israel. Entwicklung und Struktur des politischen Systems, Opladen 1983

Yalom, Irvin D., Das Spinoza-Problem, München 2012

Yuval, Israel, Zwei Völker in deinem Leib. Gegenseitige Wahrnehmung von Juden und Christen, Göttingen 2007

Zborowski, Mark/Elizabeth Herzog, Das Schtetl. Die untergegangene Welt der osteuropäischen Juden, München 1991

Über den Autor

© privat

Professor Dr. Michael Wolffsohn ist einer der führenden Experten für die Analyse internationaler Politik und nicht zuletzt die Beziehungen zwischen Deutschen und Juden auf staatlicher, politischer, wirtschaftlicher und religiöser Ebene. Der Historiker und Publizist meldet sich regelmäßig zu wichtigen politischen, militärpolitischen, historischen und religiösen Fragestellungen zu Wort. Bei Themen wie Zukunft der Bundeswehr, Nahost und andere Weltkonflikte, deutsch-israelische Beziehungen oder Geschichte und Gegenwart des Judentums hat er sich mit präzisen Analysen und klaren Stellungnahmen einen Namen gemacht.

Der 1947 in Tel Aviv geborene Sohn einer 1939 nach Palästina geflüchteten jüdischen Kaufmannsfamilie übersiedelte 1954 mit seinen Eltern nach West-Berlin. Nach Wehrdienst in Israel und Studium in Berlin, Tel Aviv und New York lehrte er von 1981 bis 2012 als Professor für Neuere Geschichte an der Universität der Bundeswehr in München. Er hat zahlreiche Bücher, Aufsätze und Fachartikel verfasst und ist weiterhin publizistisch und als vielbeachteter Vortragsredner tätig. Der Deutsche Hochschulverband, die Standesorganisation der deutschen Professoren, kürte Michael Wolffsohn 2017 zum Hochschullehrer des Jahres.

Über den Autor

Er erbte im Jahr 2000 die von seinem Großvater, dem Verleger und Kinopionier Karl Wolffsohn, gegründete Gartenstadt Atlantic, die von 2001 bis 2005 vollständig modernisiert wurde. Ergänzend wurden in der denkmalgeschützten Anlage gemeinnützige, allgemein zugängliche deutsch-türkisch/muslimisch-jüdische Kultur,- Bildungs- und Integrationsprojekte vorwiegend für Kinder und Jugendliche eingerichtet.

Fulminante Kritik der aktuellen Politik- und Geschichtskultur

320 Seiten | Gebunden
mit Schutzumschlag
ISBN 978-3-451-38603-9

In Zeiten von Fake News hat es die Wahrheit schwer. Michael Wolffsohn steht ihr unerbittlich zur Seite und räumt mit Klischees, Legenden und Lebenslügen in unseren politischen und historischen Debatten auf. Die glanzvollen Essays des unerschrockenen Denkers eröffnen neue Horizonte und stehen in bester aufklärerischer Tradition.

In jeder Buchhandlung!

HERDER

www.herder.de

Ein blinder Fleck
in der Geschichte

480 Seiten | Gebunden
ISBN 978-3-451-38989-4

Die Zivilbevölkerung im nationalsozialistisch besetzten Europa spielt in der Erinnerung an die Opfer bislang kaum eine Rolle. Im Mittelpunkt dieser nach Ländern und Regionen gegliederten Darstellung stehen daher nicht militärische Ereignisse, sondern das Schicksal der Zivilbevölkerung. Ein wichtiger Diskussionsbeitrag zur aktuellen Erinnerungskultur.

In jeder Buchhandlung!

HERDER

www.herder.de

Diese Vergangenheit will nicht vergehen

224 Seiten | Gebunden
mit Schutzumschlag
ISBN 978-3-451-38730-2

Nach ihrem Buch über ihren Großvater und die Familie Stauffenberg erhält Sophie von Bechtolsheim zahlreiche Briefe und E-Mails. Was sie darin liest, lässt sie nicht mehr los. Teils wildfremde Menschen erzählen ihr von sich, ihren Familien und die Prägung durch die Vergangenheit. Von Bechtolsheim taucht ein in die Familiengeschichten und formt daraus ein mitreißendes Buch.

In jeder Buchhandlung!

HERDER

www.herder.de

Glänzend erzählte Weltgeschichte des Christentums

480 Seiten | Gebunden
mit Schutzumschlag
ISBN 978-3-451-38544-5

Heinz Schilling nimmt uns mit auf eine eindrucksvolle Zeitreise von der Reformation bis in die beginnende Moderne. Er schildert die Machtkämpfe zwischen Politik und Kirche und zeigt, wie daraus die weltanschauliche Pluralität der Moderne hervorging. Ein fesselndes Buch über die weitgehend unbekannte Entstehungsgeschichte der modernen Welt.

In jeder Buchhandlung!

HERDER

www.herder.de